O BEBÊ E O LAÇO SOCIAL:
uma leitura psicanalítica

Coleção
Psicanálise: fazer e dizer

O BEBÊ E O LAÇO SOCIAL:
uma leitura psicanalítica

ORGS. Ângela Maria Resende Vorcaro
Liliane Cristina Santos
Alexandra de Oliveira Martins

Artesã

O bebê e o laço social: uma leitura psicanalítica.

COORDENAÇÃO EDITORIAL
Karol Oliveira

DIREÇÃO DE ARTE
Tiago Rabello

REVISÃO
Ariana Lucero

CAPA
Karol Oliveira

PROJETO GRÁFICO E DIAGRAMAÇÃO
Conrado Esteves

B387

O bebê e laço social : uma leitura psicanalítica / organizadoras : Ângela Maria Resende Vorcaro, Liliane Cristina Santos, Alexandra de Oliveira Martins. – Belo Horizonte : Ed. Artesã, 2018. – (Psicanálise: fazer e dizer)

360 p. ; 23 cm.

ISBN: 978-85-88009-99-8

1. Psicanálise. 2. Psicologia do desenvolvimento. 3. Hospitais. I. Vorcaro, Angela M. R. (Angela Maria Resende). II. Santos, Liliane Cristina. III. Martins, Alexandra de Oliveira.

CDU 159.964

Catalogação: Aline M. Sima CRB-6/2645

IMPRESSO NO BRASIL
Printed in Brazil

ARTESÃ EDITORA LTDA.
Site: www.artesaeditora.com.br
E-mail: contato@artesaeditora.com.br
Belo Horizonte/MG

SUMÁRIO

APRESENTAÇÃO

Liliane Cristina Santos

Este livro surge de nossa prática clínica e de pesquisa com bebês, como fruto do necessário trabalho de revisão constante de conceitos e fazeres que tal prática nos impõe. A despeito da prescrição de comportamentos que supostamente pudessem garantir a constituição subjetiva do bebê, é preciso situar eticamente o lugar que nos cabe na clínica com bebês. Esta não é uma tarefa fácil! Não só pelos riscos a que são expostas as crianças que encontram impasses em sua estruturação, mas sobretudo pelo risco do profissional que atua com bebês identificar-se a uma demanda social de prevenção que o desloque dos percalços do sofrimento que aí se instala para uma resposta já dada, fundamentada no saber do especialista. A clínica de bebês exige de nós revisitarmos a teoria e produzirmos invenções em nossa atuação, mas é preciso que isso se faça a partir de uma ética que considere a especificidade deste campo, dado o limite tênue entre a intervenção necessária – que atue a partir do sofrimento presente em cada caso – e a patologização da criança – que estagna a criança no lugar da doença, trazendo prejuízos ao invés dos benefícios esperados por uma atuação profissional.

Buscamos discutir pontos que surgem de nossa experiência com a base teórica da psicanálise e direcionados por sua ética, justamente por localizarmos que este campo nos permite situar as intervenções necessárias à clínica de bebês, indo na contramão de uma possível imaginarização do exercício da intervenção precoce.

Consideramos ser necessário ainda muito avanço na discussão desta temática e pretendemos, com esta obra, trazer contribuições que auxiliem na fundamentação deste rico e crítico campo de atuação que é a clínica de bebês.

Prólogo

A ESPECIFICIDADE DO BEBÊ E OS TEMPOS DO SUJEITO

Julieta Jerusalinsky

Considerar que a clínica de bebês apresenta uma especificidade é algo que exige esclarecimentos, já que há práticas que partem do princípio de que bastaria estender o objeto de conhecimento próprio de cada área a tempos mais precoces para realizar uma intervenção com alguém que tem de zero a três anos.

No entanto, as pelo menos quatro décadas de atendimento aos bebês que apresentam problemas em sua constituição psíquica e/ou desenvolvimento nos ensinaram a crucial importância de por em relevo, acima da fragmentação por disciplinas, a especificidade que se apresenta nesse momento da vida para poder tratar de um bebê em sofrimento.

Nesse sentido, recortar o que seria uma "psicanálise com bebês" não é equivalente a produzir contribuições da psicanálise à clínica de bebês. Caminha-se em direções diferentes ao ir em um ou em outro rumo. Enquanto na primeira vertente recorta-se no bebê o objeto de um campo epistêmico, na segunda vertente põe-se a trabalhar um objeto epistêmico de uma área do conhecimento de forma descentrada do seu eixo tradicional.

Isso não significa cairmos em ecletismos teóricos ou em um afrouxamento da precisão de nossa intervenção. Ao contrário, ao ficarmos na soleira da porta de práticas padrão, estendemos com rigor nosso fazer psicanalítico, clínica e conceitualmente, ao mesmo tempo em que não pretendermos esgotar dentro da psicanálise tudo aquilo que intervir com um bebê exige.

A interlocução interdisciplinar permite interrogar os interstícios entre uma área e outra, já que é nessa zona intervalar, não plenamente recoberta por cada uma das disciplinas, que se faz decisivo avançar em relação aos enigmas que a primeira infância coloca. Como se isso não bastasse, as razões clínicas se impõem aqui com toda sua força, revelando que a divisão por áreas – embasada no princípio cartesiano de isolar para melhor conhecer – resulta extremamente desorganizadora quando um pequeno ser, que ainda sequer se apropriou imaginariamente de seu corpo, e quando seus pais, que recém estão se posicionando no exercício de suas funções materna e paterna com esse filho, são encaminhados a múltiplos especialistas.

Quando a intervenção centra seu foco na eficácia das funções de cada órgão de forma isolada, perde-se de vista o bebê e o modo como este tem de apropriar-se subjetivamente do *funcionamento da função* (Bergès, 1988), a partir de um desejo não anônimo (Lacan, 1969) sustentado na relação com o Outro encarnado.

A condição do bebê, por estar nos primórdios da constituição, implica que precisará se constituir com e na relação com o Outro. O Outro pode ser compreendido como aquilo que, sendo anterior e exterior ao sujeito, o determina em sua constituição. De modo amplo, podemos situar aí a linguagem. No entanto, não basta o seu anonimato para que o bebê devenha como sujeito. É preciso que haja o endereçamento de um Outro encarnado que circunscreva, com seu desejo inconsciente, um lugar para o bebê nessa estrutura que o antecede. É o agente que exerce a função materna quem primeiramente se vê arrastado a ocupar esse lugar (Jerusalinsky, J., 2002, p. 58; Lacan, 1960/1985, p. 785).

Por isso, a multiplicação de intervenções por áreas justapostas não só não dá conta da condição de um bebê em sofrimento, mas também pode produzir consequências iatrogênicas para a constituição psíquica do bebê e a sua apropriação desejante dos diferentes aspectos instrumentais de psicomotricidade, aprendizagem, hábitos e linguagem.

A primeira infância, considerada aqui como momento cronológico dos zero aos três anos[1], apresenta especificidades relativas ao tempo

[1] Fazemos tal esclarecimento porque a extensão da primeira infância na psicologia do desenvolvimento costuma ser considerada até os seis anos. Em psicanálise, no entanto, é situada como o momento anterior à entrada da criança na conflitiva edípica pelo encontro

lógico em que o sujeito se situa e, portanto, nos modos que tem de fazer comparecer o seu sofrimento. Um bebê, diferentemente de uma criança pequena, ainda não conta com o brincar como modo de responder ao seu Outro, não tem um Eu minimamente constituído e não apresenta uma diferenciação entre os diferentes aspectos instrumentais.

Daí que, para intervir na primeira infância, seja imprescindível que o clínico amplie sua formação, a fim de reduzir o tanto quanto possível o número de especialistas que realizam o tratamento, ao mesmo tempo em que sustenta a direção do tratamento de forma articulada a uma equipe interdisciplinar. A formação interdisciplinar do clínico e a sustentação de uma interlocução em equipe permitem construir a singular direção da cura em cada caso e repensá-la ao longo da evolução clínica, a fim de ir reconsiderando o que é prioritário em cada momento. É nessa vertente que surge a práxis da estimulação precoce atravessada pela psicanálise, em que um clínico está a cargo da direção da cura, contando com a retaguarda da equipe interdisciplinar para realizar os desdobramentos da demanda que se tornarem necessários (Jerusalinsky, J., 2002).

Isso se afasta em muito da corriqueira indicação de múltiplas intervenções dissociadas que buscam recobrir todas as áreas, sanando transtornos esparsos, diante das quais os pais correm com seu bebê repuxado em diferentes direções, enquanto se esgarça a possibilidade de sua identificação ao ideal por meio de um traço simbólico que, transmitido na filiação, possa vir a inscrevê-lo como Um – único e, ao mesmo tempo, dono de um corpo não despedaçado, mas unarizado (Jerusalinsky, A., 1997).

O sujeito psíquico não nasce dado, não nasce inscrito. Irá se produzir com e na relação com o Outro. Se a estrutura simbólica o antecede, não está previamente inscrita nela a resposta que o bebê virá a produzir. O meticuloso ir e vir do jogo de posições entre o bebê e o seu Outro encarnado no exercício de seus cuidados primordiais vai produzindo

com a castração, perto dos três anos, deixando de ser o bebê da mãe, para começar a situar-se, como falante, na sexuação, implicando-se inconscientemente na identificação e escolha de objeto. Desde a legislação brasileira, a importante lei do Marco Legal da Primeira Infância situa a abrangência da mesma até os seis anos, ou seja, todo o momento pré-escolar. Porém, para efeitos de uma intervenção e uma detecção precoces, consideramos demasiadamente longo esse período que abrange não só o tempo do bebê (próprio da estimulação precoce), mas também o tempo da criança pequena.

uma tessitura inconsciente pela qual se inscreve a subjetivação do bebê, como revelam Ângela, Ariana e Liliane em seus textos.

Seguir esses passos de inscrição resulta decisivo não só para a clínica de bebês, mas também para a clínica de crianças *exiladas da condição de falantes* (Jerusalinsky, J., 2015), que permanecem na condição de *infans* quando cronologicamente já não são mais bebês, como ocorre em quadros de autismos, graves debilidades ou depressões precoces. Tais quadros levam-nos a pesquisar o caminho e o modo de produção das inscrições fundantes do sujeito que encadeiam a passagem do *infans* ao *falasser*. Esse conhecimento permite que possamos produzir uma intervenção clínica que opera pela busca da reconstrução de tais inscrições. Ao mesmo tempo, permite estarmos atentos às contingências da vida que podem fazer obstáculo ou dificultar tais inscrições – seja a menor permeabilidade orgânica a tais inscrições impostas por um quadro orgânico de base, deprivações afetivas, experiências de intrusão no corpo ou dores agudas, como pode ocorrer em situações de prolongadas internações em UTI, quadros infecciosos, alérgicos, ou de imaturidade funcional, como refluxos gastroesofágicos, entre outras – que podem tornar insuficiente o atrelamento subjetivo do bebê à experiência de satisfação propiciada pelo agente materno (como nos brindam as reflexões trazidas nos textos de Ana Carolina, Juliana, Bruna, Alexandra, Ariana, Cristina, Liliane e Ângela).

Receber um bebê em tratamento não significa, portanto, recebê-lo como um sujeito psíquico constituído. Mas, nem por isso, levamos o bebê menos a sério, ou tratamos as crianças de um modo "infantiloide" como "sujeitinhos menores", no sentido de considerá-los insuficientes por comparação ou de dar menor importância a suas produções. Nesse sentido, respeitar a subjetividade do bebê ou da criança e reconhecer os peculiares modos de comparecimento do sofrimento em cada momento lógico que se precipita ao longo da infância não implica partir de um princípio de absoluta igualdade ou simetria com o adulto. Ao contrário, considerar as diferenças é o que permite guardar o direito do que é próprio do sujeito no tempo de ser bebê.

Situar as condições e as produções do sujeito como não equivalentes na infância e na vida adulta, assim como situar que há uma diferença relevante entre uma criança e um bebê, é sublinhar os particulares modos que o sujeito tem de comparecer em cada tempo lógico de sua constituição. Freud (1907) já fazia isso ao situar que as crianças precisam apoiar seu fantasiar em objetos concretos – e isso é brincar –, ou ao situar que a associação livre não se aplica bem à infância. Nem por isso a psicanálise retrocedeu no tratamento de crianças, mas teve que repensar seus métodos para que os mesmos fossem sob medida a outro momento da constituição psíquica, considerando os modos de comparecimento do sujeito nesse tempo lógico. Por isso, podemos afirmar que, se os neuróticos adultos apresentam *formações do inconsciente* (chiste, sonho, atos falhos e sintomas), pelas quais irrompe o retorno do recalcado, como situa Lacan (1957-58/1999), as crianças revelam, por meio dos *sintomas constituintes do sujeito, um inconsciente em formação* (Jerusalinsky, J., 2011, p. 15).

Podemos recolher, no encontro da criança com a língua, a produção de certos sintomas constituintes. Uma criança que já fala, muitas vezes, produz chistes involuntários dos quais os outros riem sem que ela tenha calculado o sentido de antemão. Assim, a criança que fala e erra, *se erra* ao falar, ou seja, se constitui ao se engajar como falante desse modo. Na criança pequena, frequentemente testemunhamos a repetição do que o outro lhe diz, na direção não de uma emissão ecolálica pela qual se suprimiria subjetivamente, mas de uma repetição por meio da qual se engaja em um movimento de incorporação do dito, reverberando em seu ato de fonação um gozo compartilhado com o outro, ainda que nem sempre compreenda o sentido do dito. Os jogos de palavra, que colocam em revelo a *poiesis* da língua, retomam o gozo originalmente convocado por meio do *manhês* na relação mãe-bebê.

Mas não basta o *manhês* para que se abra lugar para uma criança como falante. Para além dos picos prosódicos, facilitação fonética, léxica ou gramatical que possam se produzir ao falar com um bebê, é imprescindível estarmos atentos ao ato de enunciação materno e ao seu efeito de barrar e articular o que se passa no real do corpo do bebê (Jerusalinsly, J., 2011, p.67-84). Concordamos aí com o que Ângela e Alice trazem em seu texto.

Se no caso da criança testemunhamos por meio dos sintomas constituintes, tais como o brincar, o comparecimento de um inconsciente em formação; no caso do bebê, a questão se apresenta de forma ainda mais radical: ele não só não fala por meio da associação livre, mas também não brinca simbolicamente. No entanto, ele *dá a ver*, por meio de sua produção corporal (olhar, voz e endereçamento psicomotor), as suas incipientes respostas aos outros. O mesmo ocorre com o modo pelo qual sono-vigília, fome-saciedade, retenção-expulsão de fezes, circulam na relação com o Outro encarnado, estabelecendo ritmos nas alternâncias presença e ausência que fazem comparecer as incipientes respostas do bebê que lhe dizem respeito como sujeito nos primórdios da constituição.

Esta condição do sujeito na primeira infância circunscreve o quanto, se uma criança tem recursos psíquicos para operar uma transposição do vivido a um registro ficcional por meio do brincar, o bebê ainda não conta com esse recurso. Portanto, ele paga com o seu corpo, no estabelecimento de circuitos pulsionais desde os quais as suas funções orgânicas se organizam ou se desorganizam em seus modos de funcionamento. Revela-se aí toda a importância de que as dificuldades presentes no funcionamento dessas funções, no início da vida, possam ser lidas em um contexto relacional, e não como transtornos ou déficits isolados.

Isso que se mostra na produção do bebê não tem um sentido evidente – questão à qual o texto de Cláudia também se endereça. Daí que a intervenção na clínica de bebês ocorra fundamentalmente por meio de uma operação de leitura do que o bebê *dá a ver*. Tal leitura implica que o que se apresenta não tem um valor intrínseco que possa ser compreendido de modo isolado ou fixo, assim como a letra que só quer dizer algo na combinatória da palavra, e como a palavra que, por sua vez, só assume sua significação polissêmica no contexto da frase (Jerusalinsky, J., 2011, p. 85-148).

Podemos deduzir disso o grande risco que implica a realização de diagnósticos na infância por protocolos, por *check-list*, disponíveis na atualidade pela internet, que suprimem todo o contexto da produção de um determinado comportamento, quando bem sabemos que o valor do comportamento humano é decorrente do marco simbólico em que ele se produz.

A realização da detecção e intervenção precoces é decisiva quando um sofrimento se apresenta na primeira infância. A psicanálise trouxe importantes contribuições a esse campo, introduzindo, em tais práticas, justamente essa lógica que parte da operação de leitura do clínico ao situar a produção do bebê no contexto de sua produção simbólica, tendo, para tanto, como decisivo pano de fundo não só o conhecimento sobre o cruzamento dos tempos lógicos e cronológicos da constituição do sujeito (que permitem situar as produções que são de se esperar a cada momento da primeira infância), mas, também, a escuta do discurso parental e o marco sócio-cultural em que se dá tal produção – partindo do princípio de que a produção do bebê ocorre como resposta a seu Outro familiar, escolar e cultural e que, portanto, só pode ter o seu sentido decifrado nesse contexto.

Grande parte da clínica de bebês ocorre enquanto práxis de prevenção secundária, no atendimento de pacientes que apresentam patologias orgânicas (como quadros genéticos ou lesionais). Nesses casos, a intervenção consiste em procurar reduzir o tanto quanto possível a limitação imposta pelo real orgânico, mas não só: é extremamente relevante em tais casos intervir com as fantasias que se impõem na relação pais-bebê diante de patologias orgânicas de base, que podem introduzir condições tanto mais limitantes do que o quadro orgânico em si. Nessa direção, Alexandra e Aline nos brindam com as reflexões tecidas a partir de experiências na clínica junto a bebês cirúrgicos e com malformações congênitas.

Nesse ponto é preciso chamar a atenção para o fato de que *prevenção* é um termo diante do qual os psicanalistas pouco adentrados na clínica da primeira infância costumam torcer o nariz, por desconhecerem o rigor com o qual pode-se dar lugar ao comparecimento do bebê enquanto sujeito, em seu justo tempo, ao detectar e intervir em dificuldades que se apresentam ao longo de sua constituição psíquica. Afinal, a clínica foi nos ensinando a reconhecer como a constituição psíquica, longe de ser uma abstração ou uma insondável psicologia profunda, se *dá a ver* nas produções do bebê.

Por isso, a detecção do sofrimento psíquico na primeira infância exige, em primeiro lugar, conhecer o que é de se esperar na produção de um bebê. Desse modo, a detecção pode ser estabelecida como um critério negativado, ou seja, quando algo que era de se esperar não ocorre, já se levanta o alerta. Isso permite que as ações preventivas de risco psíquico possam ser norteadas pela disseminação de critérios que permitem verificar indicadores de referência que comparecem na produção espontânea do bebê quando a sua constituição psíquica vai bem. Quando disseminamos critérios de detecção que apontam produções que estão do lado da constituição psíquica, passa a bastar o critério de que "não vai bem" para intervir a fim de favorecê-la.

Operar desse modo, em lugar de centrar tal detecção no reconhecimento diagnóstico de signos psicopatológicos já positivados, tem consequências éticas decisivas: por um lado, evita os efeitos patologizantes da detecção "por patologia", pelos quais frequentemente se induzem os efeitos das profecias autorrealizáveis, e, por outro, não se deixa o tempo passar para intervir em conduta expectante até confirmações diagnósticas.

É evidente que, desde uma prática de prevenção primária e detecção precoce atravessada pela psicanálise, inevitavelmente interviremos *só depois* de algo que não vai bem e, portanto, no *après-coup*, na medida em que não há uma cartilha de aconselhamento modelo que garanta de antemão o exercício da função materna e a constituição do bebê, que pudesse evitar todas e quaisquer dificuldades, antes mesmo de que o bebê venha a comparecer como sujeito ali, com sua incalculável e singular implicação – como também pondera Brenda em seu texto.

No entanto, a especificidade apresentada pelo bebê como aquele que está situado nos primeiros tempos cronológicos em que se operam as inscrições lógicas que decidirão seu devir como sujeito coloca-nos, como psicanalistas, a ter que considerar eticamente a extensão que se deve dar a esse *après-coup*, levando-nos a interrogar: até quando esperar? Qual é o justo tempo para intervir? Pois, ao esperar que batam na porta de nossos consultórios, pode-se cair em uma margem demasiadamente extensa desse *só depois*, ao ponto de impossibilitar a ressignificação dos acontecimentos psíquicos que são fonte de sofrimento.

Por isso, longe de esperarmos em nossos consultórios ou serviços especializados, é decisivo difundir critérios de detecção precoce de sofrimento psíquico aos profissionais que intervêm com todo e qualquer bebê, ou seja, aos profissionais que trabalham no acompanhamento do desenvolvimento, no marco da saúde e àqueles que intervêm em creches, desde o marco da educação, tal como a prática de Viviane testemunha em seu texto. Desse modo, é possível intervir psicanaliticamente em uma torção dos critérios de prevenção e detecção, não mais centrados na doença, e sim na sustentação das operações constituintes do sujeito, permitindo a chegada ao tratamento de bebês quando algo "não vai bem" – dado que é somente sobre o fundo de uma inscrição constituinte que não se produziu que decorre a instauração da sintomatologia específica de um quadro psicopatológico.

Assim, o caráter *preventivo* dessa prática tem o seu rigor calcado em um modo de detecção e intervenção que é *precoce*, na medida em que possibilita intervir *antes* de que esse sofrimento se fixe na forma de uma patologia específica ou definitiva.

Debruçar-se sobre os primeiros anos da vida permite, desse modo, que a psicanálise traga contribuições ao campo da clínica de bebês. Ao mesmo tempo, o bebê põe a psicanálise a trabalhar em um descentramento, levando-nos a interrogar qual o estatuto que o sujeito psíquico, como objeto específico dessa disciplina, assume na primeira infância. Nesse sentido, a especificidade da clínica de bebês impõe à psicanálise a necessidade de considerar o cruzamento entre os diferentes tempos lógicos e cronológicos do sujeito em constituição.

Um livro como esse, ao suscitar o diálogo em torno da primeira infância com profissionais que intervêm em diferentes contextos institucionais, traz valiosos elementos para que possamos avançar nessas discussões.

REFERÊNCIAS

Bergès, J. (1988). Função estruturante do prazer. *Escritos da Criança,* n. 2, 2ª ed. Porto Alegre: Centro Lydia Coriat de Porto Alegre.

Freud, S. (1907/1908). Escritores criativos e devaneio. In *Obras psicológicas completas de Sigmund Freud* (J. Salomão, trad.; Vol. 9). Rio de Janeiro: Imago.

Jerusalinsky, A. (1997). Cuantos terapeutas para cada niño? *Escritos de la infancia,* n. 8. Buenos Aires: FEPI; em português: *Escritos da criança,* n. 5. Centro Lydia Coriat de Porto Alegre, 1998.

Jerusalinsky, J. (2002). *Enquanto o futuro não vem – a psicanálise na clínica interdisciplinar com bebês.* Salvador: Ágalma.

Jerusalinsky, J. (2011). *A criação da criança – brincar, gozo e fala entre a mãe e o bebê.* Salvador: Ágalma.

Jerusalinsky, J. (2015). A criança exilada da condição de falante – e sobre como os psicanalistas intervimos com o 'fora da palavra' (pp. 78-95). In A. Jerusalinsky (Org.). *Dossiê Autismo.* São Paulo: Instituto Langage.

Lacan, J. (1969). Dos notas sobre el niño. *Intervenciones y Textos, 2.* Buenos Aires: Manantial.

Lacan, J. (1985). Subversión del sujeto y dialéctica del deseo en el inconsciente freudiano. In *Escritos 2,* 24 ed. Buenos Aires: Siglo Veintiuno. (Trabalho original publicado em 1960).

Lacan, J. (1999). *O seminário, livro 5: as formações do inconsciente (1957-58).* Rio de Janeiro: Jorge Zahar.

Parte I

OS BEBÊS E A PSICANÁLISE: QUESTÕES SOBRE A CONSTITUIÇÃO SUBJETIVA

Capítulo 1

DO OUTRO SIMBÓLICO AO OUTRO REAL

Ariana Lucero
Ângela Maria Resende Vorcaro

Inserido num estudo amplo sobre os impedimentos à constituição subjetiva que, por vezes, podem culminar em graves psicopatologias, tais como autismos, psicoses, debilidade ou fenômenos psicossomáticos, o objetivo deste artigo é retomar os primeiros tempos da formação do psiquismo com o intuito de situar algumas hipóteses teóricas referentes ao autismo. Por partirmos daquilo que supomos ocorrer com um bebê desde o seu nascimento, talvez deixemos a impressão de que é possível um diagnóstico precoce de autismo. Longe disso, concebemos que podemos localizar alguns sinais de risco de autismo na contraposição ao que o discurso científico observa, registra e divulga como desenvolvimento infantil. Desse ângulo, colocamo-nos a serviço de repensar a linearidade vertical do dito desenvolvimento, problematizando como lidar com certos sujeitos que escapam a esse padrão.

Adotando como referencial teórico para esse trabalho a psicanálise de orientação lacaniana, partimos do pressuposto de que há uma precedência simbólica ao nascimento do sujeito: o ser humano habita a linguagem, sendo afetado por sua estrutura. No que concerne a um bebê, ele nasce inserido em uma cultura, que atribui certas significações a um filho. Na maioria das vezes, há o desejo por parte dos pais de ter um filho. Porém, mesmo nas situações de uma gravidez inesperada, a decisão de ter o filho passa também por uma reflexão a respeito da própria experiência de filho que os pais tiveram. Ao nascer, a presença do organismo do bebê será, de imediato, interpretada imaginariamente pelos pais a partir do lugar simbólico de filho que lhe é designado. As implicações dessa localização na posição de filho numa ordem geracional não pode ser negligenciada, mas algo da imprevisibilidade ou do indiscernível escapa à apreensão, delimitando o Real do neonato. Assim, o Imaginário da experiência fantasiada, ressignificada pelos pais, se mescla às representações culturais, Simbólicas, nos cuidados efetivos dispensados ao Real do corpo do bebê. Atribuindo sentido ao choro do bebê (fome, dor etc.), bem como o ritmo da alternância presença/ausência materna para apaziguar o que parece ser signo de um desconforto (em termos freudianos, aumento de tensão) no organismo, os adultos que se ocupam da criança estabelecem a primeira matriz simbólica. Entendemos essa matriz simbólica como a redução da experiência concreta à sua estrutura, ou seja, a diferença pura entre tensão e apaziguamento, ausência e presença da mãe, grito e ação necessária para cessá-lo. Note-se que a oposição entre esses termos indica a diferença entre eles, ao mesmo tempo em que se articulam. Na medida em que um referencia o outro, ambos se opõem e se aproximam substituindo-se, concatenados numa cadeia mínima, a que chamamos de matriz simbólica.

Ora, como saber o motivo do choro do bebê, se ele não pode nos dizer nada? Supomos, a princípio, que seja fome. Mas, e se o bebê não pegar o seio? E, se, depois de mamar, continuar a chorar? Lacan (1957-58/1999) insiste que, enquanto o animal pode recorrer aos instintos, "por que pretender que o homem, que, por sua vez, tem instintos muito pouco adaptados, tenha uma experiência do mundo como que com suas próprias mãos?" (p. 230-231). Efetivamente, a relação do bebê com o mundo não é direta, sendo mediada por outro ser humano. Este serve-se dos significados atribuídos ao estado do bebê, passando-os pela palavra, isto é, por seu sistema simbólico: "O fato de existir o significante é absolutamente essencial nisso, e o principal intermediário de sua experiência da realidade... é, apesar dos pesares, a *voz*. O ensinamento que ele recebe provém-lhe, essencialmente, da fala do adulto" (Lacan, 1957-58/1999, p. 231). Este adulto – nomeado Outro com "o" maiúsculo, para demarcar sua função simbólica na constituição do sujeito humano –, em se tratando de um bebê, é a pessoa auxiliar, designada por Freud (1895/1995) de *Nebenmensch*. De acordo com a psicanálise lacaniana, esse agente em função do Outro, que se ocupa dos cuidados da criança pode ser qualquer pessoa: trata-se de um lugar, de uma posição na estrutura. Porém, os efeitos subjetivos, as marcas que serão deixadas pelo Outro, serão simbolizadas e imaginarizadas de forma singular pelo bebê. Nesse sentido, não podemos descrever as inúmeras possibilidades de encontro com esse Outro simbólico por um neonato, pois elas são sempre singulares, não sendo previamente calculáveis.

Nesse primeiro tempo da constituição subjetiva, podemos situar a vivência de satisfação, descrita por Freud (1895/1995) em seu *Projeto de uma Psicologia*. Nesta situação, o bebê chora e seu grito é prontamente atendido pelo Outro, que interpreta essa manifestação e oferece um objeto capaz de apaziguá-lo. Freud (1895/1995) propõe que vejamos nesse primeiro grito uma manifestação da fome, de uma necessidade, e na oferta do seio, a possibilidade de satisfação. Já Pommier (2004, p. 23), aponta para o caráter de recusa do mundo exterior – recusa do apelo à ajuda, antes de qualquer demanda – que pode haver no grito, na medida em que este é fonte de estímulos externos perturbadores da homeostase. Impossibilitados de obter uma confirmação por parte de qualquer bebê, fiquemos com ambas as interpretações: por vezes, o grito demanda a presença e, noutras vezes, clama pela ausência. O grito é a primeira forma sonora com que o neonato vai demarcar as presenças e ausências da mãe, as sensações de prazer e desprazer, tensão e apaziguamento. Nesse sentido, as interpretações do Outro são fundamentais para que esse grito adquira significação.

Nota-se, de pronto, a interposição de um Outro entre o bebê e sua necessidade, de modo que os instintos, nos homens, não são capazes de prover o objeto da necessidade nem no nascimento. Ora, tal interposição não passa despercebida pelo bebê, que se interessa por tudo o que entra em seu campo de percepção: "Que haja objetos desde o tempo mais precoce da fase neonatal é o de que não há a menor dúvida" (Lacan, 1964/2008, p. 186). Essa observação de Lacan, contrapondo-se a outros analistas que pensavam em um narcisismo primário que seria como uma mônada, ou em uma simbiose inicial mãe-bebê, faz jus às atuais pesquisas de psicólogos cognitivistas com bebês, que mostram a precocidade com que o neonato se dirige para os objetos e para outros através do olhar, gestos e da imitação, por exemplo.

Pois bem, diante de uma experiência de alimentação atravessada por um outro, Freud (1895/1995) questiona se o bebê conseguiria assimilar todas essas informações de uma só vez e afirma que podemos constatar uma única coisa: o bebê se satisfaz, pois, afinal, ele para de chorar. Tal fenômeno é facilmente explicável com o arcabouço da ciência e o psicanalista recorre às pesquisas de outros psicólogos e fisiologistas para defender que uma modificação corporal se efetua, proporcionando uma experiência de satisfação, que consistiria na eliminação do estímulo desprazeroso. Grosso modo, a fome acarretaria um aumento dos estímulos no interior do organismo, sentidos como desprazer, e o objeto oferecido pelo outro conseguiria cessar tal aumento de tensão, fazendo surgir uma consequente sensação de prazer, obtida na satisfação da necessidade[1]. Assim, a cada manifestação do neonato corresponde uma *ação específica* que, devido à condição de desamparo do bebê humano, só pode ser realizada por outra pessoa, o *Nebenmensch*. Tal dinâmica é responsável por afastar-nos ainda mais de qualquer instinto, pois a ação do outro depende tanto de uma interpretação subjetiva e de uma forma singular de apresentar o objeto para o bebê quanto do modo como o próprio bebê pode recebê-la.

Se o objeto que satisfaz a necessidade do ser humano só pode ser alcançado pela via de um outro, cedo o bebê descobre que, quando ele chora, é um outro que aparece. O bebê quer reproduzir a vivência de satisfação. O seu grito não é mais, portanto, um grito pelo objeto, mas um grito que clama pela presença do outro que propiciou uma sensação prazerosa. Porém, o outro pode interpretar o grito simplesmente como um grito pelo objeto. Está dado aí o mal-entendido da linguagem desde o início. Para se fazer compreender, o bebê tentará modular o seu grito, adotará os signos da língua, mas isso não se faz naturalmente.

Freud (1895/1995) nota que a cada vez que a vivência de satisfação se repete, há algo de diferente na percepção do outro e, por conseguinte, do objeto. Ele supõe a situação em que o seio que foi visto de frente será visto lateralmente, e a leitura de Lacan (1959-60/1997) ajuda-nos a concluir que, independentemente do objeto (seio, mamadeira...) ou do modo como ele aparece, o que a criança consegue registrar são signos de prazer advindos da satisfação e um resto que ela não pode assimilar.

[1] Nota-se que Freud (1895/1995) fala do objeto que satisfaria a necessidade (muitas vezes referindo-se ao seio) sem fazer qualquer referência ao leite que, com efeito, é o objeto específico correspondente a uma suposta necessidade.

Essas marcas formam os primeiros registros de memória, que são articulados por semelhanças ou contiguidade, dentre os quais aqueles que associam o prazer ao outro materno. Lacan (1961-62/2003) afirma que aquilo que fica registrado como "traço mnêmico" são as repetições de certas experiências. Ele compara tais traços às marcas incrustadas na costela de um cabrito que ele viu em um museu, datada de uma época anterior ao advento da escrita. Nesta costela, por mais que se possa supor que as marcas referiam-se às caçadas, só quem fez as marcas sabe, de fato, o que elas significam. Essas marcas sozinhas não são significantes e não há como distingui-las: como saber qual foi a primeira e qual foi a última caçada?; o que foi caçado em cada ocasião?; por que, então, registrá-las? O sujeito marca em seu corpo as experiências de satisfação, antes mesmo de acumular um saber que lhe permitiria prover tal marca de uma significação[2].

Lacan (1960-61/1992) apontou a necessidade estrutural do *ideal-do-eu* como ponto concreto de identificação inaugural do sujeito ao traço unário. Esse traço entalhado franqueia o surgimento de algo novo. Apagado de quase tudo que o distingue, esse *um* do traço distintivo só se destaca por ser, apenas, *um traço*. A identificação do sujeito se relacionará a esse núcleo real primeiro que, com a linguagem, corta o ser vivo:

> Esse *einziger Zug*, esse traço único não é dado como significante... Para se dizer que isso é um significante, seria preciso mais. É necessário que ele seja ulteriormente utilizado em, ou que esteja em relação com uma bateria significante. Mas *o que é definido por este ein einziger Zug é o caráter pontual da referência original ao Outro na relação narcísica* (Lacan 1960-61/1992, p. 344, itálicos nossos).

Para que o *ser* apareça, o organismo colide com a linguagem, por via do traço unário. Há "uma relação temporal – apresso-me em me ver semelhante a ele, senão, onde irei estar?" – que se antecipa à configuração observável de relações espaciais da imagem especular "quando esta começa a animar-se e torna-se o outro encarnado" (Lacan, 1960-61/1992, p. 351). É a partir do traço unário que se indica o lugar de vir a ser, ou seja,

[2] Esse tema foi profundamente abordado no artigo das autoras Lucero, A. & Vorcaro, A. (2016). Angústia e constituição subjetiva: do objeto não significantizável ao significante. *Revista Subjetividades, 16*(2), 60-70.

onde está suspensa, nos significantes, a garantia da existência como ser. Assim, a unidade constitui-se enquanto pura diferença.

Lacan (1962-63/2005), então, se pergunta: "O que pode assegurar uma relação do sujeito com esse universo de significações senão que, em algum lugar, existe gozo?" (p. 56). O gozo situado no corpo é isso que sobra dessa operação, indicando algo que não se pode apreender. Essa "coisa", *das Ding*, é o que há de constante na relação com o Outro, o que não engana e, por isso mesmo, serve de referência para a obtenção daquilo que dá prazer. Para Lacan (1959-60/1997), *das Ding* é o elemento que é originalmente isolado pelo sujeito em sua experiência do Outro como sendo, por sua natureza, estranho (*Fremde*): "O *Ding* como *Fremde*, estranho e podendo mesmo ser hostil num dado momento, em todo caso como o primeiro exterior, é em torno do que se orienta todo o encaminhamento do sujeito" (p. 69).

De acordo com o *princípio de prazer*, tal como formulado por Freud (1911/2004), o organismo busca sempre evitar o desprazer e obter prazer. Sinônimo da homeostase, do equilíbrio com o menor dispêndio de força ou de movimento, o prazer implica a busca de um estado de inércia. Ao perseguir o retorno ao mítico gozo pleno, o bebê só se interessa pela realidade na medida em que ela lhe proporciona satisfação. O próprio Freud (1911/2004) não ignora o fato de que "tal organização, que se entrega ao princípio do prazer e que despreza a realidade externa, não seria capaz de se manter viva nem sequer pelo tempo mínimo necessário para se constituir" (p. 73). Com efeito, a repetição, que se coloca como princípio da ação humana, faz com que o organismo busque sempre os mesmos caminhos conhecidos, "facilitados", de satisfação. Ele persegue as vias da semelhança e da contiguidade no intuito de poupar esforços e desprazer. As *associações por simultaneidade* formam a base das representações de coisa que, para se tornarem conscientes, dependem de outros tipos de representações, as representações de palavra (Freud, 1915/2006).

Nas representações de coisa encontramos as mais variadas representações visuais, acústicas, táteis, cinestésicas etc. Não se trata de uma representação fechada ou passível de fechamento, ao contrário das representações de palavra, que, ao nomearem as coisas agrupam sob um significante determinadas significações. A palavra é a morte da coisa no sentido de que, a partir do momento em que tentamos delimitar o sentido de algumas experiências, algumas representações ficam de fora. Essa discussão é importante para chegarmos no papel dos significantes na constituição subjetiva. Nesse ponto, portanto, vejamos o que Lacan (1955-56/2008) tem a nos dizer:

> Antes que a criança aprenda a articular a linguagem, cumpre-nos supor que aparecem significantes que já são da ordem simbólica. Quando falo de uma aparição primitiva do significante, é alguma coisa que implica a linguagem. Isso não faz senão juntar-se com essa aparição de um ser que não está em parte alguma, o dia. O dia enquanto dia não é um fenômeno, o dia enquanto dia implica a conotação simbólica, a *alternância fundamental do vocal* conotando presença e ausência, sobre a qual Freud faz girar toda a sua noção do além do princípio do prazer (p. 177 – itálicos nossos).

Para o psicanalista francês, dia e noite são códigos significantes, na medida em que o dia empírico só existe como nomeação de uma correlação imaginária do significante dia, em oposição a noite. O homem só conhece as coisas porque ele dispõe das palavras, de modo que o número de coisas que ele conhece corresponde ao número de coisas que ele pode nomear (cf. Lacan, 1955-56/2008, p. 208). Por conseguinte, dia-noite, tensão-apaziguamento, presença-ausência, aceso-apagado, esconder-aparecer, aqui-lá, *fort-da* são as primeiras matrizes simbólicas em jogo na constituição subjetiva, presentes inclusive nas psicopatologias da infância mais graves, como o autismo.

A incidência do Real no Simbólico, primeiro movimento da trança borromeana (Vorcaro, 1997, 2008), caracteriza-se pela interrupção dessa matriz simbólica. Se pensarmos na vivência de satisfação, também verificamos que ela não funciona automaticamente. O Outro pode aparecer mais cedo ou mais tarde e tal ritmo é inclusive necessário para o desenvolvimento do bebê. Nas palavras de Winnicott (1951/1975):

> Não há possibilidade alguma de um bebê progredir do princípio de prazer para o princípio de realidade... a menos que exista uma mãe suficientemente boa. A 'mãe' suficientemente boa (não necessariamente a própria mãe do bebê) é aquela que efetua uma adaptação ativa às necessidades do bebê, uma adaptação que diminui gradativamente, segundo a crescente capacidade deste

> em lidar com o fracasso da adaptação e em tolerar os resultados da *frustração* (p. 25; itálicos nossos).

Ora, o que Winnicott (1951/1975) situa como frustração depende dessa primeira apreensão da linguagem e da incidência da falta real. Essa *vivência* modifica toda relação posterior com o grande Outro da linguagem, ao ponto de Lacan (1957-58/1999) designá-lo como "Outro real". Para compreendermos essa sutileza, sem adentrarmos nas críticas à Escola das Relações de Objeto[3], será preciso abordarmos a privação e a frustração na teoria lacaniana. Avançaremos, assim, um passo na constituição subjetiva para investigarmos o que pode ter ocorrido dois passos atrás, certos de que para que se defina uma estrutura é preciso um passo a mais.

PRIVAÇÃO E FRUSTRAÇÃO

É interessante ressaltar que, antes ainda de o neonato poder lidar com tal frustração, Lacan (1956-57/1995) localiza a *privação* como a primeira falta fundamental. Ele explica que é apenas quando definimos pela lei o que deveria estar em algum lugar que um objeto pode ali faltar[4]. A experiência só é concebida na ordem simbólica e é tão somente com o estabelecimento desta ordem que certas privações passam a existir para o sujeito:

> É unicamente a partir da entrada do sujeito numa ordem que preexiste a tudo o que lhe ocorre, acontecimentos, satisfações, decepções, que tudo a partir do que ele aborda sua experiência – a saber, aquilo a que chama o seu vivido, essa coisa confusa que está ali antes – se ordena, se articula, assume seu sentido e pode ser analisado (Lacan, 1955-56/1995, p. 102).

[3] Cf. Vorcaro, A. & Lucero, A. (2015). O objeto transicional de Winnicott na formação do conceito de objeto *a* em Lacan. *Natureza Humana, 17*(1); e Lucero, A. & Vorcaro, A. (no prelo). Do objeto parcial ao significante fálico: uma leitura lacaniana de Melanie Klein. *Psicologia em Revista* (PUC-MG).

[4] Miller (1995) ilustra essa ideia com o exemplo da biblioteca, inúmeras vezes mobilizado por Lacan: "Há uma biblioteca, e os livros são enumerados. Se alguém pega um livro pode-se dizer que esse livro falta em seu lugar porque é uma ordem simbólica. Somente na ordem simbólica é que algo que não está pode existir e ser notado – falta esse livro. O mais importante para o bibliotecário não são tanto os livros que se tem ali, mas os livros que faltam" (p. 91).

Ou seja, é preciso uma matriz simbólica para que a falta real possa ser percebida. No real puro nada falta: "é necessário uma simbolização do real para poder ter um buraco real, senão não há buraco no real" (Miller, 1995, p. 98). Voltando ao exemplo da mãe que ouve o choro do bebê, ela pode estar tão presente quanto ausente. Ela é tomada como um objeto simbólico que pode vir a faltar, introduzindo uma ruptura na alternância entre presença e ausência. O *fort-da* seria justamente a encenação dessa experiência da criança de que a mãe a deixa, volta, não está sempre com ela, há um vaivém da mãe. A criança toma um objeto, um carretel, e, com ele, repete os movimentos da mãe, porém, assumindo o domínio da situação: "O *fort-da* é o *semblant* dos movimentos da mãe, de tal maneira que se pode dizer que isso é uma simbolização da mãe" (Miller, 1995, p. 80). Daí conclui-se que a privação depende da simbolização do real. A privação seria, portanto, a falta real de um objeto simbólico.

O *fort-da* ilustra também que qualquer objeto pode ser usado na vivência dessa experiência, independentemente de seu valor biológico ou vital. Para Lacan (1956-57/1995, p. 186), essa "dolorosa dialética do objeto" (ali e nunca ali) faz com que a criança busque na captura oral do objeto real de satisfação – o seio – uma compensação para o que há de decepcionante no jogo simbólico: "Este acoplamento de presença-ausência, articulado de modo extremamente precoce pela criança, conota a primeira constituição do agente da frustração, que é originariamente a mãe" (Lacan, 1956-57/1995, p. 67).

Desse modo, quando a mãe falha, se ausenta, deixa de responder no lugar onde é esperada (privação), ela torna-se uma potência capaz de dar ou não o objeto de satisfação. Ela é imaginarizada como Outro real. A *frustração*, portanto, "incide sobre algo de que vocês são privados por alguém de quem poderiam, justamente, esperar o que lhe pediam" (Lacan, 1956-57/1995, p. 101). Assim, todos os objetos que supomos ser da ordem da pura e simples satisfação tornam-se objetos de dom. Nas palavras de Lacan (1956-57/1995):

> Em suma, os objetos, no sentido em que os entendemos aqui, que não é metafórico, os objetos apreensíveis, possuíveis..., os objetos que a criança quer reter consigo não são mais tanto objetos de satisfação, e sim a marca do valor dessa potência que pode não responder, e que é a potência da mãe (p. 69).

A criança depende da mãe para ter acesso aos objetos. Recebê-los é uma prova de amor, um testemunho do dom[5] oriundo da potência materna. Nesse sentido, Lacan (1956-57/1995) introduzirá a *frustração* como recusa do dom, visto que o dom é símbolo do amor: "O que está assim em jogo é menos o objeto que o amor de quem lhes pode fazer este dom. O objeto da frustração é menos o objeto que o dom" (p. 101). Na medida em que a mãe também carece do objeto da satisfação, para ela igualmente perdido, ela só pode oferecer substitutos do dito objeto, desdobrando-se para dar aquilo que não tem. Desde essa época, Lacan (1956-57/1995) já caracteriza o amor como dar o que não se tem e, por isso, o dom é dom de amor. O dom faz o objeto se evanescer como objeto, posto que "muito mais importante que os objetos da necessidade é a mão

[5] O tema do dom/dádiva foi tratado pelo sociólogo Marcel Mauss (1974), em seu "Ensaio sobre a dádiva" (1923-24). A partir de observações etnográficas, Mauss verifica o caráter voluntário, aparentemente livre e gratuito envolvido na doação de um presente, ao mesmo tempo em que há a obrigatoriedade da retribuição. Como tais presentes não se restringiam às riquezas, às coisas úteis ou necessárias à sobrevivência, mas incluíam os vasos feitos para ficarem vazios, escudos pesados demais para se carregar, formas de gentileza, festas, mulheres, crianças, dentre outros, o sociólogo se pergunta: "*Que força há na coisa dada que faz com que o donatário a retribua*?" (Mauss, 1974, p. 42). Ele conclui que "é preciso retribuir a outrem aquilo que, na verdade, é parcela de sua natureza e substância, pois aceitar alguma coisa de alguém é aceitar alguma coisa de sua essência espiritual, de sua alma: a conservação desta coisa seria perigosa e mortal, e isso não simplesmente porque seria ilícita, mas também porque esta coisa que vem da pessoa... dá uma ascendência mágica e religiosa sobre o indivíduo. Enfim, esta coisa dada não é coisa inerte. Animada, amiúde individualizada, tende a regressar àquilo que Hertz chamava de seu 'lar de origem'" (Mauss, 1974, p. 56). Mauss concentra-se sobremaneira no poder e no valor do objeto doado, não reconhecendo, "como quer Lévi-Strauss, que a própria *troca* constitui o princípio essencial dos fenômenos que ele analisa" (Simanke, 2002, p. 393 – itálico nosso). Em sua "Introdução à obra de Marcel Mauss", Lévi-Strauss (1947/1979) aponta para o fato de o sociólogo ter considerado que a *troca* é o denominador comum de um grande número de atividades sociais aparentemente heterogêneas, sem, contudo, vê-las nos fatos: "A observação empírica não lhe fornece a troca, mas somente – como ele mesmo diz – 'três obrigações: dar, receber, retribuir'" (p. 25). A troca não depende de nenhuma propriedade dos bens trocados e é o próprio Lacan (1956-57/1995) que mobiliza o *potlatch* como exemplo de dom em que o objeto é destruído para preservar a relação entre os povos. Para o psicanalista, o que caracteriza o dom é ser "algo que circula, o dom que vocês fazem é sempre aquele que receberam" (p. 142). Esta última observação, que se relaciona à obrigação de retribuir, remete a uma outra constatação de Mauss (1974) quanto ao fato de o dom nunca ser retribuído imediatamente: "a dádiva cria uma obrigação a prazo" (p. 97). Gostaríamos de enfatizar que a escolha do termo *dom* pelo psicanalista francês privilegia dois aspectos: o objeto dado não ter valor em si e ser obrigatória a retribuição, o que insere o humano no círculo das trocas e confere toda a importância a questão da "dívida simbólica".

que dá. O mais importante da demanda não é o objeto da necessidade, mas o fato de que o Outro responde dando algo" (Miller, 1995, p. 53). O caráter fundamental da relação de amor não implica somente um objeto, e, sim, um ser (Lacan, 1956-57/1995, p. 184). Destarte,

> só existe dom porque existe uma imensa circulação de dons que recobre todo o conjunto intersubjetivo. O dom surge de um mais-além da relação objetal, já que ele supõe atrás de si toda a ordem da troca em que a criança ingressou, e só pode surgir deste mais-além com o caráter que o constitui como propriamente simbólico (p. 185).

Lacan (1958b/1998, p. 697-698) enfatiza que, ao pedir alguma coisa, a criança demanda algo distinto das satisfações por que clama. A demanda é pela presença ou ausência do outro, que é constituído como tendo o "privilégio" de satisfazer as necessidades, mas que, por já ter mostrado que não possui este objeto, até porque não se trata de necessidade, deu prova de seu amor ao se dispor a dar aquilo que não tem. Se pensarmos no apelo, no choro que se faz escutar quando o objeto não está onde é esperado, veremos que é apenas neste chamado que o dom se manifesta. Quando a criança pede, existe no horizonte a possibilidade de que a coisa demandada não esteja lá: "se o apelo é fundamental, fundador na ordem simbólica, é na medida em que aquilo que é chamado pode ser rejeitado. O apelo já é uma introdução, totalmente engajada na ordem simbólica, à palavra" (Lacan, 1956-57/1995, p. 186). Uma vez presente, o objeto é apenas signo do dom; não significa nada em termos de objeto de satisfação de uma necessidade. Uma vez ausente, é demandado e pode-se oferecer substitutos para a falta de satisfação. Em um pequeno comentário sobre a anorexia, Lacan (1958a/1998, p. 634) ressalta que, por vezes, o Outro confunde seus cuidados com o dom de seu amor, isto é, confunde o desejo com a satisfação, tentando suprir a demanda de amor com objetos de satisfação. Assim, a criança, ao se recusar a comer, recusa a satisfazer a demanda que vem da mãe para que esta encontre o desejo. A criança precisa que a mãe encontre um desejo além dela para que ela também possa demandar e desejar:

> É através disso que a demanda anula (*aufhebt*) a particularidade de tudo aquilo que pode ser concedido, transmutando-o em prova

> de amor, e as próprias satisfações que ela obtém para a necessidade degradam-se (*sich erniedrigt*) em nada menos do que o esmagamento da demanda de amor (tudo isso sendo perfeitamente sensível na psicologia dos primeiros cuidados a que se apegam nossos analistas-babás) (Lacan, 1958b/1998, p. 698).

O fato de todo objeto demandado/oferecido poder ser substituído, poder ser outro objeto ou qualquer um, evidencia o aspecto fundamentalmente decepcionante da ordem simbólica e a pouca importância dos atributos materiais do objeto dado, haja vista que este só é válido enquanto signo do ato de quem deu. Esta é a característica mesma do dom simbólico: "O objeto outorgado com caráter de dom só pode se perfilar sobre o fundo da aniquilação simbólica de sua particularidade como objeto" (Rabinovich, 2009, p. 133). Quanto à prova de amor, cada vez que o sujeito sofre uma frustração neste âmbito, ele tentará compensar tal decepção através de uma satisfação real[6]. É essa situação que mobilizará a criança a buscar em um objeto real sua satisfação, fazendo do seio uma compensação substitutiva para sua decepção. Desse modo, a satisfação da necessidade é secundária à frustração de amor:

> é na medida em que a mãe falta à criança que a chama que esta se agarra ao seu seio, e que este seio se torna mais significativo que tudo. Enquanto o tem na boca e se satisfaz com ele, por um lado a criança não pode ser separada da mãe, por outro lado isso a deixa alimentada, repousada e satisfeita. A satisfação da necessidade é, aqui, a compensação da frustração do amor, e começa a se tornar, ao mesmo tempo, o seu álibi (Lacan, 1956-57/1995, p. 178).

Na explicação de Miller (1995):

> Quando vocês pensam que a criança está feliz porque está bem alimentada, porque a necessidade foi satisfeita, na realidade é mais a frustração do amor que se compensa na satisfação da necessidade. O que dá essa aura, esse brilho de gozo, quando a criança se

[6] Diana Rabinovich (2009, p. 125) observa que Lacan utiliza o termo *Versagung*, extraído da obra freudiana, para se referir à frustração. Ela esclarece que o vocábulo alemão designa uma renúncia, além de remeter à anulação de uma promessa. Essa ruptura da promessa articular-se-ia com o amor, sendo essa temática que verdadeiramente interessaria ao psicanalista ao se debruçar sobre o conceito de frustração, tão debatido na Escola das Relações de Objeto.

> satisfaz, vem de que a satisfação da necessidade compensa o que ela queria, que é o amor. Engana sua demanda de amor com a satisfação da necessidade (p. 53).

Nesse âmbito, o papel preponderante dos objetos reais, concretos – o seio, a chupeta, dentre outros –, deve-se à função que estes objetos desempenham como parte do objeto de amor: "a pulsão se dirige ao objeto real como parte do objeto simbólico, e este se torna, como objeto real, uma parte do objeto simbólico" (Lacan, 1956-57/1995, p. 178). É válido ressaltar que qualquer objeto que satisfaça uma necessidade real pode tornar-se uma parte, um elemento do objeto simbólico. Ademais, todo objeto real, a partir do momento em que depende da potência materna, torna-se simbólico e, por isso, objeto de dom (cf. Lacan, 1956-57/1995, p. 70). Além de aí podermos situar o objeto transicional de Winnicott (1951/1975), Lacan (1956-57/1995) inclui neste grupo, principalmente, "este objeto já simbolizado, mas também perfeitamente materializado, que é a palavra" (p. 178). A palavra é incorporada como um objeto de necessidade que visa a substituir a falta do dom: "desde a origem, a criança se alimenta tanto de palavras quanto de pão, e perece por palavras. Como diz o Evangelho, o homem não perece apenas pelo que entra na sua boca, mas também pelo que dela sai" (p. 192). Enfim:

> A partir de seu ingresso na dialética da frustração, o objeto real não é em si mesmo indiferente, mas não tem necessidade alguma de ser específico. Mesmo que não seja o seio da mãe, nem por isso ele perderá algo do valor de seu lugar na dialética sexual, de onde se origina a erotização da zona oral. Não é o objeto que desempenha, em seu interior, o papel essencial, mas o fato de que a atividade assumiu uma função erotizada no plano do desejo, o qual se ordena na ordem simbólica. Chamo a atenção de vocês neste ponto para o fato de que isso vai tão longe que é possível que, para desempenhar o mesmo papel, não exista em absoluto objeto real. Trata-se, com efeito, apenas daquilo que dá lugar a uma satisfação substitutiva da saturação simbólica (Lacan, 1956-57/1995, p. 188).

Vejamos, agora, mais especificamente como a palavra comparece na constituição subjetiva através da negação.

NEGAÇÃO E/OU NEGATIVISMO

Com a frustração, vimos que a privação – falta real do objeto da satisfação (*das Ding*) – será situada no Outro, que pode não dar o objeto ao mesmo tempo em que não pode dar o objeto:

> A mãe é a mãe simbólica, primeiro elemento da realidade simbolizado pela criança, na medida em que ela pode estar ausente ou presente. Quando há, por parte desta, recusa de amor, a compensação é encontrada no seio real, pelo aniquilamento mediante a satisfação real, o que não quer dizer que não se produza, então, uma inversão. Com efeito, na medida em que o seio se torna uma compensação, torna-se ao mesmo tempo o dom simbólico, ao passo que a mãe se torna um elemento real, isto é, onipotente, que recusa seu amor (Lacan, 1956-57/1995, p. 367-368).

A passagem do Outro simbólico para o Outro real é essencial para a compreensão das graves psicopatologias da infância. Com efeito, não é raro ouvirmos que o autista tem que lidar com um Outro real, sem faltas, ao mesmo tempo em que estaria fora da linguagem. O Outro real é efeito da linguagem, tal como foi colocado desde o início do ensino lacaniano: não há relação dual da mãe com a criança, uma vez que a mãe está atravessada pela linguagem. Porém, as formas como esse Outro é afetado pelo simbólico, sua própria posição subjetiva, interfere no modo como a cultura será transmitida para o bebê, fazendo com que cada ser humano tenha uma experiência absolutamente singular de relação com a linguagem. Lidamos, então, desde o nascimento, com um organismo que possui um funcionamento biológico – que pode ser afetado por inúmeras contingências –, e um outro que se ocupa primordialmente desse bebê, que está submetido a uma série de valores culturais que interferirão nos primeiros cuidados. Tudo isso deve ser levado em consideração em um atendimento psicanalítico com bebês, de modo que é impossível tratar apenas um dos termos dessa relação. A *alienação-separação*, enquanto operações constitutivas da subjetividade (Lacan, 1964/2008), busca circunscrever essa situação, que não se produz em todos os casos[7].

[7] Cf. a esse respeito Laznik (2004) e sua hipótese sobre a não alienação no autismo, bem como o artigo sobre a abordagem psicanalítica de bebês com risco de autismo (cf. Ekizian, Lucero, Parlato de Oliveira & Laznik, 2017).

Faz-se, então, imperativo, retrocedermos um pouco mais em nossa análise, no intuito de compreender o que se passa nesse curto tempo entre privação e frustração.

Primeiramente, é preciso ter em mente que a satisfação buscada pelo bebê não se reduz à fome, tanto é que ele pode chorar por qualquer motivo – o que deixa todos os adultos confusos. Ao oferecer objetos substitutos, por exemplo, a chupeta quando o bebê chora após acabar de mamar, confirmamos uma das primeiras teses freudianas a respeito da sexualidade infantil e de sua precocidade. A partir de então, o bebê persegue essa satisfação até em seu próprio corpo, que ele desconhece enquanto unidade – chupa o dedo, as bochechas – e fornece a falsa impressão de um autoerotismo primário, por vezes lido como narcisismo primário, e de um desinteresse pela realidade. Por isso, insistimos na afirmação de Lacan (1964/2008) de que, mesmo em Freud, "a regra do autoerotismo não é a inexistência dos objetos, mas o funcionamento dos objetos unicamente em relação com o prazer" (p. 233).

Os objetos estão presentes desde os primeiros tempos da constituição subjetiva e, tal como as pessoas, agentes em função do Outro, serão tomados em uma via simbólica, imaginária ou real. Nessa passagem de um Outro simbólico a um Outro real vemos que as próprias pessoas não são vistas como semelhantes desde o início, mas reduzem-se também a uma matriz simbólica. Lembremos que, na concepção de Melanie Klein (1946/1991), o primeiro momento da vida psíquica é descrito no escopo daquilo que ela denominou *posição esquizo-paranoide*, na qual o processo de cisão do objeto origina uma ansiedade persecutória por parte do objeto mau que deve ser compensada pelo objeto bom:

> Tenho expressado com frequência minha concepção de que as relações de objeto existem desde o início da vida, sendo o primeiro objeto o seio da mãe, o qual, para a criança, fica cindido em um seio bom (gratificador) e um seio mau (frustrador); essa cisão resulta numa separação entre o amor e o ódio. Sugeri ainda que a relação com o primeiro objeto implica sua introjeção e projeção e, por isso, desde o início as relações de objeto são moldadas por uma interação entre introjeção e projeção, e entre objetos e situações internas e externas (p. 21).

Por não explicar a origem ou os motivos dessa cisão, partindo para o campo dos afetos imaginários – amor e ódio –, Lacan (1957-58/1999, p.

224) assinala que, na perspectiva kleiniana, toda a apreensão da realidade é sustentada pela constituição essencialmente alucinatória e fantasística desses primeiros objetos bons e maus. No entanto, é possível buscar os fundamentos dessa cisão em Freud (1925/2007), no seu texto sobre *A Negação* [*Die Verneinung*].

Ao perseguir, a origem psicológica do juízo, Freud (1925/2007, p. 148) coloca sob sua função: 1) atribuir ou negar uma qualidade a uma coisa; e 2) confirmar ou refutar a existência real da representação psíquica dessa coisa (teste de realidade). O primeiro destes juízos, conhecido como *juízo de atribuição*, pode ser traduzido na linguagem das pulsões orais como: a) eu quero comer e introduzir isto em mim [*Bejahung*]; ou b) eu quero cuspir e expulsar [*Ausstossung*] isto de mim. Tal funcionamento é regido pelo princípio de prazer, que busca introjetar no eu tudo que é bom e expelir tudo que é mau.

A pedido de Lacan, na época em que proferia seu primeiro seminário, o filósofo Hyppolite (1954/1998) lança mão de uma pequena fábula para explicar o juízo de atribuição: "era uma vez um eu (entenda-se, aqui, um sujeito) para quem ainda não havia nada de estranho [*Fremd*]" (p. 899). A distinção entre o eu e o estranho é uma operação de expulsão e esta ação, *Ausstossung*, é primária e regida pelo princípio de prazer, no sentido de que qualquer excitação vinda do interior ou do exterior deve ser descarregada, expulsa, já que rompe com o funcionamento homeostático do aparelho psíquico.

Lacan (1964/2008) retoma a questão da distinção do eu e dos objetos em seu *Seminário 11*, sempre, é claro, fazendo referência à obra freudiana. Ele mostra que, primeiramente, haveria um eu-real [*Real-Ich*], encarregado de manter a homeostase. De acordo com o princípio de prazer, tudo o que é da ordem do desprazer [*Unlust*] se inscreve no eu como não-eu, como estranho [*fremde Objekt*]. Já os objetos do prazer, ao serem incorporados ao eu, terão uma relação narcísica com o sujeito. Esses bons objetos poderiam sobrepor-se indistintamente não fosse o fato de que há realidade: "o real é o choque, é o fato de que isso não se arranja imediatamente, como quer a mão que se estende para os objetos exteriores" (Lacan, 1964/2008, p. 165). A realidade se impõe ao prazer e obriga o adiamento ou a antecipação da satisfação. Para se preparar, o organismo deve manter a atenção, registrando os sinais de percepção.

Segundo Lacan (1964/2008), "É de maneira puramente passiva, não pulsional, que o sujeito registra as *aüsseren Reize* [estímulos externos], o que vem do mundo exterior" (p. 187). Mas a sua atividade vem das pulsões parciais. O psicanalista distingue o campo do amor do campo das pulsões no intuito de mostrar que o narcisismo e todos os objetos que vão surgir do lado do prazer tendem a restabelecer a homeostase e, portanto, estão a serviço da pulsão de morte. Já a realidade se distingue por sua separação do campo do princípio de prazer, por sua dessexualização. É por tudo aquilo que não pode ser assimilado ao eu que este eu se atenta ao mundo das percepções. O que não favorece a homeostase e se mantém como desprazer se prende bem mais ao campo do eu, de modo que "o objeto bom de conhecer, e, por isso mesmo, é aquele que se define no campo do *Unlust* [desprazer], ao passo que os objetos do *Lust-Ich* [eu-prazer] são amáveis" (Lacan, 1964/2008, p. 187). De toda forma, não haveria objetos se não houvesse objetos bons e trata-se de saber, portanto, como se dá o conhecimento dos objetos.

Para isso, voltemo-nos para o segundo juízo em jogo no texto da *Negação*. Freud (1925/2007) afirma que importa ao eu não apenas saber se uma coisa (objeto de satisfação) é "boa" e merece ser introjetada, mas também se ela está presente no mundo externo e pode ser apreendida. Dessa forma, a outra função do juízo refere-se à existência da coisa que está sendo representada. No *juízo de realidade*, trata-se de saber se algo que está disponível na forma de uma representação psíquica ("dentro" do *eu*) pode ser reencontrado também na esfera da realidade. A princípio, o eu registra representações de coisas, traços de percepção acústica, sonora, cinestésica... Tais representações soltas, não fechadas em representações de palavra são bem difíceis de serem discernidas. Assim, acreditamos que este juízo tem mais chances de ser bem sucedido ao lidar com representações de palavra. Aliás, é o próprio Freud (1925/2007) quem afirma que "o teste de realidade só entrará em cena quando e se os objetos, que outrora trouxeram satisfação, já tiverem sido perdidos" (p. 149).

Essa perda do objeto nada mais é que a presença do significante incidindo no objeto da satisfação. Diana Rabinovich (2009) ressalta que o símbolo por si só introduz a ausência da coisa, operação própria da linguagem enquanto tal:

> A perda dos objetos de satisfação instala essa possibilidade simbólica, mas essa perda é equivalente à negatividade que a linguagem introduz. Por esta via se abre o acesso à realidade humana e à multiplicidade de seus objetos, objetos que são múltiplos porque o objeto específico da necessidade é abolido pela ação do simbólico (p. 79).

No juízo de existência está em jogo a relação entre a representação e a percepção. Retomando sua construção mítica, Hyppolite (1954/1998) escreve que "'no começo', dá no mesmo, é indiferente saber se há ou se não há. Há. O sujeito reproduz sua representação das coisas a partir da percepção primitiva que teve delas" (p. 899).

Podemos inferir, portanto, que toda representação advém da própria *negação* do objeto como capaz de satisfazer plenamente o eu. Nos termos de Lacan (1964/2008): "A pulsão, apreendendo seu objeto, aprende de algum modo que não é justamente por aí que ela se satisfaz" (p. 165). A *criação do símbolo da negação* permite que o aparelho psíquico consiga se desvencilhar das imposições do princípio de prazer, de forma que "emitir juízos é um desenvolvimento posterior que não se pauta mais pelo princípio do prazer" (Freud, 1925/2007, p. 150). Isto é, *eu* posso considerar a existência de objetos mesmo quando eles não são fontes de prazer.

Freud (1925/2007) afirma que a introjeção ou afirmação [*Bejahung*] seria um substituto [*Ersatz*] da unificação e pertenceria a Eros; enquanto que a negação [*Verneinung*] seria a sucessora [*Nachfolge*] da expulsão [*Ausstossung*], pertencendo ao domínio da pulsão de destruição (cf. Freud, 1925/2007, p. 150). De acordo com Hyppolite (1954/1998): "o que desaparece nesse prazer de negar (desaparecido = recalcado) são os componentes libidinais" (p. 900), de modo que podemos supor um abaixamento da intensidade dos estímulos externos. No final das contas, o que pode ser introjetado é o conteúdo intelectual, o simbólico, já apartado de toda afetividade. Se isto serve à Eros, à pulsão de vida e ao que faz laço social, entendemos que também há intensa atividade pulsional em jogo por parte do sujeito. A questão é que seu afeto "vai passear em outro lugar, onde ele pode" (Lacan, 1964/2008, p. 212), isto é, no campo do Outro.

Esse afeto que não pode ser assimilado, que aponta para um gozo além do princípio de prazer, vai ser encontrado igualmente no significante, como os estudos posteriores de Lacan (1972-73/1985) sobre *alíngua* nos permitem entrever. Entre prazer e gozo, cabe à mãe ousar e dosar[8] a máscara da repetição:

> Não se trata apenas de falar de interdições, mas simplesmente de uma dominância da mulher, na condição de mãe, e mãe que diz, mãe a quem se demanda, mãe que ordena e institui ao mesmo tempo a dependência do homenzinho. A mulher permite ao gozo *ousar* a máscara da repetição. Ela aqui se apresenta como o que é, como instituição da mascarada. Ela ensina seu pequeno a se exibir. Ela conduz ao mais-de-gozar porque mergulha suas raízes, ela, a mulher, como a flor, no gozo mesmo (Lacan, 1969-70/1992, p. 73-74, itálicos nossos).

Quando não se efetiva o símbolo da negação, Freud (1925/2007) destaca o negativismo de alguns psicóticos, o prazer de negar com a retração dos componentes libidinais. Não é isso que estaria em jogo no autismo, em que o sujeito nega o Outro fixando-se nos significantes biunivocamente, reproduzindo a matriz simbólica que impõe a repetição a serviço do (além do) princípio de prazer? Estaria aí a explicação para os automatismos de repetição tão comuns em crianças autistas? Ao não operarem a negação simbólica do objeto podem recusar qualquer objeto diferente oferecido para a satisfação da pulsão ou apegarem-se aferradamente a um objeto qualquer como reprodutor da matriz simbólica. Nota-se, assim, que o autista está na linguagem e pode, inclusive, fazer um uso dela que torna-o *mestre da linguagem*, mestre do significante (Lacan, 1953-54/1979, p. 102). Isso explicaria os autistas de alto funcionamento, outrora classificados como Síndrome de Asperger. Explicaria também, por outro lado, certa interrupção do desenvolvimento cognitivo e estagnação num quadro próximo à debilidade mental:

> No interior desse quadro, bem pode haver representação dos objetos do mundo exterior, escolha e discernimento, possibilidade de conhecimento, em suma, todo o campo do qual se exerceu a psicologia clássica aí está compreendido. Mas nada – e é mesmo por isso que toda a psicologia afetiva, antes de Freud, fracassou – nada ainda representa ali o Outro, o Outro radical, o Outro como tal (Lacan, 1964/2008, p. 189).

[8] No artigo "Um refrão ausente que ressoa no corpo", Vorcaro (no prelo) já atenta para o termo de Lacan em francês, uma vez que *d'oser* pode tanto referir-se a ousar quanto a dosar.

O autista pode operar um conhecimento da realidade, mas como fazer para que o autista tenha interesse pelo Outro? É comum a concepção de que o autista se protege do Outro real por tomar seu gozo como algo avassalador. Com efeito, sem palavras, esse mundo de representações de coisa pode, de fato, tornar-se insuportável. Estaria aí a hipersensibilidade que tem sido verificada nos quadros de autismo?

Quando aborda o caso Dick, de Melanie Klein, Lacan (1953-54/1979) nota que o menino está inteirinho na realidade, no estado puro, inconstituído: "Ele está inteirinho no indiferenciado" (p. 84). A realidade assume um caráter uniforme para Dick: "tudo lhe é igualmente real, igualmente indiferente" (p. 98), pois ele é incapaz de simbolizá-la. "Todo o problema a partir de então é o da junção do simbólico e do imaginário na constituição do real" (p. 90).

PARA CONCLUIR

Independentemente de atribuir um diagnóstico de autismo ou de psicose ao menino Dick, importa-nos a consideração de Lacan (1953-54/1979) sobre uma posição subjetiva da criança em que o simbólico não se articula ao imaginário, impedindo o compartilhamento da realidade. Vale ressaltar que o termo real, nesse contexto, é referente a uma realidade, no caso, uniforme, indiferente, sem alçar, como em 1964, a tomada do Real como traumático. Nessa perspectiva, julgamos valiosa a retomada das ideias de um Outro propriamente simbólico, primariamente incidente no confronto do organismo vivo com a linguagem, capaz de produzir efeitos diferenciais num ritmo de escansões alternantes, configurando o leito da estrutura mínima da linguagem. Tal incidência seria responsável pelo que Lacan (1961-62/2003) localiza como privação operada pela linguagem sobre o organismo, implicando a perda em que o sentido dado pelo Outro rasura e subtrai algo do vivo, doravante condenado ao apagamento. Daí sua hipótese do véu exclusivo (o ser ou o sentido) em que o ser mantém-se subsumido ao sentido do Outro, definindo a escolha forçada pelo sentido do Outro ou a morte (Lacan, 1964/2008). Vemos, portanto, que as alternâncias que primeiramente definiam a privação – estado de tensão em relação ao apaziguamento da satisfação – são componentes do próprio funcionamento simbólico. Em 1964, a privação do objeto da satisfação é elevada à privação do vivo (o ser ou o sentido do Outro) pelo funcionamento estrutural da linguagem (que já implica a mediação da satisfação por meio da oposição diferencial e alternante dos significantes do Outro).

Ressalta-se que este primeiro Outro simbólico mudará de estatuto no tempo da frustração. Ele aparecerá privilegiadamente, para a criança, como um Outro real, ou seja, um personagem concreto e caprichoso, onipotente. Por estar sempre aquém ou além do que é demandado pela criança, em falta ou em excesso, esse Outro real enigmático induz a interrogação da criança sobre o que ele quer, franqueando à criança constatar, no dizer, a distância entre enunciado e enunciação, além da insuficiência dos significantes do Outro para contentá-la. É este o momento em que a criança supre essa falta, cedendo, em sacrifício, uma parte de seu corpo, apressando-se em obturar tal inconsistência do Outro com o que ela tem: uma libra de carne. Nesse movimento, com o Outro agora imaginário, a criança constitui a fantasia ($\$\lozenge a$).

Levantamos a hipótese de que, na posição subjetiva dos autismos, o sujeito fixa-se biunivocamente em significantes, limitando-se a operar a matriz simbólica a serviço do princípio de prazer, trabalhando na busca de sua reprodução pela via dos automatismos de repetição. Ao não operarem a imaginarização da representação, ou seja, a negação simbólica do objeto, recusam qualquer diferença do objeto oferecido para a satisfação narcísica ou defendem-se de mudanças, interpondo um objeto qualquer a que se aferram para reproduzir, em circuito fechado, a matriz simbólica. Inserido na linguagem e colocando-a em operação para seu uso binário, o autista torna-se *mestre da linguagem*, mestre do significante (Lacan, 1953-54/1979, p. 102). Entretanto, assim apurada, a linguagem torna-se código de signos fixos, sem enunciação. Acumulados e empilhados um a um, eles podem franquear abstrações de alta complexidade, como nos autistas de Asperger, ou a interrupção do desenvolvimento cognitivo em sua estagnação, como em autistas débeis. Sem mensagem e sem equívocos, devido a cuidadosa exclusão operada sobre as semelhanças e dessemelhanças do Imaginário, este não se coloca a serviço de sustentar e amortecer a relação do Simbólico ao Real, pois toda representação que ultrapasse a biunivocidade é concebida como Real, inassimilável, e, portanto, fadada à experiência avassaladora da angústia. Vale notar, contudo, que o autista escolhe seus objetos articulados a um modo de defesa que demonstra a insistência de sua subjetivação singular.

REFERÊNCIAS

Ekizian, S.; Lucero, A.; Parlato de Oliveira, E. & Laznik, M.-C. (2017). Bébés à risque d'autisme: l'approche psychanalytique en France et au Brésil. *Psychologues et Psychologies*, n. 248, p. 41-45.

Freud, S. (1995). *Projeto de uma psicologia* (O. Gabbi Jr, trad.). Rio de Janeiro: Imago. (Trabalho original publicado em 1895).

Freud, S. (2004). Formulações sobre os dois princípios do acontecer psíquico. In *Escritos sobre a psicologia do inconsciente* (L. Hanns, trad., vol. 1). Rio de Janeiro: Imago. (Trabalho original publicado em 1911).

Freud, S. (2006). O Inconsciente. In *Escritos sobre a psicologia do inconsciente.* (L. Hanns, trad., vol. 2). Rio de Janeiro: Imago. (Trabalho original publicado em 1915).

Freud, S. (2007). A Negativa. In *Escritos sobre a psicologia do inconsciente* (L. Hanns, trad., vol. 3). Rio de Janeiro: Imago. (Trabalho original publicado em 1925).

Hyppolite, J. (1998). Comentário falado sobre a "Verneinung de Freud. In J. Lacan, *Escritos.* Rio de Janeiro: Jorge Zahar. (Trabalho original publicado em 1954).

Klein, M. (1991). Notas sobre alguns mecanismos esquizoides. In *Inveja e Gratidão.* Rio de Janeiro: Imago. (Trabalho original publicado em 1946).

Lacan, J. (1979). *O Seminário, livro 1: os escritos técnicos de Freud (1953-54).* Rio de Janeiro: Zahar.

Lacan, J. (1985). *O Seminário, livro 20: mais, ainda (1972-73).* Rio de Janeiro: Jorge Zahar Editor.

Lacan, J. (1992). *O Seminário, livro 17: o avesso da psicanálise (1969-70).* Rio de Janeiro: Jorge Zahar Editor.

Lacan, J. (1995). *O Seminário, livro 4: a relação de objeto (1956-57).* Rio de Janeiro: Jorge Zahar Editor.

Lacan, J. (1997) *O Seminário, livro 7: a ética da psicanálise (1959-60).* Rio de Janeiro: Jorge Zahar.

Lacan, J. (1998). O estádio do espelho como formador da função do eu. In *Escritos.* Rio de Janeiro: Jorge Zahar Editor. (Trabalho original publicado em 1949).

Lacan, J. (1998). Introdução ao comentário de Jean Hyppolite sobre a *Verneinug* de Freud e Resposta ao comentário de Jean Hyppolite sobre a *Verneinug* de Freud. In *Escritos*. Rio de Janeiro: Jorge Zahar Editor. (Trabalho original publicado em 1954).

Lacan, J. (1998). A direção do tratamento e os princípios de seu poder. In *Escritos*. Rio de Janeiro: Jorge Zahar Editor. (Trabalho original publicado em 1958a).

Lacan, J. (1998). A significação do falo. In *Escritos*. Rio de Janeiro: Jorge Zahar Editor. (Trabalho original publicado em 1958b).

Lacan, J. (1999). *O Seminário, livro 5: as formações do inconsciente (1957-58)*. Rio de Janeiro: Jorge Zahar.

Lacan, J. (2003). *O Seminário, livro 9: a identificação (1961-62)*. Recife: Centro de Estudos Freudianos do Recife.

Lacan, J. (2005). *O Seminário, livro 10: a angústia (1962-63)*. Rio de Janeiro: Jorge Zahar.

Lacan, J. (2008). *O Seminário, livro 3: as psicoses (1955-56)*. Rio de Janeiro: Zahar.

Lacan, J. (2008). *O Seminário, livro 11: os quatro conceitos fundamentais da psicanálise (1964)*. Rio de Janeiro: Jorge Zahar Editor.

Laznik, M.-C. (2004). *A voz da sereia: O autismo e os impasses na constituição do sujeito*. Salvador: Ágalma.

Lévi-Strauss, C. (1974). Introdução à obra de Marcel Mauss, in M. Mauss, *Sociologia e Antropologia* (vol. II, pp. 1-48). São Paulo: Editora Pedagógica e Universitária da USP. (Trabalho original publicado em 1947).

Lucero, A. & Vorcaro, A. (2016). Angústia e constituição subjetiva: do objeto não significantizável ao significante. *Revista Subjetividades, 16*(2), 60-70. Fortaleza: UNIFOR.

Lucero, A. & Vorcaro, A. (no prelo). Do objeto parcial ao significante fálico: uma leitura lacaniana de Melanie Klein. *Psicologia em Revista* (PUC-MG).

Mauss, M. (1974). Ensaio sobre a dádiva. In *Sociologia e Antropologia* (vol. II, p. 37-184). São Paulo: Editora Pedagógica e Universitária da USP. (Trabalho original publicado em 1923-24).

Miller, J.-A. (1995). *A Lógica na direção da cura*. Belo Horizonte: Seção Minas Gerais da EBP do Campo Freudiano.

Pommier, G. (2004). *Qué es ló "real": ensayo psicoanalítico*. Buenos Aires: Nueva Visión.

Rabinovich, D. (2009) *O conceito de objeto na teoria psicanalítica*. Rio de Janeiro: Cia. de Freud.

Vorcaro, A. (1997). A criança na clínica psicanalítica. Rio de Janeiro: Companhia de Freud.

Vorcaro, A. (2008). Topologia da formação do inconsciente: o efeito sujeito. *Estudos Lacanianos, 2*(3), 45-62.

Vorcaro, A. & Lucero, A. (2015). O objeto transicional de Winnicott na formação do conceito de objeto *a* em Lacan. *Natureza Humana, 17*(1).

Vorcaro, A. (no prelo). Um refrão ausente que ressoa no corpo. In: Burgareli,C. (org.) *Padecer do significante*, UFG/Mercado das letras.

Winnicott, D. W. (1975). Objetos transicionais e fenômenos transicionais. In *O Brincar & a Realidade*. Rio de Janeiro: Imago. (Trabalho original publicado em 1951)

Capítulo 2

OS (DES)ENCONTROS DO *INFANS* COM A LINGUAGEM

Alice Oliveira Rezende
Ângela Maria Resende Vorcaro

Este trabalho pretende se aproximar dos primeiros (des)encontros da criança com a linguagem a partir de algumas considerações de Freud e Lacan. Confrontaremos a observação freudiana acerca das articulações dos primeiros balbucios, experimentados, segundo Freud (1905/1992), como prazer do *nonsense,* com a problemática das psicopatologias graves da infância.

Diante do testemunho de grande constrangimento que alguns bebês vivenciam precocemente com a fala do agente materno e de seu entorno, investigaremos os destinos dos (des)encontros entre o *infans* e a linguagem, na qual ele é imerso desde o nascimento. Buscamos nos aproximar do efeito original das palavras sob o ser, interrogando a ideia freudiana de que tratar-se-ia de um "óbvio prazer" (cf. Freud, 1905/1992, p. 120). Pretendemos, assim, sustentar a hipótese de que o modo como cada criança apreende as imagens sonoras institui seu modo singular de fazer equívocos com a linguagem. Trata-se do que Lacan (1972-73/1982) nomeou *lalíngua*[1], configurando o mal entendido estrutural entre os falantes no cerne do laço social.

[1] O neologismo *lalíngua* refere-se ao efeito do primeiro modo de intervenção da linguagem, abarcando o modo como a linguagem foi falada e entendida singularmente. Trata-se de um equívoco matricial que ressoará em formas do dizer e a partir do qual o saber elocubrará

O *INFANS* E O MANHÊS

Freud não escapou ao encontro com o enigma que nos coloca o ser falante. Embora o fundador da psicanálise não tenha esclarecido como o *infans* vem a falar a partir do balizamento do mundo que habita por meio da linguagem, podemos reconhecer, em sua obra, um esforço teórico para conceber a implantação da linguagem no ser.

Crianças acometidas por desastres na constituição subjetiva, classificadas genericamente no campo das psicopatologias graves da infância, nos convocam a problematizar a condição dos sujeitos que permanecem *infans* a partir do que a psicanálise nos ensina. Esta circunstância coloca em xeque quais as conjunturas em que o neonato, frágil organismo, que dispõe, inicialmente, de um sistema nervoso precário, tomaria uma posição de enunciação.

Supõe-se que a criança, originalmente, jubila com o dito *manhês*, ou seja, a fala simplificada emitida pelo agente materno. Como disserta Catão (2009), a partir de Fernald (1989), Ferreira (1990) e Laznik (2000), em diversas línguas e culturas nos certificamos da comparência deste uso específico da língua pela mãe ao dirigir-se ao filho. Afinal, assistimos ao efeito de interação entre o agente materno e o neonato provocado pela conformação acalentadora que distorce e estabelece uma toada de melopeia à língua.

Assim, o abastamento das marcas *prosódicas* que circunscrevem o *manhês*, quais sejam: exacerbação da entonação e do timbre da voz; linha melódica; lentificação; silabação e inflexão à fala e proeminência das vogais, parecem fazer face à frugalidade da *sintaxe* e do *léxico* gramaticais dessa *fala maternante*. Na vertente *sintática*, observa-se a predominância de "frases curtas e independentes, paradas durante o enunciado", repetição (da mesma palavra); e, ainda, as características *lexicais*: simplificação

(Lacan, 1972-73/1982). Em *O Seminário, livro 20: mais ainda*, a tradução optou pelo termo *alíngua*. Entretanto, utilizaremos, preferencialmente, a tradução de *lalangue* por *lalíngua*, como consagrado por Haroldo de Campos. Geralmente, o prefixo "a", em português, tem um sentido privativo que se diferencia do artigo feminino "la" empregado por Lacan. Como adverte Haroldo de Campos, a tradução por *alíngua* pode produzir um sentido adverso daquele pretendido. Para aprofundar na temática de *lalíngua* cf. Vorcaro, A. M. R. & Rezende, A. O. (2016). Holófrase e *lalíngua*. In N. V. A. Leite & S. Aires (Orgs.). *Prática da letra, uso do inconsciente*. (pp. 241-258). Curitiba: CRV.

morfológica, reduplicação, multifuncionalidade das palavras e uso de diminutivos (Catão, 2009, p. 163).

A este uso específico de modulação da voz, muitas vezes, se articulam efeitos na expressão corporal do agente materno: um olhar particularizado à criança, abundância de gesticulação e expressões faciais, movimentos rítmicos e, finalmente, o toque corpo a corpo com o bebê. Jean Piaget (1945/1975) denominou a imitação gestual articulada ao mimetismo vocal entre o agente materno e a criança de ecopraxia, considerando-a como uma fase fundamental para que o sentido advenha.

Em nossa perspectiva, ao se dirigir ao lactente, a mãe interpretaria seu corpo, supondo uma presença subjetiva, o que comparece nas escanções da fala materna, que ora aguardam a enunciação do sujeito, ora falam por ele, até que este possa vir a tomar seu lugar na enunciação. Esta hipótese é ancorada nas observações de Freud (1895/1996) quanto à exiguidade do *grito* do bebê enquanto *descarga de tensão* para possibilitar o alívio, convocando um agente [*Nebenmensch*], uma "*ajuda alheia*" para realizar uma "*ação específica*", efetuando a mítica *experiência primária de satisfação*:

> O preenchimento dos neurônios nucleares em Ψ terá como consequência um esforço de eliminação, uma *incitação* para obter alívio na direção do caminho motor. De acordo com a experiência, a via para a *alteração interna* (*expressão das emoções, gritos, inervação vascular*) é aquela em que inicialmente se entra. Mas toda essa eliminação, como exposto acima, não tem êxito em aliviar, pois a recepção do estímulo endógeno, no entanto, *continua e restabelece a tensão em Ψ*. Aqui um cancelamento de estímulo só é possível através de uma intervenção que, por um certo tempo, remova no interior do corpo a liberação de Qn; e essa intervenção exige uma alteração no mundo externo (aprovisionamento de alimento, proximidade do objeto sexual), que, enquanto *ação específica*, só se pode efetuar a partir de determinados caminhos. *O organismo humano é no início incapaz de levar a cabo a ação específica. Ela se efetua por ajuda alheia*, na medida em que, através da eliminação pelo caminho da alteração interna, um indivíduo experiente atenta para o estado da criança. Esta via de eliminação passa a ter, assim, a função secundária, da mais alta importância, de *comunicação, e o desamparo inicial dos seres humanos é a fonte originária* de todos os *motivos morais* (Freud, 1895/1996, p. 31-32; itálicos nossos).

Portanto, na resposta do agente materno ao desamparo inicial da criança que *grita* se situa o germe da "comunicação" e a "fonte de todos os motivos morais" do humano. Contudo, a hipótese do *manhês* defende que seria uma determinada modalidade de fala que fisgaria o *infans* na linguagem, e não uma resposta ao *grito*, como afirmou Freud.

Vale salientarmos os apontamentos de Ferreira (2010) quanto ao caráter de "exceção às regras da língua padrão" e ao "sem sentido" que o *manhês* comporta. Segundo a autora, nesse uso da língua tratar-se-ia de uma invenção própria à "loucura necessária das mães" (cf. Winnicott, 1979/1988), à medida que transgride as leis gramaticais, "tocando o impossível, o real da língua" (Ferreira, 2010, p. 65).

Via de regra, o *manhês* capta a atenção dos bebês pelo prazer que ele veicula, o que seria constatado desde a vida intrauterina. Tal afirmação é dada a ver no contexto em que qualquer outro adulto assume a função de cuidador do neonato, orientando seu cuidado pelo balanço dos corpos associado às emissões prosódicas, que incluem as típicas "cantigas de ninar". Se em um primeiro momento a criança pode opor-se a este acolhimento, por não reconhecer a mãe, na maior parte das vezes ela cede com regozijo a oferta daquele que opera na função de agente materno. Assim, ao oferecer o próprio corpo como marcador do ritmo que embala o *infans*, o agente cuidador procura sincronizar-se à criança, possibilitando ressoar em seu corpo o que Freud (1905/1992) denominou de "prazer do *nonsense*" (cf. Vorcaro, 2016, inédito).

Esse modo de interação com o bebê será posteriormente elevado a uma segunda potência a partir do momento em que a criança é surpreendida pela modificação do andamento do jogo corporal e vocálico. O *infans* passa, então, a *esperar a surpresa,* engajando-se em um funcionamento fora do tempo previsto, demandando para que a brincadeira seja repetida (Vorcaro, 2016, inédito).

Por um lado, indagamos se o interesse do neonato pela musicalidade da voz materna relacionaria-se ao fato de que a "protoconversação" permitiria uma certa "adequação da mãe às necessidades do bebê" (Catão, 2009, p. 164), isto é, às incipientes condições do seu aparelho perceptivo; por outro lado, essa experiência testemunha a potência do agente materno ao inocular a linguagem na criança.

Mesmo considerando a importância de destacar, no discurso, o termo significativo, ou seja, tomando o relato por um apólogo, uma prosopopéia por uma interjeição direta, um lapso por uma declaração complexa, "ou até o suspiro de um silêncio por todo o desenvolvimento lírico que ele vem a suprir" (Lacan, 1953/1998, p. 253), Lacan não imputou ao *manhês* um estatuto privilegiado, tratando-o, ao contrário, na perspectiva de uma ilusão alienante.

Assim, Lacan (1955/1998) abordou o *manhês* pela designação de *babyish* [tatibitate], reconhecendo nesta modalização da fala uma posição "sem a qual os pais prevenidos não acreditam poder induzir suas razões elevadas as pobres criancinhas que é preciso manter sossegadas!" (p. 426). Da mesma forma, ele aponta (1961-62/2003), na fala *babyish*, a tolice própria que denota *o sentimento de superioridade do adulto em relação à criança.* Tal especificidade é comparada a um tipo de língua chamada *pidgin:*

> pidgin, quer dizer, esses tipos de línguas constituídas quando entram em relação duas espécies de articulações linguageiras, os partidários de uma se consideram, ao mesmo tempo, na necessidade e no direito de usar certos elementos significantes que são da outra área, com o propósito de servir-se deles para fazer penetrar na outra área um certo número de comunicações próprias de sua área, com esse tipo de preconceito de que se trata, nessa operação, de fazê-los aceitar, de lhes transmitir categorias de uma ordem superior (Lacan, 1961-62/2003, p. 45).

O *pidgin* é dicionarizado como uma "língua compósita, nascida do contato entre falantes de inglês, francês, espanhol, português etc. com falantes dos idiomas da Índia, da África e das Américas, servindo apenas *como segunda língua para fins limitados, esp: comerciais*" (Houaiss & Salles, 2001, p. 2209; itálicos nossos).

Dessa forma, a aproximação que Lacan (1961-62/2003) estabeleceu entre o *babyish* [*manhês*] e o *pidgin* indica justamente um artifício para fins comerciais. Consideramos, pois, que embora o *manhês* seja um recurso para o estabelecimento de uma troca de valores introduzida na economia psíquica do *infans,* este não é essencial para a constituição do sujeito. Afinal, em psicanálise, não se trata de compreender uma vivência, mas de articular um móbil por meio da notação de uma relação estrutural, evitando o engano da compreensão imaginária, ao reduzir a vivência aos termos significativos que a estruturam. Este método implica o recurso a decantação da singularidade do traço que se introduz imperativamente no real do vivente. O sujeito se arranjará nesta condição, qual seja, de que há entre ele e o real o campo do significante, anterior a tudo o que ele pode elaborar ou compreender. Trata-se do Outro (A), reconhecido pelo sujeito angustiado antes de distinguir sua posição no desejo do Outro (cf. Lacan, 1962-63/2005, p. 27).

A despeito de o *manhês* comparecer como um semblante frequente nas relações do adulto com a criança, pretendemos ultrapassar a especificidade do *manhês* para situar a função estruturante da fala dirigida à criança. Seja pronunciado em *manhês* ou em qualquer outra modalidade de fala, é a estrutura da linguagem que se coloca em jogo, muito além de uma consistência aparentemente facilitadora.

Esta perspectiva vem de encontro ao que Ferenczi (1933/1992) nos alerta em seu ensaio "Confusão de língua entre adulto e criança":

> por trás do amor de transferência, submissão ou adoração de nossos filhos, pacientes, alunos, o desejo nostálgico de libertação desse amor opressivo. Se ajudarmos a criança, o paciente ou o aluno a abandonar essa identificação e a defender-se dessa transferência tirânica, pode-se dizer que fomos bem sucedidos em promover o acesso da personalidade a um nível mais elevado.... Sabemos há muito tempo que o amor forçado, e também as medidas punitivas insuportáveis, têm um efeito de fixação (p. 104).

Para o autor húngaro, a agressividade do analisando em relação ao analista teria sua gênese na inevitável opressão sofrida na infância em função da condição assimétrica da criança em relação ao adulto. Interessa notar que, diante disso, ele proponha que, em tais momentos de agressividade, o analista se apresente falível, incompleto e palpável ao sujeito. Frisamos que essa orientação permanece fundamental à clínica de psicopatologias graves da infância, na qual os sujeitos não dispõem de recursos simbólicos para barrar o Outro, o que provoca grande devastação.

O insuportável desta assimetria entre adultos e crianças pode ser verificado no testemunho de alguns autistas que, quando bebês, sofriam grande incômodo diante do *manhês*. É o que conduz nossa interrogação sobre a face de angústia diante da invasão que o acolhimento materno causa a todo ser falante. Dessa indagação desdobra-se outra problemática, igualmente relevante: para algumas crianças, a experiência de captura pela fala materna é insuficiente para que a linguagem a cative e, para outras crianças, ainda, é profundamente aterrorizante.

Para lidar com estas questões, comecemos por rememorar a experiência de estar diante de uma língua totalmente estrangeira para nós (mesmo que já transitemos numa língua), tentando separar suas palavras: fatalmente constataremos a impossibilidade de distinguir as unidades da frase do que advirá, a aglutinação de algumas palavras em uma única ou mesmo a segmentação de uma palavra em muitas.

Por isto, não é difícil notar que um ser recém-introduzido na linguagem não dispõe de recursos simbólicos que lhe permitam discretizar corretamente (em conformidade com a língua pátria) as unidades da língua. Afinal, a incipiente experiência junto ao semelhante ainda é insuficiente para desenvolver a necessária atenção que lhe facultaria distinguir e concatenar os elementos da língua. O que o *infans* diferencia como unidade é, em verdade, um bloco privilegiado por ele singularmente, a partir do modo como apreende as imagens sonoras (em termos lacanianos: *lalíngua*). Localizar essa captura em função do *manhês*, ou seja, da especificidade da língua facilitada do adulto que lhe dirige a fala, é supor, a princípio, que o *infans* dependa de uma simplificação oferecida pelo agente materno para ouvir a língua que o atinge. O que sobressalta no privilégio dado ao *manhês* gira em torno da questão: teria o adulto algum controle sobre o modo como a linguagem ressoa na criança? Poderíamos escolher a qualidade a ser privilegiada na modalidade de fala dirigida ao *infans* para que ele escute melhor? Tratar-se-ia da repetição privilegiada de algumas emissões, seria a tonalidade, o timbre, o gesto vocal, a altura ou a frequência da fala que fisgaria o ser no anzol da linguagem?

O que o *manhês* espontaneamente veiculado pelo agente da função materna pode nos ensinar é, talvez, o que ele ressalta da magnitude quanto a imposição de interrupções e segmentações tributárias de toda língua anunciando sua composição descontínua. É nas fendas da língua que o sujeito poderá advir. Focalizando seus flancos ao mesmo tempo em que os disfarça ludicamente, o agente materno seduz o *infans* a se deixar capturar pela linguagem. Contudo, a particularidade das escanções estabelecidas pelo agente materno não coincidem àquelas capturadas pelo *infans* em sua *lalíngua*.

Estamos, então, diante da indubitável assimetria entre o adulto e o *infans*. Aquele dispõe de uma bagagem, uma reserva de cultura que lhe permitirá reconhecer, interpretar e suprir o signo do que toma como mal-estar do neonato, inoculando, assim, o simbólico. Seria a discrepância colossal entre o agente materno e o bebê que franqueia a inscrição da matriz da linguagem na criança? Consideremos a perturbação provocada pelas manifestações da demanda do adulto endereçadas ao autista, em que uma mensagem ultrapassa o código ao convocar diretamente uma interpretação relativa ao querer do Outro [*Che vuoi?*]. Nesse caso, não seria, como quis Ferenczi (1933/1992), a discrepância entre adulto e *infans* que devasta o autista, mas a defasagem interna ao discurso do adulto: entre enunciado e enunciação, entre código e mensagem, entre demanda e desejo, que exigem um posicionamento subjetivo.

Vale ressaltar a observação de Maleval (2009/2017): na medida em que o manhês consiste especialmente em falar no lugar do bebê, aquele que fala não afirma uma presença enunciativa, tornando o autista suscetível ao manhês. Ao contrário, diante da afirmação de uma enunciação que intima a manifestação do bebê, exacerbando o gozo vocal, crianças autistas se desviam. Tal observação de Maleval, baseada nas constatações de Laznik (2007), nos exige considerar a função da clivagem entre a "enunciação" e a "melodia sem enunciação", própria ao manhês.

AS PRIMEIRAS ASSOCIAÇÕES SONORAS OU O MODO SINGULAR DE PRODUZIR EQUÍVOCOS

Em "Sobre a concepção das afasias: um estudo crítico", Freud (1891/2014) inaugura a tese do primeiro aparelho de linguagem [*Spracheapparat*], anterior à formalização de aparelho psíquico, propondo que os elementos sensoriais (impressões) e os elementos psíquicos (representações), apesar de distintos, participam de um mesmo processo, não decomponível. Assim, as "sensações" e as "associações", ao serem transmitidas por meio de rumos específicos no "córtex", viabilizariam o recurso à memória e à articulação falada. Freud (1891/2014) está diante do enigma da transposição e enodamento entre os registros do "mundo interno" e o "mundo externo", entre os processos fisiológicos e os psíquicos, entre o organismo e a linguagem:

> A cadeia dos processos fisiológicos no sistema nervoso provavelmente não tem uma relação de causalidade com os processos psíquicos. Os processos fisiológicos não terminam simplesmente onde os

> psíquicos se iniciaram. Na verdade, a cadeia fisiológica continua, só que cada membro da mesma (ou alguns membros individuais) corresponde, a partir de um dado momento, a um fenômeno psíquico. Com isso, o processo psíquico é um processo paralelo ao fisiológico ('*a dependente concomitant*') (Freud, 1891/2014, p. 72).

Podemos entrever que o psicanalista localiza algo da experiência corporal da linguagem, de seu aspecto traumático que avança sobre o organismo, implantando-se, tomando corpo. Nesse esforço, distingue duas *representações: de palavra* [*Wortvorstellung*] *e de objeto*[2] [*Objektvorstellung*]. Nos termos de Freud (1891/2014):

> A representação-palavra aparece como um complexo representativo fechado; a representação-objeto, por sua vez, como um aberto. *A representação-palavra não está ligada à representação-objeto a partir de todos os seus componentes, mas apenas a partir da imagem acústica. Entre as associações de objetos, são as visuais que representam o objeto de forma semelhante à forma como a imagem acústica representa a palavra.* As ligações da imagem acústica da palavra com outras associações de objetos que não as visuais não estão aqui indicadas (p. 95; itálicos nossos).

E, de acordo com a ilustração proposta pelo autor:

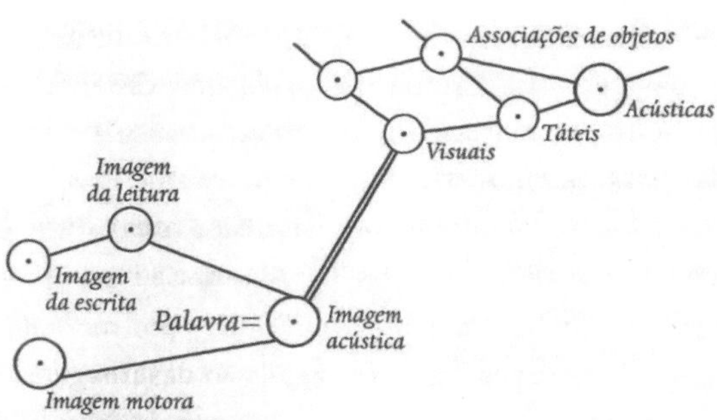

Figura 1 - "Esquema psicológico da *representação-palavra*"
Fonte: Freud (1891/2014, p. 95).

[2] Garcia-Roza (2014) afirma: "O que Freud chama de "representação-objeto" (*Objektvorstellung*) no texto de 1891 corresponde à "representação-coisa" (*Sachevorstellung*) no artigo *O inconsciente*, de 1915 e o que em 1915 ele chama de "representação-objeto" (*Objektvorstellung*) é a articulação da representação-coisa (*Sachevorstellung*) com a representação-palavra (*Wortvorstellung*). Em a *Interpretação de sonhos* e em *Luto e melancolia*, ele emprega ainda o termo *Dingvorstellung* (representação-coisa) como sinônimo de *Sachevorstellung* (cf. nota de J. Strachey em *AE*, vol. 14, p. 198 e 204)" (p. 152).

Freud (1891/2014) constata, nas afasias, que as falácias, os equívocos, o impossível do reconhecimento do objeto por meio da linguagem apresenta-se desde as primeiras relações do *infans* com a linguagem, o que lhe permitiu sobrepujar o binarismo normal *versus* patológico, tão comum nas ciências.

Assim, a criança funcionaria, primeiramente, do mesmo modo que um paciente acometido por afasia motora, pois, antes de pactuar com a linguagem coletiva e servir-se dela para a comunicação, o *infans* cria uma linguagem sem função comunicativa, falando e escutando suas próprias emissões sonoras. Ainda que seja apenas um único som, os primeiros balbucios têm o estatuto de fala, na medida em que se remetem à concatenação de sonoridades verbais do que foi ouvido e capturado do mundo simbólico que baliza o neonato:

> Nós aprendemos a falar ao associarmos uma "imagem acústica verbal" a uma "sensação da inervação verbal". Quando falamos, nos apossamos de uma "representação motora da fala" (sensações centrípetas dos órgãos da fala), de forma que a palavra, para nós, é duplamente determinada em termos motores. Dentre os dois elementos determinantes, o primeiro, a representação da inervação verbal, parece ter menor valor psicológico. Tanto que sua existência como fator psíquico pode ser realmente contestada. Além disso, depois de falar, nós obtemos uma "imagem acústica" da palavra dita. Enquanto ainda não desenvolvemos nossa linguagem, essa segunda imagem acústica não precisa ser idêntica à primeira, apenas associada a ela. *Nesse estágio (do desenvolvimento da linguagem infantil) nós nos servimos de uma linguagem criada por nós mesmos, comportando-nos como pessoas com afasia motora, na medida em que associamos diversas sonoridades verbais a um único som produzido por nós* (Freud, 1891/2014, p. 90-91; itálicos nossos).

Em outra vertente, o estudo de Heller-Roazen (2005/2010), a partir de Roman Jakobson[3], nos esclarece vários aspectos das primeiras circulações da criança na linguagem: antes de falar efetivamente uma língua, há o período denominado de "ápice do balbucio" [*die* Blüte *des Lallens*], no qual a criança é capaz de articular praticamente todos os sons conhecidos, inclusive aqueles que não serão jamais encontrados nas

[3] Jakobson, R. (1941). *Child language, afasia, and phonological universals.*

línguas humanas. Contudo, a partir do momento que a criança começa a usar a língua, há uma atrofia parcial do repertório fônico. Se esta redução é justificada na linguística pela inutilidade de todas as emissões sonoras para se comunicar, podemos supor a incidência de uma restrição de gozo do vivo, em função da transmissão cultural. Como aponta Jakobson nesse estudo, ocorre uma amnésia fônica de sons emitidos pela criança mesmo que estes sejam comuns à língua do adulto que se dirige a ela. Trata-se, sem dúvida, de um esquecimento, não da língua, mas da habilidade supostamente infinita para a articulação sonora indiferenciada. A partir desse apagamento, o balbucio passa a ter um estatuto de fala, precipitando a aquisição de uma língua própria:

> Entre os ruídos do bebê e as primeiras palavras da criança, não apenas não há uma clara passagem, mas, pelo contrário, existem evidências de uma interrupção decisiva, algo como um salto no qual as habilidades fonéticas ilimitadas do primeiro parecem vacilar (Heller-Roazen, 2005/2010, p. 8).

Não há conceito sem significação, não há significação sem palavra, tampouco há pensamento anterior às palavras, pois a linguagem está presente desde o começo (Rosa, 2014). Ao nascer, o *infans* não conta com um aparelho psíquico pré-formado que lhe permitiria o registro e a memória de suas experiências. Lacan (1949/1998) indica a especificidade da prematuração nos primeiros meses neonatais: "essa relação com a natureza é alterada, no homem, por uma certa deiscência do organismo em seu seio, por uma discórdia primordial traída pelos sinais de mal-estar e falta de coordenação" (p. 100). Trata-se, objetivamente, do inacabamento anatômico do sistema piramidal gerando um longo período de dependência aos cuidados de outrem, com a série de consequências subjetivas aí implicadas.

Fundamentados nesses argumentos, asseveramos que o *infans* não poderia, a princípio, discretizar unidades da língua e, portanto, articulá-las, concatenando-as. O destaque dado por Lacan (1972-73/1982) à manifestação do que nomeia como *lalíngua*[4], neologismo cunhado o mais

[4] "É na *alíngua* e não alhures, no que ela é interrogada como linguagem, que se destaca a existência daquilo que uma lingüística primitiva designou elemento, e isso não é por nada... O Um encarnado em *alíngua* é algo que resta indeciso entre o fonema, a palavra, a frase, mesmo todo o pensamento" (Lacan, 1972-73/1982, p. 196).

próximo possível da lalação, considera que o modo como cada bebê articula os sons deve-se à captura de um determinado bloco do jogo sonoro. Sem conformidade com a língua pátria, tal bloco irá configurar o seu modo singular de produzir equívocos com a linguagem, estruturando o mal entendido entre os falantes no cerne do laço social.

PRAZER DO *NONSENSE*?

As crianças, assim como alguns ditos "doentes mentais", sofrem, primeiramente, a repercussão do eco da assonância[5] em detrimento do sentido da língua. Na origem, as palavras excitam o corpo por meio do som e do ritmo, ressoando uma carga afetiva, produzindo e demarcando o que Freud (1905/1992) nomeou como satisfação. A esse modo de intervenção da linguagem no corpo da criança, Freud (1905/1992) denominou de prazer do *nonsense*, também observável em alguns doentes mentais. Trata-se da concatenação e reprodução do que foi ouvido em função da assonância que excita o corpo, ecoando uma carga afetiva, sem qualquer intenção comunicativa. O *nonsense* está no centro da relação entre o mundo sensorial e a linguagem, onde a criança lida primeiramente com as palavras fora do sentido (cf. Freud, 1905/1992, p. 115-120).

De acordo com a suposição feita por Clerc (2007), a assonância produziria um gozo, mas também uma ruptura que possibilita a incorporação imagética à matéria da língua. Ademais, embora os adultos e o laço social operem restrições ao prazer do *nonsense*, esse seria passível de resgate nas formações do inconsciente, retornando sob a forma de chiste (Freud, 1905/1992). Diante do equívoco provocador do riso, vale problematizar a hipótese na qual o entrecruzamento da semelhança das palavras (homofonia) com a semelhança de sentido (sinonímia) se dá quando a expectativa da criança já encontra-se submetida pela interdição do gozo primordial irrestrito com a mãe:

[5] De acordo com a definição do *Dicionário Houaiss da língua portuguesa*: "1 semelhança ou igualdade de sons em palavras próximas 2 ESTL uso do mesmo timbre vocálico em palavras distintas, esp. no final das frases que se sucedem 3 ESTL na prosa ou na poesia, repetição ritmada da mesma vogal acentuada para obter certos efeitos de estilo (p. ex., *ardem na alvorada as matas destroçadas*) 4 VRS qualidade sonora das rimas toantes" (Houaiss & Salles, 2001, p. 324).

> Desta forma, a incidência do gozo na língua implicaria o atravessamento da língua materna pela fala maternante privada do laço primário. Com a noção lacaniana de lalíngua, podemos afirmar que o gozo do nonsense adviria da passagem de fragmentos da fala materna secreta para o registro da língua materna. Tal hipótese é autorizada por Freud, que aponta que o efeito de prazer do ritmo ou da rima se atém ao prazer do nonsense, cuja repressão os rarefaz, no adulto (Vorcaro, 2016, inédito, § 50).

A partir de Vivés (2016/comunicação pessoal), considera-se que, em determinadas patologias da linguagem, não teria ocorrido esse apagamento necessário da *fala maternante* (independentemente da prosódia materna ser ou não expressa em manhês), permanecendo intacto o gozo do *nonsense*. Esse fenômeno seria testemunhado em uma série de casos, tais como: na *disfluência* da gagueira; nos *tiques* pontuadores da fala; nas *holófrases;* nos autismos; nas psicoses; na debilidade e em alguns fenômenos psicossomáticos.

O grande especialista em linguagem infantil, Kornej Čukovskij (1966/1971) reforça o argumento de que o ingresso da criança no funcionamento da língua depende de sua penetração em traços poéticos, como relatado por Heller-Roazen (2005/2010), lembrando que todas as crianças saudáveis encontram uma alegria particular no exercício da rima: "A estruturação de rimas aos dois anos de idade é uma etapa regular de nosso desenvolvimento linguístico. As crianças que não passam por esses exercícios linguísticos são anormais ou estão enfermas" (Čukovskij, 1966/1971, p. 301, tradução nossa[6]).

Nesse momento há a articulação de palavras em função da rima, sem qualquer preocupação com a produção de sentido. Encontramos a expressão de neologismos para concatenar com outras palavras existentes, ou mesmo a criação de uma cadeia de fonemas rimados e desprovida de significação, mas visando justamente a obter o gozo do *nonsense*.

As crianças pequenas e os portadores de retardo mental respondem mais pronunciadamente às palavras a partir de um traço sonoro, em detrimento de relações gramaticais ou semânticas (Sanches &

[6] No original: "la formación de rimas a los dos años de edad es una etapa regular de nuestros desarrollo linguístico. Los ninõs que no pasan por esos ejercicios linguísticos son anormales o están enfermos" (Čukovskij, 1966/1971, p. 301).

Kirschenblatt-Gimblett, 1976). Seguindo essa investigação, Jakobson e Waught (1979/1987) ressaltam a importância das "*rimas para contar*", chamadas pelos estudiosos franceses do tema de "*glossolalie ludique*". Trata-se do modo preliminar com o qual as crianças distribuem as funções dos participantes de uma brincadeira por meio de uma música ou rima[7].

Tendo em vista que os balbucios do recém-nascido visam ao deleite produzido pela experiência sonora, pode-se afirmar que eles colocam em jogo um modo particular de associação da *representação de palavra* [*Wortvorstellung*], mais ligada às articulações externas do que às internas. A similaridade fônica, as onomatopeias, as rimas, os trocadilhos, os jogos de palavras, próprios às brincadeiras infantis, sofreriam os efeitos de interdições oriundas da gramática específica à língua materna e do próprio pacto social, manifestando-se, mais tarde, por meio de processos de condensação e deslocamento. Em termos freudianos:

> As representações que transferem suas intensidades umas às outras se encontram nas *relações mais frouxas* entre si e são ligadas por aqueles tipos de associação desdenhados pelo nosso pensamento e deixados apenas para uso no efeito chistoso. São consideradas equivalentes umas às outras, em especial, as associações baseadas na homofonia e na literalidade (Freud, 1900/2012, p. 624).

Assim, o recurso à *representação de palavra* pode substituir a representação da imagem, ligando-se por similitude e acentuando a distinção, a dessemelhança, o singular. Eis a lógica que sustém a afirmação freudiana de que, na infância, *as palavras são tratadas como coisas*, à medida que o sujeito desliza entre os vocábulos em função da similaridade fônica, do ritmo, da rima, produzindo por vezes equívocos cômicos para os adultos. Da mesma forma,

> Ocasionalmente o trabalho do sonho trata as palavras como as coisas, e cria, então, falas ou neologismos 'esquizofrênicos' muito semelhantes... Se nos perguntamos o que empresta à formação

7 Tal como encontrado no popular jogo brasileiro de palavras: "Uni duni te, Salamê minguê, Um sorvete colorê, O escolhido foi você", ou ainda em alguns jogos de sons que as professoras utilizam para convocar as crianças a uma atividade.

substitutiva ao sintoma esquizofrênico esse caráter estranho, compreendemos que é a predominância da referência à palavra sobre a referência à coisa (Freud, 1915/2010, p. 143).

Freud (1920/2010) assinala que as concatenações de sentido efetuadas pelas representações de palavras são posteriores e estão condicionadas à fixação anterior de cargas de energia livre, pois na gênese do sujeito não há o recurso à representação de palavra [*Wortvorstellung*], que poderia inibir o excesso de excitação que invade o corpo do *infans*. Retomando a afirmação freudiana de que tanto o *infans* quanto alguns doentes mentais demonstram uma sensibilidade específica à homofonia na literalidade e nos neologismos, podemos supor que ambos capturem predominantemente a materialidade da linguagem como um excesso que eles fixam sem, entretanto, tratarem tais fixações por meio de deslocamentos e substituições que as representações de palavras franqueariam em sua função de ligação. Trata-se da mesma origem que engendra o bom chiste, de acordo com Freud (1905/1992):

> O período em que uma criança aprende a manejar o léxico de sua língua materna proporciona-lhe um óbvio prazer de 'experimentá-lo brincando com ele' (Gross [p. cf. Supra p. 117]). Reúne as palavras, sem ater-se a condição de sentido, a fim de alcançar com elas um efeito gratificante de ritmo ou de rima. Pouco a pouco esse prazer vai lhe sendo proibido, até que só restam permitidas as conexões de sentido previstas entre as palavras (p. 120, tradução nossa[8]).

Embora Freud (1905/1992) tenha enfatizado a satisfação semântica oriunda da homofonia na colisão provocada entre o contato da criança com a linguagem, não podemos subestimar o caráter traumático do primeiro choque do vivo com a linguagem, marcando-o. O que o psicanalista tomou como "óbvio prazer" ou um modo de satisfação que ressoa

[8] No original: "En la época que el niño aprende a manejar el léxico de su lengua materna, le depara um manifesto contento 'experimentar jugando' (Groos, [cf. *Supra* pág. 117]). Con ese material, y entram alas palavras sin atenerse a la condición del sentido, a fin de alcanzar con ellas el efecto placentero del ritmo o de la rima. Ese contento le es prohibido poco a poco, hasta que al fin sólo le restan como permitidas las conexiones provistas de sentido entre las palavras" (p. 120).

no corpo, cujo testemunho poderia ser dado na resistência em aceder ao sentido? Como afirma Clerc (2007): "Nada nos impede imaginar que a assonância, através do rompimento que sua ressonância provoca, propõe matéria à imagem e lhe dá corpo, literalmente" (p. 67).

Paralelamente às exigências de renúncia impostas pelo recalque, não seria absurdo supor que, no curso da constituição do sujeito, haveria uma sofisticação do prazer do *nonsense*. Este, inicialmente relacionado aos balbucios de alguns sons, se manteria nas aliterações dos jogos de palavras até alcançar a complexidade da construção de jogos e brincadeiras a partir dos quais a criança ingressaria no pacto social.

Interrogamos, então, o que vem a suceder com algumas crianças em que a interdição ao puro *nonsense* malogra. Podemos supor que, ao mesmo tempo em que o *infans* é submetido à linguagem, ele assume uma posição de autoria porosa na cena do mundo, servindo-se da mesma linguagem para assumir uma oposição ativa de provocação, colidindo com a fala materna, como nos ensinou o menino Dick[9].

O testemunho dos autistas lastreia nossa hipótese de que o primeiro efeito da linguagem sobre o neonato seria algo de forçado e estranho. Devido à sua impossibilidade de opor-se a tal virulência, o sujeito cederia a essa imposição consentindo em servir-se da linguagem e até usufruir dela.

Nessa direção, caberia investigar as hipóteses de que essas crianças que não acedem a enunciação teriam seja um limiar mais baixo de tolerância sensorial ao que vem do exterior, seja um grande recrudescimento da barreira de proteção contra estímulos (Freud, 1920/2010). Alguns epigeneticistas e psicanalistas trabalham com a suposição de uma hipersensibilidade orgânica em casos de autismo (Laznik, 2009; Haag, 2005; Hochmann, 2007). Tais crianças trabalhariam incessantemente para recolherem-se dos estímulos externos ou para rechaça-los? Elas são intimidadas ou ativas diante dos estímulos externos?

Na segunda tópica do aparelho psíquico, em "O Eu e o Id", Freud (1923/2011) circunscreve na complexa e bilateral conexão da apropriação entre criança e linguagem um "'boné auditivo', apenas de um lado,

[9] Cf. Melanie Klein (1930), comentada por Lacan (1953-54/1986), que situa uma atitude negativista da criança em relação à linguagem. Ver também Lucero, A. & Vorcaro, A. (2015). Le cas Dick et la constitution du sujet. *Oxymoron: revue psychanalytique et interdisciplinaire*, v. 05, p. 1-12.

conforme atesta a anatomia cerebral", operação na qual as "percepções acústicas" seriam protagonistas. Relembremos tal ilustração:

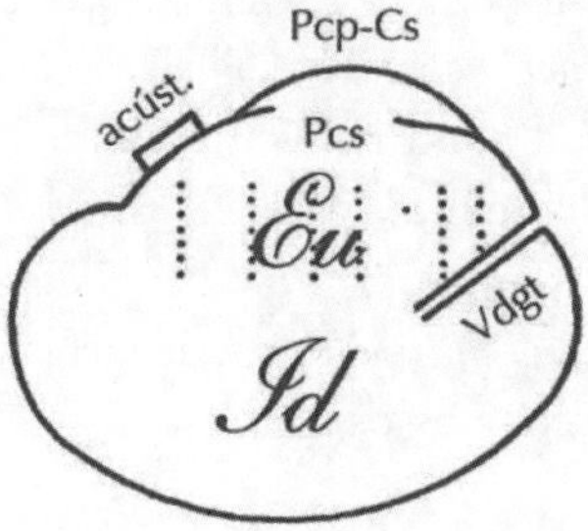

Figura 2 – O eu e o id
Fonte: Freud (1923/2011, p. 30).

Esta "origem sensória especial" é uma hipótese a ser distinguida do aparelho orgânico do ouvido, na medida em que a fala do agente materno ecoaria por todo o corpo do *infans,* para além do prazer de órgão. A esse respeito, Freud (1923/2011) enfatiza:

> considerando a importância que atribuímos aos resíduos verbais pré-conscientes que há no Eu, cabe perguntar se o Super-eu, quando é *Ics*, consiste em tais representações, ou em outras coisas. A singela resposta será que o Super-eu também não pode negar sua origem no que foi ouvido, pois é parte do Eu e continua acessível à consciência a partir dessas representações verbais (conceitos, abstrações), mas a energia do investimento não é levada a esses conteúdos do Super-eu a partir da percepção auditiva, da instrução, da leitura, mas das fontes no interior do Id (p. 66).

E, ainda, se pergunta:

> A questão*: "Como algo se torna pré-consciente?" E a resposta seria: pela ligação com as representações verbais correspondentes.*
>
> *Essas representações verbais são resíduos de memória; foram uma vez percepções e, como todos os resíduos mnemônicos, podem voltar a ser conscientes.* Antes de seguirmos tratando de sua natureza, ocorre-nos como uma nova descoberta, que apenas pode tornar-se consciente aquilo que uma vez já foi percepção *Cs*, e que, excluindo os sentimentos, o que a partir de dentro quer tornar-se consciente

> deve tentar converter-se em percepções externas. O que se torna possível mediante os traços mnemônicos.
>
> *Os resíduos verbais derivam essencialmente de percepções acústicas, de modo que ao sistema Pcs é dada como que uma origem sensória especial. Pode-se inicialmente ignorar os componentes visuais da representação verbal como secundários*, adquiridos mediante a leitura, e assim também seus acompanhamentos motores [*Bewegungsbilder*], que, exceto no caso dos surdos-mudos, têm o papel de sinais auxiliares. *A palavra é, afinal, o resíduo mnemônico da palavra ouvida* (Freud, 1923/2011, p. 23-25; itálicos nossos).

Assim, uma ideia inconsciente (*Ics*) não pode tornar-se consciente (*Cs*) por não ligar-se às representações verbais. Ao contrário, o pensamento pré-consciente (*Pcs*) acessaria à *Cs*, na medida em que conecta-se à representação de palavra [*Wortvorstellung*] – haja vista que o pré-consciente possui um boné auditivo que capta singularmente as percepções acústicas, deixando detritos no psiquismo. Interessa notar que tais resíduos mnemônicos estão na origem das representações verbais.

Vale sublinharmos, então, a importância da ressonância do que foi ouvido pelo *infans* na configuração do psiquismo. A partir das percepções acústicas, a criança alcançará a representação de palavra, o único instrumento que permitiria a ela distinguir o *Eu* e o *Id*, ou seja, traçar as fronteiras inconsciente-pré-consciente-consciente, distinção necessária para que o sujeito possa se servir da linguagem, sem ser invadido por ela.

Os "resíduos mnemônicos" no "boné auditivo", desenhados por Freud em "O Eu e o Id" (1923/2011), lastreiam nossa suposição de que a criança captura, primordialmente, um bloco sonoro privilegiado, sem conformidade com a língua partilhada, determinando seu modo singular de produzir equívocos, relacionando-se ao usufruto do *nonsense*. Sopesamos com Milner (1978/2012) que uma língua distingue-se pela decomposição serial de suas unidades. Trata-se, para o autor, de um modo particular de fazer equívocos, dentre outros, em que substancializa-se a "matéria possível para as fantasias [*fantasmes*], conjunto inconsistente de lugares para o desejo – a língua é, desse modo, aquilo que o inconsciente pratica, prestando-se a todos os jogos imagináveis para que a verdade, no compasso das palavras, fale" (p. 22).

Freud (1923/2011) deixa claro que o movimento motor da fala [*Bewegungsbilder*] somente se articula ao passo que o sujeito escuta as próprias emissões falantes, bem como aquelas à sua volta. Na leitura de Lacan (1959-60/ 1988), Freud enfatizou as modalidades pela quais a sensação de esforço no movimento de falar permite que, por meio do princípio do prazer, haja escoamento [*Abfuhr*] da energia e, assim, o sistema psíquico tornar-se-ia sensível à representação de palavra [*Wortvorstellung*].

PARA CONCLUIR: A TRANSMISSÃO DE UM DESEJO NÃO ANÔNIMO

Ribeiro (2005) nos dá algumas pistas do que ocorre nos casos em que o sujeito permanece na condição de *infans*, em que se pode supor uma indistinção dos diferentes registros (inconsciente-pré-consciente-consciente) na tríade do sistema. Considerando o prazer das crianças neuróticas no processamento de suas experiências sob o modo de repetição, a autora aponta o cerne do que engendra a repetição nos autistas: estariam à mercê de uma inundação da qual precisam se subtrair.

A partir do que vimos em Freud, podemos supor que tal invasão de gozo se dá à medida que o sujeito não dispõe do recurso à representação de palavra para fundar um mecanismo de inibição. Assim, não seria surpreendente insistir na hipótese de Lacan (1975/1998) de que os autistas não estão fora da linguagem. Ao revés, o que está em jogo nestes casos é uma super exposição à linguagem, tributária da indistinção entre as fronteiras inconsciente-pré-consciente-consciente, tomada como hipersensibilidade determinante de uma recusa radical ou insistindo em negativizar a linguagem:

> Mas a repetição, vivida com prazer pelas crianças ditas neuróticas, é, para os autistas, uma imposição que vem de fora, como um excesso do qual não se pode escapar. No trabalho com essas crianças, testemunhamos que a dimensão de prazer só aparece quando elas começam a construir recursos para se subtrair desse excesso (Ribeiro, 2005, p. 44).

A partir da construção dessa borda de linguagem situada pela autora, poderíamos complementar que também só secundariamente a repetição é vivida como prazer para as crianças ditas neuróticas. Nesse sentido, os autistas testemunhariam explicitamente o que em geral não é facilmente observável, apesar de vivido.

Assim, diante da ausência de representações de palavra, compondo a rede significante, que faria "alto ao gozo" (Lacan, 1972-73/1982, p. 36), é a alteridade da voz que se pronuncia, invadindo o corpo *infans*, registro real contínuo, sem o esquadrinhamento realizado pelo registro simbólico. Esse aspecto intrusivo da voz sem qualquer delimitação se manifestaria muito precocemente para algumas crianças. Ao contrário da hipótese de Maleval (2009/2017), o relato da mãe de uma criança autista na condição de *infans* aos dez anos nos informa sobre o possível caráter invasivo da melopeia, mesmo na ausência de uma enunciação: *"quando ele era bebezinho, eu cantava para ele e percebia imediatamente o desconforto produzido nele com a minha voz. Eu tentava mais um pouco, mas ele mostrava-se mais incomodado, então, parei de cantar"*. Outra criança autista, bastante interessada em músicas tocadas em instrumentos eletrônicos, reage imediatamente ao canto da mãe tampando-lhe a boca, ou introduzindo toda a mão em sua própria garganta, provavelmente para impedir a emissão de sua própria voz.

Esses testemunhos colocam em dúvida a tese de que por meio do *manhês* a presença da voz materna exerceria, necessariamente, fascínio ao neonato, capturando-o imaginariamente no campo da linguagem, ao ser especialmente revestida de palavras e musicalidade. Para Lacan (1962-63/2005), são as escanções que cortam a continuidade da fala que interrogarão o desejo do Outro, encarnado primeiramente pelo agente dos cuidados maternos, provocando a angústia propulsora da relação com o Outro.

Assim, a temporalidade da fala do Outro separa seu enunciado da enunciação materna que ele coloca em jogo, franqueando a interrogação (*Che vuoi?*) pela criança do desejo do Outro, ao mesmo tempo em que a retira do anonimato. Ao extrair de si mesma uma resposta, ela circunda o objeto *'a' voz*.

Portanto, a voz em psicanálise não é a prosódia, a frequência, a sonoridade ou a altura da voz efetivamente falada no *manhês*, mas o que se interpõe ao fluxo da fala, da ordem do real, cortando-a.

Assim, se a psicolinguística serve-se da noção de *manhês* enquanto propriedade particular da fala usada pelo agente materno ao dirigir-se ao neonato, consideramos, com a psicanálise, que esse modo de enlace ao filho não é essencial para a fundação do ser falante, apesar de comparecer em muitas situações. Afinal,

> separada de nós, nossa voz nos soa como um som estranho. É próprio da estrutura do Outro constituir um certo vazio, o vazio de sua falta de garantia. A verdade entra no mundo com o significante antes de qualquer controle. Ela se experimenta, reflete-se unicamente por seus ecos no real. Ora, é nesse vazio que a voz ressoa como distinta das sonoridades, não modulada, mas articulada. A voz de que se trata é a voz como imperativo, como aquela que reclama obediência ou convicção. Ela não se situa em relação à música, mas em relação à fala (Lacan, 1962-63/2005, p. 300).

Enfim, o que se coloca em xeque não é o registro da melopeia manifesta pelo agente materno, mas a posição em que a criança é situada na transmissão de um desejo não anônimo.

REFERÊNCIAS

Catão, I. (2009). *O Bebê nasce pela boca: voz, sujeito e clínica do autismo*. São Paulo: Instituto Langage.

Clerc, D. (2007). A escuta da palavra. In *Ide*. 30(44), 60-78. São Paulo: Em pauta.

Čukovskij, K. (1971). *From two to five*. Berkeley: Calif (Trabalho original publicado em 1966).

Ferenczi, S. (1992). Confusão de línguas entre adulto e criança. In *Psicanálise IV Obras Completas Sándor Ferenczi*. (Á. Cabral, trad.; C. Berliner, rev. téc. e trad.). São Paulo: Martins Fontes (Trabalho original publicado em 1933).

Fernald, A. (1989). Intonation and Communicative Intent in Mother`s Speech to Infants: Is the Melody the Message? *Child Development*, 60(6), 1497-1510.

Ferreira, A. (1990). *A interação mãe-bebê: os primeiros passos*. Dissertação de mestrado. Universidade Federal de Pernambuco, Recife.

Ferreira, S. S. (2010). Será o manhês uma exclusividade da função materna? In D. C. Barbosa & E. Parlato-Oliveira (Orgs). *Psicanálise e clínica com bebês: sintoma, tratamento e interdisciplina na primeira infância*. (pp. 51-73). São Paulo, SP: Instituto Langage.

Freud, S. (1992). *El chiste y su relación con lo inconsciente.* (J. L. Etcheverry, trad.; J. Strachey, trad., notas; Vol. 8, pp. 1-226). Buenos Aires, Argentina: Amorrortu. (Trabalho original publicado em 1905).

Freud, S. (1996). Projeto para uma Psicologia Científica. In *Obras psicológicas completas de Sigmund Freud, Publicações pré-psicanalíticas e esboços inéditos (1886-1889)* (J. Salomão, trad.; Vol. 1, pp. 341-466). Rio de Janeiro: Imago. (Trabalho original publicado em 1895).

Freud, S. (2010). O inconsciente. In *Obras completas, Introdução ao narcisismo: ensaios de metapsicologia e outros textos (1914-1916)* (P. C. de Souza, trad.; Vol. 12, pp. 99-150). São Paulo: Companhia das Letras. (Trabalho original publicado em 1915).

Freud, S. (2010). Além do princípio do prazer. In *Obras completas, História de uma neurose infantil: ("O homem dos lobos"): além do princípio do prazer e outros textos (1917-1920)* (P. C. de Souza, trad.; Vol. 14, pp. 161-239). São Paulo: Companhia das Letras. (Trabalho original publicado em 1920).

Freud, S. (2012). *A interpretação dos sonhos.* (R. Zwick, trad., T. Rivera, rev. téc., Vol. 1, pp. 1-333). Porto Alegre: L&PM. (Trabalho original publicado em 1900).

Freud, S. (2013). O Eu e o Id. In *Obras completas, O Eu e o Id,"autobiografia" e outros textos (1934-1925).* (P. C. de Souza, trad.; Vol. 16, pp. 13-74). São Paulo: Companhia das Letras. (Trabalho original publicado em 1923).

Freud, S. (2014). Sobre a concepção das afasias: um estudo crítico. In *Afasias: sobre a concepção das afasias; As afasias de 1891.* (R. D. Mundt, trad.; M. A. C. Jorge; F. C. Branco & L. A. Garcia-Roza, rev. téc., pp. 13-124). Rio de Janeiro: Zahar. (Trabalho original publicado em 1891).

Garcia-Roza, L. A. (2014). As afasias de 1891. In S. Freud. *Sobre a concepção das afasias*; *As afasias de 1891.* Rio de Janeiro: Zahar.

Haag, G. (2005). Réflexions de psychothérapeutes de formation psychanalytique s'occupant de sujets avec autisme. In *Revue française de psychosomatique, 27*(1), 113-124. Doi: 10.3917/rfps.027.0113

Heller-Roazen, D. (2010). *Ecolalias: sobre o esquecimento das línguas.* (F. A. Durão, trad.). Campinas: Editora UNICAMP. (Trabalho original publicado em 2005).

Hochmann, J. (2007). À la recherche d'un dialogue entre neurosciences et psychanalyse: l'exemple de l'autisme infantile. *Revue Française de Psychanalyse, 71*(2), 401-418. Doi: 10.3917/rfp.712.0401.

Houaiss, A. & Salles, M. (2001). *Dicionário Houaiss da Língua Portuguesa*. Rio de Janeiro: Objetiva.

Jakobson, R. & Waught, L. R. (1987). *La forma Sonora de la Lengua*. México: Fondo de cultura econômica (Trabalho original publicado em 1979).

Klein, M. (1996). A importância da formação de símbolos no desenvolvimento do ego. In *Amor, culpa e reparação*. Rio de Janeiro: Imago. (Trabalho original publicado em 1930).

Lacan, J. (1982). *O Seminário, livro 20: mais, ainda (1972-73)*. Rio de Janeiro: Jorge Zahar.

Lacan, (1986). *O Seminário, livro 1: os escritos técnicos de Freud*. Rio de Janeiro: Jorge Zahar (Trabalho original proferido em 1953-54).

Lacan, J. (1988). *O Seminário, livro 7: a ética da psicanálise (1959-60)*. Rio de Janeiro: Zahar.

Lacan, J. (1998). O estádio do espelho como formador da função do eu. In *Escritos*. (V. Ribeiro, trad., pp. 96-103). Rio de Janeiro: Jorge Zahar. (Trabalho original publicado em 1949).

Lacan, J. (1998). Função e campo da fala e da linguagem em psicanálise. In *Escritos*. (V. Ribeiro, trad., pp. 237-324). Rio de Janeiro: Jorge Zahar. (Trabalho original proferido em 1953).

Lacan, J. (1998). A coisa freudiana ou sentido do retorno a Freud em psicanálise. In *Escritos*. (V. Ribeiro, trad., pp. 401-437). Rio de Janeiro: Jorge Zahar. (Trabalho original publicado em 1955).

Lacan, J. (1998). Conferência em Genebra sobre o sintoma. *Opção lacaniana*, 23, 6-16. São Paulo: Eolia. (Trabalho original publicado em 1975).

Lacan, J. (2003). *O seminário, livro 9: a identificação (1961-62)*. Texto do seminário estabelecido pela Association Lacanienne Internationale. Tradução e publicação para circulação interna do Centro de Estudos Freudianos do Recife.

Lacan, J. (2005). *O Seminário, livro 10: a angústia (1962-63)*. Rio de Janeiro: Zahar.

Laznik, M.-C. (2000). A voz como primeiro objeto da pulsão oral. *Estilos da Clínica: Revista sobre a Infância com Problemas. Dossiê Clínica de Bebês, 5*(8), 80-93. São Paulo.

Laznik, M.-C. (2007). Quelques repères sur l´apparition du langage et son devenir dans l´autisme. In B. Touati; F. Joly & M.-C. Laznik (Orgs.) *Langage, voix et parole dans l'autisme*. Paris: PUF.

Laznik, M.-C. (2009). Bebê com risco de autismo em tratamento conjunto: visa-se a reversibilidade total? *Reverso*, (58), 63-74, set./2009. Belo Horizonte, MG. Publicação do Círculo Psicanalítico de Minas Gerais.

Lucero, A. & Vorcaro, A. (2015). Le cas Dick et la constitution du sujet. *Oxymoron: revue psychanalytique et interdisciplinaire*, v. 05, p. 1-12.

Maleval, J.-C. (2017) *O autista e a sua voz*. São Paulo: Blucher. (Trabalho original publicado em 2009).

Milner, J.-C. (2012). *O amor da língua*. Campinas: Editora Unicamp. (Trabalho original publicado em 1978).

Piaget, J. (1975). *A formação do símbolo na criança: imitação, jogo e sonho, imagem e representação*. 2ª ed. Rio de Janeiro. Zahar. (Trabalho original publicado em 1945).

Ribeiro, J. M. L. C. (2005). *A criança autista em trabalho*. Rio de Janeiro: 7Letras.

Sanches, M. & Kirschenblatt-Gimblett, B. (1976). Children´s traditional speech play and child language. *Speech Play*, 65-110. Filadélfia

Vivés. J.-M. (2016). Comunicação pessoal.

Vorcaro, A. M. R. & Rezende, A. O. (2016). Holófrase e *lalíngua*. In N. V. A. Leite & S. Aires (Orgs.). *Prática da letra, uso do inconsciente*. (pp. 241-258). Curitiba: CRV.

Vorcaro, A. (2016, *inédito*). *Um refrão surdo ressoa no corpo*.

Winnicott, D. W. (1988). *O ambiente e os processos de maturação: estudos sobre a teoria do desenvolvimento emocional*. Porto Alegre: Artes Médicas. (Trabalho original publicado em 1979).

Capítulo 3

SUBJETIVAÇÃO EM RISCO: O ADVENTO DO SUJEITO PRESCINDE DA CONDIÇÃO DO OUTRO?

Brenda Neves

O artigo apresenta o caso clínico de um bebê de 24 meses, atendido junto com sua mãe, desde os seus sete meses de idade. Trata-se de uma criança encaminhada pela maternidade à equipe multidisciplinar de acompanhamento de bebês[1] em decorrência de sofrimento fetal agudo no nascimento. A intervenção desta equipe iniciou-se pelo tratamento fisioterápico, devido à constatação de atraso motor, e tratamento fonoaudiológico, por apresentar engasgos. Além disso, o bebê foi incluído no atendimento de grupo de bebês[2]. Tais tratamentos mostraram-se inviáveis pelo fato de a criança não suportar manipulações. Ela evitava o contato, cada vez de modo mais grave, manifestando um choro demasiado, que parecia transbordá-la, sem permitir qualquer tentativa de

[1] Programa de Acompanhamento de Bebês realizado no CAIS – Centro de Atendimento e Inclusão Social em Contagem-MG –, cuja finalidade é a de realizar o acompanhamento de bebês nascidos pré-termo, pós-termo, ou com diagnóstico de alguma síndrome para que seja realizada uma *intervenção a tempo*, se necessário.

[2] A modalidade de Atendimento Especializado Compartilhado (AEC) para bebês se inclui no Núcleo de Intervenção Precoce I, voltado ao atendimento clínico de crianças de zero a três anos, cujo principal objetivo é realizar intervenções de acordo com a demanda particular de cada criança. Estes atendimentos são voltados às necessidades individuais e, por isso, trazem benefícios e minimizam as sequelas da deficiência ou de alguma patologia (cf. http://www.cais.org.br/nucleo-de-intervencao-precoce).

apaziguamento. Assim, o plano inicial foi readequado e decidiu-se incluir o bebê e sua mãe nos atendimentos com a psicanalista. Frisamos que, à época, a mãe deste bebê vivenciava grave depressão, já anterior ao parto, devido ao seu histórico e à separação do genitor da criança. O sofrimento fetal, as condições maternas e a ausência de mediação por um terceiro fizeram interrogações à equipe quanto à constituição psíquica do bebê.

Atrelaremos à construção do caso uma discussão acerca do laço mãe-bebê, da importância do elemento terceiro como mediador desta relação, da articulação entre a posição subjetiva da mãe e a resposta do bebê. Enfatizaremos a importância da intervenção precoce na clínica psicanalítica e sua direção para um possível tratamento de um bebê em condição de sofrimento e risco psíquico.

APRESENTAÇÃO DO CASO

Carlos está com dois anos, mas parece ainda um bebê de pouco mais de um ano: não fala, andou com um ano e seis meses, vocalizou poucas palavras – como "*mamãe*" e "*neném*" –, não consegue se comunicar por meio do apelo, chora ou resmunga sem conseguir fazer-se compreender. Aos dez meses iniciou atendimento psicológico, por apresentar um choro desmedido ao ser afastado do corpo de sua mãe ou ao perscrutar a aproximação do outro pela voz ou pelo contato físico. A própria mãe angustiava-se diante das tentativas de acalentar o choro do filho, reiterando sua dificuldade em compreender o que se passava, sem conseguir traduzir o que ele tentava exprimir. Isto nos deixou intrigados, pois se acreditava que um dos possíveis motivos do choro do bebê seria a dificuldade com a separação corporal da mãe, mas não só isto[3]. O choro era relativo à perda de sustentação do corpo materno e se intensificava, transpondo-se da tristeza ao desamparo[4].

[3] Importante dizer que a criança foi submetida a exames neurológicos e não houve presença de vestígios de sequelas do nascimento. Os exames solicitados pela fonoaudióloga, como o BERA, para identificar o potencial auditivo, também não apresentaram alterações.

[4] Winnicott (1944/1982) distingue cinco tipos de choro: 1) de satisfação, exercitando a função do choro para chamar a atenção e aliviar uma angústia; 2) de dor, soa como um grito por algo que está por vir ou que está acontecendo, como sentir fome; 3) de raiva, quando se sente

Maria é a jovem mãe, que mora sozinha com os dois filhos, Carlos e Miguel, que tem doze anos. Sem parentes próximos, pais falecidos, não trabalha nem estuda. Foi mãe pela primeira vez aos quinze anos e, à época, sua mãe ainda era viva. Relacionou-se durante cinco anos com o pai de Carlos. Relata que planejavam se casar e desejavam ter um filho, mas durante a gravidez se desentenderam e ele desistiu de casar. Assim que Carlos nasceu e com as complicações do parto, seguido de dias de internação, Maria ficou mais deprimida, apresentando discurso melancólico, desmotivação, sono excessivo, falta de perspectivas.

Em atendimento, mantendo seu filho no colo, o seu discurso estava centrado no lamento de ter se separado do companheiro, sem ter suporte de outras pessoas: "*fiquei sozinha e só tenho o Carlinhos*", ela dizia. Quase não suportava deixar o filho nos atendimentos, devido ao seu choro excessivo, o que a deixava ansiosa pelo seu futuro, ou seja, de que ele viesse a se tornar uma "criança especial", como outras que via na instituição. Em contrapartida, Maria não chorava nos atendimentos, apesar de manter um discurso carregado de sofrimento, mágoa com a separação do parceiro e por ter que lidar sozinha com os cuidados dos filhos. O nascimento de Carlos foi atravessado por duas contingências (separação e parto difícil[5]) que mostravam não terem sido elaboradas por Maria. A possibilidade de que o filho pudesse ter problemas maiores a assombrava, fazendo cair, ainda mais, seus sonhos idealizados.

contrariado e espera com isto comover a mãe com seus gritos e esperneios; 4) de tristeza, demonstra ser um choro mais elaborado, pois significa que ele está refletindo algo acontecido que lhe gerou sofrimento, ele é seguido por lágrimas. Todos estes são considerados choros saudáveis e servem como linguagem a serem lidos. O quinto tipo é o mais preocupante, o choro de desespero e desamparo. Quando todos os outros não foram respondidos, o bebê sente-se abandonado, sem ter quem o console. Para o autor, isto aconteceria em casos de bebês institucionalizados ou diante de algum acontecimento que atravessasse a rotina, o bebê não teria alguém que lhe endereçasse um desejo particularizado. Em nosso caso, podemos identificar que Carlos apresentava este quinto tipo de choro, pois, ainda que estivesse com sua mãe presente, parece que, para ele, o consolo parecia-lhe ausente.

5 O dia do nascimento de Carlos foi conturbado. Maria sentiu um dia antes de ele nascer fortes dores e sangramento, esteve duas vezes na urgência da maternidade e só com um terceiro médico de plantão que se decidiu por realizar o parto, por concluir que o sangramento, na verdade, era mecônio (borra verde denotando ser a primeira evacuação do bebê). Ele nasceu com taquicardia, com respiração difícil e precisou ficar internado no CTI durante pouco mais de um mês. Sofreu uma parada cardiorrespiratória quando o oxigênio foi diminuído, convulsão, e precisou tomar fenobarbital durante um ano.

Ela se incomodava quanto à necessidade do filho em se manter colado a ela todo o tempo: "*ele não me deixa nem tomar banho*", "*não sei porque ele é assim*", "*eu tô ficando cansada!*"; e por chorar sem medida, chegando a se morder e se debater quando contrariado. Maria ultrapassou sua perplexidade ao ler pela primeira vez a manifestação de Carlos: "*ele parece magoado*". A psicanalista franqueou esta afirmação: "De fato, era o que aconteceu a Carlos e a você: ambos parecem magoados".

Quando Carlos completou um ano e dois meses, a mãe pode reavaliar o primeiro ano de vida dela com o filho. Reconheceu seu estado deprimido e concluiu que, "*grudei no Carlos*". Diante dessa constatação elaborativa e, ainda, considerando a urgência de Maria ultrapassar a função de provedora na direção do exercício da função materna, a analista estabeleceu-se em uma posição terceira na relação entre a mãe e o bebê. Utilizando-se da prosódia do *manhês*[6], emprestava voz ao bebê e à mãe. Supunha em Carlos um sujeito, interpretando as expressões ou traduzindo os seus movimentos: quando ele sorria, resmungava ou chorava, convocava a mãe a lhe responder, ou seja, estabelecia o endereço materno como destinatário destas expressões e movimentos da criança. Fazendo uma espécie de ancoragem à mãe, para que se autorizasse, a analista buscou com cantigas infantis estabelecer uma relação de investimento da mãe sobre o bebê, por meio da sonoridade e do andamento, tentando animá-la, convocá-la a algum laço diferenciado ao da mágoa silenciosa e comum, anteriormente estabelecida.

Nesse movimento, Carlos separou-se do corpo materno e, jogando com o distanciamento e a aproximação, passou a andar. Outro recurso de intervenção foi sugerido pela equipe: atender Carlos do lado de fora das salas de atendimento, para utilizar o espaço, os corredores e os brinquedos, permitindo a ele a liberdade de transitar independentemente entre os espaços que, assim, se tornavam um meio de intermediação ao Outro. Carlos não mais chorava. Assim que chegava à recepção, a analista vinha buscá-lo. Ele logo descia do colo da mãe e saía adentrando a instituição, o que causava satisfação à mãe. Passou a correr pelos espaços,

[6] Fala dirigida da mãe ou cuidador primário ao bebê, contendo uma prosódia e sintaxe simplificadas, modulação da voz com diminutivos, que permite a entrada e o funcionamento da linguagem pelo investimento libidinal despendido. Esta modulação da voz ao bebê convida-o a alienar-se ao Outro.

principalmente, por uma rampa, onde gostava de descer correndo, dando gargalhadas. A analista o seguia, irradiando falas: "*vou pegar o Carlinhos, vou pegar!*", que incluíam expectativas, até que, ao final da rampa, o pegava e o abraçava dizendo: "*peguei!*", para em seguida deixá-lo ir. Ele não abraçava, mas também não repelia. Então, repetia o movimento, olhando de soslaio. Na casinha que havia no corredor da instituição, ele também fazia o movimento repetitivo de abrir e fechar suas janelas e portas: "*ele faz isso o dia inteiro em casa*", frisou a mãe.

A analista tentou estabelecer um jogo simbolizante de presença -ausência com o "*abriu-fechou!*" das portas e janelas, do ir e vir da rampa, buscando instaurar um movimento de inscrição simbólica da falta pela relação mediada com ela enquanto Outro. Ele olhava desconfiado, saía correndo ou repetia o movimento, mas não demandava a repetição do jogo nem demonstrava a expectativa pelo seu retorno. Ele o fazia sozinho, se mantendo afastado. A mãe participava olhando e, só depois, passou a brincar também, falando em *manhês*. Se ela saía do banco onde se assentava, vendo o filho descer correndo a rampa, ele – que aparentemente parecia não estar atento ao entorno, devido ao seu desvio de olhar – percebia e corria para a sala de recepção para procurá-la.

Em uma sessão ocorrida dentro da sala, Carlos chegou dormindo e, após acordar, desceu do colo da mãe, se mostrou animado e foi andar pela sala. Pegou uma boneca, passou a mão em seu cabelo e a colocou no colo de sua mãe, que sorriu, mostrando-se surpreendida, e a ninou, cantando uma cantiga. Ele ficou atento, soltou uma risada e saiu andando pela sala de um lado ao outro novamente, às vezes, esbarrando na analista ou pegando em seus cabelos e os olhando. A mãe demonstrou contentamento e, após este dia, passou a demandar pelo separar-se do filho, perguntando se podia deixá-lo com a analista e aguardar na recepção – algo que antes lhe parecia muito difícil. Cabe salientar que a criança cresceu, seu aspecto mudou, e sua mãe passou a levá-lo vestido como menininho, e não mais como um bebê, o que parecia lhe permitir maior mobilidade.

A criança, agora com dois anos e dois meses, embora tenha diminuído os episódios de choro, quando chora, por vezes, se acalenta chupando o dedo; não suporta manter o olhar, está estrábico, mas sem baixa visão, desvia e não responde às demandas dirigidas a ele. Ainda não fala e não faz demandas. Quando contrariado chora, resmunga, empurra as pessoas. A analista intervém junto à mãe, ressaltando a importância do lugar da palavra e da conversa com o filho, endereçando uma fala, tentando ajudá-lo a se fazer entender e a se comunicar. Carlos brinca de modo breve, mantendo-se afastado do contato, preferindo permanecer correndo pelos espaços abertos da instituição. Responde em algumas situações, despedindo-se de soslaio, com a mão encurvada e o rosto virado.

DISCUSSÃO TEÓRICA

Duas questões parecem se impor a partir desse caso: 1) o bebê se constitui independentemente das condições psíquicas de seu cuidador?; e 2) como intervir junto ao bebê que começa a apresentar sinais de risco à subjetivação no tempo de sua constituição?

Para equacionar essas interrogações, é necessário explicitar a constituição do sujeito a partir da condição orgânica do neonato para, em seguida, localizar a relação entre o desenvolvimento de funções e a estruturação subjetiva.

⋆ ⋆ ⋆

Na clínica com bebês, considera-se a particularidade desta prática em relação à clínica psicanalítica tradicional. O trabalho dirigido aos bebês tem sido evocado em diversos espaços na atualidade, nas mídias, nos distintos campos das ciências, pela medicina, neurociências, na educação, que têm marcado a importância da "*estimulação*" para promover o desenvolvimento dos bebês de forma a prevenir problemas. Por "*estimulação precoce*" (Coriat & Jerusalinsky, 1983), entende-se uma modalidade de intervenção em que se pretende apoiar o desenvolvimento da criança quanto ao seu aspecto instrumental (funcionamento) e estrutural (subjetivação) diante de uma patologia, oferecendo recursos à sua recuperação, com objetos, técnicas, imagens, cobertos de sentido que a ajudem a se situar no mundo. Os estímulos em si mesmo carecem de sentido e só adquirem função na cadeia significante na qual se inscrevem.

Em relação aos conceitos de desenvolvimento e maturação, importante situar que privilegiam os aspectos orgânicos do sistema nervoso central, abarcando o crescimento e aspectos psicológicos, mas na relação do organismo com o meio. Considera-se que existe uma plasticidade funcional do sistema nervoso central em relação ao desenvolvimento da linguagem e da motricidade (Teperman, 2005, p. 55). A intervenção terapêutica vem sobre a contingência da patologia, promovendo o estímulo das funções existentes.

Para Coriat e Jerusalinsky (1983, 1987), a estimulação precoce pretende reconstituir, sustentar e/ou substituir a função materna que se fragilizou diante do acontecimento inesperado de uma patologia, e tem como ideal prevenir problemas no funcionamento do desenvolvimento e da subjetivação. Trabalhando com a transferência, o terapeuta coloca-se como terceiro à família, reativando o saber dos pais ao seu bebê, e trabalha referenciado a uma equipe interdisciplinar. Para os autores, seriam poucos os casos em que crianças apresentariam sintomas autísticos com a estimulação precoce, o que ratificaria sua prática. Este método é organizado dentro de um tempo cronológico, até os três anos, quando novas complexificações no desenvolvimento adviriam. Consideram que a estruturação subjetiva só acontecerá a partir do campo simbólico estabelecido pelo(s) que se posicionam em lugar de Outro e realizam a suposição de um sujeito. Sendo assim, esta modalidade de intervenção atenta para as palavras endereçadas, essenciais para fazer a assunção de um sujeito com seu corpo aparelhado e nele se mover.

Preferimos nomear como "*intervenção a tempo*" a esta prática, por considerar que o desenvolvimento e a maturação do organismo ocorrem a partir da antecipação do sujeito num tempo lógico de subjetivação em relação ao Outro. O trabalho acontece considerando o tempo atual em que inscrições significantes estão se efetivando na assunção de um sujeito, que ainda não fala, e que se encontra em condição de sofrimento ou mal-estar. Nesse âmbito, trata-se de acolher os pais (cuidadores primários) que falam do bebê e se sentem atravessados com o seu *não-saber* em causa. A antecipação determina o tempo presente ou o futuro anterior (Fernandes, 2007).

Partindo desta modalidade de "*intervenção a tempo*", considera-se a ruptura pela diacronia lógica de um sujeito estruturado em uma sincronia sustentada pela sua inscrição na linguagem. Por isso, falar em prevenção em psicanálise seria um contrassenso, uma vez que o próprio inconsciente não é previsível e articula-se entre as facetas do real, simbólico e imaginário, e da relação que o *infans* estabelece com o Outro. Não há como se prevenir disto. O que importa é encontrar a possibilidade no que parece impossível entre o enlace destas dimensões.

A intervenção psicanalítica, *stricto senso*, atua no "*só-depois*" com o sintoma constituinte do sujeito. Na clínica com bebês, implica intervir "*a tempo*", na atualidade de sua estruturação diante da presença de sinais de risco psíquico à subjetivação. Embora não exista garantia dos resultados de uma intervenção, o que sustenta esta prática é a aposta no advento de um sujeito, e a certeza de que se não houver a urgência de um ato sobre a condição do bebê junto de seus cuidadores, a subjetivação desta criança ficará ameaçada.

O psicanalista, atuando sob esta perspectiva, se posicionará como terceiro na relação mãe-bebê, reenviando signos endereçados à criança a fim de que se produza um dizer. Mediando esta relação, o analista pode servir de espelho, para que o olhar da mãe seja vertido a outro ângulo, um em que se possa ver a imagem de um sujeito na criança.

Podemos dizer que, antes do estádio do espelho, do qual o analista pode se servir na clínica, um lugar prévio se impõe ao bebê, determinando coordenadas simbólicas que o inserem na linguagem, situando-o no campo do Outro. Ele nasce banhado na linguagem, contudo, a sua resposta pode acontecer de distintas maneiras. É desde o nascimento que o Outro lhe inscreve em um lugar simbólico de filiação, em que o *infans* se referencia para estabelecer relações primárias de troca. Em seguida – e podemos constatá-lo especialmente desde o sexto mês –, o bebê pode participar do acontecimento estruturante que Lacan (1949/1998) denomina de *estádio do espelho*. Um processo de identificação em que o sujeito assume a ilusão de uma imagem, a qual irá estabelecer uma relação entre o ser (eu/dentro) e a realidade (não-eu/fora), antes que ele tenha o controle motor da marcha ou da postura. É uma dialética temporal em que há um "*impulso interno que precipita da insuficiência a antecipação*" (p. 100), engendrando um sujeito apanhado pela identificação: de um corpo despedaçado à forma total que lhe confere identidade. A "*assunção jubilatória*" (p. 97) da imagem especular preconiza que uma matriz simbólica já fora instaurada e o *eu* se precipita numa forma. Esta *Gestalt* ratifica, simboliza a permanência mental de um *eu*, ao mesmo tempo em que o prefigura numa condição alienante, mais constituinte que constituída, dando-lhe um "corpo". Lacan (1949/1998) situa o final do estádio do espelho como caracterizado pelos ciúmes e pelo transitivismo infantil, quando a criança se identifica ao outro, tendo a imitação como operação privilegiadamente do imaginário.

Interessa notar que Lacan (1949/1998) confere forte importância ao tempo lógico, pois será neste instante que um sujeito em assunção precisará lidar com seu corpo e com o Outro, com este que despende cuidados e a quem pode se referenciar, pois o situa em um lugar. O *eu-ideal* surge nesta operação de encontro do ser ao outro, sendo fonte de uma projeção imaginária, tendo como dependência a possibilidade de referência ao primeiro termo simbólico anteriormente instituído, *Ein enzinger Zug* (traço unário), *ideal-do-eu* introjetado (Lacan, 1961-62, inédito).

Condição para que sua constituição aconteça, o agente da função materna, em posição de Outro, precisa supor um saber no bebê, ofertando significantes, olhar dirigido, cuidado corporal, uma voz banhada de prosódia e enunciação, para que o *infans* se destaque de objeto para a condição de sujeito, algo que a estimulação, *per si*, não pode fazer.

O agente da função materna realiza um trabalho de atribuição de sentidos ao *infans*: organizando-o com as palavras, com os movimentos, estabelecendo ritmos de tensão e apaziguamento, de espera – opera emparelhando este vivo numa estrutura de linguagem. Este agente comparece como "*Outro-erotismo*" (Melman, 1985), uma vez que o bebê é investido libidinalmente por ele. Submetido ao campo simbólico, é ele que irá criar um corpo, uma figuração, uma imagem para o *infans* com a consistência que seu imaginário lhe confere. Na localização simbólica de um lugar pelo Outro, o *infans* é convidado ou mesmo seduzido a existir como sujeito idealizado.

O transitivismo materno faz uma aposta que supõe e antecipa um sujeito. Ao tentar traduzir as manifestações da criança pelo que ela mesma supõe ter experimentado, a mãe presume existir ali um ser de desejo. Ela responde ao grito do filho e, longe de engolfá-lo num saber absoluto que o localizaria como objeto, o exercício maternante permite não só a dependência que orienta o laço do bebê, mas também a dúvida e a possibilidade dele aí se inscrever. É o que permitirá advir, deste lugar, um sujeito. Ao oferecer um campo simbólico acolhedor e contido de significantes, o agente materno diz o que o ser é antes de ele poder dizer "eu sou" (Vorcaro, 1999/2005). A mãe funciona como um órgão extracorpóreo da criança, pois responde às suas urgências vitais com o que decide por ela, implantando uma ordem simbólica que regula a economia do organismo. A criança, assim, passa a obedecer aos signos pressupostos pela mãe e sua constituição subjetiva poderá ocorrer (Neves, 2010).

É este agente quem traduzirá os movimentos corporais da criança, permitindo a ela se identificar e aprender o transitivismo para depois repeti-lo. O transitivismo, segundo Bergès e Balbo (2002), é o processo em que a mãe se engaja quando se endereça ao filho, fazendo a hipótese de haver nele um saber em torno do qual seu endereçamento vai circular e lhe retornar sob a forma da demanda, que ela supõe ser aquela de uma identificação de seu filho ao discurso que ela tem dele. Os autores são enfáticos em afirmar que "não existe sujeito a não ser a partir do momento em que a mãe faz a hipótese de que a criança tem uma demanda" (p. 123). A mãe que transitiva, "*você está com frio, filhinho, vou te colocar uma blusa!*", despende um saber e espera que, em outro momento, o filho venha lhe pedir a blusa, respondendo do lugar de sujeito. Contudo, deve-se considerar que a não resposta pela demanda que viria do filho frustra a mãe e, assim, ela pode deixar de incitá-lo a responder suas hipóteses. Um lugar de desconhecimento pode passar a prevalecer nesta relação, onde, sem os aportes simbólicos e imaginários enlaçados, a criança pode restar em lugar de objeto, no real.

O processo passa necessariamente pelo corpo, pois ele está engajado numa experiência. O corpo é o lugar da receptação pelo qual o mundo toma forma e consistência para a criança. Esse acesso ao simbólico, que representa a identificação do filho ao discurso da mãe, concerne o corpo ao campo imaginário e de linguagem: "esta forçagem transitivista antecipa e condiciona aquele que empurra em seguida a criança a entrar de bom grado ou de mal grado no campo da fala e da linguagem" (Bergès & Balbo, 2002). Portanto, esta passagem faz articular real e imaginário à linguagem.

Winnicott (1987/2002) confere especial valor à mãe, salientando que, para exercer a função materna de forma global, é necessário que ela esteja, nos primeiros meses, em posição quase que de exclusividade para o bebê. Deste lugar, o autor entende que a mulher poderá investir sua libido na maternagem, onde, sem muitas interferências, será capaz de executar o transitivismo imprescindível para a subjetivação do bebê. Destarte, o inconsciente da mãe, sua história e sua relação com a castração são reavivados com a maternidade. Por isso, o encontro com o bebê pode parecer-lhe *êxtimo*, estranho e lhe escapar à compreensão, bem como as contingências que poderão interferir no exercício da sua função maternante, atrapalhando-a ou impedindo-a de transitivar. É o que podemos ver com o caso aqui apresentado, em que a mãe deprimida parece ficar desabilitada em investir e endereçar um desejo ao bebê diante de dois acontecimentos inesperados: a separação do genitor e o nascimento conturbado da criança. Tais ocorridos interferem no curso do desenvolvimento de Carlos e em sua subjetivação.

O desejo e o ideal endereçado da mãe é o que permitirá produzir um corpo delineado pelos simbólico e imaginário, conferindo uma imagem. Lacan (1962-63/2005) explica pelo esquema ótico simplificado, anterior ao estádio do espelho, que a distinção entre *eu* e *não-eu*: "é a idéia de um exterior antes de uma certa interiorização, que se situa em *a*, antes que o sujeito, no lugar do Outro, capte-se em forma especular, em x, forma que introduz para ele a distinção entre eu e não-eu" (p. 115). Na falta dessa causa, não existe possibilidade da assunção de um Eu (*Je*). O objeto *a* causa o Eu no nível do inconsciente, sendo uma projeção: *i(a)*. Antes do estádio do espelho, salienta Balbo (2005/2009, p. 74), a criança vivencia a falta de si mesmo: estando auto referida no autoerotismo, está lançada na desordem dos objetos *a*, como na melancolia. Quando não acontece a antecipação de um sujeito no espelho, o real e o virtual se confundem, e o eu e não-eu também.

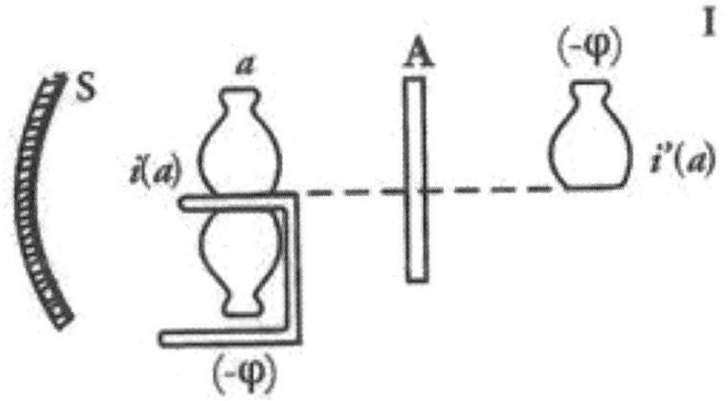

Fonte: Esquema óptico simplificado (Lacan, 2005, p. 49)

Balbo (2005/2009) sugere que alguns casos de autismo evidenciariam, na verdade, uma condição anterior de melancolia infantil. Ele explica suas hipóteses teóricas afirmando que uma mãe depressiva poderia provocar uma resposta melancólica no bebê, que se identificaria ao seu discurso. Estando em posição de renúncia à vida, à palavra, às trocas, ao discurso, se contentaria em viver do útil e do necessário. Vivendo no negativo da relação, o bebê oferece o que não tem; pela ausência de palavras e de endereçamento, chora ou grita perplexo diante do real. Bergès e Balbo (2003) afirmam que a mãe de uma criança na condição apresentada, "se apresenta a si mesma e ao filho como sendo a única, pois está presa em seu narcisismo primordial, unida à imagem que conduz à morte" (p. 29). Ela acaba por colocar a criança sob a forma do "querem minha perda", de tal maneira que ela fica engolfada por esta única imagem, a da perda. A criança subsiste, assim, perdida.

Em contrapartida, quando a mãe comparece hábil a cuidar do filho, ela despende cuidados ao corpo dele como se fosse o seu e o trata como objeto de gozo, mas também como sujeito. Lacan (1969/2003) salienta que os cuidados da mãe "trazem a marca de um interesse particularizado, nem que seja por intermédio de suas próprias faltas" (p. 373), e os do pai, na encarnação da Lei no desejo. A criança replica, portanto, a mensagem do agente materno em sua forma invertida.

Podendo ocupar o lugar de desvelar o sintoma familiar, mas também aquele de objeto da subjetividade materna, a criança pode ficar exposta "a todas as capturas fantasísticas da mãe" (p. 373), conforme salienta Lacan (1969/2003), quando "a distância entre a identificação com o ideal do eu e o papel assumido pelo desejo da mãe, não tem mediação (pela função do pai)" (p. 373). Tornando-se objeto da mãe, revela a verdade deste objeto de desejo.

Como há desencontro entre o real e o ideal com a chegada do bebê, muitas mães sentem-se incapazes de exercer suas funções, de executar os cuidados primários, exatamente por estarem sob a vigência do universo simbólico. Sob o horror ou assombro diante de um bebê, a mãe pode tomá-lo como enigmático, ou, ainda, como objeto que vem suprir sua condição de faltosa.

Uma mãe que não se sente amada pelo parceiro e, mesmo depois do nascimento do filho, não se anima, deixando de ter vontade de viver, pode abandonar o bebê num vazio de significação. No caso aqui relatado, a mãe do bebê parece se desnortear com a separação do pai da criança, como se precisasse do olhar dele para franquear o seu junto ao bebê. Esta desconexão diante do acontecimento parece interferir na subjetivação do bebê. Como se estivesse vivenciando o luto (Freud, 1917/1976), o seu investimento libidinal se vê voltado somente para o seu eu, impedindo-a de poder se dispor para o filho para além dos cuidados físicos. E o filho, em tempo de subjetivação, sem anteparo psíquico para se proteger, parece vivenciar uma melancolia, com a carência de um lugar que poderia situá-lo pela oferta de linguagem pela palavra, voz, pelo olhar cuidadoso, próprios dos campos simbólico e imaginário. Resta-lhe o buraco da falta na mãe, lugar da dor da perda, lugar de objeto com o qual se identifica.

Maria não está animada com a maternidade e, somente após o primeiro ano de vida, vem perceber os sinais de evitamento do filho aos lugares e às pessoas. Como uma "*mãe desabilitada de amor*" (Bernardino, 2011/2013, p. 140), a mãe depressiva pode desencadear reações sintomáticas na criança, como o evitamento do contato, semelhante a uma psicopatologia autística, dada a sua condição frágil e de parco investimento no filho.

As graves psicopatologias em crianças pequenas denunciam, em cada caso, como o sujeito pode responder ao Outro, enquanto agente de cuidados primários. Percebido como Outro invasivo, pela inundação de sentido, ou como Outro desinvestido, deixando-o à deriva de significação (Sauret, 1997), o filho pode ocupar um lugar de representar não um ideal, socialmente reconhecido, mas pode ser concebido como peso, terror, enigma, ou como objeto a recobrir somente as faltas deste Outro, correndo um risco em sua subjetivação.

As posições que se estabelecem entre o bebê e sua mãe evidenciam que, para haver a assunção de um sujeito, são necessários certos acontecimentos estruturantes: ainda que estes não sejam determinantes, talvez sejam condicionantes. Uma relação de via dupla: que depende primeiro do Outro em direção ao *infans* e, deste sujeito, partirá uma resposta singular ao Outro, denotando a sua cifragem e leitura deste lugar, localizando-se numa realidade psíquica.

Passaremos, agora, à discussão clínica do caso com vistas a encontrar argumentos que façam associação entre o aparato teórico exposto junto às questões indicadas no início.

DISCUSSÃO CLÍNICA

Muito embora Carlos tenha apresentado diminuição considerável do choro, em contrapartida, ainda apresentava sinais de risco psíquico à subjetivação. A equipe se pôs a interrogar: será que a criança se encontra constrangida à angústia materna, ocupando o lugar de responder ao sintoma da mãe, revelando o não-dito com o choro inconsolável? Ou, com a falta de mediação do elemento terceiro no laço mãe-bebê, Carlos se designou objeto da fantasia materna? O que é evidente no caso é o modo precário como a criança funciona com as outras pessoas, com a linguagem, com os objetos e com seu corpo, denotando que um laço precário parece ter se estabelecido em relação ao Outro.

A posição de recusa ativa da criança quanto ao contato com outras pessoas, no desvio do olhar, com a ausência da fala e do brincar, o repúdio no compartilhar e em fazer trocas indicam que a subjetivação desta criança se mostra atravessada por uma contingência sobre sua estruturação. O que verificamos é que, para ele, a entrada do Outro, enquanto alteridade, lugar de oferta de significantes, parece-lhe complexa e de difícil discernimento, não admitindo outra presença senão enquanto colado à mãe e ao seu olhar, que ele reconhece quando não está chorando em prantos. Esta posição psíquica de "exclusão ativa" (Vorcaro, 1999/2005) evidencia que, para esta criança, qualquer significante tem efeito de exclusão, pois demarca uma negatividade, uma diferença, uma equivocidade que ele não admite. Contudo, ele não está alheio por completo ao outro e, para Carlos, sua atenção com "olhar estrábico" se verte para lados que àquele que olha, não se sabe se está ou não sendo olhado. Seu olhar não é passivo; embora oblíquo, escolhe para onde dirigi-lo com o devido cuidado de não se deixar ser fisgado pelo Outro.

Este caso nos mostra que a "*intervenção a tempo*" se destina a fazer uma aposta no agora, com a "*pressa*", pelo franqueamento de um sujeito subjetivado e descolado do Outro, mas não decide por sua estruturação, que virá aparecer no "*só-depois*".

Para esta criança, o mundo lhe parece estrangeiro e qualquer intervenção sugere uma intrusão e desorganiza o mínimo que tenta fazer barra. É o que conduz a psicanalista Rosine Lefort (2003) a afirmar que *não existe Outro no autismo*, seja enquanto portador do significante, do objeto ou da imagem. Para esta psicanalista, sem condições de distinguir o que lhe acomete, a criança autista agiria de modo destrutivo, atacando para se defender, atirando ou empurrando objetos ou pessoas que perceba que lhe invadem. Quando se via contrariado, algo em Carlos parecia disparar, elevando sua tensão e, sem haver recursos para o apaziguamento, passava a se morder, se debater com as mãos em seu rosto ou a bater a cabeça no chão. Sua mãe passou a intervir conversando e barrando estes atos. Somente com um ano seis meses, ele os diminuiu, passando a se acalentar com o chupar o dedo. Mas, podemos concluir sua estruturação como autista?

Acreditamos que Carlos ainda vivencia um tempo de não enodamento entre os registros simbólico, imaginário e real. Para ele, parece fazer falta a faceta não-toda do Outro, distinto do real indizível e impossível que o engolfa, confundindo os sentidos da relação significante, como confundir insatisfação e anseio, brincar e fazer trocas, pressentidos como elementos invasivos que lhe colocam em risco de perda. Recorre, então, ao "choro de desamparo", num transbordamento sem possibilidade de alguém o acalentar, mesmo a mãe, como se estivesse em risco de se perder. Quando recorre ao dedo polegar, sem buscar do Outro uma resposta que lhe dê assistência, se autossatisfaz; mantendo o gozo num circuito fechado, decide excluir o Outro? Para funcionar enlaçado ao social, Lacan (1969-70/1992) enuncia que "os meios do gozo são abertos pelo princípio seguinte, que ele (o bebê) tenha renunciado ao gozo fechado – e alheio – à mãe" (p. 74), usufruindo dessa relação. Carlos ainda não demonstra movimento de renúncia a este gozo, de *fazer-se* para o Outro com o movimento do apelo.

O trabalho clínico opera no ir e vir pelo brincar, remetendo à pulsão, supondo um sujeito, mas mantendo certa distância, já que, para esta criança, o mínimo de proximidade lhe parece aterrador. Há certa provocação da analista com sua voz, pelas cantigas, com a prosódia e a entonação, intencionando fazer um laço mínimo ao que ainda não foi constituído. As falas são dirigidas e, neste instante, a analista ora fala pela mãe à criança, ora pela criança à mãe. Diante de uma criança que responde ao real colocando-se como objeto, busca-se intervir no "*continuum* de gozo do fluxo da criança" (Vorcaro, 1999/2005, p. 97) com a operação significante para engendrar um sujeito, respeitando seus limites, construindo e inventando bordas. Lacan (1964/2008) nos lembra que "tudo surge da estrutura do significante. Esta estrutura se funda na função do corte, que se articula à função topológica da borda. A relação do sujeito ao Outro se engendra por inteiro num processo de hiância. Sem isto, tudo poderia estar no real" (p. 202). O analista pretende, portanto, provocar um corte com vistas a permitir novas possibilidades ao bebê, enlaçando-o ao simbólico.

A intervenção estabelecida, até este ponto, foi o de uma aposta dupla: favorecer à Maria ancoragem ao exercício da maternagem e, para Carlos, seduzi-lo a se enlaçar ao Outro não-todo, tratado, furado, lugar que pode contar e encontrar o possível, a palavra, o sentido, mas também o equívoco. O caso nos interroga quanto ao inconsciente materno não mediado pela Lei, que pode constranger à criança a uma posição de ser objeto de gozo, e como esta pode gozar desta posição, não sem sofrimento. O trabalho analítico procura realizar um ato para a promoção de novas construções e enlace entre os registros psíquicos Real, Simbólico e Imaginário, considerando a criança enquanto organismo real inserido num lugar simbólico, localizado por significantes que o amarram numa consistência imaginária, intermediada por um Outro tratado.

REFERÊNCIAS

Balbo, G. (2009). *Melancolia infantil e outros textos*. Recife: Centro de Estudos Freudianos do Recife. (Trabalho original de 2005).

Bergès, J. & Balbo, G. (2003). *Psicose, autismo e falha cognitiva na criança*. Porto Alegre: CMC.

Bernardino, L. (2013). As vicissitudes do encontro mãe/bebê: um caso de depressão. In M.-C. Laznik. *A hora e a vez do bebê*. São Paulo: Instituto Langage. (Trabalho original de 2011).

Coriat, L. & Jerusalinsky, A. (1987). Função materna e estimulação precoce. *Escritos da Criança*. Centro Lydia Coriat, Porto Alegre, n.1, Ed 2. (Trabalho original de 1983).

Coriat, L. & Jerusalinsky, A. (1987). Desenvolvimento e maturação. *Escritos da Criança*. Centro Lydia Coriat, Porto Alegre, n.1, Ed 2. (Trabalho original de 1983).

Coriat, L. & Jerusalinsky, A. (1987). Definição de estimulação precoce. *Escritos da Criança*. Centro Lydia Coriat, Porto Alegre, n.1, Ed 2. (Trabalho original de 1983).

Fernandes, C. M. (2007). *O sofrimento na pequena infância: uma introdução à psicopatologia do bebê*. Campina Grande: EDUFCG.

Freud, S. (1976). Luto e melancolia. In *Edição standard brasileira das obras psicológicas completas de Sigmund Freud*. (J. Salomão, trad., vol. 14). Rio de Janeiro: Imago (Trabalho original de 1917).

Lacan, J. (1961-62). *O seminário, livro 9: a identificação.* Inédito.

Lacan, J. (1992). *O seminário, livro 17: o avesso da psicanálise (1969-70).* Rio de Janeiro: Jorge Zahar.

Lacan, J. (1998). O estádio do espelho como formador da função do eu. In *Escritos.* Rio de Janeiro: Jorge Zahar Editor. (Texto original de 1949).

Lacan, J. (1998). De uma questão preliminar a todo tratamento possível da psicose. In *Escritos.* Rio de Janeiro: Jorge Zahar Editor. (Texto original de 1966).

Lacan, J. (2003). Nota sobre a criança. In *Outros escritos.* Rio de Janeiro: Jorge Zahar. (Texto original de 1969).

Lacan, J. (2005). *O seminário, livro 10: a angústia (1962-63).* Rio de Janeiro: Jorge Zahar.

Lacan, J. (2008). *O seminário, livro 11: os quatro conceitos fundamentais da psicanálise (1964).* Rio de Janeiro: Jorge Zahar.

Laznik, M.-C. (2013). Godente ma non troppo: o mínimo de gozo do Outro necessário para a constituição do sujeito. In *A hora e a vez do bebê.* São Paulo: Instituto Langage. (Trabalho original de 2010).

Lefort, R. & Lefort, R. (2003). *La distinction de l'autisme.* Paris: Seuil.

Melman, C. (1985). *Questions de clinique psychanalytique.* Seminaire de l'année 1985-6 (12 e 19 de dezembro de 1985). Paris : ALI.

Neves, B. R. C. (2010). *De um olhar ao Outro: a intervenção da psicanalista Rosine Lefort na clínica com a criança Nádia.* Dissertação de Mestrado. Programa de Pós-Graduação em Psicologia. Belo Horizonte: UFMG.

Sauret, M.-J. (1997). *O infantil e a estrutura.* São Paulo: Escola Brasileira de Psicanálise.

Vorcaro, A. (2005). *Crianças na psicanálise: clínica, instituição, laço social.* Rio de Janeiro: Companhia de Freud. (Trabalho original de 1999).

Winnicott, D. W. (1982). Por que choram os bebês? In A criança e seu mundo (pp. 64-75). Rio de Janeiro: Guanabara Koogans. (Trabalho original publicado em 1945[1944]).

Winnicott, D. W. (1987/2002). *Os bebês e suas mães.* São Paulo: Martins Fontes.

Capítulo 4

O BEBÊ, DO DESENVOLVIMENTO À CONSTITUIÇÃO DO SUJEITO: UMA RELEITURA DE SPITZ

Ângela Maria Resende Vorcaro
Liliane Cristina Santos

Importante referência daqueles que lidam com bebês, René Spitz foi precursor das pesquisas deste campo de conhecimento que empregam a observação direta. Uma característica marcante de sua obra é o uso que faz do método experimental para a teorização sobre o psiquismo do bebê. A despeito de ser psicanalista, o teórico utiliza instrumentos da psicologia experimental, justificando que o método psicanalítico não se aplica ao "período pré-verbal", aí entendido como anterior à articulação da fala pelo bebê (Spitz, 1965/1998, p. 17). A pesquisa realizada por Spitz e os conceitos fundados a partir dela influenciaram notadamente o cuidado à criança no século XX, fundamentando o trabalho com crianças institucionalizadas com efeitos importantes nas áreas da educação e da clínica. Seu estudo continua muito reconhecido, tendo grande relevância como referência sempre presente nos estudos e práticas que envolvem a primeira infância.

Entretanto, considerando que nossa prática clínica com bebês e seus responsáveis constata a pertinência dos recursos teóricos e clínicos da psicanálise para tratar contingências da constituição do *infans,* sua afirmação de que a psicanálise não se aplicaria ao dito período pré-verbal do bebê nos surpreende. Por isso, retornamos a Spitz para rever seus argumentos, explicitando as bases de uma leitura psicanalítica do bebê.

A demonstração empírica de Spitz (1965/1998) a partir do método experimental tentava lidar com a premissa freudiana do método psicanalítico de adultos, a associação livre da fala, questionável caso aplicada às manifestações linguísticas do neonato. Reconhecendo o período em que o domínio do código da língua é precário, o autor acabou afastando a pesquisa psicanalítica da constituição do psiquismo. No entanto, se a emissão da expressão fonológica do bebê é reduzida, restringindo sua interpretação ao que se escuta do que o *infans* produz, nem por isso suas manifestações são ilegíveis para a psicanálise. Vale, portanto, notar que existe aí um paradoxo pouco explicitado. Ao mesmo tempo em que reconhece o limite da linguagem na expressão fonoarticulatória do bebê, o autor desconsidera que aquele está imerso na linguagem e, assim, submetido a seus efeitos. O *infans* não fala. Entretanto, está envolvido pela imensa extensão da rede simbólica que o atinge e enquadra seu campo. Os atos observáveis dirigidos ao bebê, sua resposta e a leitura dessa resposta estão presididos e organizados pela linguagem. Portanto, por que desconsiderar que os diversos modos pelos quais as operações de seu psiquismo se manifestam estejam no campo da linguagem?

Spitz não estava advertido do campo da linguagem que antecede, estabelece e estrutura toda troca inter-humana, cobrindo-a com o genérico termo *meio ambiente*, que torna o bebê indistinto do animal, que é regido pelo instinto em sua relação imediata com a natureza. Ao mesmo tempo, reconheceu e abordou pormenorizadamente a incidência da afeição materna na criança, mas não sua função na transmissão simbólica. Talvez por isso, Anna Freud, ao prefaciar o próprio livro de Spitz (1965/1988), tenha alertado que os estudos dos comportamentos maternos a partir da observação seriam muito beneficiados pelo método de análise destas mães. O próprio fundador da psicanálise ressaltou que, sozinha, a observação direta era incapaz de responder pelo infantil, testemunhando a dificuldade de se aprender com ela: "A observação da criança tem a desvantagem de elaborar objetos que facilmente originam mal entendidos" (Freud, 1905/1996, p. 182).

Jacques Lacan (1957-58/1999), relendo as observações de pesquisadores experimentais, além dos psicanalistas de crianças, demonstrou a pertinência do neonato ao campo da linguagem antes de seu nascimento, cuja incidência é determinante no dito período pré-verbal. Mesmo que fora do exercício pleno da função da fala, o neonato manifesta-se e emerge como sujeito do inconsciente, como efeito da linguagem. Por outro lado, a articulação fônica da fala de um adulto, de uma criança ou de um bebê não garante, por si mesma, que o trabalho psíquico seja acessível àquele que escuta. Tal acesso depende da consideração, como ponto de partida, da hipótese do inconsciente e de seus desdobramentos. Um grande ensinamento freudiano é o de que nenhuma percepção, seja do pesquisador ou de qualquer um, prescinde do que sua realidade psíquica pode reconhecer, pois os supostos "dados" são sempre construídos a partir das premissas daqueles que os distinguem. Assim, ao supor no método experimental sua garantia de verdade, tendo como premissa a impossibilidade de a psicanálise capturar o funcionamento psíquico do bebê, Spitz (1965/1998) impôs uma limitação, de antemão, àquilo mesmo que pretendia encontrar.

Nesta direção, propomos retomar a rica descrição de Spitz a partir da observação de bebês, para discutir alguns aspectos que contribuam para a atualização de suas importantes formulações com base na psicanálise de orientação lacaniana. Esperamos, assim, distinguir elementos teóricos da psicanálise que possam sustentar a condução de novas pesquisas do laço mãe-bebê, além de reorientar atuações clínicas. Ressaltaremos alguns pontos cruciais dos construtos da teoria evolucionista de Spitz para avançar nas discussões psicanalíticas sobre as condições dos bebês, visando trazer contribuições para a clínica e a pesquisa.

O DESENVOLVIMENTO DO BEBÊ PARA SPITZ

Spitz (1965/1998) propõe explorar, minuciosamente, as interações e as influências recíprocas entre a personalidade da mãe e a personalidade da criança. O autor fornece um quadro amplo de seu trabalho, que parte da pesquisa experimental, utilizando observação, filmes e testes, além de algumas referências teóricas colhidas de textos freudianos. Sua pesquisa sobre o que denomina a gênese das primeiras relações objetais e de seus elementos componentes constrói estágios sucessivos observados no desenvolvimento normal e, ainda, discorre acerca de seus distúrbios no decurso do primeiro ano de vida.

Assim, a despeito de seu trabalho supor os efeitos do ambiente em que o neonato é ou não acolhido (aí representado pela mãe ou por quem faz a função), o autor supõe a autonomia de um desenvolvimento escalonado em etapas prescritíveis. Por isso, utiliza-se da psicologia experimental para a formulação de seus conceitos, sustentando-se no método da observação para seu trabalho. Com essa condução, entretanto, dissocia as postulações freudianas de que se serve do método clínico psicanalítico.

Retomando formulações freudianas, Spitz (1965/1998) define o objeto libidinal como o objeto pelo qual a pulsão é capaz de alcançar seu objetivo. Assim recortada da obra freudiana, naquilo que ela resguarda do darwinismo, a pulsão é naturalizada. Tomando a libido como força dos instintos sexuais ou a energia sexual, a pulsão consiste na pressão ou na direção para o objeto de sua satisfação. As relações objetais, nesta visão, são então definidas como as relações estabelecidas entre um sujeito sem prévio funcionamento psíquico e um objeto da necessidade. No estudo de Spitz (1965/1998), o sujeito é o recém-nascido inicialmente indiferenciado, posto que nenhum funcionamento psíquico é, nele, demonstrável. Por sua vez, o objeto de que se trata é o objeto libidinal, que ainda não existe no universo do bebê, a ser constituído no processo de três etapas: o "estágio pré-objetal", o "estágio do precursor do objeto" e o "estágio do próprio objeto libidinal" (Spitz, 1965/1998, p. 16).

O organismo psicologicamente indiferenciado nasce com um equipamento congênito e certas tendências, mas não apresenta funções psicológicas, tais como percepção, sensação e consciência. Por considerar a não existência do simbolismo nem da linguagem, Spitz (1965/1998) assevera que as interpretações psicanalíticas seriam descabidas no nascimento do bebê, ainda restrito à fisiologia, cujo protótipo formará a base da psique:

> Do mesmo modo, o simbolismo e o pensamento simbólico não existem e as interpretações simbólicas (psicanalíticas) são inaplicáveis. Os símbolos são mais ou menos contingentes à aquisição da linguagem. Entretanto, a linguagem não existe durante todo o primeiro ano de vida. Os mecanismos de defesa também estão ausentes, pelo menos na forma como o termo é usado na nossa literatura. Podemos detectar apenas traços de seus protótipos em uma forma mais fisiológica do que psicológica. Tais protótipos servirão, por assim dizer, como uma base sobre a qual a psique erigirá, subsequentemente, uma estrutura de natureza inteiramente diferente (p. 6).

Spitz (1965/1998) descreve que na *primeira fase* da constituição da relação objetal, denominada "pré-objetal ou não objetal" (p. 35), o recém-nascido não consegue distinguir uma coisa externa de seu próprio corpo e não experimenta o meio que o cerca como separado dele mesmo. Assim, durante as primeiras semanas de vida, o bebê percebe o seio materno, por exemplo, que satisfaz suas necessidades e lhe fornece alimento, como parte de si mesmo. Duas ou três semanas após nascer, o bebê começa a seguir os movimentos do rosto humano, porque este se torna associado à supressão do desprazer e à experiência de prazer, já que aparece no campo visual da criança todas as vezes que uma de suas necessidades é satisfeita. Nessa vinculação direta necessidade/desprazer e satisfação/prazer, Spitz (1965/1998) toma a teoria freudiana do apoio da constituição psíquica na necessidade vital para sustentar que a percepção deve ser *aprendida*. Para isso, ele mostra que o bebê só se torna capaz de perceber um estímulo externo ao associá-lo à satisfação de uma necessidade, como a de alimento, por exemplo, o que se dá por meio das experiências que ele tem de fome e de saciedade.

Na *segunda fase* da constituição da relação objetal, chamada de fase do "precursor do objeto", que ocorre a partir dos dois meses, o rosto humano torna-se um "percepto visual privilegiado" e o bebê é capaz de isolá-lo e distingui-lo do plano de fundo (Spitz, 1965/1998, p. 87). Nesta fase, em resposta ao estímulo do rosto humano, o bebê apresenta uma resposta nova: o *sorriso*. Há um progresso da maturação física e do desenvolvimento psicológico que permite ao bebê usar seu equipamento somático para a expressão de uma experiência psicológica. Spitz (1965/1998) demonstra que, na verdade, o bebê, neste momento, não responde ao rosto humano como objeto, já que reconhece o rosto em seus atributos secundários, e não em suas qualidades essenciais ou nas características que o fariam atender e satisfazer às necessidades dele. O bebê responde com um sorriso a qualquer rosto que lhe seja apresentado de frente e em movimento, mesmo que este seja de um boneco de papelão, reconhecendo, na verdade, um sinal, chamado pelo teórico de "gestalt-sinal", que é uma configuração no rosto humano, que consiste na região da testa-olhos-nariz, concentrando-se nos olhos (Spitz, 1965/1998, p. 92). Por isso, o autor denomina este sinal de "pré-objeto", que é incompatível com as características do objeto libidinal, já que este último, por definição, é aquele capaz de satisfazer o sujeito (Spitz, 1965/1998, p. 92).

Vale ressaltar, aqui, a questão que o autor levanta ao discutir sobre a resposta do bebê ao "gestalt-sinal", aparentemente situável como um processo mecânico, constituído de mecanismos disparadores que desencadeiam respostas inatas. Neste sentido, o autor se pergunta se "não poderia uma boneca mecânica equipada com a gestalt-sinal criar nossos filhos" (Spitz, 1965/1998, p. 96), ao que responde negativamente:

> Por ora, basta dizer que, embora o equipamento inato exista no bebê desde o primeiro minuto de vida, ele tem de ser ativado; o lampejo vital tem de ser conferido ao equipamento através de trocas com outro ser humano, com um parceiro, com a mãe. Só uma relação recíproca é capaz disso. Só uma relação recíproca pode fornecer o fator experiencial ao desenvolvimento do bebê, consistindo, como consiste, em uma troca circular contínua, em que os afetos desempenham o papel principal (p. 96-97).

Portanto, recorta a importância da circularidade recíproca das trocas, efetuada por via do que qualifica como afeto materno na relação ao bebê. Segundo ele, no início da vida, é a mãe o parceiro humano do filho, que serve de mediador a toda percepção, ação ou conhecimento:

> Mais uma vez somos obrigados a voltar às origens e discutir o papel totalmente abrangente da mãe no aparecimento e desenvolvimento da consciência do bebê e a participação vital que ela tem nesse processo de aprendizagem. Neste contexto, é inestimável a importância dos sentimentos da mãe em relação a ter um filho, o 'seu' filho. Sabe-se que estes sentimentos variam dentro de uma escala muito ampla, mas não se tem muita consciência disso, porque quase todas as mulheres se tornam mães meigas, amorosas e dedicadas (Spitz, 1965/1998, p. 99).

Os sentimentos maternos, para o autor, criam um "clima emocional favorável" ao desenvolvimento da criança (Spitz, 1965/1998, p. 99). Spitz (1965/1998) defende que os afetos, nesta idade, são de importância muitíssimo maior do que em qualquer outro período posterior da vida. No entanto, o autor não parece pretender simplificar e desconsiderar a complexidade da relação mãe-filho, mas apenas demonstrar a influência decisiva desta relação na personalidade da criança: "o maior grau de facilitação para as ações do bebe é propiciado não pelas ações conscientes da mãe, mas por suas atitudes inconscientes" (Spitz, 1965/1998, p. 125). Desta forma, há correntes contraditórias operando nas relações que a "mãe boa, normal" estabelece com seu filho (Spitz, 1965/1998, p. 126). Há situações em que atitudes maternas mesclam alegria com tom de indignação, como exemplifica o autor. Spitz (1965/1998) acentua, ainda, que o bebê também evoca reações na mãe e parte significativa dessas reações não corresponde à imagem popular de maternidade. Isso porque a criança precisa viver o controle das pulsões e o cuidado dispensado a ela reativa essa vivência no adulto.

Para Spitz (1965/1998), os costumes são transmitidos pela mãe para a criança, mesmo não sendo o único ser humano em seu ambiente, que compreende também pai, irmãos, parentes e outros, podendo eles ter significado afetivo para a criança. O autor lembra que o ambiente cultural e seus costumes exercem influência sobre a criança já no primeiro ano de vida, mas que essas influências, em nossa cultura ocidental, são transmitidas pela mãe ou seu substituto: "Na relação mãe-filho, a mãe representa os dados ambientais – ou poderia ser dito que a mãe é a representante do ambiente" (Spitz, 1965/1998, p. 101). O autor concentra, por isso, sua pesquisa basicamente no problema das relações mãe-filho, apontando que, além do fato de a mãe representar o ambiente para o bebê, a relação mãe-filho é mais sensível a uma intervenção terapêutica e profilática nos primeiros meses de vida.

A *terceira fase* do processo de constituição do objeto libidinal para a criança acontece "entre o sexto e oitavo meses", quando ocorre "uma mudança decisiva no comportamento do bebê em seu relacionamento com os outros" (Spitz, 1965/1998, p. 152). O bebê já não responde com um sorriso a qualquer pessoa, já que neste momento a criança distingue claramente um amigo de um estranho, rejeitando e recusando o contato de desconhecidos, com um tom mais ou menos carregado de ansiedade. O autor denomina a reação de "ansiedade dos oito meses" (Spitz, 1965/1998, p.151-2) e levanta a hipótese de que os bebês respondem à ausência da mãe com desprazer. Quando um estranho se aproxima do bebê de oito meses, este se sente frustrado em seu desejo de ter a mãe, ocorrendo uma resposta à sua percepção de que o rosto visto não corresponde aos traços de memória do rosto da mãe. O teórico considera, assim, que a capacidade do deslocamento de energia em traços de memória apresentada pela criança de oito meses reflete que ela "estabeleceu uma verdadeira relação objetal" e que "a mãe se tornou seu objeto libidinal, seu objeto de amor" (Spitz, 1965/1998, p. 157).

Patologias ou distúrbios das relações objetais são associados ao que Spitz (1965/1998) chamou de relação inadequada ou insuficiente entre mãe e filho, respectivamente nos aspectos qualitativo e quantitativo. Apesar de não ignorar a combinação de fatores congênitos e psicológicos, um primeiro grupo de patologias, associadas às relações inadequadas entre mãe e filho, é descrito. O autor assevera que alguns quadros clínicos parecem ser consequência de um determinado padrão de comportamento da mãe: a personalidade da mãe atua, nesses casos, como o agente provocador da doença, como "toxina psicológica" (Spitz, 1965/1998, p. 209). Assim, nomeia este grupo de distúrbios de "doenças psicotóxicas da primeira infância" (Spitz, 1965/1998, p. 211), enumerando padrões de comportamento materno e suas respectivas consequências no comportamento da criança.

A segunda categoria de distúrbio da constituição das relações objetais e do desenvolvimento da criança é localizada a partir da privação de relações entre mãe e filho:

> Para a criança, a privação de relações objetais no primeiro ano de vida é um fator muito prejudicial, que leva a sérios distúrbios emocionais. Quando isso ocorre, as crianças apresentam um quadro clínico impressionante; parecem ter sido privados de algum elemento vital à sobrevivência. Quando privamos crianças de suas relações com a mãe, sem proporcionar-lhes um substituto adequado que possam aceitar, nós as privamos de provisões libidinais (Spitz, 1965/1998, p. 211-212).

Na etiologia desse segundo grupo de distúrbios de "doenças de carência afetiva" ou "doenças de carência psicogênica" (p. 212), Spitz (1965/1998, p. 271) considera que a mãe desempenha um papel menor, pois as patologias resultam da "ausência física da mãe", devido à enfermidade ou à morte dela ou à hospitalização do filho. O dano sofrido pela criança será proporcional à duração da privação, sendo que as consequências da carência afetiva dividem-se em duas subcategorias, de acordo com as proporções da privação de provisões libidinais da criança. São elas: carência parcial e carência total, diante das quais a criança desenvolve as doenças "depressão anaclítica" (p. 272) e "hospitalismo" (p. 282), respectivamente.

As crianças que desenvolvem "depressão anaclítica" tiveram relações boas e normais com suas mães nos primeiros seis meses de vida, com bom desenvolvimento, porém apresentaram mudanças de comportamento uma vez afastadas de suas mães. Crianças privadas do contato com a mãe, no primeiro mês de separação, tornam-se chorosas, exigentes e tendem a apegar-se ao observador quando este consegue estabelecer contato com elas. No segundo mês, o choro frequentemente transforma-se em gemido, começa a perda de peso e há uma parada no quociente de desenvolvimento. Já no terceiro mês, as crianças recusam o contato, permanecem a maior parte do tempo de bruços na cama, apresentam insônia, perda de peso contínua e uma tendência para contrair enfermidades; além do atraso motor tornar-se generalizado, tendo início a rigidez facial. Após o terceiro mês de separação, no entanto, a rigidez facial consolida-se, o choro cessa e é substituído por lamúria; o atraso motor também é interrompido dando lugar a uma letargia; o quociente de desenvolvimento começa a diminuir.

Quando a criança que sofre de *depressão anaclítica* permanece privada de sua mãe sem ter recebido um substituto aceitável por um período superior a cinco meses, ocorre maior deterioração da sua condição e toda a sintomatologia muda radicalmente, incorporando-se à síndrome que o autor denomina *hospitalismo* (Spitz, 1965/1998, p. 277). Os sintomas da *depressão anaclítica* seguem em rápida sucessão, surgindo um novo quadro clínico, com sintomas de progressiva degradação. O atraso motor torna-se evidente e as crianças se apassivam. Elas permanecem inertes na cama, não atingindo o estágio de controle motor necessário para virar-se de bruços. A expressão torna-se vaga, frequentemente imbecil, e a coordenação dos olhos defeituosa. Nos testes, apresentam um declínio progressivo do quociente de desenvolvimento, chegando a uma média no nível da idiotia.

A deterioração observada no *hospitalismo* manifesta-se, primeiramente, por uma interrupção do desenvolvimento psicológico da criança e é seguida por mudanças somáticas, que aparecem paralelas às disfunções psicológicas. Isso acarreta a predisposição crescente a infecções com alta taxa de mortalidade quando a privação emocional continua no segundo ano de vida. Instituições tiveram seus índices de mortalidade comparados, evidenciando o aumento da mortalidade naquelas cujas crianças foram abandonadas por suas mães com três meses, após terem sido amamentadas por elas. A alta taxa de mortalidade foi notória, a despeito dos cuidados adequados quanto a todos os aspectos corporais.

A possibilidade de melhora da criança que sofre privação afetiva é elucidada por Spitz (1965/1998): a criança recupera-se sensivelmente, caso retorne em seu contato com a mãe antes de três meses de separação. Se isso ocorre ainda no período de transição da *depressão anaclítica* ao *hospitalismo*, ou seja, entre três e cinco meses de afastamento da mãe, a criança pode recuperar-se, mesmo que não completamente. Porém, se o reencontro com a mãe acontece após cinco meses, os sintomas são, pelo menos em parte, irreversíveis.

Essas importantes observações de Spitz objetivam não apenas localizar o efeito da presença materna no estabelecimento das etapas da constituição do objeto libidinal pela criança, mas também atestam o efeito de sua ausência, franqueando a formalização de quadros psicopatológicos graves. Por um lado, sua pesquisa orienta, ainda hoje, as ditas práticas humanizadas subsequentes ao parto nos hospitais, favorecendo o contato imediato entre mãe e filho. E, conforme a leitura que se faça, sua pesquisa serve até mesmo para normatizar o dito afeto, forçando mães a exercê-lo mesmo quando não se sentem em condições. Por outro lado, a repercussão de seu trabalho no meio médico, quando associado àquele de Kanner (1943/1997), franqueou a concepção de que as mães, qualificadas de pouco afetuosas, seriam responsáveis por condições autísticas de seus filhos, o que culminou na resistência ao tratamento psicanalítico para essas crianças.

A despeito disso, as afirmações resultantes da pesquisa de Spitz (1965/1998) nada esclarecem sobre a concepção do que ele denomina *afeto materno que ativa o equipamento inato*. Como tal afeto promove as ditas *trocas circulares recíprocas*? Como essa *reciprocidade* se relaciona ao *afeto* desencadeando *trocas*? Supomos que o cotejamento e diferenciação do conceito de objeto é aqui essencial. Afinal, isso talvez nos esclareça algo sobre seu correlato, a saber, o sujeito, pois, para Spitz (1965/1998), é a partir do estabelecimento do objeto que se desenvolve o ego, ou seja, a distinção do objeto conduz à subjetivação. Vale lembrar, entretanto, que Spitz (1965/1998) visa abordar o objeto libidinal, ou seja, a mãe (ou seu substituto), e não os objetos inanimados do ambiente. A teoria das *relações de objeto* característica das produções psicanalíticas da sua época não balizou teoricamente a noção de *objeto libidinal* em relação ao conceito de *objeto*, tratando do termo como um dado *a priori* recolhido como aquilo que satisfaz a pulsão. Retomaremos esse ponto para debatê-lo à luz da hipótese lacaniana da constituição do sujeito.

RELAÇÃO MÃE-BEBÊ NA PERSPECTIVA DA PSICANÁLISE: PULSÃO E DESEJO EM FREUD

A pesquisa e a teoria de Spitz (1965/1998) demonstram que oferecer ao bebê condições que o atendam em todas as suas necessidades orgânicas não é suficiente para que ele se desenvolva ou mesmo, em alguns casos, sobreviva. Enfatizando a presença materna e sua influência no desenvolvimento do bebê, o autor afirma que a simples presença da mãe estimula as resposta do bebê, mesmo quando não está relacionada a ele (Spitz, 1965/1998, p. 124).

Essa afirmação conduz nossa interrogação sobre a função da presença materna. O autor esclarece que, via afeto, essa presença é o estímulo produtor da resposta do neonato que estabelece, então, uma relação recíproca e circular com a mãe. Entretanto, esse mecanismo parece pouco elucidado, deixando supor a vigência de um arco reflexo, convocando o retorno aos textos freudianos: pode-se apreender, em Freud, o que Spitz articula como estímulo (incidência do afeto materno) e resposta (recíproca e circular)?

A incidência do estímulo e sua influência na constituição psíquica é recorrente na teoria freudiana. No *Projeto para uma psicologia científica*, Freud (1895/1996) discute a interação entre estímulos sensoriais internos e externos com o aparelho psíquico para formular seu funcionamento. A tensão provocada pela energia do estímulo causa desprazer e aciona a tendência biológica de descarregar quantidades excessivas da energia. Submetido ao princípio biológico da constância, a tarefa do aparelho psíquico seria a estabilização por via da descarga apropriada. Este trabalho psíquico se complica, porque excitações procedentes de estímulos endógenos também devem ser descarregadas e a condição de desamparo do neonato o faz depender necessariamente de uma *ação específica* vinda do exterior. Assim, Freud (1895/1996) postula a experiência de satisfação: remoção do estímulo endógeno mediante a *ação específica* de um auxiliador, que terá como resultado a instalação de seu traço mnêmico.

No reaparecimento da urgência e do desejo que almejam a repetição da satisfação, esse traço é reativado como lembrança da satisfação antes obtida. Reproduzida como a percepção anteriormente registrada, a lembrança se faz como *alucinação* que, entretanto, não satisfaz: sua consequência é o desapontamento.

Na *Interpretação dos sonhos*, Freud (1900/1996) retoma o funcionamento do aparelho psíquico e a vivência de satisfação, ilustrando suas hipóteses por meio da experiência do bebê. Os esforços do aparelho psíquico de manter-se tão livre de estímulos quanto possível e das excitações produzidas pelas necessidades internas que buscam descarregar-se são retomadas por meio da descrição do bebê faminto. Mesmo gritando e se debatendo, ele não consegue intervir sobre sua insatisfação, mantendo o desprazer inalterado, pois a "excitação proveniente de uma necessidade interna não se deve a uma força que produza um impacto momentâneo, mas a uma força que está continuamente em ação" (Freud, 1900/1996, p. 594). Só haverá mudança de seu estado por meio do auxílio externo, que leva a uma vivência de satisfação, pondo fim ao estímulo interno e inaugurando um traço mnêmico: "Um componente essencial dessa vivência de satisfação é uma percepção específica (a da nutrição, em nosso exemplo) cuja imagem mnêmica fica associada, daí por diante, ao traço mnêmico da excitação produzida pela necessidade" (Freud, 1900/1996, p. 594). Em decorrência do vínculo assim estabelecido, no próximo despertar da necessidade surgirá uma moção psíquica que reinvestirá a imagem mnênica da percepção e reevocará a própria percepção, restabelecendo a situação da satisfação original. Tal moção psíquica é, para Freud (1900/1996), o desejo: teria havido um "estado primitivo do aparelho psíquico em que esse caminho era realmente percorrido, isto é, em que o desejo terminava em alucinação" (p. 595). O objetivo dessa primeira atividade psíquica seria produzir a "identidade perceptiva", ou seja, "uma repetição da percepção vinculada à satisfação da necessidade" (p. 595). No entanto, o estabelecimento da identidade perceptiva não tem o mesmo resultado que a catexia dessa mesma percepção desde o exterior, já que a satisfação plena não sobrevém e a necessidade perdura. Para diferenciar a alucinação que evoca a satisfação da existência efetiva de satisfação, será então necessário o processo secundário, em que a criança acede ao princípio da realidade, ao qual se adapta por meio de mecanismos de julgamento (atenção, antecipação) e da fixação a restos de palavras, estratificando qualidades perceptíveis à consciência (Freud, 1911/2004).

Interessa notar a ênfase dada ao traço mnêmico relacionado à satisfação como alvo do desejo, que separa nitidamente o desejo da necessidade e implica a mediação da ação de um próximo auxiliador, instaurando uma ordem de funcionamento psíquico. Mesmo que necessidade e satisfação primariamente estejam em relação direta, uma univocidade entre elas só existe antes da instalação de um traço de memória, que inaugura e orienta o funcionamento psíquico complexificado pela ação de um próximo. O estado de desejo está relacionado a signos de percepção que memorizam a experiência de prazer. A procura da satisfação na realidade dá-se a partir desses traços insuficientes para resgatar o objeto que uma vez teria satisfeito, do qual só perdura a inscrição de um traço: o objeto do desejo já nasce perdido.

Nomeando a pulsão, Freud (1900; 1905/1996) reapresenta a força contínua em ação, que não cessa de pressionar a realização do desejo, que jamais se efetiva. Como pressuposto básico, a pulsão é concebida como "o representante psíquico de uma fonte endossomática de estimulação que flui continuamente, para diferenciá-la do estímulo, que é produzido por excitações isoladas vindas de fora", sendo um "conceito da delimitação entre o anímico e o físico" (Freud, 1905/1996, p. 159) – definição reafirmada em 1915 (Freud, 1915/2004). Desde 1905, o psicanalista anuncia sua hipótese de que a pulsão "não possui qualidade alguma, devendo apenas ser considerada como uma medida da exigência de trabalho feito à vida anímica" (Freud, 1905/1996, p. 159), impondo atividades complexas e articuladas que interferem e alteram o mundo externo. Em 1915: "são as pulsões, e não os estímulos externos, os verdadeiros motores dos progressos que levaram o sistema nervoso, com sua capacidade de realizações ilimitadas, a seu atual nível de desenvolvimento" (Freud, 1915/2004, p. 147-8).

Embora a vida sexual da criança só tenha expressão numa forma acessível à observação por volta dos três ou quatro anos de idade (Freud, 1905/1996), o recém-nascido traz, ao lado do que é denominado como pulsão de autoconservação, os germes de moções sexuais que continuam a se desenvolver até sofrer uma supressão progressiva, que pode ser rompida por avanços regulares do desenvolvimento sexual ou suspensa pelas peculiaridades individuais:

> Na época em que a mais primitiva satisfação sexual estava ainda vinculada à nutrição, a pulsão sexual tinha um objeto fora do corpo próprio, no seio materno. Só mais tarde vem a perdê-lo, talvez justamente na época em que a criança consegue formar para si uma representação global da pessoa a quem pertence o órgão que lhe dispensava satisfação. Em geral, a pulsão sexual torna-se auto-erótica, e só depois de superado o período de latência é que se restabelece a relação originária. Não é sem boas razões que, para a criança, a amamentação no seio materno torna-se modelar para todos os relacionamentos amorosos. O encontro do objeto é, na verdade, um reencontro (Freud, 1905/1996, p. 210).

Portanto, Freud (1905/1996) enfatiza a importância da relação mãe-bebê como protótipo das futuras relações e salienta que uma investigação psicológica mais rigorosa permite estabelecer que o "trato da criança com a pessoa que a assiste é, para ela, uma fonte incessante de excitação e satisfação sexuais vindas das zonas erógenas" (p. 210). Todavia, para tanto, é necessária a compensação do lado da cuidadora, porque ela também busca uma satisfação na relação com a criança. Freud (1905/1996) a aponta: "essa pessoa – usualmente, a mãe – contempla a criança com os sentimentos derivados de sua própria vida sexual: ela a acaricia, beija e embala, e é perfeitamente claro que a trata como o substituto de um objeto sexual plenamente legítimo" (p. 211), mesmo que ela considere seu cuidado como um amor puro e assexual.

Assim, Freud (1905/1996) distingue e separa, mais uma vez, a necessidade (nutrição, da ordem biológica) da pulsão sexual (relacionada ao psiquismo), situando a perda do objeto de satisfação e a busca desse objeto perdido que se desdobra nos relacionamentos amorosos. Destacamos sua suposição de que se o bebê experimenta, a princípio, com a alimentação, a satisfação de uma pulsão sexual, depois ele irá perder o seio, momento em que forma uma representação da portadora do seio que lhe dispensava satisfação. Essa função é então atribuída à sua cuidadora, ou à mãe. O fundamental, no cuidado, é que a mãe também estabelece com o filho uma relação de ordem sexual, pois esta é a via pela qual a mãe ensina a criança a amar. Nota-se que o que está em jogo na satisfação de necessidades e na estimulação sensorial é a incidência de outra ordem. Freud (1905/1996) aponta a dimensão da pulsão e do desejo, que pressupõe uma relação indireta com o objeto:

a pulsão coloca o psiquismo a trabalho, importando menos o objeto do que a busca da satisfação.

A especificidade desse trabalho do psiquismo é, num segundo momento, desdobrado. Constatando clinicamente a satisfação também no que é desprazeroso, Freud (1920/1996) distingue a autonomia de uma compulsão radical e indomável. Percebe, então, que a função psíquica não se limita à regência da lei do princípio de prazer. Paradoxalmente, um outro modo de satisfação prepondera, a repetição de situações dolorosas: "há uma coação [*Zwang*] que obriga a essa repetição" (Freud 1920/1996, p. 147). Isso o obriga a reconhecer, além da pulsão de vida (sexual e de autoconservação), a pulsão de morte. Esta transborda a busca de prazer como tendência de retorno ao inanimado:

> [a pulsão de morte] teria como missão reconduzir a vida orgânica de volta ao estado inanimado. Contrapondo-se à pulsão de morte, a pulsão de vida, Eros, teria como meta amalgamar cada vez mais partículas fragmentadas da substância viva, dando a vida uma forma mais complexa e, assim, preservando-a. Desse modo podemos dizer que as pulsões se conduzem, no sentido mais estrito do termo, de forma conservadora, pois ambas visam ao restabelecimento de um estado que foi perturbado pelo surgimento da vida. Assim, tanto o empenho em prosseguir lutando pela vida como a nostalgia pela morte, devem-se ao próprio brotar da vida. Diremos então que *a vida consiste ao mesmo tempo em uma luta e um acordo entre essas duas pulsões opostas* (Freud, 1923/2007, p. 49-50; itálicos nossos).

Dois diferentes estados da energia das cargas de investimento na vida psíquica são considerados: um que flui livremente, pressionando o escoamento, e outro de atamento e fixação tônica em repouso, que faria a passagem do estado livre para o estado de repouso. As moções pulsionais obedecem ao processo primário, tendo cargas de investimentos livremente móveis. Sob a ação dos processos secundários do pré-consciente, a tendência à descarga é inibida e as cargas de investimento são enlaçadas, atando as excitações pulsionais. O pré-consciente insere nelas uma ordem temporal e a memória consciente, além de censuras que as submetem ao princípio de realidade. Diferentemente do deslocamento ordenado das cargas enlaçadas e submetidas ao princípio da realidade no pré-consciente, a mobilidade das cargas regidas pelo processo primário no inconsciente é muito maior: uma representação pode passar toda a soma de carga para outra ideia (deslocamento), podendo ainda apropriar-se da carga de outras representações (condensação). Na economia pré-consciente, um contrainvestimento de carga protege o sistema da pressão exercida pela ideia inconsciente para retornar ao consciente, implicando a censura da mesma. A censura é também mecanismo ativo na passagem de ideias do pré-consciente ao consciente: tornar algo consciente implica a sobreposição de uma carga de investimento adicional, não sendo, portanto, mero ato de percepção. Entretanto, o inconsciente permanece ativo, atuando através de ramificações.

O organismo tenta enlaçar excitações que inundam o aparelho psíquico, fixando-as em estado de repouso, sem fluxo livre. O fracasso dessa operação provoca uma perturbação traumática, mantendo cargas (a libido) em processo primário, inacessíveis ao pré-consciente. A tentativa de capturar e fixar psiquicamente as impressões traumáticas é a operação própria da compulsão a repetição (Freud 1920/1996, p. 157-9), em que traços recalcados de lembranças são incapazes de vigir no processo secundário. A compulsão a repetir operaria como insistência em fixar esses traços.

A insistência repetitiva a reencontrar o objeto perdido (*das Ding*) é destinada ao fracasso, mas mesmo assim persiste. Recorrendo a objetos substitutos (*die Sache*), sem cessar, a pulsão constitui o mundo dos objetos: "o que não aconteceu da maneira que teria sido conforme o desejo é anulado por sua repetição sob uma outra forma, a isso se acrescentam então todos os motivos para insistir nessas repetições" (Freud 1926/2014, p. 58). A compulsão à repetição indica o fracasso do recalcamento, apresentando-se, paradoxalmente, como medida de defesa diante desse fracasso. Não é possível situar o sujeito sem a hipótese desse inevitável da repetição (Freud, 1937/2014).

Enfim, os argumentos freudianos nos esclarecem a complexidade do que Spitz (1965/1998) nomeia como estimulação operada pela mãe. Seu efeito observável na resposta da criança muito se distancia de uma reação simétrica ao estímulo dado pelo afeto materno. Longe de se constituir como uma relação reflexa, não há uma reciprocidade na resposta da criança, mas a intrincada trama de trabalho por meio da qual o aparelho psíquico se interpõe entre o estímulo sensorial e a resposta motora. Entre o que Spitz (1965/1998) denomina sujeito (o neonato) e o objeto libidinal (a mãe), há muito mais do que a *díade mãe-bebê* suposta pelo autor.

CONSTITUIÇÃO DO SUJEITO E O CAMPO DA LINGUAGEM: DESEJO E DEMANDA

Afirmando que a distinção entre o sujeito ideal e o *infans* nunca foi bem estabelecida, Lacan (1958-59/2016) esclarece o motivo de o *infans* ser, desde o início (tal como vimos em Spitz), considerado como sujeito correlativo do objeto: sujeito do conhecimento, "em torno do qual gira a questão do idealismo" (p. 37). Diferentemente daquele sujeito que se impõe falando, esse sujeito ideal é problemático por ser apenas suposto: no estado informe, trata-se do sujeito da necessidade, que é profundamente modificada por dever passar pela demanda, coagulada e ordenada em significantes[1]. A demanda é mediadora da satisfação, mas simplifica as necessidades no que essas têm de caóticas e aleatórias. A demanda, portanto, não se limita a ser a relação de um sujeito que pede com o sujeito que responde, mas implica que essa relação se dê por intermédio do sistema significante, ou seja, da linguagem.

Para que possamos apreender como, nesse processo, Lacan concebe a identificação do sujeito àquele que lhe responde com objetos que o satisfazem, é necessário, ainda, interrogar a apreensão psicológica dos objetos da realidade. Discordando da concepção pela qual o modelo animal seria o ponto de referência para a apreensão humana, tentando captar o nível de combinação do campo sensório-motor com seu entorno, Lacan (1958-59/2016, p. 59) situa o caráter estruturado do campo dos objetos recorrendo ao associacionismo, "insuficiente mas não sem razão", que constata que certos elementos "coordenam-se num determinado nível na mente do sujeito", estando relacionados por relações de *contiguidade*. Essa "combinação discursiva em que se reconhece a *metonímia*", a contiguidade evocada pela memória, implica a combinação em que parte de uma coisa ocorrida aleatoriamente encontra parte de outra no seu relato. Além da continuidade, acontece também relação de *similitude*, em que se

[1] A linguagem, tal como definida pelo fundador da ciência linguística (Saussure, 1916/1993), implica um sistema de unidades significantes, sempre distintas e articuladas, que se diferenciam inclusive de si mesmas. O valor (significado) de cada significante depende da rede em que se articula: o significante não se refere a um objeto do mundo, mas a outros significantes, utilizando leis de combinação, metáfora e metonímia, concebidas por Lacan (1966/1998) como correlatas ao deslocamento e à condensação, com que Freud (1900/2014) definiu o funcionamento inconsciente.

passa de um termo a outro sempre que algo os torne semelhantes, sendo que nela reconhece-se a *metáfora*. Assim, a afirmação freudiana de que apenas os representantes da representação da unidade da moção pulsional podem ser recalcados (Freud, 1915/2010) franqueia a constatação de Lacan (1958-59/2016) de que "esse representante da representação equivale ao termo de 'significante'" (p. 62).

Vale lembrar que o significante se distingue do afeto. As representações, no inconsciente, são investimentos de traços mnésicos permanentes. Freud (1915/2010) recusara qualquer possibilidade de um afeto não reconhecido ser dito inconsciente, pois é sempre percebido, enganchando-se a outras representações e, assim, acomodando-se ao contexto do que existia no pré-consciente. Distintos das representações, os afetos são processos plásticos de descargas percebidas como sensações. Suas transformações (subsistência total ou parcial do afeto, sua metamorfose em angústia ou sua supressão) implicam tomar o afeto como uma possibilidade incipiente, e não um registro inconsciente, como os representantes da representação.

Por isso, Lacan (1957-58/1999) ressoa a afirmação freudiana da necessidade de representações-palavra (pontes verbais) para fixar o que escoa livremente: a introdução do sujeito em qualquer realidade só é pensável considerando a existência essencial do significante. Desde a realidade originária existe linguagem, há fala no mundo e, por isso, uma série de objetos são significados. A voz da fala do adulto é o principal intermediário dessa experiência com a realidade: "No animal, o instinto vem em seu socorro. Por que pretender que o homem, que, por sua vez, tem instintos muito pouco adaptados, tenha uma experiência do mundo como que com suas próprias mãos?" (Lacan, 1957-58/1999, p. 230-1).

O *infans* apreende em seus modos mais primitivos como estar em relação com outros falantes, dos quais recebe a "primeira chancela *[seing]*, *signum*, de sua relação com o Outro" (Lacan, 1958-59/2016, p. 22). Para o psicanalista francês, o homem se orienta pela estrutura simbólica que enquadra seu mundo, ou seja, o Outro (consagrado com a maiúscula da letra A), encarnado pelo mesmo próximo auxiliador (outro com minúscula), com o qual estabelece relações imaginárias. O Outro implica a estrutura da linguagem que antecede o sujeito, em relação à qual ele se situará. Ser capturado pela linguagem ultrapassa muito a sensibilidade pressuposta no par estímulo-resposta, pois o "estímulo está dado em função de um código, que impõe sua ordem à necessidade, a qual nele tem de se traduzir" (Lacan, 1958-59/2016, p. 19). Assim, enquanto o estímulo é o sinal externo dado ao animal que, em resposta, emite outro sinal, quando capturada pela linguagem, há na subjetividade "emissão não de um sinal – ou de um signo – mas de um significante... [que] não vale em relação a uma coisa que ele representaria, mas em relação a outro significante, que ele não é" (Lacan, 1958-59/2016, p. 20).

A mãe, por sua condição desejante e por seu funcionamento previamente estabelecido na linguagem, encarna primariamente, ao mesmo tempo, tanto a posição desejante quanto o lugar da linguagem, provendo singularmente o filho de marcas ao situá-lo no campo simbólico em que ela circula. É da exposição do neonato a esse lençol de significantes que se decanta um primeiro efeito de linguagem que afetará o organismo do bebê, entalhando o que Lacan (1961-62, inédito) nomeou como *traço unário*. Assim chamado devido a seu caráter desprovido de qualquer qualidade, este traço distintivo pontual é a referência original ao Outro. A partir do traço se indica o lugar onde está suspensa, nos significantes, a garantia de uma existência do neonato como ser, afetado pela diferença em relação ao organismo e aos significantes. Ao incidirem no corpo como traços decantados da significação particular que tinham na experiência, esses significantes ressublinharão a diferença já inscrita, pelo traço, no inconsciente.

A primeira figuração do Outro é esse traço, recalque primário, a partir do qual o sujeito indeterminado se constituirá. Assim, a relação reflexa entre o estímulo recebido no corpo e a sua descarga é interposta por esse traço, primeira marca do efeito da linguagem. A partir da fixação desse traço, a diferença das novas experiências ao mesmo tempo retroage a ele, o repete e o substitui, num enlaçamento em que um significante representa o sujeito para outro significante. Na repetição do traço unário, o que se escuta é apenas o significante, que toca o ouvido da criança. As significações que posteriormente se associarão ao traço manejarão o valor de índice do traço unário, sem ter nenhuma relação com o que ressoou no ouvido, posto que, a partir do vivido qualificam a leitura dada a esse efeito, dependente e condicionada pelo discurso materno.

Na origem do sujeito, todos os instrumentos estão do lado do Outro materno, lugar de onde o sujeito indeterminado recebe sua própria mensagem. Em sua primeira emergência, essa mensagem "é apenas um *'quem sou?'* não formulável. Antes que o neonato o formule, responde um

'Tu és'" (Lacan, 1962-63/2005, p. 297). Para o autor, o sujeito primeiro recebe sua mensagem de forma interrompida, pois trata-se de um "*Tu és*" sem atributo, que pode ser insuficiente mas, por estar pautado pela linguagem, não é amorfo. Esta intimação a partir da demanda do Outro de que *seja!* é aposta, que marca com o traço unário a afirmação do ser no neonato, introduzindo um pacto. "*Tu és*" é aposta que afirma o ser (Lacan, 1962-63/2005). Assim, antes de falar, em seus vagidos alternantes, a criança mostra que a demanda materna deixou sua impressão sobre a necessidade.

Lacan (1969-70/1992) relê a oposição entre necessidade e desejo formulada por Freud introduzindo aquilo que a enquadra: o registro da linguagem, que é o meio pelo qual a criança aparelha-se. Assim, longe de apenas emparelhar-se à mãe na díade de Spitz, como pode ser suposto pela observação direta, toda relação que se estabelece entre o neonato e sua mãe está permeada pela chuva da linguagem, que funciona como uma matraca e deixa alguns detritos na criança. Entre necessidade e desejo opera a demanda, função da linguagem que faz passar o que é da ordem da necessidade para a ordem simbólica:

> A criança se dirige a um sujeito que ela sabe ser falante, que ela viu falando, que a penetrou com relatos desde o começo de seu despertar para a luz do dia. É muito cedo que o sujeito tem de aprender que essa é uma via, que esse é o desfilamento pelo qual as manifestações de suas necessidades devem rebaixar-se a passar para serem satisfeitas (Lacan, 1958-59/2016, p. 21).

A despeito do choro do bebê ser provocado por uma necessidade, é na medida em que um agente da linguagem (Outro primordial encarnado pela mãe) toma esse choro como apelo, que faz intervir uma ação específica que substitui essa necessidade. Na resposta a esse apelo jaz a demanda imperativa do Outro: *seja!* No primeiro estado informe do sujeito, ele exprime sua necessidade sob a forma de demanda, sendo a necessidade modificada por passar pela demanda, desfiada em significantes, ou seja, composta de significantes no tempo de sua formulação. A discursividade se impõe sobre a necessidade que se submete a sua forma. Além de ser regulada pela sucessão *diacrônica* de significantes, elementos diferenciais escandidos e concatenados, a demanda se particulariza, destacando-se da bateria *sincrônica* dos significantes do tesouro da linguagem que a contém.

A diferença persistente entre a satisfação obtida e a almejada é chamada desejo, tornado impossível devido à mediação da demanda que altera a relação direta entre a necessidade e a satisfação. A demanda seria a significação da necessidade provinda desse agente primordial, em função de Outro. Assim, a necessidade real é ultrapassada, pois se perde nas distorções simbólicas da demanda.

Portanto, o bebê recebe, além do alimento, o significante, na medida em que a mãe interpreta seu choro como significante da necessidade, para então responder ao que entendeu por isso. A necessidade do bebê só é respondida por um agente auxiliador, que faz desaparecer a tensão, na medida em que ela é interpretada e mediada pela linguagem.

Freud (1895/1992) precisou de forma clara a passagem do objeto da necessidade para o objeto do desejo, esclarecendo a experiência psíquica que registra, em traços mnêmicos, a experiência de satisfação. Para Elia (2010), tal registro de traços é representação desta experiência perdida como natural. Contudo, na opinião do autor, Freud, mesmo tendo introduzido esse desdobramento de forma precisa, não considerou suas consequências, que Lacan, por sua vez, enfatizou como campo da linguagem que se interpõe na experiência. Neste sentido, a intermediação da demanda, introduzida por Lacan na passagem do plano da necessidade ao plano do desejo, distingue o desdobramento entre necessidade e desejo no campo da alteridade, no Outro diante do qual a criança se situa, evidenciando o campo da linguagem em que o sujeito se constitui.

O desejo do agente materno transparece nos intervalos de seu discurso, para além ou aquém do que ele diz, escapando ao que surge como sentido. O agente materno estabelece um discurso, uma cadeia de significantes acerca do seu bebê, do lugar onde o filho é convocado, que diz do que ele representa para ela. Mas o discurso se configura para além do que ela consegue dizer. É a ordem significante que se funda no circuito da demanda e do desejo do Outro, em que a criança lê a evocação da invocação materna. Ela se identifica ao que a mãe quer dizer, diz sem querer, não diz, mas está presente no discurso, no deslizamento e nos intervalos dos significantes. Assim, o sujeito pode se localizar neste intervalo, apreendendo o desejo do Outro que aí desliza nas faltas de seu discurso, o que mantém, portanto, o enigma do seu desejo: "Nesse ponto de falta constitui-se o sujeito, efeito de fala" (Vorcaro, 1999, p. 25).

Sendo marcado pelo traço que representa a experiência vivida, o organismo ganha existência psíquica, tornando-se um ser de linguagem. Essa condição de *ser* refere-se ao fato de existir para o Outro, residindo nos intervalos significantes que lhe são dirigidos. Doravante, este ser será afirmado ou negado pela dimensão simbólica (Lacan, 1958-59/2016, p. 437), a partir do jogo de termos elementares que enlaçam um significante a outro significante, produzindo, enfim, o sujeito do inconsciente. Assim, o traço que opera o recalcamento primário faz *um corte na mera turgescência vital, forçando* uma identificação a esse traço resultante da implantação da experiência junto ao Outro, ao nomeá-lo como ser. Esse traço, ligado à primeira forma de identificação descrita por Freud (1921/2013), opera por incorporação, ao intimar que o organismo *infans* submeta-se à linguagem, sendo o ponto inaugural da estrutura do inconsciente. Referida miticamente por Freud (1921/2013) à consumação do pai, trata-se, para Lacan (1964-65/2006), do organismo vivo absorver a potência da linguagem, o *ser do Outro*, que assim se transmite, subsistindo na devoração fundamental que vai do ser do Outro ao ser do neonato. Ponto inaugural da estrutura do inconsciente, institui-se, no real do organismo, uma demanda imperativa de transmissão da linguagem.

Nesse lugar vazio em que o organismo inicialmente se apresenta, é escrito o traço, decantado da estrutura simbólica, posicionando o sujeito. Cunha-se, assim, um núcleo duro, marca sem significação, que afeta o vivo. Os significantes se articularão a esse traço, substituindo-o (ou seja, negando o traço ao mesmo tempo em que o perpetuam). Funda-se, então, a concatenação propriamente simbólica em torno desse vazio real do organismo. Contraposta ao dentro e fora propostos por Freud (1895/1996), essa distinção primitiva do traço, na interface dos registros real (organismo) e simbólico (linguagem), enseja sua amarração ao registro imaginário, concatenando os sentidos. Nessa amarração de três dimensões (real, simbólico e imaginário) situa-se a realidade psíquica da criança.

A partir de sua captura na linguagem, apreendida inocentemente pela criança na forma da linguagem efetivamente falada, ela estabelecerá relações com o Outro. Para Lacan (1957-58/1999), nesse elemento da experiência:

> antes mesmo que a aprendizagem da linguagem seja elaborada no plano motor e no plano auditivo, e no plano de que ele compreenda o que lhe é dito, já existe a simbolização – desde a primeira relação da criança com o objeto materno como objeto primordial, primitivo

> do qual depende sua subsistência no mundo. Esse objeto, com efeito, já está introduzido como tal no processo de simbolização, e desempenha um papel que introduz no mundo a existência do significante. E isso num estágio ultraprecoce (p. 231).

O *infans* apela ao Outro materno como presença sob o fundo de ausência, que pode dar a resposta a seu apelo: o *infans* quer, mas, para localizar *o que quer* só pode dirigir sua pergunta ao Outro, que tem os meios de realização. É dali que o sujeito realiza o além da articulação linguageira, tendo seu primeiro encontro com o desejo do Outro – experiência essencial porque permite realizar que o Outro fará com que um significante ou outro esteja ou não ali. Assim, a criança experiencia que o Outro tem um desejo que se manifesta no intervalo que separa a simples articulação linguageira "da fala que marca que o sujeito aí realiza algo dele mesmo, algo que não tem alcance, que só tem sentido em relação a essa emissão da fala, algo que é seu ser – o que a linguagem chama com esse nome" (Lacan, 1958-59/2016, p. 26).

A erogeneização do corpo *infans* operada pelo agente da linguagem (em geral, a mãe) localiza e ordena as partes do corpo em que, além de seu posicionamento significante, uma fruição de gozo, na parcialidade das pulsões, será especificada. Consentindo na perda de turgescência vital pela organização de um corpo conforme aos comandos simbólicos que satisfazem a mãe, o inicial gozo de vivo será restringido a zonas erógenas. Nessa alienação ao Outro, um resto faz resistência à significação. Trata-se do que Lacan (1964/1988) situa como objeto *a*, que a pulsão contorna sem capturar.

Portanto, a partir da satisfação da necessidade vital em que a criança não sabe localizar o objeto que a satisfaz, a criança começa a tomar posição, na medida em que situa a mãe num pólo duplo: mãe que a satisfaz e mãe que não a satisfaz. Em seguida, situa-se em relação aos pontos desse eixo, tentando unir-se ao objeto de desejo da mãe, atendendo ao desejo daquela. Já existe aí um referenciamento triangular: criança/mãe/desejo materno.

Enfim, o sujeito nasce dividido pelos ecos do dizer: numa face, inscreve-se no campo do Outro; noutra face, as pulsões cartografam o corpo. Doravante, o sujeito do inconsciente só é representado por um representante, sendo, portanto, intangível: o *objeto a*, que causa sua divisão, introduz uma falta no simbólico que orienta o desejo inapreensível (Lacan, 1975-76/2007, p. 18).

Na dimensão imaginária, é decisivo o encontro do sujeito com sua imagem virtual, que Lacan (1949/1998, p. 96) nomeou como estádio do espelho. Essa imagem cristaliza o *eu* num sinal cativante que se isola na realidade como ponto de apoio que atrai e captura o que está informe, organizando suas condutas. Mesmo que ilusória e enganadora, ela permite ao sujeito a identificação imaginária de seu *eu*, a partir da qual se constituirá o *eu ideal*, onde o desejo da mãe espera a criança. Entregando-se à jubilação para iludir o desejo do Outro, a criança tenta *co-incidir* com o objeto desconhecido do desejo materno, nomeado falo.

Posteriormente, angustiada pelo risco de tornar-se objeto do Outro, a criança transpõe a condição imaginária de significante do falo materno, metaforizando-o com insígnias que a defendem desse lugar, ampliando sua própria significação. Para tanto, a posição fixa de falo interditará a ambos, mãe e criança, encarnar o lugar de objeto do desejo materno e, consequentemente, a exclusividade do laço que aí se atrelaria. Recalcada, essa posição situará um agente da interdição, em geral o pai (ou aquele a quem a mãe se submete), que lhe garante os instrumentos significantes com os quais se deslocará na busca de acesso à edificação de sua nominação e de seu desejo. Assim, o sujeito se posicionará entre significantes da língua, onde se movimentará em certa exterioridade a ela, na medida em que cada significante o representa para outro significante, tecendo a rede simbólica. Seu *ideal do eu* será aí constituído na relação de implicação entre o nome-do-pai e o falo, "unicamente na medida em que esse falo é fator comum, fator pivô da instância significante" (Lacan, 1957-58/1999, p. 310).

LACAN COM SPITZ

Nas três ocasiões em que Lacan se refere a Spitz (Lacan, 1957-58/1999, 1959-60/1988 e 1964/1988), em apenas uma ele tira consequências diretas da pesquisa daquele. Remetendo ao experimento de Spitz relativo à apresentação à criança de duas máscaras sobrepostas ao rosto do adulto, o psicanalista francês salienta os efeitos do caráter primordial da simbolização do objeto materno como objeto de invocação: "vocês colocam uma máscara, retiram-na e a criança dá risadas – mas, se sob essa máscara aparece uma outra máscara, ela não ri mais, e até se mostra particularmente ansiosa" (Lacan, 1957-58/1999, p. 343). Assim, a criança demonstra que concebe um além do frontal da máscara: a presença simbolizada do Outro. No código especialíssimo constituído na criança antes da fala, a criança ri respondendo às brincadeiras maternas, numa relação com o além da presença, naquilo que aquela, atrás da máscara, é capaz de satisfazê-la e no que ela contém de anuência possível a seu desejo. Além disso, a modulação e a articulação da linguagem são respondidas no riso, ligando o desejo ao significante da presença. Portanto, desde a origem, encontra-se a raiz da identificação que está além do imediato e de qualquer demanda: a criança dirige-se àquele que, além da presença significada na máscara, é o pilar, o recurso do prazer, produzindo, no riso que comunica, uma correlata identificação. Entretanto, se após retirada a primeira máscara não aparece o rosto materno, mas uma segunda máscara, temos o efeito, na criança, da demanda recusada, numa outra identificação em que a criança não ri mais, esboçando o início da proibição e do supereu.

Essa forma de precisar a função do riso a partir do trabalho de Spitz parece estar contemplada em muitos outros momentos em que Lacan não o cita diretamente. Este é o caso de sua referência ao circuito não recíproco da pulsão (Lacan, 1964/1988), em que se serve de significantes de Spitz (que assevera a circularidade recíproca das trocas mãe/criança) e também de Piaget, para demarcar a diferença essencial entre a ida e a volta, em que a busca da pulsão contorna seu alvo para estabelecer, em seu retorno ao corpo, um sujeito.

Spitz (1965/1998) notou que a mãe representa mais do que ela mesma, ao delimitar a mãe como representante do ambiente cultural. Entretanto, o Outro não se restringe a um adulto (a mãe) que cuida do bebê nem a um conjunto de valores culturais. Podemos menos ainda afirmar que o Outro seja o meio ambiente favorável ou desfavorável. "A noção de Outro ultrapassa largamente a de meio ambiente... a criança nasce inacabada, e sua dependência em relação ao que a precede decorre desse fato... O simbólico, nessa perspectiva, vem primeiro" (Ansermet, 2003, p. 73).

A dependência do bebê não se refere apenas a uma dependência da ordem da necessidade, mas ao que foi denominado por Freud (1926/2014) como desamparo. O desamparo não diz respeito apenas à dependência do bebê relativa às suas necessidades vitais, mas à dependência em relação à palavra do Outro (que já está lá antes dele), ao mundo simbólico no qual o agente materno o introduz a partir do desejo que a ele dirige.

Sptiz (1965/1998) demonstra esse desamparo do bebê e sua total dependência do outro para sobreviver e se desenvolver, mas a psicanálise nos mostra que esta dependência não se reduz às ligações objetais em si. Na perspectiva psicanalítica, o desamparo do bebê não se resolve com a satisfação das necessidades vitais das quais decorre a associação de sinais significativos e o consequente estabelecimento da percepção, como Spitz (1965/1998) sustentou. A dependência do bebê é correlata à inserção no mundo humano, que a mãe e, em seguida, o pai visam assegurar em seus dois pólos: agenciando o Outro e como sujeito desejante.

A linguagem é mais ampla do que pensa Spitz (1965/1998) ao restringi-la ao que a criança comunica pela fala. Lacan diferencia a linguagem e a comunicação nitidamente e não lhes confere o mesmo estatuto, pois, sendo a intersubjetividade o princípio da função de comunicação, ela é secundária diante da invocação, outra função da língua (cf. Costa, 2010). É porque a criança é invocada no circuito de demanda e desejo do Outro que ela pode se localizar no intervalo do discurso do Outro e ser representada entre significantes, inserindo-se na cadeia discursiva e podendo falar, constituindo-se, portanto, como sujeito, para além de organismo vivo. "E é por efeito de tal convocatória, deste circuito de demanda e desejo do Outro que a pulsão do bebê é enlaçada" (Jerusalinsky, 2002, p. 61). A pulsão implica o enlaçamento pelo qual o bebê entra no circuito não recíproco, próprio da linguagem.

As observações de Spitz (1965/1998) também se referem à articulação entre sinais significativos que o bebê pode fazer a partir de sua experiência com a mãe, denominando-o "clima emocional específico", configurado no "ciclo de ação-reação-ação que torna o bebê capaz de transformar gradualmente os estímulos sem significado em signos significativos" (p. 43). Se o bebê torna-se capaz de articular estímulos sem significado em significativos a partir de sua relação afetiva com a mãe, é porque a mãe representa o Outro incompleto mediador da relação entre necessidade e satisfação por meio da fala, dando ao bebê um lugar em seu desejo, interpretando seu choro com significantes verbais ou materiais e estabelecendo um discurso no qual o bebê pode inicialmente localizar-se como significante, fazendo, assim, sua inserção na linguagem. Isso não se reduz à associação dos sinais a uma experiência de satisfação referida à necessidade. Nem mesmo em Freud, a quem Spitz (1965/1998) recorreu, encontramos univocidade da necessidade ao funcionamento psíquico. Spitz (1965/1998) delimitou um "clima emocional específico", mas, ao reduzi-lo a um circuito de ação e reação relativo à satisfação da necessidade, desconsiderou o enfoque dado por Freud (1896/2016) ao traço mnêmico buscado retroativamente no movimento progressivo do desejo, ou seja, o campo da linguagem que os contempla, a partir do qual o sujeito se constitui.

Costa (2010) localiza, na história da psicanálise com crianças, um período de quase equiparação à "psicologia adaptativa" (p. 58). Esta prevê comportamentos adequados para a adaptação do sujeito ao meio e para um desenvolvimento apropriado de suas funções, propiciando uma interação conveniente com a maturação biológica. Tais objetivos foram sustentados inclusive pelos construtos estabelecidos por Spitz. Para a autora, essa direção da psicologia indicava a necessidade de a psicanálise se diferenciar dela. Só na releitura proposta por Lacan a radicalidade das teses freudianas vai emergir em todo seu alcance, resgatando o sujeito do inconsciente.

PRESENÇA MATERNA *VERSUS* FUNÇÃO SIMBÓLICA

Para Ansermet (2003), o modelo de apreensão da relação mãe-criança determina a maneira de abordar as formas de expressão clínica de seus distúrbios, em que duas concepções podem se distinguir: uma evolucionista/psicogenética, que pensa a criança e sua relação com a mãe a partir de um paradigma desenvolvimentista, segundo um tempo linear e contínuo; e uma psicanalítica, que considera a mãe em sua função simbólica.

No primeiro modelo, evolucionista, Ansermet (2003) enquadra Spitz, citando a depressão anaclítica e o hospitalismo por ele recortados. Nessa concepção, a vida psíquica é considerada um desdobrar progressivo, escorado nas funções vitais. O campo do desejo e da demanda se abriria a partir de imperativos oriundos das necessidades, sendo que o vir a ser da criança é consequência de sua relação com o meio ambiente e de suas interações precoces. De fato, como vimos, Spitz (1965/1998) sustenta que os traços de memória e, por conseguinte, a percepção, dentre outras funções psicológicas, estão sempre associados à satisfação de necessidades. O desenvolvimento da criança se dá em função de sua relação com a mãe (seu ambiente). Ansermet (2003) pondera que a evolução depressiva seria aí concebida como precipitada pela separação brusca da criança com o meio em que vive, decorrendo de uma ruptura de continuidade, quebra temporal pela perda de apoio.

Todavia, Ansermet (2003) nota que a depressão da criança separada de seu meio pode ter outra interpretação, baseada na perspectiva psicanalítica que considera a mãe simbólica. Assim, se o hospitalismo observado por Spitz indica que os bebês reagem ao anonimato dos cuidados, isso implica que eles já estão sensíveis à presença do Outro (da fala e do desejo), para além daquele que responde às suas necessidades. A criança rejeitada e abandonada deprime e regride quando é um simples objeto manipulado, mesmo que a mãe esteja presente: se a sua sobrevivência é o único objetivo, se o alimento não é enlaçado na dialética do desejo e da demanda.

A "presença da mãe só se realiza no jogo da presença e da ausência. A mãe chamada pela criança é a mãe em sua condição alternante" (Ansermet, 2003, p. 74), explicitada por Freud[2] no jogo do *Fort-Da*. Neste sentido, é interessante mencionar o que Spitz (1965/1998) pondera sobre a importância das "demoras" da mãe em atender a necessidade do bebê para o "comportamento adaptativo" dele e consequente estabelecimento dos traços de memória:

> Entre a sensação de necessidade e seu desaparecimento através da satisfação da necessidade, são frequentes as demoras. Essas demoras desempenham um papel primordial no desenvolvimento adaptativo. A frustração resultante da demora está na origem do comportamento adaptativo e de um dos instrumentos de adaptação mais importantes, isto é, dos traços mnêmicos e da memória (p. 83).

[2] Trata-se do conhecido jogo descrito por Freud (1920/2006) a partir da observação do seu neto de um ano e meio, que ele repetia de forma incessante e, por isso, chamou a atenção do autor. Na brincadeira, a criança segurava o carretel pelo cordão e o arremessava para longe, em um canto da cama, de maneira que o brinquedo desaparecia por entre as cortinas, ao mesmo tempo em que o menino emitia o som "o-o-ó" (remetendo à palavra "*fort*", que quer dizer "ir embora", em alemão). Depois deste movimento, a criança puxava o carretel para fora da cama novamente, por meio do cordão, e dizia com expressão alegre "*da*" (que significa "ali"). O jogo completo era: desaparecimento e retorno do brinquedo, que Freud (1920/2006) interpretou como referindo-se à grande realização cultural da criança, que diz respeito à renúncia à satisfação instintual que efetuara ao deixar a mãe ir embora sem protestar.

A importância da demora, que nos remete à ausência que possibilita a simbolização, não é explicitada por Spitz (1965/1998), mesmo que a localize. Na perspectiva psicanalítica, a ausência da mãe a constitui simbolicamente, sendo necessária para que se inaugure o espaço em que a criança convoca sua presença, que assim adquire valor. Para Ansermet (2003): "é por alternância que a mãe se constitui como mãe simbólica... aquela que provém da resposta ao grito, aquela cuja resposta transforma o grito em demanda" (p. 74). Assim, o autor contesta a tese de uma relação primária simbiótica entre mãe e criança sustentada por Spitz, uma vez que o Outro antecede o sujeito: a relação entre mãe e filho é mediatizada pela linguagem. Desta forma, se a alternância e a mediação materna não acontecem, nenhuma presença e nenhuma perda podem se distinguir e serem inscritas. No caso da criança deprimida por carência, o grito não dispõe de nenhuma leitura que o sustente, na medida em que não é interpretado e transformado em demanda. Assim, a mãe exclui-se do simbólico: "Eis o problema da carência: em razão do desparecimento da alternância, deixa de haver mutação do grito em demanda. A confrontação direta com o real que disso resulta se revela fatalmente traumática para a criança" (Ansermet, 2003, p. 77). Para o autor, as crianças privadas da alternância (da mãe simbólica), mesmo quando a mãe biológica está presente (em casos em que a mãe encontra-se em estados graves depressivos ou maníacos), sofreriam de um excesso de real, "de uma efração do real pulsional... seja pela ausência da mãe, seja pelo excesso de uma presença concreta, operatória" (Ansermet, 2003, p. 77).

Entendemos esta presença concreta, operatória, como o cuidador que atende o bebê em suas necessidades sem produzir um discurso que desliza no desejo, não incluindo o bebê no circuito de demanda e desejo. Spitz (1965/1998) descreve instituições exemplares nos cuidados de higiene e alimentação cujas crianças eram muito comprometidas, em contrapartida a abrigos que tinham crianças mais saudáveis, a despeito de não privilegiarem a limpeza e cuidado com alimentos, mas que permitiam a interação com as mães (presas, por exemplo) ou contavam com cuidadoras que dedicavam à criança uma atenção especial.

Para Ansermet (2003), "a carência seria, então, carência simbólica mais que carência na realidade" (p. 77), que acontece sem carência objetiva. Isso é bem diferente da concepção de Spitz (1965/1998), portanto, que privilegiou a presença da mãe para o desenvolvimento infantil e associou uma categoria de distúrbios das relações objetais à ausência concreta da mãe. No nosso ponto de vista, a perspectiva da mãe simbólica poderia explicitar o que Spitz chamou de doenças psicotóxicas em quadros clínicos associados a padrões de comportamento da mãe.

A cólica dos três primeiros meses, por exemplo, que Spitz (1965/1998) associa à superproteção materna ou à supersolicitude da mãe para atender ao choro do bebê, pode ser concebida como articulada à demanda do Outro. Para Kruel (2009)[3], o bebê sente dor no abdômen, no corpo real, quando a demanda do Outro é muito maciça e sem intermediação, o que sofre uma mudança quando são instalados, por volta dos três meses de vida do bebê, os jogos simbólicos entre a criança e o adulto cuidador (como de esconder e achar modulados pela fala). Conforme a psicanalista, a demanda maciça do Outro é relativa à ansiedade e à expectativa extremas dos pais tomados pela ausência de domínio das operações de cuidado, que podem ser associadas à supersolicitude da mãe apontada por Spitz (1965/1998).

O balanço, considerado por Spitz (1965/1998) como distúrbio de motilidade, adquire caráter patológico ao tornar-se a principal atividade do bebê e ser realizado com violência. O autor o associa à atitude da mãe que oscila mimo e hostilidade. Para Spitz (1965/1998), o comportamento contraditório e incoerente da mãe impediria que o objeto primeiro fosse constituído de forma unificada, restringindo a criança a uma fase pré-objetal, na qual não pode selecionar um objeto específico para investir sua energia. A atividade do balanço seria pré-objetal, uma vez que não há seleção de nenhuma parte do corpo para ser libidinizada. Em uma perspectiva psicanalítica, o balanço pode corresponder à tentativa da criança de criar a alternância da mãe, que coloca a criança na dialética da presença-ausência, da demanda e do desejo, libidinizando seu corpo.

Pretendemos, assim, apenas marcar que os experimentos de Spitz podem ser lidos sob outro prisma, partindo de pressupostos diferentes, o que tem repercussões importantes na clínica e na pesquisa. Neste sentido, Ansermet (2003) retoma a crítica de Lacan (1958/2003) quanto

[3] Curso intitulado "O psicanalista na clínica com bebês: a cólica dos três primeiros meses e a demanda do Outro", ministrado por Sandra Kruel, em 29/08/ 2009, no Hospital Mater Dei, em Belo Horizonte, como atividade *Pré IV Fórum Internacional Psicanálise e Hospital: a responsabilidade da psicanálise na modernidade*.

à noção de carência afetiva, que associa diretamente falhas reais de maternagem a distúrbios do desenvolvimento. Segundo Lacan (1958/2003), essa noção "é reforçada por uma dialética de fantasias das quais o corpo materno é o campo imaginário" (p. 734), constituindo-se como uma "negligência marcante" (p. 734). Ansermet (2003) retoma a concepção de díade, desenvolvida por Spitz (1965/1998), pois a relação entre mãe e criança não pode ser concebida somente em termos diádicos, já que há uma mediação nesta relação: não é a mãe quem falta na carência afetiva da criança, é a função de mediação que fracassa.

O que determina a função materna, segundo Lacan (1969/2003), é a condição desejante desse agente mãe. Como vimos, Freud (1905/1996) já privilegiava o desejo materno dirigido ao bebê. Avançando, Lacan (1969/2003) evidencia a importância de um desejo não anônimo a ser transmitido:

> A função de resíduo exercida (e, ao mesmo tempo, mantida) pela família conjugal na evolução das sociedades destaca a irredutibilidade de uma transmissão – que é de outra ordem que não a da vida segundo as satisfações das necessidades, mas é de uma constituição subjetiva, implicando a relação com um desejo que não seja anônimo.
>
> É por tal necessidade que se julgam as funções da mãe e do pai. Da mãe, na medida em que seus cuidados trazem a marca de um interesse particularizado, nem que seja por intermédio de suas próprias faltas. Do pai, na medida em que seu nome é o vetor de uma encarnação da Lei no desejo (p. 369).

Vale retomar, aqui, o argumento utilizado por Spitz (1965/1998) para sustentar que as crianças não poderiam ser criadas por uma boneca mecânica equipada com a "gestalt-sinal". É a troca de afetos circular, contínua e recíproca entre mãe e criança que constitui o fator experiencial imprescindível para o desenvolvimento infantil. Entretanto, Spitz (1965/1998) destitui a investigação sobre a troca, focalizando apenas o afeto materno: "quase todas as mulheres se tornam mães meigas, amorosas e dedicadas" (p. 99). Os sentimentos maternos criam o "clima emocional favorável" ao desenvolvimento da criança (Spitz, 1965/1998, p. 99). Enquanto isso, Lacan (1969/2003) destaca o defeito de realização, ou seja, a importância do estado de desejo, enfatizando as faltas da mãe e evidenciando-a em sua função. Considerando que o desejo materno orienta o investimento e o interesse no filho (são fundamentos na constituição do sujeito), não os situa em qualidades da mãe supostas por Spitz, mas por ela ser falante – portanto, um ser de falta, tomando o filho como significante de seu desejo: só a inscrição da falta permite que uma criança seja desejada, sendo que a falha dessa falta petrifica a criança como um objeto real (Tendlarz, 1997).

Nessa mesma direção, a função paterna (e não o pai concreto) é fundamental para a criança, de forma a não deixá-la exposta às capturas fantasísticas da mãe, que fariam dela seu objeto de gozo. Para a dialética da demanda e do desejo é necessário que se instale uma intervenção: a lei do pai. Lacan (1957-58/1999) situou a função simbólica por meio da metáfora paterna, representante da lei, na medida em que o pai nomeia e encarna a Lei. Nessa perspectiva, a função paterna é o exercício de uma nomeação que franqueia uma identidade à criança. A função paterna não equivale à presença ou à pessoa do pai. Distinto do papel social geralmente atribuído ao pai, na psicanálise este tem função lógica. Por isso, como defende Costa (2010), a expressão "carência paterna" deve ser criticada, não importando se o pai está ou não presente na família, ou se é ou não um bom pai. A ausência do pai na família não implica a ausência da função lógica da operação do pai, que é "uma entidade simbólica que ordena uma função, possibilitando ao sujeito assumir sua posição sexual" (Costa, 2010, p. 65). Nesta visão, o determinante não é a pessoa do pai, mas o Nome-do-Pai, ou seja, a importância que a mãe dá à autoridade do Outro, que se inscreve como corte em sua relação com a criança.

Ao formular a metáfora paterna, Lacan (1957-58/1999) afirma que "a função do pai no complexo de Édipo é ser um significante que substitui... o significante materno" (p. 180). Considera que a metáfora paterna constitui-se "por uma simbolização primordial entre a criança e a mãe, a colocação substitutiva do pai como símbolo, ou significante, no lugar da mãe" (Lacan, 1957-58/1999, p. 186). Para explicar esta operação, o autor relê o Édipo em três tempos, articulando-o ao complexo de castração, que culmina com a instalação do significante do falo. Adverte-se que, além de sua função metafórica, o pai lacaniano é simbolicamente castrado, acompanha o descobrimento da falta no campo do Outro, sendo desnecessário situar o pai como agente da castração, porque essa função é inscrita, pela linguagem, na estrutura do ser falante (Couto e Santiago, 2007).

Há uma falta essencial no Outro que o faz incompleto e a castração procede da linguagem, e não de um pai concreto que pode transmiti-la. Ao fazer da mulher causa do seu desejo, o pai transmite sua castração e impede que a criança tente satisfazer o Outro materno, saturando seu desejo. A mãe, por sua vez, ao aceitar o lugar de mulher como causa do desejo do pai, se depara com a própria castração e não se mantém completamente mãe. Para Miller (1994), é preciso que haja falta para que a mãe coloque o filho como objeto causa de desejo; daí a importância do filho dividir a mãe entre mãe e mulher, para que ela não seja toda mãe: "o objeto só encontra seu justo lugar ao dispor-se à função de castração" (p. 7). O autor sustenta que a mulher não pode ter saturada pela criança a falta na qual se apoia seu desejo: "a mãe só é suficientemente boa se não o é em demasia, se os cuidados que ela dispensa à criança não a desviam de desejar enquanto mulher" (Miller, 1994, p. 7). Portanto, um desejo que não seja anônimo é um desejo singular, balizado e nomeado pela "encarnação da Lei" (Lacan, 1969/2003, p. 369) – que tenha, pois, sofrido uma inscrição do Nome-do-pai.

ALGUMAS CONSIDERAÇÕES SOBRE A RELAÇÃO DE OBJETO

Na medida em que a noção de relação de objeto é outro ponto importante da diferenciação entre a teoria de Spitz e a psicanálise de orientação lacaniana, retomamos a discussão de Lacan (1956-57/1995) acerca desse tema. Para Spitz (1965/1998), o sujeito é o bebê, que deve constituir seu objeto de amor. Lacan (1956-57/1995), por sua vez, diferencia o objeto da necessidade – que diz respeito à urgência orgânica – e o objeto do desejo, dependente do desejo do Outro.

Enfatizando a busca do objeto como um objeto perdido a ser reencontrado – o objeto do desmame, que foi inicialmente o ponto de ligação das primeiras satisfações da criança –, Lacan (1956-57/1995) destaca que esta é a primeira forma em que aparece a relação de objeto em Freud. Além de descrever essa experiência do lactente com sua cuidadora e o modelo de busca que se constitui aí, Freud (1905/1996) ressalta que:

> A experiência obtida nos casos considerados anormais nos ensina que, neles, há entre a pulsão sexual e o objeto sexual apenas uma solda, que corríamos o risco de não ver em consequência da

uniformidade do quadro normal, em que a pulsão parece trazer consigo o objeto. Assim, somos instruídos a afrouxar o vínculo que existe em nossos pensamentos entre a pulsão e o objeto. É provável que, de início, a pulsão sexual seja independente de seu objeto, e tampouco deve ela sua origem aos encantos dele (p. 140).

Freud (1915/2004) distingue o objeto alvo da pulsão de sua meta, salientando que o objeto da pulsão pode ser variável, enquanto a realização de sua meta é sempre a satisfação, que, como vimos, não se limita ao prazer e inclui o desprazer. A pulsão jamais reencontra o que teria sido o objeto primordial, só referido depois de ter sido perdido. Ao avançar nas acepções freudianas do objeto perdido, Lacan (1956-57/1995) explicita a mediação e a hiância que ocorrem na relação ao objeto, só podendo ser concebida do ponto de vista imaginário, ou seja, com a noção de tensão narcísica de identificação a uma imagem, como vimos no estádio do espelho. Na relação entre mãe e criança há sempre o falo: "Existe sempre na mãe, ao lado da criança, a exigência do falo, que a criança simboliza ou realiza mais ou menos" (Lacan, 1956-57/1995, p. 56).

Lacan (1956-57/1995) organiza esta experiência a partir da noção da falta do objeto: "no mundo humano, a estrutura como ponto de partida da organização objetal é a falta de objeto" (p. 55). Desta forma, ele toma a noção da falta do objeto como central: "Não é um negativo, mas a própria mola da relação do sujeito com o mundo" (p. 35)[4].

Criticando o evolucionismo que marcava o movimento psicanalítico pós-freudiano, em que prevaleciam teóricos do desenvolvimento, incluindo Spitz, Lacan (1958-59/2016) rompe com a concepção evolucionista dos estádios libidinais, promovendo a análise estrutural destes, totalmente dependentes da intervenção do Outro, e não de uma suposta maturação natural. Neste sentido, se para Freud o objeto é perdido e inaugura o modo de funcionamento pulsional, para Lacan, o objeto é inapreensível, é falta, implicando que a pulsão o contorne sem capturá-lo.

[4] Lacan diferencia três modalidades de falta do objeto, articuladas nos planos Real, Simbólico e Imaginário, a partir de três operações – frustração, privação e castração: "Na castração, há uma falta fundamental que se situa, como dívida, na cadeia simbólica. Na frustração, a falta só se compreende no plano imaginário, como dano imaginário. Na privação, a falta está pura e simplesmente no real, limite ou hiância real" (Lacan, 1956-57/1995, p. 54). Não as detalharemos aqui porque foge ao escopo desse trabalho.

Assim, o objeto perdido da espécie humana é referido à coisa (*das Ding*) e o objeto perdido da história de cada sujeito é nomeado como objeto causa de desejo (*objeto a*). Assim, o sujeito, em sua busca pelos diversos objetos substitutos do objeto perdido da sua história, deparar-se-á sempre com a Coisa perdida da espécie humana (cf. Costa, 2014).

Sempre referida como demanda de amor, a demanda é articulada ao objeto faltoso que habita tanto a demanda quanto o amor, ou seja, o *objeto a*. O objeto *a* é o objeto causa do desejo, que, por incidir como faltoso na experiência, causa o desejo do sujeito. Assim, não equivale ao objeto do desejo, pois o desejo se dirige a seus objetos "revestindo o objeto faltoso que o causa com alguma marca, algum atributo de significação que faz do objeto o alvo do desejo" (Elia, 2010, p. 53-54). No caso do desejo, causa e alvo jamais coincidem:

> Se a demanda elevou, por assim dizer, o objeto à categoria de Outro, e lhe deu todas as prerrogativas de presença e de amor, o desejo faz o movimento contrário, reconduz o movimento da demanda ao plano do objeto, rebaixa o Outro a esse plano, destitui o Outro das prerrogativas que a demanda lhe conferiu e dá novamente os títulos de honra ao objeto. O desejo degrada o Outro em objeto, ou seja, reduz seu grau, promovendo uma queda do Outro e sua virada no objeto que, dele caindo, o descompleta, o fura, o barra (Elia, 2010, p. 54).

Enquanto o falo está em uma vertente de identificação entre a criança e a mãe, portanto imaginária, o *objeto a* configura-se em um plano real, o que quer dizer que a criança sofreu uma mediação e pode separar-se do falo ao qual se identificou em outra dimensão. O objeto, aí, não é o falo imaginário que poderia satisfazer a mãe, mas o objeto que causa seu desejo, e estas noções e estes lugares de objeto são bem diferentes. É neste sentido que é necessária uma mediação do significante do falo.

Diferentemente do que é sustentado por Spitz ao teorizar sobre o desenvolvimento das relações objetais, não existe objeto capaz de satisfazer uma pulsão, que excede o campo simbólico, mesmo que dependa dele na parcialidade da satisfação. Esta é a condição necessária ao desejo e, por conseguinte, o que possibilita a entrada do sujeito na linguagem. Nos termos de Costa (2014), confundindo *das Ding* com o objeto mãe, os psicanalistas pós-freudianos acreditaram numa normatividade em que a imaturidade do sujeito tornaria a pulsão parcial e que, portanto, na maturidade, a pulsão adquiriria sua totalização. Tal concepção desvia-se da ética da psicanálise por submeter o tratamento a normas sociais e à moral coletiva e por supor que o analista conduz o sujeito a tornar-se um adulto bem adaptado à realidade, capaz de alcançar felicidade. Entretanto, a imaginarização filosófica do bem supremo não existe e a lei moral está ligada a esse objeto – *das Ding* (Lacan, 1959-60/1988).

CONSIDERAÇÕES FINAIS

Importa ressaltar que precisar as operações relacionadas à constituição do psiquismo, situando o laço mãe-bebê, não implica localizar a psicopatologia das primeiras relações nem responsabilizar a mãe ou o pai. Atribuir a comportamentos ou a ausências dos pais os problemas da criança é ideia higienista e prescritiva, que foge à ética da psicanálise, mesmo que alguns psicanalistas a tenham difundido no século passado. Em vez de fortalecer a delimitação e a prescrição dos comportamentos assertivos para os pais, identificar a lógica das operações necessárias à constituição subjetiva permite que nos orientemos quanto à localização das demandas e das respostas da criança ao que nela produz sintoma, inibição ou angústia. É o que sustenta e direciona nossas intervenções clínicas, especialmente nos casos de bebês com dificuldades em sua constituição.

Se a criança precisa ter um lugar, isso evidencia que não se trata de prescrever o lugar idealizado pelo aparato social, como uma família estruturada em comportamentos adequados, mas um lugar singularmente constituído. Daí a importância de se discutir sobre o Outro e a constituição subjetiva no campo da linguagem, em que a falta é condição de um desejo que não seja anônimo nem totalizador.

É válido colocar que Spitz (1965/1998), mesmo em uma perspectiva diferente, parece ter intuído a necessidade destas operações e funções referidas como necessárias para a constituição subjetiva ao apontar que a mãe poderia ser substituída, não de qualquer forma ou por um substituto qualquer, mas por alguém implicado na aceitação da criança, ou seja, retomando, então, o que antes operou. Mesmo que Spitz (1965/1998) tenha enfatizado a presença materna, ela é muito mais complexa do que observou. Ele mesmo sublinhou as sutilezas da relação da mãe com o bebê e justificou que não queria reduzir a complexidade desta relação, mencionando os aspectos inconscientes aí presentes. A despeito de referir-se a uma reciprocidade, ele não se deteve a tais aspectos, privilegiando suas observações dentro dos objetivos e foco que estabeleceu.

Neste sentido, é necessário ressaltar que outro ponto crucial, que marca uma diferença básica entre as concepções de Spitz e a perspectiva psicanalítica, é o método de pesquisa específico a cada campo. Isso porque o método de observação de Spitz (1965/1998) o situa em um lugar diferente daquele da psicanálise, distanciando-o, portanto, desta. Vimos que Freud (1905/1996) fez advertências com relação à observação de crianças e aos riscos de equívocos desse método, e este foi um limite do método de Spitz (1965/1998), que repercutiu em seu entendimento da relação mãe-bebê. Os postulados que Spitz (1965/1998, p. 17) desenvolve em sua obra, por advirem de extensa e aprofundada pesquisa experimental, são considerados e denominados por ele "descobertas", achados quase naturais. Seu esforço é o de manter-se referido aos fenômenos que observa, estabelecendo correlações diretas entre o que pode ver e a teorização que empreende, calcado nos pressupostos da relação direta entre as aquisições e a maturação biológica mensurável na cronologia da idade. Por limitar seu método à observação direta, não pode problematizar e teorizar suficientemente sobre a incidência dos agentes incorporados pela criança, mas apenas sobre alguns de seus efeitos visíveis, considerando-os como se não fossem necessariamente mediatizados por nenhum parâmetro teórico.

Sendo assim, embora tenha anunciado seu empenho em recorrer a Freud, colocando à prova seus conceitos, o trabalho de Spitz (1965/1998) não se enquadra no método psicanalítico. A nosso ver, Spitz abriu um campo de conhecimento e trouxe importantes contribuições teóricas e práticas na contramão do método freudiano, eminentemente clínico. A direção de Spitz localizou e divulgou a importância das relações primordiais da criança, mas a psicanálise não recua em elucidar e intervir sobre o bebê por ele estar em período pré-verbal, como asseverou Spitz (1965/1998). Entretanto, acreditamos que as pesquisas de Spitz (1965/1998) podem avançar em outras perspectivas e, por isso, sustentamos um debate sobre as principais contribuições do autor numa leitura específica de seus construtos teóricos. Ao comparar os efeitos da observação direta de Spitz com os construtos psicanalíticos elaborados a partir da clínica com adultos, podemos progredir em seu pensamento calcado no observável, considerando os elementos transferenciais em jogo na relação da criança com o semelhante – próximo auxiliador – a partir da consideração do Outro e de seus efeitos sobre ambos. Assim, nossa intenção foi discutir como conceber seus postulados na contemporaneidade com os recursos teóricos e clínicos da psicanálise, a fim de trazer contribuições para o debate do tema.

REFERÊNCIAS

Ansermet, F. (2003). *Clínica da Origem: a criança entre a medicina e a psicanálise.* (D. A. Seidl, trad.). Rio de Janeiro: Contra Capa Livraria.

Costa, T. (2010). *Psicanálise com crianças.* 3ª ed. Rio de Janeiro: Zahar.

Costa, T. (2014). *Jacques Lacan e a falta de objeto.* Corpo Freudiano do Rio de Janeiro. Recuperado em 20/09/2014, de <http://www.convergencia-freudlacan.org/Documents/II_JACQUES %20LACAN%20E%20A%20 FALTA%20DE%20OBJETO.doc>

Couto, M. P. & Santiago, A. L. (2007). Família e fracasso escolar. *Revista Eletrônica do Núcleo Sephora, 2*(4), mai a out. 2007. Recuperado em 20/09/2014, de < www.nucleosephora.com/asephallus/numero04/artigo04.htm>

Elia, L. (2010). *O conceito de sujeito.* 3 ed. Rio de Janeiro: Jorge Zahar.

Freud, A. (1998). Prefácio. In R. Spitz (1965/1998). *O primeiro ano de vida.* (E. M. Barros da Rocha, trad.). 2 ed. São Paulo: Martins Fontes.

Freud, S. (1996). Projeto para uma psicologia científica. In *Edição Standard Brasileira das Obras Psicológicas Completas de Sigmund Freud* (J. Salomão, trad., vol. 1). Rio de Janeiro: Imago. (Trabalho original publicado em 1895).

Freud, S. (1996). A interpretação dos sonhos. In *Edição Standard Brasileira das Obras Psicológicas Completas de Sigmund Freud.* (J. Salomão, trad., vol. 5). Rio de Janeiro: Imago. (Trabalho original publicado em 1900).

Freud, S. (1996). Três ensaios sobre a teoria da sexualidade. In *Edição Standard Brasileira das Obras Psicológicas Completas de Sigmund Freud.* (J. Salomão, trad., vol. 7). Rio de Janeiro: Imago. (Trabalho original publicado em 1905).

Freud, S. (1996). Além do princípio do prazer. In *Edição Standard Brasileira das Obras Psicológicas Completas de Sigmund Freud.* (J. Salomão, trad., vol. 18). Rio de Janeiro: Imago. (Trabalho original publicado em 1920).

Freud, S. (2004). Formulações sobre os dois princípios do acontecer psíquico. In *Escritos sobre a psicologia do inconsciente* (Luiz Hanns, trad. Vol.1) Rio de Janeiro: Imago. (Trabalho original publicado em 1911).

Freud, S. (2004). Pulsões e Destinos da Pulsão. In *Escritos sobre a psicologia do inconsciente* (L. Hanns, trad., vol. I). Rio de Janeiro: Imago. (Trabalho original publicado em 1915)

Freud, S. (2007). O Eu e o Id. In *Escritos sobre a psicologia do inconsciente* (L. Hanns, trad., vol. 3). Rio de Janeiro: Imago. (Trabalho original publicado em 1923)

Freud, S. (2010). O Inconsciente. In *Obras Completas* (P. C. Souza, trad., vol 12). São Paulo: Cia das Letras. (Trabalho original publicado em 1915).

Freud, S. (2013). *Psicologia das massas e análise do eu.* (Renato Zwick, Trad.). São Paulo: L&PM. (Trabalho original publicado em 1921).

Freud, S. (2014). Inibição, Sintoma e Angústia In *Obras Completas* (P. C. Souza, trad., vol 17). São Paulo: Cia das Letras. (Trabalho original publicado em 1915).

Freud, S. (2014). *Compêndio da psicanálise* (Renato Zwick, Trad.). São Paulo: L&PM. (Trabalho original publicado em 1937).

Freud, S.(2016). Carta a Fliess 102 [52] (6 de dezembro de 1896). In *Obras Incompletas de Sigmund Freud* (M. R. Salzano, trad.) Belo Horizonte: Autêntica. (Trabalho original de 1896).

Jerusalinsky, J. (2002). *Enquanto o futuro não vem: a Psicanálise na clínica interdisciplinar com bebês.* Salvador: Ágalma.

Kanner, L. (1997). Os distúrbios autísticos do contato afetivo. In P. S. Rocha (Org.) *Autismos.* São Paulo: Escuta. (Texto original publicado em 1943).

Kruel, S. S. (2009). Curso intitulado "O psicanalista na clínica com bebês: a cólica dos três primeiros meses e a demanda do Outro", em 29 de agosto de 2009, no Centro de Convenções e Estudos do Hospital Mater Dei, Belo Horizonte, como atividade *Pré IV Fórum Internacional Psicanálise e Hospital: a responsabilidade da psicanálise na modernidade.*

Lacan, J. (1961-62). *O Seminário, livro 9: a identificação.* Inédito.

Lacan, J. (1964-65). *O Seminário, livro 12: Problemas cruciais da psicanálise.* Inédito.

Lacan, J. (1988). *O Seminário, livro 7: A Ética da Psicanálise (1959-60).* Rio de Janeiro: Jorge Zahar Editor.

Lacan, J. (1988). *O Seminário, livro 11: os quatro conceitos fundamentais da psicanálise (1964).* Rio de Janeiro: Jorge Zahar Editor.

Lacan, J. (1992). *O Seminário, livro 17: o avesso da psicanálise (1969-70).* Rio de Janeiro: Jorge Zahar Editor.

Lacan, J. (1995). *O Seminário, livro 4: a relação de objeto (1956-57).* Rio de Janeiro: Jorge Zahar Editor.

Lacan, J. (1998). O estádio do espelho como formador da função do eu. In *Escritos.* Rio de Janeiro: Jorge Zahar Editor. (Trabalho original publicado em 1949).

Lacan, J. (1998) A instância da letra no inconsciente. In Escritos. Rio de Janeiro: Jorge Zahar Editor. (Trabalho original publicado em 1960).

Lacan, J. (1999). *O Seminário, livro 5: as formações do inconsciente (1957-58).* Rio de Janeiro: Jorge Zahar.

Lacan, J. (2003). Diretrizes para um Congresso sobre a sexualidade feminina. In *Outros escritos.* Rio de Janeiro: Jorge Zahar Editor. (Trabalho original publicado em 1958).

Lacan, J. (2003). Nota sobre a criança. In *Outros escritos.* Rio de Janeiro: Jorge Zahar Editor. (Trabalho original publicado em 1969).

Lacan, J. (2005). *O Seminário, livro 10: a angústia (1962-63).* Rio de Janeiro: Jorge Zahar.

Lacan, J. (2007). *O seminário, livro 23: o sinthoma (1975-76).* Rio de Janeiro: Jorge Zahar.

Lacan J. (2016). *O seminário, livro 6: o desejo e sua interpretação (1958-59).* Rio de Janeiro: Jorge Zahar.

Miller, J. A. (1994). A criança entre a mulher e a mãe. In *Opção Lacaniana. Revista Internacional de Psicanálise*, n. 21, 7-12. São Paulo: Edições Eólia.

Saussure, F. (1993). *Curso de Linguística Geral.* São Paulo: Cultrix. (Trabalho original publicado em 1916).

Spitz, R. A. (1965/1998). *O primeiro ano de vida.* (E. M. Barros da Rocha, trad.). 2 ed. São Paulo: Martins Fontes.

Tendlarz, S. E. (1997). *De que sofrem as crianças? A psicose na infância.* Rio de Janeiro: Sette Letras.

Vorcaro, A. M. R. (1999). *Crianças na Psicanálise: clínica, instituição e laço social.* Rio de Janeiro: Companhia de Freud.

Capítulo 5

UMA INTERVENÇÃO PSICANALÍTICA POSSÍVEL EM UNIDADE DE TRATAMENTO INTENSIVO NEONATAL: DAS CONSULTAS TERAPÊUTICAS EM D. W. WINNICOTT

Ana Carolina Diniz Guerra

O presente trabalho trata da construção de um caso clínico acompanhado em uma UTI neonatal no ano de 2009, a partir do qual foi possível tecer e avançar em algumas considerações acerca da clínica psicanalítica em UTI neonatal.

Para isto, inicialmente, será apresentada a construção do referido caso clínico, a fim de colocar o leitor em contato com o material que se pretende analisar. Em um segundo momento, propõe-se a pesquisa e terapêutica concernentes à Consulta Terapêutica de D. W. Winnicott como um modo possível de intervenção psicanalítica em tal contexto. A seguir, serão retratadas as contribuições posteriores à Consulta Terapêutica, presentes no trabalho de S. Lebovici, seguidas de ilustrações pertinentes ao caso clínico. Posteriormente, será abordada a dialética doença e saúde, de modo a se apropriar de um fazer clínico que se estabelece e se constrói na experiência transferencial tão específica nessa clínica – mãe, bebê e psicanalista. Vale ressaltar que aí a transferência é precipitada por uma urgência e inclui uma trama entre mãe, bebê e psicanalista.

CASO CLÍNICO

Trata-se de um material clínico, construído em seu recorte pelo viés psicanalítico. Nesse trabalho, foram cumpridas todas as exigências do Comitê de Ética em Pesquisa[1], de modo que identificaremos a mãe e o bebê com nomes fictícios: Maria e Bibo respectivamente.

O primeiro contato com Maria ocorreu no leito do quarto onde ela encontrava-se, com as fotos de seu bebê na cama. Ela dizia: *"Olha só como era feinho e pequeno demais. Agora já está grandinho"*. Bibo tinha dois meses de vida; o primeiro literalmente vivido na UTI neonatal e o segundo já caracterizado por idas e vindas a esse local. Neste mesmo dia, contendo o bebê nos braços, comparava-o com suas fotos e ressaltava: *"O que você acha dele? Ele é forte e aguenta tudo, não é mamãe? Está ficando com rostinho de bebê e já pegando peso"*.

No prontuário, o quadro clínico do bebê mantinha-o na categoria de peso muito baixo, portador de hidrocefalia (que foi questionada posteriormente), malformação (rotação do joelho, pernas horizontalizadas e fenda palatina), displasia congênita, hipotireoidismo congênito, hipoglicemia, doença do refluxo gastroesofágico.

Maria enumera a necessidade de ganho de peso e regularização dos batimentos cardíacos para tudo ficar bem. Explica como isto acontecerá em termos médicos, ressaltando que a não descoberta da fenda palatina durante o primeiro mês de vida contribuiu para o atraso do desenvolvimento de Bibo.

Durante aproximadamente dois meses, contou ao psicanalista tudo sobre o quadro clínico dele: convulsões, paradas cardíacas, perda de peso, baixa glicêmica. Contextualizou todos os procedimentos médicos realizados, os exames requeridos; explicou minuciosamente a utilização de medicamentos, bem como a ingestão da dieta alimentar do bebê – ressalta os horários e a frequência. Relatou que sempre estava atenta a qualquer conduta realizada com o bebê, a fim de apreender a explicação do profissional ou questionar a real necessidade dele. Segundo ela, *"tem medicamento para tudo com funções diferentes; muitos deles não adiantam nada. Por isso pergunto sempre! Até mesmo para lembrar algumas enfermeiras do que já foi feito"*.

O contato com Maria não se restringiu somente ao leito com "as notícias" (maneira como ela nomeava as condutas e procedimentos médicos) comunicadas por ela. Com a permissão dos profissionais da UTI

[1] Trabalho devidamente aprovado pelas exigências do Comitê de Ética e Pesquisa da Faculdade de Ciências da Saúde, da Universidade de Brasília, que inclui o Termo de Consentimento e Livre Esclarecimento (TCLE) no resguardo dos sujeitos da pesquisa, bem como do pesquisador.

neonatal, o psicanalista passou a acompanhá-la em alguns momentos da dieta do bebê, em que a mãe fazia questão de preparar a troca do recipiente da solução, bem como segurar seu bebê confortavelmente no colo. Dizia ao psicanalista: *"Vamos lá, ele está com fome, eu tenho que dar para ele comida"*. Naquele local, sentada na cadeira com seu bebê, regulando a entrada do leite na sonda e verificando uma melhor posição para ambos, Maria exibe seu manejo habilidoso e cuidadoso. Não parece nada simples: segura o bebê com seu braço esquerdo, mantendo sua mão direita livre para arrastar o equipamento que contém a dieta. Ela aponta: *"Olha, já estou acostumada. Não é difícil* (sorri). *Fico aqui tempos. Ele adora!"*.

Essa era a primeira vez que a mãe falava sobre seu bebê sem ressaltar o quadro clínico dele. Maria revelou as posições preferidas pelo bebê, o tipo de carinho que ele mais gostava e a maneira como ambos brincavam no momento da alimentação. Ela descobrira, em especial, uma brincadeira que fizera questão de demonstrar, que consistia na sequência de manobras assim realizadas por ela: olhar para o canal da sonda e balançá-la ligeiramente, mudar a entonação da voz e aproximar-se do rosto dele, apertando calorosamente os braços do bebê. Uma vez realizada a demonstração materna, notória era a existência do sorriso e do olhar de Bibo, atento à mãe, parecendo satisfazer-se prazerosamente na presença dela.

Depois desse encontro, Maria passou a falar sobre seus manejos com o filho: quando ela pode pegá-lo para utilização do "Método Canguru"[2], preferencialmente requerido por ela no quarto em que dormia

[2] Segundo o *Manual Técnico – Método Canguru* (2011), o Método Canguru, introduzido em algumas unidades de saúde brasileiras na década de 90, foi incorporado às políticas de saúde no campo perinatal. Esse método tem como base a Norma de Atenção Humanizada ao Recém-Nascido de Baixo Peso, na Área Técnica de Saúde da Criança e Aleitamento Materno do Ministério da Saúde. O Método Canguru é um modelo de assistência perinatal voltado para a melhoria da qualidade do cuidado com o bebê, desenvolvido em três etapas, conforme Portaria GM/MS nº 1.683, de 12 de julho de 2007, que propõe que o método: parte dos princípios da atenção humanizada; reduz o tempo de separação entre mãe e recém-nascido e favorece o vínculo; permite um controle térmico adequado; contribui para a redução do risco de infecção hospitalar; reduz o estresse e a dor do recém-nascido; aumenta as taxas de aleitamento materno; melhora a qualidade do desenvolvimento neurocomportamental e psicoafetivo do recém-nascido; propicia um melhor relacionamento da família com a equipe de saúde; possibilita maior competência e confiança dos pais no cuidado do seu filho, inclusive após a alta hospitalar; reduz o número de reinternações; e contribui para a otimização dos leitos das Unidades de Terapia Intensiva e de Cuidados Intermediários Neonatais (BRASIL, Ministério da Saúde. Secretaria de Atenção à Saúde, 2011).

(nota-se que o quarto encontrava-se mais ventilado e claro, sem maiores preocupações de mantê-lo semicerrado); e a maneira como gostava de carregá-lo (com o posicionamento horizontal das pernas do bebê, ela segurava-o no sentido em que as costas dele iam ao encontro do seu peito, de modo que ela transpassava-lhe o braço até sua mão tocar-lhe a região do bumbum).

A forma como era carregado o bebê pela mãe sempre direcionava-o à visão de outra pessoa. Desse modo, os comentários adversos e o estranhamento de algumas mães a respeito do tamanho de Bibo faziam com que Maria se opusesse a qualquer contato com elas. Nota-se, ainda, que ela mantinha sempre as pernas do bebê envolvidas por uma manta.

Por questões internas da maternidade, Bibo excedera o tempo concedido de internação na UTI neonatal. Havia duas opções: transferência para uma outra instituição hospitalar ou para a enfermaria pediátrica do próprio hospital, que se situava no andar de cima. Maria resistiu e se sentiu expulsa. Manteve-se silenciosa e demonstrou sua revolta em relação a todos os profissionais, até mesmo aqueles que elegia categoricamente como os melhores. Note-se que estes últimos são aqueles que a deixam falar, questionar sobre os procedimentos, mas que, volta e meia, sempre estão por perto dela, dispensando-lhe cuidados ao examiná-la e a escutá-la em relação ao bebê. Sentiu-se injustiçada e demonstrou resistência, questionando ao psicanalista: *"E agora, você fica aqui e não vai me ver mais ou sobe?"*.

De acordo com a decisão consensual da equipe de profissionais da psicologia, o psicanalista mantém o acompanhamento do caso, uma vez que o mesmo estava mais próximo a Maria na maternidade. Em reunião, descobriu-se que, com os outros profissionais desta equipe, Maria mantinha um vínculo de amizade, chamava-os para jogar, discutir leituras de revistas ou acompanhá-la em uma volta ao hospital. A coordenação da psicologia do hospital permitiu, também, a entrada do psicanalista na enfermaria pediátrica – local este assistido por outros profissionais da mesma área. Assim, o psicanalista passou a "subir as escadas", como Maria dizia.

Ao que parecia, Maria e psicanalista estavam iniciando a configuração de um *setting* analítico. Na primeira presença do psicanalista na enfermaria, Maria não estava e o bebê encontrava-se aos cuidados da enfermeira, a qual portava um recado da mãe de que o psicanalista a encontrasse lá embaixo. Portanto, o psicanalista a encontrou no corredor. Maria ressaltou: *"Fiquei com receio de não me achar nos quartos. Lá são muitos e poderia não me encontrar".* O psicanalista solicita, então, a subida para apresentação do novo local.

Assim, Maria fala sobre a equipe médica que a recebera com receptividade. No entanto, estava saudosa do que vivenciou com as amizades de alguns profissionais, o que não a impedia de ir até lá e fazer algumas visitas. Logo mostrou o quarto e a disposição dos móveis. Ressaltava que, agora, Bibo dormia na cama infantil, e não no berço. Segundo ela, seu bebê estava crescendo e melhorando; o quadro dele era estável, mas não permitia alta. Contudo, Maria acreditava no retorno à sua casa para que Bibo pudesse conhecer as duas irmãs dele.

O psicanalista pergunta a respeito das irmãs. Maria retira de seus documentos, pela primeira vez, um álbum de fotos do aniversário das gêmeas e ressalta: *"São muito parecidas, mas eu reconheço a diferença entre elas".* Nesse encontro, conta que sua mãe nunca mais a visitara depois do nascimento do filho. Quanto às filhas, desde a internação, mantinha contato unicamente pelo telefone.

No encontro posterior, na cabeceira da cama de Bibo, havia uma foto das irmãs. O psicanalista interroga sobre a novidade e Maria responde: *"É para ele conhecer as irmãs e ao mesmo tempo não sentir que as deixei. Assim fica mais fácil quando voltar".* Essa foi a fala de Maria, que logo mudou o foco do assunto para comunicados clínicos de Bibo: as quedas na glicemia e as possíveis convulsões.

O quinto para o sexto mês de vida do bebê caracterizou-se como uma das melhores fases para Maria, apesar do quadro hipoglicêmico de Bibo. Maria conservava seu ambiente mais claro e fresco, justificando que Bibo adorava olhar pela janela e ver a árvore balançar. Na cama do bebê, ela fixou um móbile musical, bem como o adornou com bichos de pelúcia. Segundo ela, percebendo que Bibo gostava de música, pediu emprestado um aparelho de som a uma das enfermeiras amigas para tocar CDs de músicas infantis. Muitas vezes, aliava a música ao contar histórias do livreto. Maria compunha esse ambiente com cores e sons. Segundo ela, mantinha tudo aquilo de que seu bebê gostava: os brinquedos, as cores, a música predileta, a maneira como gostava de dormir e as roupas, meias e bonés que ele preferia. Ela dizia: *"Eu pareço mais um brinquedo na cama. Sou o rapazinho da mamãe".* As conversas de Maria com o seu bebê intensificaram-se muito. Ele aprendeu, por imitação, a fazer biquinho e bolinhas de saliva com a boca, o que se tornava ponto de atração para a mãe e para outros profissionais que a acompanhavam.

Também foi nesse período que houve licença médica, que permitiu a ida dos dois para casa. Todo aparato (medicamentos, dietas, sondas e aparelhos) foi providenciado para o bebê, bem como a conscientização da mãe dos riscos iminentes. Bibo foi apresentado à família: irmãs, primo e avó materna. Ficou um final de semana, conforme o estipulado, mas o retorno acontecera horas antes, por causa de mais um dos quadros convulsivos do bebê.

De entrada para o sétimo mês, em razão do quadro clínico, foi necessário recorrer a uma bateria de procedimentos, dentre eles: exames para a realização de intervenção cirúrgica denominada gastrostomia; reavaliação neurológica em razão de um tênue crescimento de um dos lados da cabeça de Bibo; e avaliação ortopédica confirmadora de um quadro de malformação genética.

O quadro do bebê cronificou-se e, com isso, surgiu a possibilidade de transferi-lo para outro hospital. Maria desesperou-se e entrou em crise: gritou e fechou a porta do quarto. Maria, que sempre havia elegido alguns profissionais de sua preferência para a confiabilidade de prognósticos do bebê, passou a ignorá-los: *"Muitos não procuram entender o que se passa, apesar de eu gostar muito deles. Perguntam como está hoje, e isto e aquilo! Ficam falando o que é. Não entendem que sou eu e meu filho.... Outros como você são poucos..."*, diz ao psicanalista.

Com o retorno das constantes convulsões e subsequentes quadros hipoglicêmicos, há uma intensidade de relatos de conteúdos pessoais jamais abordados por Maria. Ela não se recusa em falar e inicia a exposição de sua história pessoal, com conteúdos que perpassam sua constituição familiar, infância, adolescência e vida conjugal. História marcada pela separação dos pais e um posterior abandono materno; sequência de abusos sexuais pelo padrasto que, de certa forma, foram consentidos pela mãe e mantidos como um segredo.

Em relação à vida conjugal, retratou um casamento no qual concebeu duas filhas gêmeas e teve uma gestação de alto risco de uma menina que sobreviveu um dia devido ao quadro de hidrocefalia associada à parada cardíaca. Também frisou constantes "dificuldades" com o ato sexual e sua separação.

Ainda, contextualizava o pronunciamento da equipe médica para que medidas preventivas fossem constantemente mantidas por ela. O fato era que Maria não deveria engravidar mais em decorrência do seu quadro clínico, que ela explica como "útero infantil".

O início de um novo relacionamento, não obstante, culminou em uma outra gestação. Mediante relatos de reencontros com o seu parceiro, Maria situou, em algumas passagens, agressões vivenciadas desde o ato da concepção até a gestação da criança. Ela concluiu que foi desse ato que ficara grávida, pois já não tinha mais nenhum contato sexual com ele. Tinha dúvida de que se foi por esse fato que seu filho nascera portador de síndrome.

Maria contextualiza conteúdos a respeito do pai do bebê, considerando-o nessa função até o terceiro mês de vida do filho, pois as visitas deste resultavam sempre em brigas e apontamentos negativos acerca do aspecto físico das pernas de Bibo. É interessante ressaltar que uma pessoa do sexo masculino, cuja mãe mantinha uma relação de amizade muito próxima, foi chamada por ela de "pai de Bibo". Em uma cerimônia de batismo, esta pessoa consagra o bebê, tomando o posto de padrinho.

Após o oitavo, até o décimo mês, o quadro de Bibo se cronificou, vindo à óbito. Maria ficou com a saúde bastante debilitada: aumento da pressão arterial, aumento de peso. Houve a necessidade de um tratamento semanal no hospital que estivera internada e continuidade de acompanhamento psicoterápico num centro clínico.

PESQUISA E TERAPÊUTICA – AS CONSULTAS TERAPÊUTICAS DE D. W. WINNICOTT COMO UMA INTERVENÇÃO PSICANALÍTICA POSSÍVEL EM UTI NEONATAL

Nesta pesquisa foi utilizado o método psicanalítico. Freud (1923/1996), ao nomear a psicanálise, reporta suas três dimensões:

> Psicanálise é o nome de (1) um procedimento para a investigação de processos mentais que são quase inacessíveis por qualquer outro modo, (2) um método (baseado nessa investigação) para o tratamento de distúrbios neuróticos e (3) uma coleção de informações psicológicas obtidas ao longo dessas linhas, e que gradualmente se acumula numa nova disciplina científica (p. 253).

Trata-se de três dimensões indissociáveis – teoria, método clínico (tratamento) e método investigativo – que mantém sua ética no modo de produção de conhecimento marcado pelo modelo sujeito/sujeito que, assentado sob o fenômeno transferencial, afirma e reafirma as subjetividades dos sujeitos envolvidos pelas noções de transferência e contratransferência.

Pelo vértice ético da psicanálise de posição de abertura contínua, há a possibilidade de se operar com a dimensão transferencial em um processo psicanalítico ou em uma situação clínica, que implique um método psicanalítico que não necessariamente conduza a um processo de análise. Há possibilidade de utilização do método psicanalítico em outro local que não seja o consultório (Safra, 2004). Para isso, Safra (2004) faz referência à obra de D. W. Winnicott, demonstrando que é possível exercer a psicanálise numa terceira área de experiência, o "espaço potencial"[3] por meio do qual fenômenos se desenrolam em uma situação transferencial.

Winnicott (1951/2000) denomina como terceira área uma região intermediária que "constitui um região neutra da experiência que não será questionada" (p. 328). Para ele, é uma área da experiência na qual fenômenos e objetos transicionais do bebê não correspondem à realidade nem interna e nem externa, e, sim, correspondem a uma realidade transicional, que conserva o paradoxo de um espaço que une e separa ao mesmo tempo. Segundo o autor:

> A minha reivindicação é a de que, se há necessidade dessa duplicidade na descrição, há necessidade de uma descrição tríplice: existe uma terceira parte na vida do indivíduo, parte essa que não podemos ignorar, uma região intermediária da *experimentação*,

[3] Em *O brincar e a realidade*, Winnicott (1971/1975) propõe o termo "espaço potencial" para se referir a uma área hipotética que existe entre o bebê e a mãe durante a fase do repúdio do objeto como não-eu. Para ele, a separação que o bebê faz entre o mundo dos objetos e o eu é conseguida, somente, através da experiência que o bebê vive, determinada pelo grau de confiança na mãe ou figura materna. É através da confiança que o espaço potencial começa a existir. O autor ressalta que esta separação é apenas uma ameaça, pois esta é evitada pelo preenchimento do espaço potencial com o brincar, com o uso de símbolos e com a experiência cultural. O espaço potencial consiste numa terceira área, nem interna e nem externa ao indivíduo, mas que conserva o paradoxo, unidos e separados pelo que nele acontece num tempo e num espaço. Este vincula o presente, o passado e o futuro representados, especialmente, pelo brincar e a pela experiência cultural.

> para a qual contribuem tanto a realidade interna quanto da vida externa. Trata-se de uma área não questionada, pois nenhuma reivindicação é feita em seu nome, salvo a de que ela possa existir como um lugar de descanso para o indivíduo permanentemente engajado na tarefa humana de manter realidades interna e externa separadas, e ao mesmo tempo inter-relacionadas (Winnicott, 1951/2000, p. 318, itálico do autor).

Mais adiante, ele esclarece:

> Essa área intermediária da experiência, não questiona sobre se ela pertence à realidade interna ou externa (compartilhada), constitui a parte maior da experiência do bebê, e pela a vida afora se mantém como lugar das experiências intensas no campo da arte, da religião e da imaginação, e também do trabalho científico criativo (Winnicott, 1951/2000, p. 331).

É nessa terceira área de experiência que se realiza o atendimento clínico da mãe e de seu bebê em um contexto hospitalar, de onde se torna possível o advento do material clínico da investigação psicanalítica. Trata-se da construção de um caso clínico que mantém, em seu recorte, a realidade psíquica que se pretende investigar no que concerne às intervenções psicanalíticas. Para isso, nos referenciaremos nas Consultas Terapêuticas[4] de D.W. Winnicott (1971/1984).

A partir do caso clínico, as Consultas Terapêuticas, assumidas como uma modalidade de intervenção psicanalítica possível em contexto de UTI neonatal, frisam o valor das experiências vivenciadas entre mãe, bebê e psicanalista e/ou mãe, pai, bebê e psicanalista, em detrimento do aspecto interpretativo.

Winnicott (1965/1994), ao retratar o valor da Consulta Terapêutica, explicita:

[4] Em *Consultas Terapêuticas em psiquiatria infantil*, Winnicott (1971/1984) seleciona vários de seus casos clínicos da psiquiatria infantil em que a psicanálise fora aplicada. A partir da construção destes, o autor estabelece desdobramentos e investigações de cunho terapêutico e metodológico norteados pelos seguintes princípios: o "*holding*", a "apresentação de objeto" e o "manuseio ou manejo". A consulta terapêutica é um lugar, um espaço terapêutico, no qual acontece a superposição das duas áreas do brincar (do psicanalista e do paciente), onde a experiência é retratada como a transição dos fenômenos e dos objetos que ocorrem nesta área intermediária, tida como terceira área.

> Se um *setting* profissional correto é fornecido, o paciente, a criança ou o adulto, que se acha em sofrimento trará a aflição para a entrevista sob uma ou outra forma. A motivação é muito profundamente determinada. Talvez seja desconfiança o que se demonstra, ou uma confiança grande demais, ou a confiança é logo estabelecida e as confidências cedo se seguem. Seja o que for o que aconteça, é o acontecer que é o importante (p. 246).

Segundo Safra (2000), esta "acontecência" é o que possibilita a configuração de um *setting* denominado anteriormente por Winnicott (1941/2000) como uma "situação estabelecida"[5]. Esta situação era utilizada tanto para a observação e pesquisa de um grupo de bebês acometidos por sintomas somáticos, para os quais não se identificavam causas orgânicas, quanto para a finalidade terapêutica.

Eis na própria origem das consultas terapêuticas a presença de um duplo aspecto, pesquisa e terapêutica que, por si só, justifica seu emprego como modalidade de trabalho clínico possível no contexto de UTI neonatal.

Celes (2000), ao retratar "o sentido da psicanálise como trabalho de *fazer falar... e fazer ouvir*" (p. 10, itálicos do autor), aponta para algo constante no atendimento clínico da mãe/bebê em questão. O autor explicita que o trabalho de "*fazer falar... e fazer ouvir*" justifica a regra fundamental da psicanálise, que é a associação livre, sendo esta um convite ao analisando para falar segundo essa associação. É com base na interpretação e construção que o analisando pode ouvir o que ele fala

[5] Em *Observação de bebês em uma situação estabelecida,* Winnicott (1941/2000) descreve, em especial, um jogo com a espátula que utilizava ao observar o bebê junto a sua mãe nas consultas pediátricas. O jogo consistia em vibrar uma espátula situada à mesa, diante da qual ele se sentava de um lado oposto ao lado da mãe e do bebê. Desta forma, ele observava o que ocorria, descrevendo três momentos fundamentais: o primeiro em que a criança tem sua atenção e interesse despertado pela espátula que vibra; o segundo em que a criança vive uma hesitação, até o momento que ela pode vir agarrar a espátula por si mesma, usando-a num movimento de situação de jogo; e o terceiro no momento em que a criança deixa de se interessar pela espátula, jogando-a no chão, até que alguém devolva-a à criança, o que caracteriza o final da consulta. Nota-se que o jogo da espátula é o estabelecimento de uma situação. Nesta situação não se aplica técnica para a criança se manifestar: o pesquisador aguarda o movimento da criança tomar a espátula. Aqui a genialidade de Winnicott é darse conta de que é na situação mesma, uma vez estabelecida, que se promove uma alteração no modo de comportamento da criança diante da mãe e diante de um outro, sem promover nenhum modo de intervenção educativa ou interpretativa. Trata-se de aguardar até que o processo se desvincule.

(fazer-se ouvir). O *e* e a pontuação reticências ocupam o lugar do ouvir e falar do analisando.

Ainda Celes (2000) concebe um terceiro *fazer* ao trabalho *fazer falar... e fazer ouvir*: é o *fazer ver*. Para ele, o *fazer ver* refere-se a "fazer ver os processos anímicos sem que ele mesmo, o trabalho de que se trata, tenha intenção visualizadora" (p. 12). É assim que Celes (2000) entende o propósito visualizador da psicanálise: trata-se de uma visão investigativa, "que guiada pulsionalmente, o fazendo falar... e fazendo ouvir, os mesmos processos anímicos, se dão a 'ver' tanto para o analista como para o analisando" (p. 12). Daí é como o autor aborda: "É mesmo como a psicanálise originalmente se constituiu" (p. 12).

CONTRIBUIÇÕES POSTERIORES DE S. LEBOVICI À CONSULTA TERAPÊUTICA

Ao considerar a proposição investigativa da psicanálise, que visa a *fazer falar... e fazer ouvir* o imaginário materno sobre o qual pode-se *fazer ver* os processos psíquicos envolvidos entre a mãe e o bebê, alude-se às contribuições posteriores da pesquisa de S. Lebovici (1987, 1992, 1999, 2004). Esta concerne às Consultas Terapêuticas (denominação que ele próprio assume ter buscado em Winnicott), como uma modalidade de intervenção psicanalítica que adota o método de observação direta do que se passa nas transações que circunscrevem a reciprocidade entre a mãe e o bebê.

Lebovici (1992) concebe a "verdadeira criança da psicanálise" (p. 185) como aquela advinda pelo método de observação direta, fato que não o impede de considerar o desenvolvimento neurológico dela. É o que Lebovici (1987) designa como "criança reconstruída e/ou observada pelos psicanalistas" (p. 282), que é capaz de oferecer suposições, construções e reconstruções teóricas sobre as pesquisas relacionadas à natureza e às funções das interações[6] mãe-bebê.

[6] Em *O bebê, a mãe e o psicanalista,* Lebovici (1987) retrata em sua obra essas interações precoces que se estabelecem entre a mãe e o bebê como uma série de trocas recíprocas, onde cada parceiro da interação é levado a "responder" ao outro e, assim sendo, a propor ao outro uma mensagem à qual ele poderá – ou não – responder por sua parte. O modelo de interação mãe-bebê é pois tornado uma sequência de trocas recíprocas utilizando mensagens e sinais próprios ao estágio do desenvolvimento do bebê.

O autor evidencia o método de observação direta no qual o clínico está inserido: privilegia-se o que se vê como meio de se aprofundar no entendimento do diálogo materno a respeito daquilo que a mãe diz do seu comportamento, do que ela antecipa sobre o bebê e de uma vida fantasmática inconsciente.

Lebovici (1987) designa seu fazer clínico como "clínica da interação" (p. 203). Nesta há participação efetiva do clínico na avaliação das interações mãe-bebê, pois ele é forçosamente implicado pelo afeto comunicado por cada parceiro da interação. "A clínica da interação é, pois, uma avaliação do que se organiza nas transações, do caminho que conduz a ação ao pensamento, do 'co-vivido', do 'co-afetivo' ao 'co-pensado'" (p. 203).

Por essa perspectiva de Lebovici (1987), o clínico deixa de lado sua compreensão intelectual, colocando-se em posicionamento "de ser em" (p. 43) e poder ter condição de sentir "o nós" (p. 43), o clínico e o paciente. Para Lebovici *et al.* (2004), esse é um modelo de união entre a criança e sua mãe: "O mesmo acontece com o bebê que utiliza o comportamento materno para desenvolver sua disponibilidade à empatia: ele traduz os gestos maternos, responde a sua maneira e se ajusta" (p. 43). Se o clima de empatia é possível, esta é acompanhada pela compreensão interna ou *insight* do que se passa nas interações mãe-bebê (Lebovici, 1999).

A expressão "empatia metaforizante" abarca o valor metafórico da empatia por meio do sentido do que é comunicado; da metáfora que contém um símbolo que é significável. Isso contrasta com o valor hermenêutico da metáfora, que preconiza a interpretação. "O valor metafórico das interações do psicanalista deve ser compreendido como meio de comunicação" (Lebovici, 1992, p. 110).

Essa constatação enfatiza a importância do método de observação direta da interação mãe-bebê. Vemos que Lebovici delineia sua clínica por uma atitude específica do psicanalista sobre a interação, da qual se pode, também, conceber e descrever a tríplice dimensão do bebê (real, imaginária e fantasmática), com a qual a mãe interage. Com efeito, Lebovici (1987) descreve três tipos de crianças que a mãe traz consigo na interação mãe-bebê:

> A) *A criança da realidade material*: massa de carne viva com a qual a mãe interage seguindo sistemas programados, enriquecidos por suas fantasias e seus sonhos imaginários.

> B) *A criança imaginária é a do desejo da criança*: ela se inscreve na problemática da vida dupla; a gestação da mãe lhe dá seu sentido pleno, bem entendido também em função das fantasias do marido e da mulher; ela se inscreve igualmente nas modalidades do equilíbrio familiar que implica a emergência das obrigações culturais ou contraculturais, inscritas na comunicação transgeracional.
>
> C) *A criança do desejo de maternidade:* a das fantasias que se constituem e se desenvolvem em razão de conflitos libidinais e ordenamentos narcísicos. É essa a criança do Édipo. Para a mãe, ela será ao mesmo tempo a criança do desejo de negar a castração do pai, infligida pela mãe a seu marido (p. 281).

Lebovici e Castarède (1992) enfatizam, ainda, que a criança imaginária se inscreve na vida pré-consciente da mãe, sendo objeto de seu desejo de gravidez. Antes do nascimento, há desejos e temores particulares em relação a ela. Também a mãe consagra a criança, de um modo que lhe é pessoal, ao progenitor. Ademais, ela será portadora dos valores transmitidos através de gerações. "São estas três crianças, a criança real, a criança imaginária e a criança fantasmática, que a mãe traz em seus braços" (Lebovici & Castarède, 1992, p. 106). Essa tríplice dimensão da criança, uma vez unificada pela mãe, privilegia o que ela é capaz de introduzir de sua vida fantasmática na vida do bebê, por sua capacidade de antecipar. As antecipações maternas consistem em repertórios de comportamentos da mãe e têm qualidade premonitória (referentes às adivinhações e previsões das necessidades do bebê) e criadoras de intenções que não existiam no bebê. Quanto a este, por sua capacidade de criar seus objetos internos, sendo estes a reativação de traços mnésicos de prazer, é capaz também de figurar as produções fantásmicas da mãe. Nesse sentido, configura-se nas interações mãe-bebê o que Lebovici (1987) denomina de "interação fantasmática" (p. 255).

O valor fantasmático dessas interações, segundo o autor, é sustentado por certos comportamentos da mãe e do bebê. Tais interações são organizadas mediante a construção da criança imaginária e adquirem o seu desenvolvimento durante a gestação. Elas também são determinadas pelas fantasias que conotam o desejo de maternidade que encerra a criança do conflito edipiano. Nesse sentido, a interação fantasmática traz em si mesma uma efusão de afetos e uma tripla dimensão: comportamental, imaginária, fantasmática.

Lebovici (1999) também enfatiza o "mandato transgeracional" (p. 68) inerente às interações fantasmáticas, que consiste na transmissão inconsciente dos conflitos intergeracional (pais e filhos) e transgeracional (avós e netos). Em Lebovici (1992), as consultas terapêuticas visam elucidar os fantasmas e a transmissão transgeracional deles. O autor utiliza o recurso da "árvore da vida" (p. 68), por meio da qual propõe a narrativa da história de vida do paciente e, igualmente por meio dela, busca estruturar o que na sua genealogia pertence ao comportamento e à organização fantasmática.

Considerando as especificidades do fazer clínico proposto por Lebovici, torna-se apreensível, no material clínico de pesquisa, a escuta do imaginário materno sobre o que o autor denomina de interações fantasmáticas. A respeito da construção do caso clínico, pode-se situar as crianças propostas por Lebovici (1992), com as quais a mãe e o psicanalista interagem na situação clínica da Unidade de Tratamento Intensivo.

Primeiramente, ressalta-se a "criança da realidade" como o bebê dotado de um corpo biológico que traz consigo um quadro clínico com complicações fisiológicas e anatômicas. É o bebê gestado pela insuficiência placentária que sobrevive à gestação de alto risco.

A "criança imaginária, do desejo da criança" mantém-se imponente e respondente à versão da criança anterior. É o bebê que é concebido de modo não idealizado e fruto da gestação de um "útero infantil" (como nomeado pela mãe), que, ainda que com o sofrimento durante a gravidez (pouco alimento e pouca respiração), sobrevive a essa circunstância; é um bebê lindo, forte e surpreendente. Esse bebê traz consigo a memória materna da gestação anterior: gravidez de alto risco, internação hospitalar prolongada, doenças clínicas semelhantes (por exemplo, parada cardíaca e hidrocefalia) e um aspecto mortífero. Ainda há de se considerar que é um bebê que atesta a dúvida de sua sobrevivência em relação à mãe, bem como à equipe médica.

A "criança do desejo de maternidade" é o bebê do sexo masculino, que pode representar uma interrupção no mandato transgeracional sobre o lugar que as meninas podem ocupar nas duas gerações: o abandono, o abuso sexual e a morte. Esse bebê resguarda a mãe de que uma transmissão transgeracional destrutiva prossiga e também consagra a vitória sobre a rivalidade materna edipiana. O bebê do sexo masculino atestaria a emergência da vida, que não à sombra do bebê do sexo feminino da gestação anterior.

Essa tríplice dimensão do bebê em interação com sua mãe e psicanalista é estabelecida por uma situação transferencial vivenciada a três (mãe, bebê e psicanalista), preconizada pelos efeitos da interação fantasmática entre os três.

A REALIDADE PSÍQUICA CONSTITUÍDA ENTRE A MÃE, O BEBÊ E O PSICANALISTA

Repensar a clínica psicanalítica em UTI neonatal é colocar em xeque a dialética "doença e saúde" e se apropriar de um fazer clínico que se estabelece e se constrói pela experiência transferencial a três: mãe, bebê e psicanalista.

A advertência que Winnicott (1968/1994) faz aos profissionais que cuidam de crianças no tocante à utilização dos termos "saúde" e "doença" pode ser considerada. Segundo o autor, o antagonismo entre eles deve ser enfraquecido em prol da "*riqueza* da experiência e do desenvolvimento total da personalidade" (p. 24, itálico do autor) no processo maturacional de um desenvolvimento emocional sadio. Mesmo que ele ressalte também o desenvolvimento total da personalidade, não nos deteremos nesse aspecto, pois exige um desdobramento específico. A palavra "riqueza" é destacada como atribuição à qualidade das experiências entre a mãe e o bebê, colocando à parte o conceito de doença como anormalidade física, assim como o conceito de saúde veiculado à cura:

> Não estamos apenas interessados na saúde individual, em que os indivíduos estejam livres da doença mental ou neurose.... Nosso objetivo é mais do que prover condições favoráveis para produzir saúde. Riqueza de qualidade, ainda mais do que saúde, é que fica no topo da escalada do progresso humano (Winnicott, 1962/1983, p. 63).

Martins e Vorcaro (2007), ao discutirem a respeito da intervenção do psicanalista na clínica com bebês cirúrgicos acometidos por malformação congênita neurológica e/ou cardíaca internados em UTI, ressaltam sobre o campo da psicanálise com bebê: "essa situação clínica transborda completamente ao campo da clínica convencional, é alvo de problematização não apenas sobre o método clínico posto em jogo nessa circunstância, especialmente no que ele determina do estatuto dessa prática" (p. 70).

No caso clínico exposto, a problematização da ética que regula a intervenção do psicanalista permite considerar o estabelecimento de uma relação transferencial vivenciada a três: a mãe, o bebê e o psicanalista. A presença do bebê como lugar possível da projeção fantasiosa materna permitiu ao psicanalista localizar sua posição clínica nos momentos em que ele se depara com Maria nos corredores do hospital sem a presença de Bibo. A mãe ora o situa (*está lá dormindo*), ora nomeia os procedimentos médicos realizados ou medicamentos ministrados sob a tutela dela. Posteriormente, convoca o psicanalista a estar presente junto ao seu bebê (*vamos lá nele*) para que possa falar dela mesma.

É na presença de Bibo e de seus pertences que conteúdos maternos foram externalizados. Maria procede de modo a se aproximar dele ou pegá-lo (quando lhe é permitido); encosta a porta; por vezes, reorganiza a disposição dos objetos do quarto (porta-retratos, brinquedos, roupas). Aconchega, sempre, o leito do bebê (embute lençol, posiciona e reposiciona travesseiros) e controla a quantidade de luz que entra pela persiana.

Tais procedimentos realizados no espaço do quarto do hospital ilustram a configuração do *setting* terapêutico que se delineia pela presença tríplice – mãe, bebê e psicanalista – sob o estabelecimento da situação transferencial. A respeito da transferência, há a impressão de um *continuum* que se transpõe atemporalmente a agudizações de crise de saúde do bebê, bem como a episódios de adoecimentos da mãe. Mesmo nessas circunstâncias de um ou de outro, a configuração do *setting* permite as elaborações mentais de Maria concedidas pelo trabalho analítico num espaço triplamente demarcado (mãe, bebê, psicanalista).

Martins e Vorcaro (2007) afirmam que a colocação da fala materna permite localizar e fazer vigorar as posições entre mãe e filho na cena de cuidados intensivos. Conforme as autoras, a escuta analítica do discurso do agente materno e do encontro deste com seu bebê sustenta a investigação da própria mãe sobre como manter seu lugar, como não se deixar destituir de sua função, mesmo que precise postergar seu exercício.

A ética do psicanalista é a do compromisso do o sujeito com seu desejo: "O psicanalista trabalha com o objetivo de resgatar a subjetividade do agente materno, contribuindo para que ele possa desejar, decidir e agir" (Vorcaro e Lopes, 2006, p. 195). Neste sentido, uma intervenção possível num contexto de UTI neonatal é considerar a relação transferencial estabelecida a três (mãe, bebê e psicanalista), onde a mãe é protagonista de uma intervenção que se fará possível na relação com seu bebê.

CONSIDERAÇÕES FINAIS

A propósito do caso clínico, o viés metodológico vem esclarecer a importância do que é designado por Lebovici (1987) como "interações fantasmáticas". Estas abrem perspectivas para a compreensão da especificidade da dimensão comportamental, imaginária e fantasmática, estabelecida nas interações mãe-bebê, sob o aspecto da relação transferencial em questão. Mediante a existência das três crianças propostas pelo autor (criança real, criança imaginária e criança fantasmática), para o psicanalista poder senti-las, vê-las ou escutá-las, por intermédio da mãe ou delas mesmas, constitui uma clínica baseada na interação. Essa é uma clínica extremamente considerável em contexto de UTI neonatal, no qual a interpretação tem seu valor reduzido.

As Consultas Terapêuticas, assumidas como um tipo de intervenção possível em contexto de UTI neonatal, frisam o valor das experiências vivenciadas pela mãe, bebê e psicanalista, em detrimento do aspecto interpretativo. Para Winnicott (1971/1984), as entrevistas que constituem as Consultas Terapêuticas delineiam o sentimento de ser compreendido pela comunicação estabelecida pela confiança entre o psicanalista e o paciente, a fim de manter a esperança de ser compreendido e, até mesmo, de ser ajudado.

Deste modo, reportar um caso clínico, em que a *ajuda* diferenciada do clínico faz *soltar a língua e o coração* da paciente, ilustra explicitamente a possibilidade das Consultas Terapêuticas em contexto de UTI neonatal. A imprevisibilidade de acontecimentos nesse contexto configura uma situação clínica caracterizada pela peculiaridade e especificidade dos encontros. Em cada um dos casos viceja o estabelecimento da confiança preconizadora da esperança que, representada pelo psicanalista, vem sustentar o desejo do agente materno, de modo a modificar as fantasias projetadas no bebê em meio às adversidades decorrentes do contexto em questão.

Logo, afirmar que a Consulta Terapêutica é uma modalidade possível de intervenção psicanalítica em UTI neonatal, amplia a aplicabilidade das Consultas Terapêuticas que, ora apresentam-se associadas à psiquiatria infantil, em Winnicott (1971/1984), ora compõem indicações para quadros de distúrbios funcionais nos bebês e nas crianças (distúrbios do sono e do apetite), em Lebovici (1999).

REFERÊNCIAS

Celes, L. A. (2000). Da psicanálise à metapsicologia: uma reflexão metodológica. *Pulsional Revista de Psicanálise, 13*(133), 7-17.

Freud, S. (1996). Dois verbetes de Enciclopédia. In *Edição Standard brasileira das obras psicológicas completas de Sigmund Freud.* (J. Salomão, trad., vol. 18, pp. 250-274). Rio de Janeiro: Imago. (Trabalho publicado originalmente em 1923).

Lebovici, S. (1987). *O bebê, a mãe e o psicanalista.* Porto Alegre: Artes Médicas.

Lebovici, S. & Castarède, M. F. (1992). *A infância reencontrada: uma vida em psicanálise.* Portugal: Instituto Piaget.

Lebovici, S. (1999). As consultas psicoterápicas. In A. Guedeney & S. Lebovici, *Intervenções psicoterápicas pais/bebês.* (pp. 63 -70). Porto Alegre: Artes Médicas Sul.

Lebovici, S.; Solis-Ponton, L. & Menendez, J. M. B. (2004). A árvore da vida ou a empatia metaforizante, o *enactment.* In L. Solis-Ponton (Org.). *Ser pai e ser mãe: um desafio para o terceiro milênio* (pp. 41- 45). São Paulo: Casa do Psicólogo.

Lopes, J. & Vorcaro, A. (2006). A intervenção psicanalítica no hospital: um engodo? In R. G. Melgaço (Org.). *A ética na atenção ao bebê. Psicanálise – Saúde - Educação* (pp. 191-201). São Paulo: Casa do Psicólogo.

Martins, A. & Vorcaro, A. (2007). A intervenção do psicanalista na clínica com bebês cirúrgicos acometidos por malformação congênita. *Anais do X Congresso da Abebê.* Rio de Janeiro.

Ministério da Saúde. (2011). *Atenção Humanizada ao Recém-Nascido de Baixo Peso – Método Canguru – Manual Técnico.* 2ª ed. Brasília, DF.

Safra, G. (2000). Psicoterapia breve: uma reflexão. *Psyquê: revista de psicanálise, 4*(05), 133-139.

Safra, G. (2004). Investigação em psicanálise. *Série: Mini-curso de Gilberto Safra* (DVD). São Paulo: Realização Edições Sobornost.

Winnicott, D. W. (1975). *O brincar e a realidade*. Rio de Janeiro: Imago. (Trabalho original publicado em 1971).

Winnicott, D. W. (1983). Provisão ambiental para a criança na saúde e na crise. In *O ambiente e os processos de maturação* (pp.62-69). Porto Alegre: Artes Médicas. (Trabalho original publicado em 1962).

Winnicott, D. W. (1984). *Consultas terapêuticas em psiquiatria infantil*. Rio de Janeiro: Imago. (Trabalho original publicado em 1971).

Winnicott, D. W. (1994). O valor da consulta terapêutica. In *Explorações psicanalíticas: D. W. Winnicott* (pp.244-248). Porto Alegre: Artes Médicas Sul. (Trabalho original publicado em 1965).

Winnicott, D. W. (1994). A amamentação como forma de comunicação. In *Os bebês e suas mães* (pp. 19-27). São Paulo: Martins Fontes. (Trabalho original publicado em 1968).

Winnicott, D. W. (2000). A observação de bebês em uma situação estabelecida. In *Obras Escolhidas: da pediatria à psicanálise* (pp. 112-132). Rio de Janeiro: Imago. (Trabalho original publicado em 1941).

Winnicott, D. W. (2000). Objetos transicionais e fenômenos transicionais. In *Obras Escolhidas: da pediatria à psicanálise* (pp. 316-331). Rio de Janeiro: Imago. (Trabalho original publicado em 1951).

Capítulo 6

A PSICANÁLISE É UMA PRÁTICA DE LEITURA: A CLÍNICA COM O BEBÊ É SUA FORMA MAIS RADICAL

Cláudia Mascarenhas Fernandes

Os espelhos têm algo de monstruoso.
Assim como ocorre com as cópulas,
multiplicam os homens
(J. L. Borges, 1970).

Articular o atendimento aos bebês e seus cuidadores à clínica psicanalítica merece que encontremos, dentro do próprio campo da psicanálise, formalizações relacionadas ao trabalho de um discurso que não se reduz à fala, uma noção de inconsciente que não se encerre em "mundo interno" e a ideia de um corpo que não se limite ao organismo. Em que bases, portanto, essa clínica se sustenta?

É preciso antes disso, porém, reivindicar a essa prática clínica com os bebês ou com aqueles que ainda não falam sua linhagem ao campo da psicanálise com crianças (Geisseman e Geisseman, 1992). Fica, portanto, entendido aqui que as bases epistemológicas e as problematizações delas decorrentes nasceram dos debates e das teorizações da clínica psicanalítica com crianças, prática desde sempre inovadora da psicanálise (Fernandes, 2012). São, por exemplo, os mesmos questionamentos dirigidos às bases da clínica psicanalítica (Porge, 2005) – "mas se trata de psicanálise?"; "existe transferência?"; "a demanda é possível?"; "é possível um trabalho com a associação livre?" – que se perpetuam na clínica com os bebês e seus cuidadores, mantendo sua permanência no campo da complexidade.

Há especificidades relativas à clínica com bebês pelo falo de ela colocar no cerne de suas questões um lugar central de "não fala". A noção de angústia como condição para a divisão do sujeito foi fundamental para olhar diferentemente essa clínica, não como uma clínica unicamente definida a partir da psicopatologia do bebê (Crespin, 2004), mas também como uma clínica do mal-estar do sujeito de fala diante dos impasses que podem advir de efeitos do real inchado por esse espaço de "não fala", numa estrutura de dependência ao desejo do Outro. Impasses esses que, como já falado, se complexificam ainda mais na clínica propriamente dita, quando há um espaço de "não fala", dado que os cuidadores primordiais envolvidos e o analista são também afetados por esse espaço (Fernandes, 2012). A ideia combina, portanto, com o degrau conseguido por Lacan (1968-69/2004), quando coloca a psicanálise como um discurso sem palavras. Um discurso sem palavras é precipitado pela noção de que um discurso se faz pelo jogo de lugares e funções, em que menos importa o conteúdo e mais importam os endereçamentos.

A necessidade de uma direção de tratamento para uma clínica que reivindica um espaço de "não fala" rende a necessidade de um eixo metodológico para que o que se mostra, o que pode estar escrito, possa ser submetido a uma leitura muito específica. Se é preciso leitura, de que texto se trata? (Allouch, 1984) Trata-se de um escrito? Se sim, de que ordem seria esse escrito? Pode a imagem do que se mostra na clínica escrever um texto? E, caso o escreva, como é possível lê-la?

Duas pistas se colocam no caminho: "O que ler?" e "Como ler?"

"O que ler", do lado do bebê, tem sido associado a índices que mostram uma fenomenologia das várias ordens de dificuldades do bebê. Porém, a despeito de sua importância, muitas vezes é necessário ir mais além do que se vê para conseguir "o que ler", pois há, por vezes, operações e mecanismos que aparecem também no que se esconde e no que aí se articula. É preciso enfrentar a ideia de que mesmo o visível só pode ser tomado como o que consegue visibilidade num mar de invisibilidades. Assim, é tratando mais além "do que se vê" que se permite discutir o invisível: o que vemos só vale pelo que nos olha. "Inelutável é, portanto, a cisão que separa em nós o que vemos daquilo que nos olha", como afirma Didi-Huberman (1992, p. 9).

As funções e seus funcionamentos no corpo do bebê compreendem, claro, o que se mostra: perturbações da alimentação e do sono, as respostas psicossomáticas, o diálogo tônico, hipo e hiperfuncionamentos das interações, inconsolabilidades e apatias, dentre outros (Golse e Benony, 2002; Cramer e Palacio-Espasa, 1993; Gutton, 1992; Lebovici, 1994, Lebovici, 1995). Porém, as operações que encampam as dificuldades que um bebê pode estar passando também precisam marcar o campo dessa clínica.

- O *transitivismo* (Bergès e Balbo, 2004): mecanismo que se passa entre a mãe e seu bebê, de forma a favorecer as codificações e decodificações necessárias entre ambos, assim como situa as hipóteses maternas sobre os afetos do bebê como um elemento terceiro em relação à díade. Refere-se necessariamente a uma experiência que passa pela imagem do corpo.
- A *antecipação*: quando o sujeito, sustentado num corpo fragmentado, pode se identificar à sua imagem especular e, estando essa imagem numa posição de totalidade ante à sua imaturidade e dependência, usa da *antecipação*, anterior até mesmo à própria identificação, para que venha assumir a imagem do outro como sendo a sua (Lacan, 1945/1992, 1946/1992, 1948/1992, 1960/1992).
- A *narratividade*: refere-se a um duplo movimento dos bebês, em que, à sua maneira, eles nos contam suas histórias e as contam igualmente a eles mesmos (Golse, 2003).
- E a noção de *mostração*: imagem muda que aparece pontualmente em momentos da sessão em que se cruzam elementos fundamentais do caso (Fernandes, 2012).

Esses sinais também se encontram certamente no quadro da angústia proposto por Lacan (1962-63), onde a inibição, a turbação, o embaraço, a emoção, o *acting out* e a passagem ao ato podem ser lidos também no "que se vê". Boa parte das crianças pequenas que chegam até um psicanalista está circulando entre inibição, embaraço, emoção, sintoma ou impedimento. Podemos circunscrever essas manifestações da seguinte forma: a inibição está no eixo do movimento, mas no sentido amplo, não locomotor. Por exemplo, algumas recusas alimentares podem ser vistas no sentido de uma inibição, mas se essa recusa passa a ter um lugar, se já virou "o assunto", estamos na vertente do sintoma. Já o impedimento é o que vem intervir no acesso ao que nos interessa, quando existem crianças que, ao chegarem numa festinha de aniversário, demoram bastante tempo para entrar nas brincadeiras, ficam olhando, paradas, mas, depois desse tempo de impedimento, entram nas brincadeiras e permanecem sem qualquer dificuldade; diferente de uma inibição. Quanto ao embaraço, que é uma forma leve de angústia, é quando não se sabe o que fazer de si mesmo, com a experiência do inconsciente, com a barra da divisão do sujeito. A turbação é uma perturbação, uma queda de potência, um apelo à desordem. Enfatizo a ideia de que os sinais de dificuldades trazidos pela psicopatologia do bebê podem ser os pontos visíveis num mar de invisibilidades, as operações ou a paleta do quadro de angústia (Freud, 1925/1969; Lacan, 1962-63).

Tem-se, então, que considerar que "o que se vê" é olhado, por exemplo: o que se vê como sinais de dificuldades é olhado pelo lugar que o psicanalista ocupa no quadro, assim como o psicanalista é olhado pelo que ele vê. A questão do "como se lê" está diretamente ligada a ser olhado.

O "como se lê" está relacionado à imagem e à letra como molas mestras da clínica com o bebê. A imagem esconde o objeto *a* e a letra, dissimula-os. Sendo assim, afinal, a visibilidade do bebê dá a ver o quê?

A visibilidade emprestada à criança pela psicanálise (Vorcaro, 1997) mostra, a partir de Freud, que essa criança da psicanálise, se é "desveladora", é porque no ponto em que se mostra provoca uma tapeação: o que o adulto lê como sendo seu ideal e o que a visibilidade da criança esconde do infantil do adulto é, freudianamente falando, seu inconsciente. Portanto, existe um Outro parental que, sustentando essa criança que ainda não possui o domínio da marcha, como diz Lacan (1938/1984), precipita-se ante sua demanda de reconhecimento, num desvelamento do seu objeto de gozo e desejo.

O bebê, ou a criança que ainda não fala, consegue promover nesse jogo de espelhos entre criança e adulto aspectos nada especularizáveis. O "não falar ainda" torna esses bebês intrinsecamente provocadores dos seus cuidadores adultos, dado que os remete ao tempo narcísico em que também não falavam. Inicialmente, é possível que esse real suscitado pelo corpo deste que ainda não fala seja o seu aspecto mais ativo para com suas relações, quando o real do seu corpo afeta quem dele cuida. É por isso que o real do corpo do bebê provoca efeitos no real dos agentes parentais: a revelação neles de um tempo de "não fala" (Fernandes, 2012).

Isso porque estas operações imaginárias que se desenvolvem em torno das funções do objeto *a* guardam uma difícil acomodação, como diz Souza (2005), quando se refere à imagem especular que vem ilustrar a função de mascarar os buracos orgânicos e abstratos do corpo e, desse modo, estabelecer uma equivalência paradoxal entre a representação visual que se tem dele e seu representante verbal.

Há o suporte imagético que se mostra (pede um olhar, um deciframento) e o que a inscrição desse suporte esconde (apaga e cifra). É preciso, no entanto, ante aqueles que ainda não falam, que o cifrado que está sendo escrito no corpo do bebê possa passar pela imagem, mostrando-se na sessão (materialidade do corpo do bebê), para que, então, ao se encontrar no lugar de objeto, divida o Outro parental com seus sinais de sofrimento, seja sede de enigmas e passe, assim, para outra coisa (Brauer, 2003). Trata-se de passar da escrita com imagens (já que a imagem escreve signos) para uma escrita com letras (Mandil, 2003; Ritvo, 2000), para que sua causa possa ser lida.

A imagem e a letra que se mostram na clínica podem ser lidas de diversos modos e em distintas posições. Propõe-se que, na clínica, essa leitura se faça segundo três posições: analista, agentes parentais e bebê. Do mesmo modo, existem as três possibilidades de leituras da imagem que Allouch (1984) aponta: a transcrição, a tradução e a transliteração. Além dessas três possibilidades, acrescenta-se mais uma, vinda da posição do bebê: a transcrição transitiva. Nesse caso, é a consideração desses três lugares e de suas respectivas leituras que, ancoradas pelo espaço topológico, podem sustentar a clínica com aqueles que ainda não falam, porque incluem o que parece ser eficiente para essa clínica: a dimensão analítica da imagem quando conjugada à letra.

Sugere-se aqui que essa primeira leitura da própria "mostração", da imagem muda, é a leitura mais ligada aos efeitos do real que se pode ter. E propõe-se também que uma forma de transcrição é encenar a cena ante o olhar do outro. Sob o olhar do analista, seria possível transformar imagens em cifras legíveis, quando se sabe que passar para outra coisa é passar pela coisa do outro?

A "mostração" na sessão é uma segunda transcrição realizada. A leitura em palavras, da forma mais literal possível da cena da cena (Lacan, 1962-63), translitera em palavras faladas o que foi mostrado. A leitura literal da imagem muda na sessão transcreve, passa da imagem, do som mudo, às palavras descritivas, portanto, uma inicial possibilidade para o que pode e precisa ser dito.

A transcrição transitiva, leitura do lugar do bebê, é concebida aqui como uma operação para responder ao que a clínica com esses que ainda não falam tem mostrado. Quando o bebê dá um sinal sintomático qualquer, é preciso entender, a partir de um apelo à "mostração", que existe algo a ser lido e que, quando o bebê mostra, apenas executa em seu corpo um tipo de leitura. Deve ser por isso que, por vezes, escutamos a ideia de que o próprio bebê aí é quem "interpreta" (Blondel, 2000; Cramer, 1994). Entretanto, pode-se dizer que o bebê transcreve transitivamente. Se o bebê cifra e decifra o que se passa no real do corpo, facilitado pelo desenho de um só corpo entre agente parental e criança, não é tão difícil de entender que o bebê pode deixar de mamar quando a mãe se "pre-ocupa" – trata-se de uma transcrição pela assonância, ou mesmo pela frase. Ao parar de mamar, o bebê está fazendo uma leitura, uma transcrição (leitura que usa imagem ou som) transitiva (que se passa de corpo a corpo).

Defende-se aqui que a psicanálise pode tratar da clínica daqueles que ainda não falam, a partir da ideia da imagem apoiada na letra, que pode trazer inicialmente a possibilidade de presentificar esse olhar. Longe de confundir olhar e visão, é em face de um invisível que o analista deve se deixar fazer ante um visível em relação ao qual a criança comparece tão bem, mas que não deixa de engendrar o que há de invisível, como enfatiza Didi-Huberman (1992): "o olhar é esse objeto invisível e irrecuperável que se desloca no campo do visível" (p. 13). Nesse tipo de clínica, vejamos, de modo mais prático, como a leitura se faz a partir de pelo menos três posições.

- Da posição do bebê: o que chamamos de uma transcrição transitiva, quando o bebê lê, apoiado no som e na imagem, através do seu corpo.
- Da posição do agente parental: em que se dá a tradução como leitura, mas é interessante que o trabalho possibilite outras traduções.

- Da posição do analista: na qual é possível a transcrição considerando a "imagem muda", e a transliteração considerando a letra. É possível até que haja a necessidade de um empréstimo imaginário na tradução a partir da posição do analista, na condição, porém, de fazer valer a prudência.

Trata-se de posições (analista, bebê e agente parental) e leituras em diversas voltas – como numa espiral –, que precisam ser consideradas para sair do espaço planificado e bifurcado que normalmente leva ao raciocínio do tipo "causa/consequência". Não se trata de tomar a transcrição, a tradução, a transliteração e a transcrição transitiva como únicas vias possíveis para ler o caso; mas importa firmar a necessidade de construir algumas voltas de leituras para dar conta dos movimentos do caso e de criar possibilidades de re-inscrições imaginárias, reais e simbólicas que se enodem diferentemente e num tempo lógico que prescinda da lógica causal.

É o real do corpo do bebê, em sua posição de "não fala", que provoca no lugar dos agentes parentais os efeitos de real num tempo de "não fala", que se pronuncia também na posição de agente parental. Portanto, não vem dos agentes parentais uma determinação inequívoca sobre um sinal de sofrimento no bebê, mas o real que a posição de filho provoca ("não fala") faz eclodir efeitos de real na posição dos agentes parentais. Assim, não há uma leitura causal do tipo: o filho é efeito dos pais, mas, sim, há efeitos de real, tanto na posição de agente parental, quanto na posição de bebê, que se encontram num tempo de "não fala". É por isso que ficamos tão impressionados com os sinais de sofrimento apresentados no corpo do bebê, como se eles "adivinhassem" a melhor forma de corresponder à posição dos agentes parentais nesse tempo de não fala, inundando-a, muitas vezes, com a ideia de certa naturalidade entre o que o bebê mostra e o que a posição de agente parental tenta esconder. Isso pode ser observado, por exemplo, quando se interpretam certas traduções maternas como uma manifestação do que se convencionou chamar de "instinto materno". Um sinal do bebê faz remeter, no fantasma parental, à letra presa no corpo do agente parental num tempo fora das palavras. O bebê, dada a transcrição transitiva, lê essa letra e apresenta o que se chama de "sinal de sofrimento", que apela a uma tradução do agente parental.

Ao analista não cabe interpretar o que se passa diante da "mostração" frente aos seus olhos. Num primeiro momento, ele deixa exalar a atualidade do olhar a partir do semblante da visão do que se mostra, para ver o que foi escolhido para ser mostrado e o que lhe olha. Essa não é decididamente uma escolha qualquer, mas visa a que, num segundo momento, seja possível transcrever e transliterar a imagem em letras, que podem vir a ser seus pontos de leitura *sobre* e *para* esse que ainda não fala, diante de sua transcrição transitiva. Há, portanto, o espelho e o quadro, ambos trabalhando com a imagem e a letra – visível e invisível –, tão alicerçantes para essa clínica. O analista, no momento da "mostração", é colocado nesse ponto fora do espelho para o qual o agente parental se vira, quando ele se deixa fisgar nesse tempo de não palavra que seu bebê, que não fala, provoca. Daí são as letras que, inscritas nesse ponto fora do espelho, mas dentro do quadro, serão lidas.

O que este percurso nos faz defender é a tese de que não é a falta da palavra falada que define a especificidade dessa clínica, tampouco o "desenvolvimento psíquico" de seus pacientes, mas a necessidade que ela apresenta, através da presença desse encontro de não fala: a necessidade de "mostração". Essa é a clínica do que é mostrado porque não pode ser dito. Já que se mostra o que não pode ser dito, é preciso que isso que não cessa de se mostrar possa ter seu lugar nas sessões, na clínica do dia a dia. Se a clínica para aqueles que não falam é a própria clínica psicanalítica, se existe uma especificidade na clínica com o bebê, não é, portanto, o fato de que ele ainda não fala, mas a forma radical como ele mostra isso: através da imagem e da letra, tornando esse traço uma grande possibilidade de momentos de viradas do trabalho.

O lugar do analista no momento da "mostração" é esse eixo para o qual se vira o agente parental sob o fundo da "não fala", ante o real que o corpo do bebê mudo provoca, ponto fora do espelho, fora da fala, mas dentro do quadro, diante do olhar do analista. Esse simples dispositivo promove ao mesmo tempo a diferença entre o que se olha e o que é olhado, entre o que se mostra e o que é visto. Essa diferença entre o que aparece como traço na virada (Le Gaufey, 1997[1]) do agente parental ao

[1] Guy Le Gaufey (1997) comenta que há a inscrição de um traço no encontro do olhar da criança que se vira ao agente parental na busca do assentimento. Cf. *Le lasso spéculaire, une étude traversière de l'unité imaginaire*. Paris: E.P.E.L.

analista e a imagem com tradução única trazida pelo agente parental é fundamental para a passagem a outras leituras.

A imagem e a letra na clínica com o bebê atendem não a uma separação entre os indivíduos, um e outro num espaço euclidiano, mas, sim, a uma atenção a essas duas dimensões necessárias à clínica – imagem (jogo especular/o que se mostra e se esconde na "mostração"); e letra (traço para o qual o sujeito se vira/que se transmite na "não fala") –, venham elas de onde vierem: do bebê, do cuidador primordial, do analista; seja como objeto, como sujeito ou como Outro.

A clínica com o bebê e seu cuidador trata do encontro do *Infans* com o Outro real da linguagem. O sujeito pode nascer antes do bebê, dado que a linguagem a ele pré-existe, mas é preciso uma dura batalha para que um bebê dela se aproprie. Falar não é nada natural, muito menos fácil.

REFERÊNCIAS

Allouch, J. (1984). *Lettre pour lettre: transcrire, traduire et translittérer.* Paris: Éres.

Bergès, J. & Balbo, G. (2004). *Jogos de posições entre a mãe e a criança: ensaios sobre o transitivismo.* (N. Leite; V. Veras e A. Vorcaro, trad.). Porto Alegre: CMC.

Blondel, M. (2000). Peut-on parler de transfert chez le bébé? *Psychanalyse et enfance*, n. 28, Éd. du Monde interne.

Borges, J. L. (1970). Os caminhos que se bifurcam. In *Ficções.* (Carlos Nejar, trad.). São Paulo: Globo.

Brauer, J. F. (2003). *Ensaios sobre os distúrbios graves da infância.* Col. Primeira Infância. São Paulo: Casa do Psicólogo.

Cramer, B. & Palacio-Espasa, F. (1993). *Técnicas psicoterápicas mãe/bebê.* Porto Alegre: Artes Médicas.

Cramer, B. (1994). Les bébés, font-ils un transfert? Réponse à Serge Lebovici. *Psychiatrie de l'enfant,* XXXVII, 2.

Crespin, G. (2004). *A clínica precoce: o nascimento do humano.* Col. Primeira Infância. São Paulo: Casa do Psicólogo.

Didi-Huberman, A. (1992). *Ce que nous voyons, ce qui nous regarde.* Paris: Ed. de minuit.

Fernandes, M. C. (2012). *Psicanálise para aqueles que não falam? A imagem e a letra na clinica com o bebê.* Salvador: Instituto Viva Infancia.

Freud, S. (1969). Inibição, sintoma e angústia. In *Edição Standard brasileira das obras psicológicas completas de Sigmund Freud* (J. Salomão, trad., vol. XXIV) Rio de Janeiro: Imago. (Trabalho original de 1925).

Geisseman, G. & Geissman, P. (1992). *L'histoire de la psychanalyse de l'enfant: mouvements, idées, perspectives.* Paris: PUF.

Golse, B. (2003). *Sobre a psicoterapia pais bebês: narratividade, filiação e transmissão.* (Inês Catão et al. trad.) Col. Primeira Infância, São Paulo: Casa do Psicólogo.

Golse, B. & Bénony, C. (2002). *Psychopathologie du bébé.* Paris: Ères.

Gutton, P. (1992). *Le bébé du psychanalyste.* Paris: Paidós.

Lacan, J. (1962-1963). *L'Angoisse.* Seminário. Documento interno à Associação Freudiana e destinada a seus membros.

Lacan, J. (1981). *O Seminário, livro 1: os escritos técnicos de Freud (1953-1954).* Rio de Janeiro: Jorge Zahar.

Lacan, J. (1992). Les temps logique et l'assertion de certitude anticipée, un nouveau sophisme. In *Ecrits.* Paris: Seuil. (Trabalho original de 1945).

Lacan, J. (1992) Propos sur la causalité psychique. In *Ecrits.* Paris: Seuil. (Trabalho original de 1946) .

Lacan, J. (1992). L'stade du miroir comme formateur de la fonction du Je, telle qu'elle nous est révélée dans l´expérience psychanalytique. In *Ecrits.* Paris : Seuil. (Trabalho original de 1949).

Lacan, J. (1992). Remarque sur le rapport de Daniel Lagache: "psychanalyse et structure de la personnalité". In *Ecrits.* Paris: Seuil. (Trabalho original de 1960).

Lacan, J. (2004). *De um Outro ao outro (1968-69).* Publicação não comercial exclusiva para os membros do centro de estudos freudianos do Recife. Tradução Francisco Serttineri e Coll. Recife.

Lebovici, S. (1994). *Éléments de la psychopathologie du bébé.* Col. B. Golse e S. Lebovici. Paris: Starfilm international/Association L'aube de la vie.

Lebovici, S. (1995) A propos des psychothérapies analytiques chez le jeune enfant. In G. Fava Vizzello & D. Stern (Orgs.) *Modèles psychothérapiques au premier âge, de la théorie a l'intervention.* Paris: Masson.

Le Gaufey, G. (1997). *Le lasso spéculaire, une étude transversière de l'unité imaginaire.* Paris: E.P.E.L.

Mandil, R. (2003). *Os efeitos da letra, Lacan leitor de Joyce.* Rio de Janeiro: Contra Capa.

Porge, E. (2005). *Transmettre la clinique, Freud, Lacan Aujourd'hui.* Paris: Eres.

Ritvo, J. (2000). O conceito de letra na obra de Lacan. *A prática da letra*, Ano XVII, n. 26. Rio de Janeiro: Publicação Escola Letra Freudiana.

Souza, A. (2005). *De um corpo ao outro.* Trabalho apresentado na XV Jornada do Espaço Moebius.

Vorcaro, A. M. R. (1997). *A clínica da psicanálise com crianças.* Rio de Janeiro: Companhia de Freud.

Parte II

BEBÊS EM RISCO: IMPASSES PARA CONSTITUIÇÃO SUBJETIVA

Capítulo 7

AVALIAÇÃO DA DOR DO RECÉM-NASCIDO E REPERCUSSÕES EM LONGO PRAZO DO SUBTRATAMENTO

Juliana de Oliveira Marcatto
Bruna Figueiredo Manzo

A percepção da dor é essencial para a sobrevivência do ser humano, mas, quando persiste, pode se tornar um problema clínico importante. No passado, acreditava-se que recém-nascidos não eram capazes de sentir dor em decorrência da imaturidade do sistema nervoso central (SNC). Entretanto, evidências científicas disponíveis desde a década de 60 já demonstram que receptores sensitivos cutâneos estão presentes na região perioral do feto por volta de sete semanas de idade gestacional, se espalham pela palma das mãos e planta dos pés por volta de onze semanas, pelo tronco, braços e pernas com quinze semanas e, na vigésima semana de idade gestacional, toda superfície cutânea apresenta receptores sensitivos (Humphrey, 1964).

Os mecanismos fisiológicos envolvidos nos fenômenos dolorosos são denominados nocicepção. Feixes de integração nociceptiva são identificados após estimulação álgica em estudos de espectroscopia infravermelha e eletroencefalografia por volta de vinte e cinco semanas (Slater, Cantarella, Gallella et al., 2006). Sendo assim, recém-nascidos prematuros são capazes de transmitir o estímulo doloroso para o córtex cerebral, além de apresentarem via inibitória descendente pouco desenvolvida até a trigésima segunda semana de idade gestacional, o que os torna mais suscetíveis às experiências álgicas.

Estudos epidemiológicos realizados em unidades neonatais demonstram que os recém-nascidos são submetidos a uma média de onze procedimentos dolorosos a cada dia nas duas primeiras semanas de vida (Carbajal, Rousset, Danan et al., 2008; Walker, Franck, Fitzgerald et al., 2009). As intervenções terapêuticas adotadas em estágios precoces do desenvolvimento cerebral, apesar de necessárias ao suporte da vida, podem resultar em alterações significativas na arquitetura cerebral final, com efeitos imediatos e tardios para as vidas do recém-nascido e de sua família. Sendo assim, o controle da dor no período neonatal é um importante problema de saúde e representa um desafio a ser superado pelas equipes de saúde.

O tratamento adequado das experiências álgicas requer processos de avaliação bem estabelecidos, uma vez que é impossível tratar uma entidade clínica desconhecida. Apesar de a avaliação ser um pré-requisito para a adoção de intervenções, quando se trata de condutas relacionadas à dor no período neonatal, observa-se que tratamentos são propostos sem prévia avaliação. Variações individuais em relação à natureza da dor e seu caráter subjetivo dificultam a abordagem, especialmente em recém-nascidos, em função da impossibilidade de verbalização da experiência (Anand, Sippell, Aynsley-Green, 1987). Dessa maneira, considerando a interdependência entre avaliação e tratamento, o resultado da desarticulação entre mecanismos de avaliação e propostas terapêuticas é a maior exposição dos recém-nascidos à dor.

FISIOPATOLOGIA DA DOR

Há algumas décadas atrás, havia dúvidas em relação à possibilidade de transmissão da dor dos receptores sensitivos cutâneos para as regiões sensitivas do córtex de recém-nascidos, especialmente prematuros (Anand, Sippell, Aynsley-Green, 1987). A deficiência de mielinização das fibras nervosas e a imaturidade do sistema nervoso central eram condições que fortaleciam a hipótese de que recém-nascidos prematuros, e até mesmo a termo, não eram capazes de perceber o estímulo doloroso.

Atualmente sabe-se que os nociceptores são capazes de identificar estímulos térmicos, químicos e mecânicos, que são conduzidos ao córtex somatossensório em recém-nascidos prematuros e a termo. Dados obtidos através de espectroscopia infravermelha (NIRS) e eletroencefalografia demostram alterações na atividade cortical após procedimentos, tais como punção de calcanhar (Batton, Barrington, Wallman, 2006; Ferguson, Ward, Paule, Hall, Anand, 2012; Graaf, van Lingen, Simons et al., 2011; Grunau, Tu, 2007).

A dor é processada em quatro etapas distintas, descritas como: transdução, transmissão, modulação e percepção. A transdução é a transformação de um estímulo inicial (térmico, mecânico ou químico) em um estímulo elétrico capaz de ser transmitido pela fibra nervosa. A transmissão é a propagação do impulso doloroso pelas vias ascendentes até o corno posterior da medula espinhal e, posteriormente, até o córtex cerebral. A modulação é a capacidade de atenuar ou exacerbar o estímulo inicial através da liberação de neurotransmissores que atuam nas sinapses neuronais, presentes especialmente no corno da medula. A percepção é o resultado da interpretação cortical, ou seja, do processamento neural composto por reconhecimento, definição e resposta ao estímulo nervoso (Baccei, 2010; Koch, Tochiki, Hirschberg et al., 2012; Fitzgerald, 2005).

AVALIAÇÃO DA DOR NO PERÍODO NEONATAL

A avaliação da dor em recém-nascidos é realizada a partir da identificação de alterações fisiológicas e comportamentais, e necessariamente depende de um avaliador previamente treinado e disponível para a identificação dos sinais.

As alterações fisiológicas presentes em vigência de dor são alterações de frequência cardíaca, frequência respiratória, pressão arterial, saturação de oxigênio, secreção de alguns hormônios, como cortisol, e sudorese. Trata-se de sinais inespecíficos que podem estar alterados em decorrência de outras condições clínicas diferentes da dor. Por este motivo, não é recomendado que sejam utilizados de maneira isolada como estratégia diagnóstica (Craig, Whitfield, Grunau et al., 1993).

Os parâmetros comportamentais incluem alterações de padrão motor, mímica facial e vocalização. Os recém-nascidos apresentam menor limiar de dor e contrações musculares mais sincronizadas e duradouras. As alterações de mímica facial são menos acentuadas, especialmente em prematuros (Craig, Whitfield, Grunau et al., 1993; Morison, Holsti, Grunau, 2003).

É importante ressaltar que a ausência desses sinais não exclui a possibilidade do recém-nascido estar sentindo dor, uma vez que a capacidade de vocalização (choro) e os reflexos motores associados dependem de maturação neurológica.

Para que a experiência dolorosa seja identificada de maneira mais precisa, mesmo com as considerações acerca das especificidades da dor no período neonatal, aproximadamente cinquenta instrumentos foram desenvolvidos ao longo das três últimas décadas (Morison, Holsti, Grunau, 2003; Walden, Gibbins, 2008). Em 2006, a Academia Americana e a Sociedade Canadense de Pediatria estabeleceram que todo estabelecimento de saúde deve adotar um programa de controle da dor, com enfoque na avaliação da dor, redução do número de procedimentos dolorosos e prevenção da dor aguda. A "*Joint Commission*" estabeleceu a necessidade de avaliação sistematizada da dor para todos os pacientes internados em unidades de saúde. No Brasil, em decorrência dos processos de certificação hospitalar e segurança do paciente, as unidades de saúde tem se mobilizado no sentido de estabelecer fluxos internos capazes de garantir o tratamento adequado da dor. Entretanto, existe um distanciamento grande entre as recomendações da literatura e o controle efetivo da dor. É fundamental que a fisiopatologia, as estratégias de avaliação e de tratamento da dor sejam bem compreendidas para que os entraves da prática sejam transpostos através da incorporação de ações à prática cotidiana nas unidades de saúde.

A adoção de métodos de avaliação possibilita o manejo adequado da dor, evitando o subtratamento ou a utilização excessiva de analgesia. É importante que exista um ajuste fino entre a intensidade da dor e a proposta terapêutica para que os benefícios do tratamento sejam sempre superiores às suas possíveis complicações. Além disso, a avaliação reduz a variabilidade entre os observadores e minimiza a subjetividade da experiência dolorosa, uma vez que as variáveis a serem observadas são estabelecidas previamente, associando-se em uma escala de intensidade (Anand, 2013; Anand, Willson, Berger et al., 2010).

Apesar da importância da adoção de estratégias de avaliação da experiência dolorosa, algumas limitações podem ser descritas, tais como o fato de que a maior parte dos instrumentos foi validada para situações de dor aguda e de ser uma avaliação necessariamente indireta (por depender de um sujeito avaliador). A utilização de espectroscopia infravermelha (NIRS) à beira leito e a dosagem de biomarcadores são recursos diagnósticos alternativos, que trazem como proposição a avaliação direta da experiência dolorosa. No caso da NIRS, a possibilidade de detectar alterações no fluxo sanguíneo cerebral após um estímulo álgico confirma a interpretação cortical do estímulo nociceptivo (Slater, Cantarella, Gallella et al., 2006; Bartocci, Bergqvist, Lagercrantz et al., 2006). A identificação de mediadores metabólicos, endócrinos e humorais na corrente sanguínea após estimulação álgica também possibilita a identificação da dor, sem que seja necessária a presença de um avaliador treinado. Entretanto, tais recursos ainda não são aplicados à beira leito e são utilizados apenas em investigações científicas com amostras limitadas.

Outra dificuldade na avaliação da dor no período neonatal é a definição de dor crônica e a ausência de instrumentos validados para a avaliação da dor nessas condições clínicas (Anand, 2007; Stevens, Pillai Riddell, 2006). Atualmente, o termo mais aplicado nesse grupo etário é dor prolongada ou persistente. Durante episódios de dor persistente, observa-se nos recém-nascidos um estado de passividade, com movimentos corporais limitados ou inexistentes, alterações mais discretas de mímica facial e alterações fisiológicas menos evidentes. Entretanto, a ausência de alterações não significa ausência de dor, o que dificulta o diagnóstico a partir de indicadores comportamentais e fisiológicos utilizados nos instrumentos de avaliação da dor e métodos destinados.

A seguir, serão apresentados cinco dos instrumentos mais utilizados para avaliação da dor nas unidades neonatais e recomendados em protocolos internacionais (Stevens, Johnston, Petryshen et al., 1996; Krechel, Bildner, 1995; Grunau, Craig, 1990; Lawrence, Alcock, McGrath et al., 1993; Debillon, Zupan, Ravault et al., 2001).

Sistema de codificação da atividade facial neonatal (NFCS)
(Pontuação máxima é 8, sendo dor igual ou superior a 3)

Movimento Facial	0	1
Fronte saliente	Ausente	Presente
Fenda palpebral estreitada	Ausente	Presente
Sulco nasolabial aprofundado	Ausente	Presente
Boca aberta	Ausente	Presente
Boca estirada (horizontal ou vertical)	Ausente	Presente
Protrusão da língua	Ausente	Presente
Tremor de queixo	Ausente	Presente
Língua tensa	Ausente	Presente

Escala de Dor do Recém-Nascido (NIPS)
(Pontuação máxima é 7, sendo dor igual ou superior a 3)

NIPS	0	1	2
Expressão facial	Relaxada	Contraída	-
Choro	Ausente	"resmungos"	Vigoroso
Respiração	Relaxada	Diferente do basal	
Braços	Relaxada	Fletidos/ estendidos	-
Pernas	Relaxada	Fletidas/ estendidas	-
Estado de consciência	Dormindo/ calmo	Desconfortável	-

Perfil de dor do recém-nascido prematuro – (PIPP)*

Indicadores	0	1	2	3
IG (semanas)	≥ 36	32 a 35	28 a 31	< 28
Estado de alerta (observar RN por 15 seg)	Ativo Acordado Olhos abertos Movimentos faciais presentes	Quieto Acordado Olhos abertos Sem mímica facial	Ativo Dormindo Olhos fechados Movimentos faciais presentes	Quieto Dormindo Olhos fechados Sem mímica facial
FC máxima Sat Mínima (anotar FC e Sat)	↑ 0-4 bpm ↓ 0-2,4%	↑ 5-14 bpm ↓ 2,5-4,9%	↑ 15-24 bpm ↓ 5-7,4%	>25 bpm >7,5%
Observar por 30 segundos				
Testa franzida	Ausente	Mínimo	Moderado	Máximo
Olhos espremidos	Ausente	Mínimo	Moderado	Máximo
Sulco nasolabial	Ausente	Mínimo	Moderado	Máximo

* Define-se como: ausente, 0% a 9% do tempo de observação, com a alteração comportamental pesquisada; mínimo, 10% a 39% do tempo; moderado, 40% a 69% do tempo; e máximo, com mais de 70% do tempo de observação. Nessa escala, a pontuação varia de 0 a 21 pontos. Escores menores ou iguais a 6 indicam ausência de dor ou dor mínima; escores superiores a 12 indicam presença de dor moderada a intensa. IG – Idade Gestacional. RN – recém-nascido.

Escala de dor e desconforto do recém-nascido (EDIN)
(Define-se dor quando a pontuação é > 7)

EDIN	Pontuação/Definição
Atividade facial	0 – relaxada 1 – testa ou lábios franzidos, alterações de boca transitórias 2 – caretas frequentes 3 – mímica de choro ou totalmente sem mímica
Movimento corporal	0 – relaxado 1 – agitação transitória, geralmente quieto 2 – agitação frequente, mas dá para acalmar 3 – agitação persistente, hipertonia de membros superiores ou parado
Qualidade do sono	0 – dorme fácil 1 – dorme com dificuldade 2 – sonecas curtas e agitadas 3 – não dorme
Contato com enfermagem	0 – atento à voz 1 – tensão durante a interação 2 – chora à mínima manipulação 3 – não há contato, geme à manipulação
Consolabilidade	0 – quieto e relaxado 1 – acalma rápido com voz, carinho ou sucção 2 – acalma com dificuldade 3 – não acalma, suga desesperadamente

CRIES (Cry, Requires oxygen,
Increased vital signs, Expression, Sleepless)*

Avaliar	0 ponto	1 ponto	2 pontos
Choro	Ausente	Alta tonalidade	Inconsolável
Fi O2 para Sat > 95%	0,21	0,21 a 0,30	> 0,30
FC ou PA (comparar com o pré-operatório)	Sem aumento	Aumento até 20%	Aumentos maiores que 20%
Expressão facial	Relaxada	Careta esporádica	Contraída
Sono	Normal	Intervalos curtos	Ausente

* Pontuação igual ou superior a 5, deve ser administrada medicação para alívio da dor. A escala deve ser aplicada a cada 2 horas nas primeiras 24 horas de pós-operatório.

TRATAMENTO DA DOR

Os programas voltados para controle da dor no período neonatal estabelecem como práticas fundamentais: a adoção de estratégias sistematizadas de avaliação da experiência dolorosa, a redução do número de procedimentos, o acompanhamento à beira leito durante a realização de procedimentos com o objetivo de prevenir e tratar a dor aguda, o monitoramento e tratamento da dor após intervenções cirúrgicas e a importância de serem evitadas intervenções repetidas e estresse prolongado durante o cuidado nas unidades neonatais (Simons, van Dijk, Anand, Roofthoof, van Lingen, Tibboel, 2003). Vários estudos têm demonstrado que recém-nascidos submetidos a procedimentos dolorosos não tratados ficam mais suscetíveis a complicações imediatas e tardias, tais como alterações comportamentais, fisiológicas e cognitivas, incluindo alterações no processamento da dor, déficit de atenção, comprometimentos visuais e motores (Grunau, Whitfield, Petrie-Thomas et al., 2009; Vinall, Miller, Chau et al., 2012; Brummelte, Grunau, Chau et al., 2012; Zwicker, Grunau, Adams et al., 2013). Em função da dificuldade de avaliação da experiência dolorosa por parte da equipe multidisciplinar e da grande variabilidade na farmacocinética e farmacodinâmica das drogas no período neonatal, o manejo da dor geralmente é inconsistente, resultando em subtratamento e maior exposição dos recém-nascidos à dor (Guedj, Danan, Daoud et al., 2014).

Após levantamentos acerca da epidemiologia dos procedimentos dolorosos realizados em recém-nascidos internados em seis diferentes unidades neonatais, a média de intervenções dolorosas variou de 7,5 a 17,3 procedimentos por dia (Ranger, Johnston, Anand, 2007; Carbajal, Rousset, Danan, Coquery, Nolent, Ducrocq, Saizou, Lapillonne, Granier, Durand, Lenclen, Coursol, Hubert, de Saint Blanquat, Boelle, Annequin, Cimerman, Anand, Breart, 2008; Cignacco, Mueller, Hamers, Gessler, 2004; Jeong, Park, Lee, Choi, Lee, 2014; Roofthooft, Simmons, Anand, Tibboel, van Dijk, 2014; Simons, van Dijk, Anand et al., 2003). Os procedimentos dolorosos mais realizados nas unidades neonatais foram punção de calcanhar, punções venosas e arteriais e aspiração de vias aéreas, sendo a maior parte deles realizados nas duas primeiras semanas de internação. Sabe-se que, para as intervenções que resultam em dor de intensidade moderada a intensa, geralmente as equipes concordam acerca da necessidade de adoção de estratégias terapêuticas. Entretanto, para procedimentos que resultam em dor de intensidade leve, frequentemente nada é proposto, o que pode resultar em prejuízos imediatos e tardios como descrito anteriormente. Dessa maneira, o método mais eficaz para eliminar a dor neonatal é diminuir o número de procedimentos dolorosos e minimizar as manipulações. É necessário que sejam desenvolvidos mecanismos capazes de limitar a manipulação e a realização de procedimentos invasivos, sem que o cuidado seja comprometido. Além disso, manipulações conjuntas, em momentos únicos, otimização das coletas de sangue, utilização de cateteres venosos centrais, inseridos sob condições adequadas de analgesia e monitorização efetiva para evitar a necessidade de coleta de amostras de sangue, são ações importantes para diminuir as exposições dos recém-nascidos à dor nas unidades neonatais (Holsti,

Grunau, Oberlander, Whitfield, 2005; Holsti, Grunau, Whifield, Oberlander, Lindh, 2006).

O tratamento da dor é dividido em dois grandes grupos: não farmacológico e farmacológico. O tipo de estratégia terapêutica a ser adotada deve levar em consideração a intensidade do estímulo doloroso e a prévia avaliação do recém-nascido. A *Associação Internacional para Estudo da Dor* propôs a seguinte escala de tratamento da dor aguda relacionada a procedimentos dolorosos em recém-nascidos.

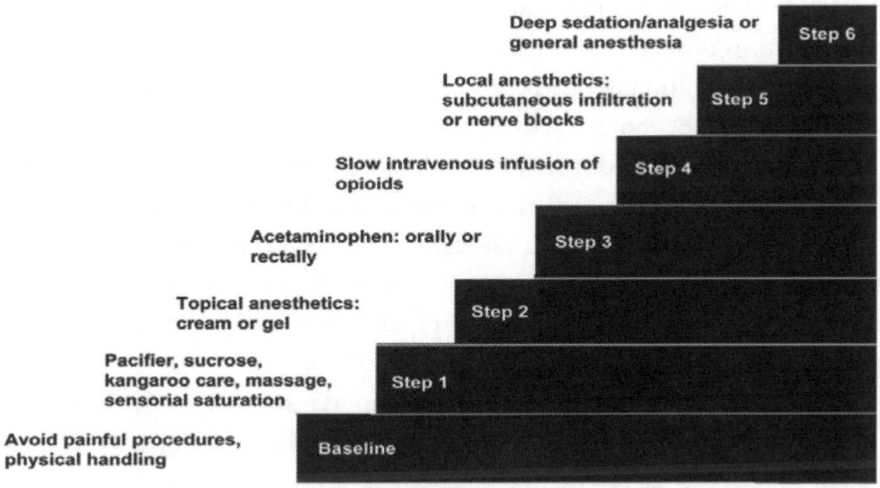

Figura 1 – Abordagem progressiva da dor neonatal
Fonte: Durrmeyer, 2010, p. 123

ESTRATÉGIAS NÃO FARMACOLÓGICAS DE CONTROLE DA DOR

Cuidado canguru: trata-se do contato pele-a-pele, estabelecido entre a mãe e o recém-nascido desde os primeiros momentos após o nascimento. Além de ser um recurso para controle térmico de recém-nascidos, sobretudo prematuros em países em desenvolvimento, observa-se que a manutenção do recém-nascido em contato com a mãe durante procedimentos dolorosos de intensidade leve a moderada resulta na diminuição dos escores de dor, redução do tempo de choro e do estresse. O mecanismo de ação do cuidado canguru no controle da dor ainda não é claro, entretanto, acredita-se que a possibilidade de ouvir os batimentos cardíacos e a voz da mãe, o estresse materno reduzido e o favorecimento da propriocepção e de ativação de mecanismos autorreguladores atuem na etapa de modulação da experiência dolorosa, ativando neurotransmissores capazes de atenuar o estímulo inicial. Duas horas de cuidado canguru por dia foi eficaz na redução do estresse de recém-nascidos prematuros avaliados através da dosagem de cortisol salivar; e recém-nascidos em cuidado canguru apresentaram redução na incidência de eventos adversos cardiorrespiratórios (Johnston et al, 2014; Nyqvist *et al.*, 2010).

Amamentação: a amamentação é indicada para bebês de até seis meses de idade, que apresentam condições clínicas de estabelecer sucção efetiva (coordenação do ato de respirar, sugar e deglutir) ao seio materno, mantendo estabilidade dos parâmetros fisiológicos. Recomenda-se que o bebê seja colocado no seio materno cinco minutos antes de procedimentos que geram dor leve a moderada, e que permaneçam no seio até o término do procedimento ou recuperação da condição inicial. A amamentação tem como fator adjuvante o fato de promover a participação da mãe e associar o aconchego com postura flexora, o que potencializa seu efeito analgésico (Carbajal, Veerapen, Couderc, Jugie, Ville, 2003; Okan, Ozdil, Bulbul, Yapici, Nuhoglu, 2010).

Sucção não nutritiva e utilização de soluções adocicadas: a sucção não nutritiva promove conforto e redução dos escores de dor em decorrência da sensação de prazer associada ao ato de sugar. A associação de soluções adocicadas aumenta o potencial analgésico da sucção não nutritiva por induzir liberação de endorfinas, resultando em redução da dor e do tempo de choro, especialmente durante punções de calcanhar, punções venosas, exame de fundo de olho e sondagem gástrica. A dose recomendada varia de acordo com a idade gestacional (0,1 a 1 mililitro), administrada dois minutos antes do procedimento no dorso da língua do recém-nascido. Recomenda-se que não sejam administradas mais de 10 doses em 24 horas, especialmente em recém-nascidos com idade gestacional inferior a 31 semanas, por ter sido observada associação com alterações dos níveis de atenção e atividade motora após utilização da estratégia durante sete dias consecutivos (Ucar, Varma, Altan, 2014; Liaw, Yang, Ti, Tucker Blackburn, Chang, Sun, 2010).

Massagens terapêuticas: a utilização de técnicas de massagem terapêutica (movimentos rítmicos, firmes, acompanhando os limites corporais, realizados de maneira delicada) promove controle da dor através da estimulação vagal que modula a liberação de insulina e de fatores de crescimento, além de reduzir os níveis de cortisol e epinefrina. Os trabalhos mostram que a massagem é capaz de reduzir os escores de dor, otimizar o ganho de peso e melhorar os desfechos relacionados ao neurodesenvolvimento em recém-nascidos de muito baixo peso (Liaw, Yang, Lee, Fan, Chang, Cheng, 2013).

Acupuntura: a acupuntura propõe a ativação de pontos de estimulação mecânica e elétrica, promovendo a ativação de mecanismos de liberação de endorfina. Apesar de muito utilizada na medicina chinesa, esta metodologia é pouco utilizada nas unidades neonatais que adotam a medicina convencional (Pillai et al., 2011).

Controle do ambiente: Intervenções ambientais são fundamentais nos espaços destinados ao cuidado de recém-nascidos, uma vez que podem interferir na etapa de modulação da experiência dolorosa. O ambiente deve tentar reproduzir as condições do ambiente intrauterino em relação às estimulações sonoras, visuais, olfatórias e táteis. A compreensão acerca das etapas do desenvolvimento neuropsicomotor dos recém-nascidos após o nascimento auxilia na definição das condutas a serem adotadas. A iluminação do ambiente deve permitir ajustes de intensidade ao longo do dia, com estabelecimento de períodos de baixa luminosidade e períodos de estimulação, determinados a partir da disponibilidade do bebê para a interação com o ambiente. Nos momentos em que o recém-nascido estiver disponível para estabelecer interação, estímulos visuais com cores intensas, movimentos e vocalização dos pais e cuidadores são recomendados. Em relação aos ruídos, a Academia Americana de Pediatria recomenda que, no ambiente dos recém-nascidos (incubadoras e entorno dos berços), os ruídos não ultrapassem 65 decibéis e, em áreas de trabalho, 70 decibéis. Por este motivo, é importante que estratégias de avaliação dos níveis de ruídos sejam incorporadas à rotina das unidades como indicador da qualidade do cuidado. Devem ser valorizados estímulos olfatórios a partir do contato com os pais. O cheiro da pele dos pais e do leite materno estimula o desenvolvimento das fibras nervosas relacionadas ao olfato e favorecem o desenvolvimento dos recém-nascidos. Cheiros de produtos de limpeza, sabões degermantes devem ser evitados. Todo material que fizer contato com o corpo do bebê deve ter texturas macias e delicadas, promovendo conforto e bem-estar. Deve-se evitar contato em atrito e favorecer o contato que promove contenção. Dessa maneira, a organização de "ninhos" que promovem delimitação dos limites corporais favorece a propriocepção e o desenvolvimento neuropsicmotor. Todos esses cuidados são adjuvantes na abordagem da dor e devem ser considerados, especialmente durante intervenções potencialmente dolorosas (Pillai et al., 2011).

MEDIDAS FARMACOLÓGICAS

O desenvolvimento do sistema nervoso central requer uma organização precisa dos processos de proliferação, migração, diferenciação e apoptose celular nos diferentes momentos do desenvolvimento, desde a vida intrauterina. Existem grandes questionamentos em relação à neurotoxicidade das drogas, especialmente no período neonatal. As alterações provocadas pela ação direta da droga no cérebro imaturo são classificadas como toxicidade direta, e aquelas decorrentes de eventos secundários das drogas, tais como bradicardia, depressão respiratória e hipotensão são classificadas como toxicidade indireta. A maior parte dos estudos que investigaram a neurotoxicidade das drogas foi desenvolvida *in vitro* ou em modelos animais, não havendo estudos prospectivos desenvolvidos com recém-nascidos. É importante que a equipe que atua em unidades neonatais compreenda a importância do tratamento da dor. Crianças submetidas a estímulos álgicos não tratados podem apresentar alterações fisiológicas, cognitivas e comportamentais ao longo do desenvolvimento (Peters, Schouw, Anand, van Dijk, Duivenvoorden & Tibboel, 2005; Botting, Powls, Cooke, & Marlow, 1997; Whitfield & Grunau, 2000). Dessa maneira, a recomendação é de que sejam avaliados os benefícios do tratamento em detrimento dos riscos relacionados à toxicidade das drogas no período neonatal. É necessário que exista um ajuste fino entre intensidade da dor e tratamento a ser instituído.

As intervenções farmacológicas de controle da dor são divididas em três grupos: analgésicos não opióides, anestésicos tópicos e analgésicos opióides. Vejamos:

Analgésicos não opióides: são medicamentos que inibem a síntese da ciclo-oxagenase (COX)-1 e COX-2 e bloqueiam a síntese de prostaglandinas. Possuem efeito analgésico, anti-inflamatório e antipirético. O *acetominofeno* (paracetamol) é o analgésico mais usado desse grupo de medicamentos, indicado no tratamento de dor leve a moderada, com resultados favoráveis na redução da utilização da morfina (Bartocci & Lundeberg, 2007; Jacqz-Aigrain & Anderson, 2006). Em relação à *dipirona*, não existem estudos clínicos com avaliação da farmacodinâmica e farmacocinética da droga no período neonatal, não sendo recomendado nesse grupo etário. A *ketamina* é um antagonista dos receptores N-metil D-aspartato (NMDA) que fornece analgesia, sedação e amnésia, com utilização limitada em recém-nascidos em decorrência dos efeitos colaterais, tais como alteração do fluxo sanguíneo cerebral, bradicardia e broncodilatação (Zou, Patterson, Sadovova, Twaddle, Doerge, Zhang, Fu, Hanig, Paule, Slikker & Wang, 2009).

Anestésicos tópicos: São utilizados no tratamento da dor aguda, promovendo analgesia local sem efeitos sistêmicos (Ferguson, Ward, Paule, Hall, & Anand, 2012). Os anestésicos tópicos atuam nas terminações nervosas livres da pele e bloqueiam a condução do impulso nervoso através da inibição do influxo de sódio na membrana celular. O aumento do limiar para a excitação do nervo resulta na perda da capacidade de gerar um potencial de ação. Os anestésicos tópicos disponíveis para uso em pele intacta são a mistura eutética de anestésico local – lidocaína/prilocaína (EMLA®) –, a tetracaína gel 4% (Ametop®, Smith & Nephew) e o creme de lidocaína lipossômica 4% (LMX4®-Dermomax Ferndale labs). A principal limitação à utilização dos anestésicos tópicos é a necessidade de contato prévio do creme com a pele (30 a 60 minutos antes do procedimento) e o risco de metahemogloibinemia em recém-nascidos suscetíveis, quando utilizado EMLA (Zou, Patterson, Sadovova, Twaddle, Doerge, Zhang, Fu, Hanig, Paule, Slikker, & Wang, 2009; Barker, Curry, Redford et al., 2006).

Analgésicos opióides: A morfina e o fentanil são os analgésicos opióides mais utilizados no período neonatal, indicados para o tratamento de dor moderada a intensa, com efeito analgésico e sedativo. A *morfina* é um medicamento muito utilizado em neonatologia. Estudo realizado com 898 recém-nascidos demonstrou que não houve diferença estatisticamente significativa em relação à mortalidade, incidência de hemorragia peri intraventricular e leucomalácea no grupo de recém-nascidos prematuros que utilizaram morfina. Os escores de dor e incrementos menores de frequência cardíaca e respiratória foram observados no grupo que utilizou morfina (Lehr & Taddio, 2007). Os principais efeitos colaterais da utilização da morfina em recém-nascidos são depressão respiratória, apneia, hipotensão e retenção urinária. A utilização de morfina não é recomendada para recém-nascidos em ventilação mecânica, mas pode ser benéfica para recém-nascidos asfixiados e em pós-operatórios. O *fentanil* é uma droga que promove analgesia rápida com menores repercussões hemodinâmicas. Está associada a menor necessidade de sedação, menos hipotensão, menos impacto na atividade motora gastrintestinal e retenção urinária. Entretanto, o desenvolvimento de tolerância é mais observado nos recém-nascidos que utilizaram fentanil quando comparados ao grupo que utilizou morfina (Anand, Hall, Desai et al., 2004; Ancora, Lago, Garetti et al., 2013; Franck, Vilardi, Durand & Powers, 1998; Ionides, Weiss, Angelopoulos, Myers & Handa, 1994). O *remifentanil* é uma droga ainda pouco utilizada em recém-nascidos, mas é duas vezes mais potente que o fentanil e tem como vantagem a metabolização realizada por esterases plasmáticas, podendo ser utilizada em procedimentos rápidos, sem efeitos residuais após vinte minutos da administração (Saarenmaa, Huttunen, Leppaluoto, Meretoja & Fellman, 1999).

Os *sedativos* não possuem efeitos analgésicos e, portanto, não devem ser utilizados de maneira isolada durante procedimentos dolorosos. Geralmente são associados aos opióides, promovendo diminuição da movimentação espontânea, relaxamento muscular e amnésia transitória. O midazolan é o sedativo mais utilizado no período neonatal e deve ser utilizado com cautela nessa população. Estudos correlacionam a infusão contínua de midazolan com o aumento da incidência de hemorragia intraventricular em prematuros. Sendo assim, sua utilização se restringe à administração em *bolus*[1] como adjuvante durante a realização de procedimentos dolorosos em recém-nascidos prematuros (Pereira e Silva, Gomez, Marcatto Jde, Maximo, Barbosa & Simões e Silva, 2007; Hall, Boyle & Young, 2007).

A seguir serão apresentadas as principais intervenções dolorosas realizadas no período neonatal e as estratégias de controle da dor indicadas para cada situação clínica.

[1] *Bolus:* administração de uma medicação com objetivo de aumentar rapidamente a sua concentração plasmática; dose adicional.

Procedimento	Medida de controle da dor
Introdução de sonda gástrica	Solução glicosada e pacificador, aconchego e, se possível, cuidado canguru.
Punção de calcanhar	Solução glicosada e pacificador, seio materno, aconchego e, se possível, cuidado canguru.
Remoção de fitas adesivas	Solução glicosada e pacificador, se possível, seio materno e cuidado canguru. Considerar: *bolus* de morfina endovenosa.
Punção arterial	Solução glicosada e pacificador, aconchego. Anestesia tópica com creme de lidocaína-prilocaína.
Punção de veia periférica	Solução glicosada e pacificador, aconchego e, se possível, cuidado canguru.
Punção de veia central	Solução glicosada e pacificador, aconchego; Anestesia tópica com creme de lidocaína-prilocaína; Infiltração subcutânea de lidocaína; Considerar: *bolus* de morfina endovenosa ou anestesia geral.
Dissecção venosa	Solução glicosada e pacificador, aconchego; Anestesia tópica com creme de lidocaína-prilocaína; *Bolus* de morfina endovenosa; Infiltração subcutânea de lidocaína; Considerar anestesia geral.
Inserção de PICC	Solução glicosada, pacificador, aconchego e *bolus* de morfina ou fentanil.
Fisioterapia torácica	Posicionamento delicado e cuidadoso, aconchego. Considerar: *bolus* de morfina endovenosa.

Aspiração traqueal	Aconchego. Considerar: *bolus* de morfina endovenosa.
Intubação traqueal	Infusão de fentanil ou remifentanil e midazolan.
Cateterismo umbilical	Solução glicosada, pacificador e aconchego.
Injeção subcutânea ou intramuscular	Solução glicosada, pacificador, seio materno, aconchego, cuidado canguru; Anestesia tópica com creme de lidocaína-prilocaína.
Troca de curativo	Solução glicosada e pacificador, se possível, seio materno e cuidado canguru; Considerar *bolus* de opióide para curativos extensos.
Punção lombar	Solução glicosada e pacificador, aconchego; Anestesia tópica com creme de lidocaína-prilocaína; Infiltração subcutânea de lidocaína; Considerar: *bolus* de morfina endovenosa, se paciente em ventilação mecânica.
Exame oftalmológico	Solução glicosada e pacificador, aconchego; Considerar: *bolus* de morfina endovenosa.
Drenagem torácica ou abdominal	Solução glicosada e pacificador, aconchego; Infiltração subcutânea de lidocaína; Considerar: *bolus* de morfina endovenosa ou anestesia geral.
Remoção de drenos torácicos ou abdominais	Solução glicosada e pacificador, aconchego; Infiltração subcutânea de lidocaína; Considerar: *bolus* de morfina endovenosa ou anestesia geral.
Tratamento/ manipulação de lesões	Solução glicosada e pacificador, aconchego, se possível, cuidado canguru; Considerar: morfina em *bolus* endovenosa ou inflíltração subcutânea de lidocaína.

Observações:

- Independente da intensidade da dor, posicionamento e aconchego, sucção não nutritiva, sucção ao seio e cuidado canguru, sempre que possível, devem ser utilizados como recurso terapêutico ou adjuvantes no tratamento da dor.
- Soluções adocicadas devem ser administradas dois minutos antes do procedimento no dorso da língua do recém-nascido.
- Considera-se pacificador o uso de dedo enluvado (preferencialmente luvas sem talco) ou chupetas para as crianças que tiverem indicação.
- A anestesia tópica deve ser indicada para procedimentos eletivos e o creme deve ser aplicado na pele uma hora antes do procedimento.

CONSIDERAÇÕES FINAIS

Existe uma relação de dependência entre a avaliação da dor e o tratamento adequado. Não é possível tratar uma entidade clínica desconhecida e, por este motivo, avanços em relação aos métodos de avaliação da dor entre recém-nascidos são necessários. Percebe-se que, nas unidades neonatais, as iniciativas de implementação dos métodos de avaliação são ainda muito tímidas e que, na prática, pouco se tem avançado em relação ao diagnóstico da dor nessa população, que é basicamente comportamental. Como o método mais difundido e de fácil aplicação é a utilização de escalas, é necessário que as equipes de saúde estejam treinadas e sensibilizadas para as repercussões imediatas e tardias da dor não tratada no período neonatal para que o diagnóstico seja mais assertivo e, consequentemente, a dor seja tratada de maneira mais efetiva nas unidades neonatais.

REFERÊNCIAS

Anand, K. J. (2007). Pain assessment in preterm neonates. *Pediatrics, 119*, 605–7. [PubMed: 17332212]

Anand, K. J. (2013). Pain panacea for opiophobia in infants? *JAMA, 309*, 183–4. [PubMed: 23299611]

Anand, K. J.; Clark, A. E.; Willson, D. F. et al (2013). Opioid analgesia in mechanically ventilated children: results from the multicenter Measuring Opioid Tolerance Induced by Fentanyl study. *Pediatr Crit Care Med, 14*, 27– [PubMed: 23132396]

Anand, K. J. S.; Hall, R. W.; Desai, N. et al. (2004). Effects of morphine analgesia in ventilated preterm neonates: primary outcomes from the NEOPAIN randomised trial. *Lancet, 363*, 1673–82. [PubMed: 15158628]

Anand, K. J.; Sippell, W. G. & Aynsley-Green, A. (1987). Pain, anaesthesia, and babies [letter]. *Lancet, 2*(8569), 1210.

Anand, K. J.; Willson, D. F.; Berger, J. et al (2010). Tolerance and withdrawal from prolonged opioid use in critically ill children. *Pediatrics, 125*, 1208–25. [PubMed: 20403936]

Ancora, G.; Lago, P.; Garetti, E. et al. (2013). Efficacy and safety of continuous infusion of fentanyl for pain control in preterm newborns on mechanical ventilation. *J Pediatr, 163*, 645–51e1. [PubMed: 23582138]

Baccei, M. L. (2010). Modulation of developing dorsal horn synapses by tissue injury. *Ann N Y Acad Sci, 1198*, 159–167.

Barker, S. J.; Curry, J.; Redford, D. et al. (2006). Measurement of carboxyhemoglobin and methemoglobin by pulse oximetry. A human volunteer study. *Anesthesiology, 105*, 892-897.

Bartocci, M.; Bergqvist, L. L.; Lagercrantz, H. et al (2006). Pain activates cortical areas in the preterm newborn brain. *Pain, 122*, 109–117.

Bartocci, M. & Lundeberg, S. (2007). Intravenous paracetamol: the 'Stockholm protocol' for postoperative analgesia of term and preterm neonates. *Pediatric Anesthesia, 17*, 1120.

Batton, D. G.; Barrington, K. J. & Wallman, C. (2006). Prevention and management of pain in the neonate: an update. *Pediatrics, 118*, 2231–41. [PubMed: 17079598]

Botting, N.; Powls, A.; Cooke, R. W. & Marlow, N. (1997). Attention deficit hyperactivity disorders and other psychiatric outcomes in very low birthweight children at 12 years. *J Child Psychol Psychiatry, 38*, 931–941.

Brummelte, S.; Grunau, R. E.; Chau, V. et al. (2012). Procedural pain and brain development in premature newborns. *Ann Neurol, 71*, 385–396.

Carbajal, R.; Rousset, A.; Danan, C.; Coquery, S.; Nolent, P.; Ducrocq, S.; Saizou, C.; Lapillonne, A.; Granier, M.; Durand, P.; Lenclen, R.; Coursol, A.; Hubert, P.; de Saint Blanquat, L.; Boëlle, P.-Y.; Annequin,

D.; Cimerman, P.; Anand, K. J. S. & Bréart, G. (2008). Epidemiology and treatment of painful procedures in neonates in intensive care units. *JAMA, 300*, 60–70.

Carbajal, R.; Veerapen, S.; Couderc, S.; Jugie, M. & Ville, Y. (2003). Analgesic effect of breast feeding in term neonates: randomised controlled trial. *British Medical Journal (Clinical Research Ed.), 326*(7379), 13.

Cignacco, E.; Mueller, R.; Hamers, J. P. & Gessler, P. (2004). Pain assessment in the neonate using the Bernese Pain Scale for Neonates. *Early Human Development, 78*(2), 125–31. [PUBMED: 15223117]

Craig, K.D.; Whitfield, M. F.; Grunau, R. V. et al (1993). Pain in the preterm neonate: behavioral and physiological indices. *Pain, 52*, 287–99.

de Graaf, J.; van Lingen, R. A.; Simons, S. H. et al. (2011). Long-term effects of routine morphine infusion in mechanically ventilated neonates on children's functioning: five-year follow-up of a randomized controlled trial. *Pain, 152*, 1391–7. [PubMed: 21402444]

Debillon, T.; Zupan, V.; Ravault, N. et al (2001). Development and initial validation of the EDIN scale, a new tool for assessing prolonged pain in preterm infants. *Arch Dis Child Fetal Neonatal Ed, 85*, 36–41.

Ferguson, S. A.; Ward, W. L.; Paule, M. G.; Hall, R. W. & Anand, K. J. S. (2012). A pilot study of preemptive morphine analgesia in preterm neonates: effects on head circumference, social behavior, and response latencies in early childhood. *Neurotoxicol Teratol, 34*, 47–55. [PubMed: 22094261]

Fitzgerald, M. (2005). The development of nociceptive circuits. *Nat Rev Neurosci, 6*, 507–520.

Franck, L. S.; Vilardi, J.; Durand, D. & Powers, R. (1998). Opioid withdrawal in neonates after continuous infusions of morphine or fentanyl during extracorporeal membrane oxygenation. *American Journal of Critical Care, 7*, 364–9. [PubMed: 9740886]

Ganzewinkel, C. J.; Anand, K. J.; Kramer, B. W. & Andriessen, P. (2014). Chronic Pain in the Newborn: Toward a Definition. *Clin J Pain*, 11, 970-7.

Grunau, R. V. & Craig, K. D. (1990). Facial activity as a measure of neonatal pain expression. *Adv Pain Res Ther, 15*, 147–55.

Grunau, R.; Tu, MT (2007). Long-term consequences of pain in human neonates (p. 45). In Anand, K. J.; Stevens, B. & McGrath, P. (ed.). *Pain in neonates and Infants*. 3rd. Philadelphia, USA: Elsevier Science B.V.

Grunau, R. E.; Whitfield, M. F.; Petrie-Thomas, J. et al. (2009). Neonatal pain, parenting stress and interaction, in relation to cognitive and motor development at 8 and 18 months in preterm infants. *Pain, 143*, 138–146.

Guedj, R.; Danan, C.; Daoud, P. et al. (2014). Neonatal pain management is not the same during days and nights in Intensive Care Units: Analysis from the EPIPPAIN Study. *British Medical Journal Open*.

Hall, R. W.; Boyle, E. & Young, T. (2007). Do ventilated neonates require pain management? *Semin Perinatol, 31*(5), 289-97.

Holsti, L.; Grunau, R. E.; Oberlander, T. F. & Whitfield, M. F. (2005). Prior pain induces heightened motor responses during clustered care in preterm infants in the NICU. *Early Hum Dev, 81*, 293–302. [PubMed: 15814212]

Holsti, L.; Grunau, R. E.; Whifield, M. F.; Oberlander, T. F. & Lindh, V. (2006). Behavioral responses to pain are heightened after clustered care in preterm infants born between 30 and 32 weeks gestational age. *Clin J Pain, 22*, 757–64. [PubMed: 17057556]

Humphrey, T. (1964). Embryology of the central nervous system: with some correlations with functional development. *Ala J Med Sci, 1*, 60-64.

Ionides, S. P.; Weiss, M. G.; Angelopoulos, M.; Myers, T. F. & Handa, R. J. (1994). Plasma beta-endorphin concentrations and analgesia-muscle relaxation in the newborn infant supported by mechanical ventilation. *Journal of Pediatrics, 125*, 113–6. [PubMed: 8021759]

Jacqz-Aigrain, E. & Anderson, B. J. (2006). Pain control: non-steroidal antiinflammatory agents. *Seminars in Fetal Neonatal Medicine, 11*, 251–9.

Jeong, I. S.; Park, S. M.; Lee, J. M.; Choi, Y. J. & Lee, J. (2014). The frequency of painful procedures in neonatal intensive care units in South Korea. *International Journal of Nursing Practice, 20*(4), 398–407. [PUBMED: 24118662]

Johnston, C.; Campbell-Yeo, M.; Fernandes, A.; Inglis, D.; Streiner, D. & Zee, R. (2014) Skin to skin care to procedural pain in neonates. Cochrane Database Syst Rev. 1, CD008435.

Koch, S. C.; Tochiki, K. K.; Hirschberg, S. et al. (2012). C-fiber activity-dependent maturation of glycinergic inhibition in the spinal dorsal horn of the postnatal rat. *Proc Natl Acad Sci USA, 109*, 12201–12206.

Krechel, S. W. & Bildner, J. (1995). CRIES: a new neonatal postoperative pain measurement score. Initial testing of validity and reliability. *Paediatr Anaesth, 5*, 53–61.

Lawrence, J.; Alcock, D.; McGrath, P. et al. (1993). The development of a tool to assess neonatal pain. *Neonatal Netw, 12*, 59–66.

Lehr, V. T. & Taddio, A. (2007). Topical anesthesia in neonates: Clinical practices and pratical considerations. *Semin Perinatol, 31*, 323-329.

Liaw, J.; Yang, L.; Ti, Y.; Tucker Blackburn, S.; Chang, Y. & Sun, L. (2010). Non-nutritive sucking relieves pain for preterm infants during heel stick procedures in Taiwan. *Journal of ClinicalNursing, 19*, 2741–51.

Liaw, J. J.; Yang, L.; Lee, C. M.; Fan, H. C.; Chang, Y. C. & Cheng, L. P. (2013). Effects of combined use of non-nutritive sucking, oral sucrose, and facilitated tucking on infant behavioural states across heel-stick procedures: a prospective, randomized controlled trial. *International Journal of Nursing Studies, 50*, 883–94.

Morison, S. J.; Holsti, L. & Grunau, R. V. (2003). Are there developmentally distinct motor indicators of pain in preterm infants? *Early Hum Dev, 72*, 131–46.

Ng, E.; Taddio, A. & Ohlsson, A. (2003). Intravenous midazolam infusion for sedation of infants in the neonatal intensive care unit. *Cochrane Database Syst Rev*(1), CD002052.

Nyqvist, K.H. et al. (2010). Kangaroo mother care: application in a high-tech environment: state of the art and recommendations. Acta Paediatr, 6, 812-9.

Okan, F.; Ozdil, A.; Bulbul, A.; Yapici, Z. & Nuhoglu, A. (2010). Analgesic effects of skin-to-skin contact and breastfeeding in procedural pain in healthy term neonates. *Annals of Tropical Paediatrics, 30*, 119–28.

Pereira e Silva, Y.; Gomez, R. S.; Marcatto Jde, O.; Maximo, T. A.; Barbosa, R. F. & Simões e Silva, A. C. (2007). Morphine versus remifentanil for intubating preterm neonates. *Arch Dis Child Fetal Neonatal Ed, 92*, F293–F294

Peters, J. W.; Schouw, R.; Anand, K. J.; van Dijk, M.; Duivenvoorden, H. J. & Tibboel, D. (2005). Does neonatal surgery lead to increased pain sensitivity in later childhood? *Pain 114*, 444–454.

Pillai Riddell R. R.; Racine, N. M.; Gennis, H. G.; Turcotte, K.; Uman, L. S.; Horton, R. E.; Ahola Kohut, S.; Hillgrove Stuart, J.; Stevens, B. & Lisi, D. M. (2011). Non pharmacological management of infant and young child procedural pain. Cochrane Database Syst Rev. 10, CD006275.

Ranger, M.; Johnston, C. C. & Anand, K. J. (2007). Current controversies regarding pain assessment in neonates. *Semin Perinatol, 31*(5), 283-8.

Roofthooft, D. W.; Simmons, S. H.; Anand, K. J.; Tibboel, D. & van Dijk, M. (2014). Eight years later, are we still hurting newborn infants? *Neonatology, 105*(3), 218–26. [PUBMED: 24503902]

Saarenmaa, E.; Huttunen, P.; Leppaluoto, J.; Meretoja, O. & Fellman, V. (1999). Advantages of fentanyl over morphine in analgesia for ventilated newborn infants after birth: a randomized trial. *Journal of Pediatrics, 134*, 144–50. [PubMed: 9931520]

Simons, S. H.; van Dijk, M.; Anand, K. S. et al. (2003). Do we still hurt newborn babies? A prospective study of procedural pain and analgesia in neonates. *Arch Pediatr Adolesc Med, 157*(11), 1058-64.

Slater, R.; Cantarella, A.; Gallella, S. et al (2006). Cortical pain responses in human infants. *J Neurosci, 26*, 3662–3666.

Stevens, B.; Johnston, C.; Petryshen, P. et al (1996). Premature infant pain profile: development and initial validation. *Clin J Pain, 12*, 13–22.

Stevens, B. J. & Pillai Riddell, R. (2006). Looking beyond acute pain in infancy. *Pain, 124*, 11–2. [PubMed: 16839690]

Ucar, S.; Varma, M. & Altan, S. (2014). The efficacy of non-nutritive sucking and sucrose for the relief of pain during eye examinations for retinopathy of prematurity: a randomized controlled trial. *Archives of Disease in Childhood, 99*, A182–A183.

Vinall, J.; Miller, S. P.; Chau, V. et al. (2012). Neonatal pain in relation to postnatal growth in infants born very preterm. *Pain, 153*, 1374–1381.

Walden, M. & Gibbins, S. (2008). *Pain assessment and management: guideline for practice*. 2nd edition. Glenview, IL: National Association of Neonatal Nurses.

Walker, S. M.; Franck, L. S.; Fitzgerald, M. et al. (2009). Long-term impact of neonatal intensive care and surgery on somatosensory perception in children born extremely preterm. *Pain, 141*(1-2), 79-87.

Whitfield, M. F. & Grunau, R. E. (2000). Behavior, pain perception, and the extremely low-birth weight survivor. *Clin Perinatol, 27*, 363–379.

Zou, X.; Patterson, T. A.; Sadovova, N.; Twaddle, N. C.; Doerge, D. R.; Zhang, X.; Fu, X.; Hanig, J. P.; Paule, M. G.; Slikker, W. & Wang, C. (2009). Potential neurotoxicity of ketamine in the developing rat brain. *Toxicol Sci, 108*, 149–158.

Zwicker, J. G.; Grunau, R. E.; Adams, E. et al. (2013). Score for neonatal acute physiology-II and neonatal pain predict corticospinal tract development in premature newborns. *Pediatr Neurol, 48*, 123–129, e121.

Capítulo 8

ARTICULAÇÕES SOBRE OS IMPACTOS PSÍQUICOS DA VIVÊNCIA DE DOR NA UTI NEONATAL NOS BEBÊS PREMATUROS E A METAPSICOLOGIA DE FREUD

Anna Costa Pinto Ribeiro

Quando um casal engravida, suas fantasias normalmente giram em torno de uma criança saudável e perfeita. A imagem de um bebê ao nascer traz consigo inúmeras sensações, algumas agradáveis e outras tantas não muito. Uma gestação é acompanhada de medos e alegrias, inseguranças e fantasias que perpassarão o universo simbólico da criança. Afinal, "a história de um indivíduo não começa com seu nascimento" (Salles, 1992, p. 21), mas no imaginário daqueles que o aguardam.

Todos os bebês nascem inacabados, prematuros do ponto de vista psíquico e biológico. Este estado de desamparo, constitutivo do ser humano, denuncia a criança pequena como ser carente de palavras e ações que darão sentido às suas experiências (Catão, 1999). No entanto, essa magia nem sempre se concretiza da maneira como os pais sonharam, um parto prematuro, ou um parto de risco, pode levar tudo aquilo que foi imaginado para dentro de uma Unidade de Tratamento Intensivo Neonatal (UTIN).

Os bebês prematuros, tomados no sentido médico, cujos nascimentos são anteriores a Idade Gestacional (IG) de 37 semanas, nascem ainda mais inacabados do ponto de vista orgânico, precisando de cuidados específicos para que suas vidas sejam preservadas. Entretanto, Lins (1997) observa que "tudo o que é psíquico se desenvolve em constante referência à experiência corporal" (p. 01).

Então, se o psiquismo da criança se desenvolve a partir de suas experiências corporais, o que será que acontece àqueles bebês que começam suas vidas numa UTI Neonatal, sendo manipulados, furados, invadidos, manuseados?

O que a clínica com bebês prematuros tem mostrado é um movimento desses pequenos no sentido de recusa ao toque em membros muito manipulados no pós-alta (calcanhar, dorso de mãos e umbigo), apontando para a possibilidade ou mesmo a necessidade de se pensar os riscos psíquicos envolvidos no desenvolvimento da subjetividade dessas crianças, visto que, novamente, no bebê, o que é psíquico se desenvolve a partir das experiências sensoriais.

Há que se refletir sobre a maneira como tanto desconforto está sendo registrado em forma de traços mnêmicos, representados como objetos hostis, e reatualizados na compulsão à repetição. É a partir dessa reflexão que o presente artigo se apresenta.

O incômodo gerador da proposta deste estudo vem do trabalho em *Follow-up* no ambulatório de seguimento de bebês de risco e prematuros com vivências de UTI Neonatal a partir da alta hospitalar (instalado no Hospital Universitário da UFJF) e da percepção de que muitos recusavam o toque – até mesmo o carinho materno –, apresentavam hipersensibilidade em regiões de punções venosas – como umbigo (cateter umbilical) e calcanhar (coleta de sangue) –, sustos com a voz humana, enfim, uma série de respostas que suscitaram as perguntas: como a vivência das experiências de dor está sendo recebida e elaborada pelo psiquismo do bebê? Quais serão seus efeitos sobre seu desenvolvimento posteriormente?

Partindo desta questão acerca das consequências das experiências traumáticas e dolorosas precoces sobre o desenvolvimento psíquico do bebê prematuro, nos voltaremos para a teoria metapsicológica de Freud em busca de hipóteses que permitam elucidá-la.

A DOR E O TRAUMA NA METAPSICOLOGIA FREUDIANA

Nesta seção pretendemos investigar os conceitos de "dor" *(Schmerz)* e "trauma" *(Trauma)* na obra de Freud, considerando alguns textos metapsicológicos compreendidos entre 1895 e 1926. Com isso, pretendemos elucidar a evolução teórica desses conceitos para tentarmos compreender seus efeitos sobre o desenvolvimento psíquico do bebê prematuro.

A ideia que iremos aprofundar é a de que no início da teoria, mais especificamente no *Projeto de uma psicologia científica* (1895), Freud formula a hipótese de que haveria uma "vivência de dor", que seria estruturante do psiquismo e que estaria na base das neuroses. Essa hipótese é deixada de lado durante grande parte de sua obra. Já em *A interpretação dos sonhos* (1900), apenas o papel da vivência de satisfação – e, portanto, apenas o papel do desejo – é levado em consideração na teoria sobre o desenvolvimento e o funcionamento do psiquismo. Essa modificação na teoria decorreu, em parte, do abandono da teoria da sedução e do reconhecimento do papel que a fantasia desempenha na gênese das neuroses. No entanto, a partir de *Além do princípio do prazer* (1920), Freud volta a refletir sobre o papel que a vivência de dor – então chamada de "trauma" – exerceria no psiquismo. Em *Inibição, sintoma e angústia* (1926), volta a colocar experiências traumáticas reais na base do funcionamento psíquico normal e patológico. Com isso, é enfatizado o papel de um fator biológico inevitável na predisposição à neurose – o desamparo e a prematuração do ser humano ao nascer –, o que representa uma modificação significativa da teoria sustentada ao longo da maior parte de sua obra.

No *Projeto de uma psicologia*, texto redigido em 1895 e publicado em 1950, Freud (1895/1975) apresenta a hipótese da "vivência de satisfação", que estaria na base do funcionamento psíquico normal, e da "vivência de dor", que estaria na base do funcionamento psíquico patológico[1]. A vivência de satisfação consistiria na satisfação de uma necessidade, como a obtenção de alimento, no caso da fome. Tal vivência teria como consequência, em primeiro lugar, a finalização do desprazer decorrente da ocupação, por estímulos endógenos, da parte do sistema de memória diretamente ligada ao somático (sistema *psi* do núcleo); em segundo lugar, a constituição – na parte do sistema de memória que estaria em ligação com o sistema de percepção *phi* e que receberia estímulos exógenos (*psi* do manto) – de uma representação do objeto externo, cuja percepção fora simultânea à experiência de satisfação; e, em terceiro, a formação de uma representação do movimento reflexo executado. Entre essas

1 Para um esclarecimento detalhado das hipóteses do *Projeto...* ver Simanke (2007).

duas representações de *psi* do manto e dos neurônios nucleares ficaria estabelecida uma facilitação, devido ao fato de as primeiras terem se constituído simultaneamente à ocupação de *psi* do núcleo. Uma vez estabelecidas tais facilitações, quando o estado de excitação no núcleo reaparecesse, o processo excitatório seguiria o caminho por elas definido e ocuparia as representações em *psi* do manto. Esta tendência para ocupar as representações de objeto é o que Freud chama de "desejo"[2]. Nesse caso, não havendo nenhuma inibição, a ocupação da representação de objeto devido à animação de desejo seria muito intensa, de modo que o sistema responsável pela produção de qualidades sensoriais (sistema *ômega*) forneceria signos de qualidade produzindo, assim, uma alucinação. Em consequência dessa alucinação, a ação reflexa (sucção) seria executada e, nessas condições, provocaria uma frustração, uma vez que o desprazer decorrente da estimulação em *psi* do núcleo não cessaria. O bebê ficaria, dessa maneira, em um estado de "desamparo". Esse modo de funcionamento desadaptado, que conduz à alucinação e a vã descarga motora, é chamado por Freud (1895/1975) de "processo primário". Para a sobrevivência do indivíduo, seria preciso haver uma alteração nessa tendência primária do funcionamento mental, de modo que a representação de desejo não fosse mais tão intensamente ocupada, tornando possível ao ego diferenciar entre uma rememoração e uma percepção, evitando, assim, a ocupação das representações de movimento na ausência do objeto desejado na realidade. Ou seja, para a sobrevivência do sujeito, seria necessária a substituição do processo primário pelo secundário.

A dor, por sua vez, consistiria na irrupção de grandes quantidades de estímulos na direção do sistema de memória *psi*, como consequência da falha dos dispositivos de proteção do aparelho contra quantidades exógenas – as próprias terminações nervosas, segundo Freud (1895/1975). Tal processo produziria, em primeiro lugar, um grande aumento no nível da excitação no sistema de memória, sentido como desprazer; em segundo, uma inclinação para a eliminação da excitação pela via reflexa; e, em terceiro, uma facilitação entre esses caminhos de eliminação e a

2 O desejo seria uma tendência para ocupar a representação de um objeto, e a ocupação desta representação consistiria em uma "realização de desejo". Na segunda ocorrência do processo não haveria apenas uma necessidade, mas já haveria um desejo, uma vez que o estado de carência já teria se associado à representação de um objeto e, então, visaria especificamente sua ocupação.

representação do objeto que provocou a dor (objeto hostil). Uma vez ocorrida essa vivência de dor, quando a representação do objeto hostil fosse ocupada novamente a partir de uma percepção ou por associação com outras representações, ocorreria uma liberação de quantidade no aparelho que geraria desprazer – processo esse chamado de "afeto" – e uma inclinação para a desocupação da representação do objeto hostil pela via reflexa, que é chamada de "defesa primária". Então, assim como a vivência de satisfação teria como consequência o surgimento do "estado de desejo", a vivência de dor teria como consequência o surgimento do "afeto" e a defesa primária excessiva. A produção do afeto devido à ocupação do objeto hostil seria prejudicial nos casos em que tal ocupação não fosse estimulada a partir do mundo externo, mas sim a partir do interior do aparelho, ou seja, quando se tratasse de uma mera recordação. Portanto, com o estabelecimento do processo secundário, esse modo primário de funcionamento também seria inibido.

O processo secundário surgiria a partir da inibição e do direcionamento do processo primário. Com as repetições da vivência de satisfação e o consequente desamparo, o ego aprenderia a não ocupar tão intensamente a representação de desejo e as representações de movimento a ela associadas. Como consequência, certo nível de quantidade seria retido no núcleo de *psi*, ou seja, parte da excitação passaria a permanecer em "estado ligado". Com esse armazenamento de quantidade, o curso associativo passaria a ser direcionado pelo ego e não mais seguiria unicamente pelas vias melhor facilitadas. A partir de então, a ocupação da representação hostil e a defesa primária excessiva passariam a ser inibidas. A inibição da alucinação e da descarga motora seriam condicionadas biologicamente pelo desprazer. Já a inibição da ocupação intensa da representação do objeto hostil e da produção de afeto dela decorrente seria um processo gradual, que pressuporia o estabelecimento da excitação em estado ligado (Caropreso e Simanke, 2006). Após o domínio do ego sobre as representações relacionadas à vivência de dor estar consolidado, a liberação de desprazer, diante da reocupação do objeto hostil, seria limitada a um mínimo que permitisse apenas sinalizar ao curso associativo que aquele caminho conduz ao desprazer e deve ser evitado. Assim, uma "defesa normal" substituiria, no processo secundário, a defesa primária que teria lugar no processo primário.

Em *Além do princípio do prazer* (1920), a "vivência de dor" volta a ser alvo da atenção de Freud. Nesse texto, após concluir pela legitimidade da suposição de um funcionamento que consiste em uma "compulsão à repetição" e que antecede aquele regido pelo princípio do prazer, Freud (1920/1975) levanta a questão a respeito de qual seria a função dessa compulsão e em que condições ela afloraria. Em busca de uma resposta a essa pergunta, ele passa a refletir sobre a reação do aparelho à recepção de excitações muito intensas – o que agora é definido como "trauma". Essa noção de trauma retoma em muitos aspectos a de "vivência de dor" formulada no *Projeto de uma psicologia* (1895).

Freud (1920/1975) retoma a hipótese de que é necessário supor no aparelho psíquico a existência de um escudo protetor contra estímulos que fosse capaz de filtrá-los e somente deixasse passar às camadas mais profundas parte da excitação recebida. Entretanto, o escudo protetor nem sempre desempenharia sua função de maneira satisfatória, delineando um panorama traumático no aparelho psíquico. Diz Freud (1920/1975):

> Nós descrevemos como traumáticas as excitações externas que possuem força suficiente para romper o escudo protetor. Parece-me que não podemos compreender o conceito de trauma sem vinculá-lo a uma ruptura na camada protetora contra estímulos, a qual sob circunstâncias normais opera de modo eficaz. Um acontecimento como o trauma externo provoca uma grave perturbação na economia energética do organismo e aciona todos os mecanismos de defesa. Ao mesmo tempo, o princípio de prazer é colocado fora de ação. Uma vez que não é possível impedir que grandes quantidades de estímulos inundem o aparelho psíquico, só resta ao organismo tentar lidar com esse excesso de estímulos dominando-o e ligando-o psiquicamente para poder então processá-lo (p. 29-30).

O trauma estaria relacionado ao despreparo psíquico para a recepção da excitação, à falta do que Freud (1920/1975) chama de "preparação para a angústia", a qual consistiria na última trincheira da proteção anti-estímulos do aparelho psíquico. Nesse caso, não seria mais possível evitar que este fosse inundado por grandes magnitudes de estímulos e, então, sua tarefa mais urgente passaria a ser ligar psiquicamente a excitação para conduzi-la, então, a sua tramitação[3].

[3] Luís Cláudio Figueiredo (1999) alerta para o possível equívoco na compreensão da noção de trauma. Diz ele que o trauma não deve ser pensado como a irrupção da camada protetora,

Segundo Freud (1920/1975), haveria no aparelho psíquico certa quantidade de energia em repouso a qual indicaria maior ou menor capacidade de recepcionar os estímulos provenientes do mundo externo. A dor física é definida como a ruptura da proteção anti-estímulo em um ponto específico. Nesse caso, diz Freud (1920/1975):

> De todos os lados é convocada a energia para que a área afetada receba uma ocupação com intensidade equivalente à da invasão. Produz-se, assim, uma 'contra-ocupação' em grande escala à custa do empobrecimento de todos os outros sistemas psíquicos, que sofrem uma extensa paralisia, ou à custa de uma forte redução de qualquer outra função psíquica (p. 30).

Dessa maneira, a compulsão à repetição trabalharia no sentido de efetuar a ligação da energia em estado livre no aparelho psíquico e, assim, prepararia o terreno para o princípio do prazer. Só depois de realizado esse processo, os caminhos associativos que conduzissem ao desprazer poderiam ser evitados. Então, segundo as hipóteses apresentadas em 1920, só após a ligação da excitação haveria a possibilidade de evitar ou inibir os caminhos que conduzissem ao desprazer. O processo primário, com isso, volta a ser pensado como um funcionamento no qual a excitação segue unicamente por vias mais facilitadas. Estas hipóteses representam uma modificação em relação à teoria apresentada a partir de *A interpretação dos sonhos* (1900), de acordo com a qual o funcionamento mental, desde o início, seria capaz de evitar caminhos que conduzissem ao desprazer (Caropreso, 2010).

As memórias de experiências traumáticas precoces poderiam não ser ligadas e, portanto, não serem integradas ao processo secundário, permanecendo sem acesso à consciência. Essas memórias continuariam existindo no inconsciente, ou no processo primário, influenciando os demais processos psíquicos. Segundo Freud (1920/1975):

> O paciente se comporta de um modo puramente infantil e nos mostra que os traços mnêmicos reprimidos de suas primeiras experiências primitivas não estão presentes nele em estado ligado e são, portanto, em certo sentido incapazes de obedecer ao processo secundário (p. 36).

mas sim como a quantidade de energia excedente liberada no aparelho psíquico quando a energia quiescente não for suficiente para efetuar a ligação.

Pode-se dizer, portanto, que em *Além do princípio do prazer*, Freud (1920/1975) volta a conceder à "vivência de dor", tal como esta havia sido pensada no *Projeto*, um papel fundamental nos processos psíquicos. O funcionamento psíquico primordial consistiria em uma compulsão à repetição e seria incapaz de evitar a produção de desprazer até que consumado o processo de ligação. Kimmerle (1988/2000) observa que, de acordo com as hipóteses formuladas por Freud em 1920, o desprazer passa a ser originário no psiquismo. Podemos acrescentar ao que diz este último autor que, nesse momento, o desprazer "volta" a ser originário, tendo em vista que essas hipóteses já estavam presentes em 1895.

O trauma e a dor física estariam na origem do funcionamento psíquico e causariam perturbações econômicas que o marcariam permanentemente. Essas hipóteses são desenvolvidas em *O ego e o id*. Nesse texto, Freud (1923/1975) retoma a questão sobre o impacto da dor no psiquismo e reconhece ser necessário atribuir a ela um papel fundamental no processo de constituição do ego. Em suas palavras:

> A dor também desempenha um papel no processo de constituição do ego. O modo como nós adquirimos conhecimento de nossos órgãos, durante doenças dolorosas, talvez seja um modelo do processo pelo qual nós geralmente chegamos a uma ideia de nosso corpo (Freud, 1923/1975, p. 25-26).

Segundo Freud (1923/1975), a experiência dolorosa proporcionaria um conhecimento dos órgãos corporais que contribuiria para a constituição do ego. Ao fornecer ao psiquismo sensações acerca do corpo, a dor possibilitaria ao indivíduo conhecê-lo. Freud (1923/1975) parece sugerir que esse seria o protótipo do processo de constituição do ego, o que esclarece sua afirmação de que "o ego é, em primeiro lugar e acima de tudo, um ego corporal" (p. 26).

Freud (1923/1975) afirma que o ego "não é meramente uma entidade de superfície, mas é ele mesmo a projeção de uma superfície" (p. 26). As sensações que surgem a partir da superfície do corpo influenciam diretamente na diferenciação do ego a partir do id, fazendo dele uma instância de projeção mental da superfície corporal.

Uma vez que o ego seria parcialmente insuscetível de consciência, podemos inferir, a partir da análise das hipóteses de 1923, que as experiências dolorosas ajudariam a delimitar aqueles componentes deste que devem ser evitados e permanecerem distantes da consciência.

Em *O ego e o id*, portanto, Freud (1923/1975) continua desenvolvendo suas hipóteses sobre os efeitos da dor nos processos psíquicos e lhe atribui uma função essencial na constituição do ego.

A questão sobre o papel desempenhado pelo trauma real no psiquismo é retomada em *Inibição, sintoma e angústia* (1926), texto no qual Freud volta a situá-lo na base das neuroses. Neste artigo de 1926, a reflexão sobre o trauma iniciada em 1920 é retomada e o trauma passa a ter um papel fundamental no desenvolvimento dos processos psíquicos, ao ser vinculado à angústia e à repressão.

Na segunda parte do texto de 1926, Freud (1926/1975) formula uma hipótese sobre uma questão que havia permanecido em aberto em sua teoria anterior. Ao se perguntar a respeito de quais seriam os motivos da repressão primordial, ele sugere que seriam os primeiros traumas que levariam a ela: "é inteiramente verossímil que fatores quantitativos, como a intensidade hipertrófica da excitação e a ruptura da proteção anti-estímulo constituam as ocasiões imediatas das repressões primordiais" (Freud, 1926/1975, p. 90).

Na continuidade do texto, Freud (1926/1975) conclui que a característica comum a todos os afetos de angústia é representar uma "reação a um perigo" e que, nas neuroses, é a angústia que leva à repressão. Ele propõe, então, a hipótese de que o protótipo das experiências de angústia seria o nascimento. Nas palavras do autor:

> o estado de angústia é a reprodução de uma vivência que reuniu as condições para um aumento do estímulo como o assinalado e para a descarga por determinadas vias, em virtude do qual também o desprazer da angústia recebeu o seu caráter específico. No caso dos seres humanos, o nascimento nos oferece uma vivência arquetípica de tal índole, e por isso nos inclinamos a ver no estado de angústia uma reprodução do trauma do nascimento (Freud, 1926/1975, p. 126).

No nascimento, argumenta Freud (1926/1975), o "perigo" em questão careceria de todo conteúdo psíquico. O recém-nascido só seria capaz de perceber uma enorme perturbação na economia de sua libido narcisista e ele repetiria o afeto de angústia em todas as situações que lhe recordassem o nascimento. Mas o quê em outras experiências traria essa recordação e produziria angústia, pergunta-se ele. Ao analisar as ocasiões que produzem angústia na infância, ele conclui que uma condição sempre está presente: a ausência de um objeto altamente estimado, a qual representa para a criança o risco de se ver novamente diante de um aumento da estimulação (o acréscimo da "tensão da necessidade"), frente ao qual ela é impotente (assim como na ocasião da "angústia primordial" do nascimento). Assim, ele encontra uma resposta para a questão que havia sido levantada a respeito do que, em outras experiências, estabeleceria para a criança a analogia com a situação do nascimento:

> a situação da insatisfação em que as magnitudes de estímulo alcançam um nível desprazeroso sem que se as domine por emprego psíquico e descarga, tem que estabelecer para o lactante a analogia com a vivência do nascimento, a repetição da situação de perigo; o comum a ambas é a perturbação econômica pelo incremento das magnitudes de estímulo em espera de tramitação, este fator constitui, pois, o núcleo genuíno do "perigo"... O menino não precisa guardar do seu nascimento nada mais do que esta caracterização do perigo (Freud, 1926/1975, p. 130).

Portanto, conclui Freud (1926/1975), a angústia é produto do desamparo psíquico do lactante, o qual é o correspondente óbvio de seu desamparo biológico. Ele estabelece, então, uma relação entre uma série de experiências de angústia que se sucedem ao longo do desenvolvimento infantil, as quais se remeteriam umas as outras entre si (ou seja, as posteriores àquelas que as antecedem) e todas elas ao trauma do nascimento. A experiência primordial de angústia seria, então, o nascimento, no qual o perigo em questão seria o aumento do nível de estímulos, frente ao qual se é impotente. Em seguida, a angústia diante da perda do objeto (mãe ou substituto), na qual o perigo assinalado seria o de reviver uma situação de aumento de tensão, devido à impossibilidade de satisfação das necessidades. A próxima angústia experienciada seria a "angústia de castração", na qual o perigo temido seria a separação dos genitais e a possibilidade de ficar em um estado de desamparo diante da libido genital. A seguinte da série seria a angústia frente ao Superego, ou "angústia da consciência moral", a qual assinalaria o perigo de ser castigado pelo Superego, de perder o seu amor. E a última modificação da angústia, especula Freud (1926/1975), talvez seja a angústia da morte: a angústia frente à projeção do Superego nos poderes do destino, diz ele.

Freud (1926/1975) vincula os diferentes tipos de neuroses aos diferentes tipos de angústia. Na histeria de conversão, a angústia central – que levaria à repressão e à neurose – seria a angústia frente ao perigo de perder o amor do objeto. Nas fobias, seria a angústia de castração; e, na neurose obsessiva, a angústia frente ao Superego.

Com a hipótese de que o nascimento seria uma vivência traumática originária, ocasião de uma "angústia primordial", que atribuiria um caráter traumático a uma série de vivências posteriores – uma série de angústias posteriores – que estariam na base da repressão, Freud (1926/1975) volta a colocar na origem do psiquismo e das neuroses experiências traumáticas reais. Na verdade, a "vivência de dor" não só é retomada nessa etapa final da obra freudiana como passa a ser pensada como sendo a mais fundamental no desenvolvimento dos processos psíquicos.

Essas ideias elaboradas por Freud em 1926 parecem conduzir à vinculação entre o reprimido primordial e os primeiros traumas (o nascimento e outros traumas iniciais). Dado que Freud (1926/1975) formula a hipótese de que na base da repressão primordial estariam experiências traumáticas (recepção de grandes quantidades de excitação devido à ruptura da proteção anti-estímulo), e dado que o nascimento seria uma vivência traumática originária que conferiria um caráter traumático a certas experiências posteriores, então, o nascimento e outros traumas iniciais seriam as ocasiões das repressões primordiais. A angústia pela perda do amor da mãe, a angústia de castração e a angústia frente ao Supereu seriam o motores da "repressão propriamente dita". Ou seja, certos impulsos libidinais e agressivos posteriores – como aqueles envolvidos no complexo de Édipo – passariam a representar para a criança "perigos" por se associarem ao reprimido primordial e recolocarem a possibilidade de se reviver uma situação traumática.

Dado que a repressão primordial não é um mecanismo envolvido apenas na neurose, mas é um mecanismo constitutivo do funcionamento psíquico – constitutivo da diferenciação entre processo primário e secundário –, podemos dizer que, com essas hipóteses apresentadas em 1926, Freud não só recoloca a vivência de dor na base das neuroses, mas a coloca como estando na base de todos os processos psíquicos e como sendo, inclusive, mais fundamental do que a vivência de satisfação com o desejo que dela deriva.

A PREMATURIDADE E A DOR

O avanço tecnológico em cuidados intensivos neonatais vem crescendo de maneira exponencial. Tem-se visto prematuros muito extremos sobreviverem sem sequelas orgânicas após longa data de internação, fato que chega a surpreender até mesmo a equipe intensivista. No entanto, quando estamos lidando com a urgência do corpo estamos possivelmente também diante de uma urgência psíquica que, no caso dos prematuros, anseia por representações que deem sentido ao que sentem seus corpos: algum gesto ou olhar que os acolham em suas situações de desamparo. Esses bebês são manipulados repetidas vezes em sua superfície corporal, fato que, na primeira infância, raramente permanece sem efeitos.

O prematuro apresenta uma característica orgânica pouco respeitada, se conhecida, nos cuidados em UTIN, qual seja, ser hipersensível a todas as informações sensoriais e ter muita dificuldade em amenizar essas impressões:

> Os RNs [recém-nascidos] podem perceber a dor com mais intensidade do que as crianças e os adultos, visto que as vias anatômicas, neurofisiológicas e hormonais já estão prontas ao nascimento, enquanto as vias capazes de inibi-la e reduzi-la não estão. Isso diminui a capacidade de modular a experiência dolorosa. A percepção da dor mostra-se ainda mais exacerbada em prematuros, como consequência da maior imaturidade das vias medulares descendentes inibitórias (Nazareth, Lavor e Souza, 2015, p. 36).

O organismo de um bebê prematuro funciona em subsistemas autorregulatórios e de equilíbrio referentes aos sistemas autônomos (respiração, pulso, coloração e digestão), motor (postura e movimento de membros), sono/vigília (choro, capacidade de se acalmar, esforço de atenção, olhos abertos e fixos). Assim, qualquer toque em seu corpo poderá desorganizar os subsistemas, ocasionando *stress* no bebê, podendo ser sentido como algo de grande desconforto – até mesmo um carinho materno. Uma troca de fralda, uma manipulação ou uma simples conversa numa hora em que o bebê não esteja disponível são passíveis de fazer marcas em seu psiquismo, marcas essas expressas mais tarde como uma recusa ao toque, ao carinho, às relações.

Numa UTI neonatal os pequenos bebês estão submetidos a vivências dolorosas e desagradáveis, como coletas de sangue, punções venosas, manipulações desconfortáveis e excessos de toda ordem (ruídos, barulhos, conversas, luminosidade, toques), principalmente em casos de UTIN's não humanizadas.

Ambulatórios de *Follow-up* vem mostrando que as crianças vindas de UTIN's cuja preocupação maior é a saúde física, sem nem ser cogitada a possibilidade do bebê ser mais do que isso, estão apresentando danos psíquicos como recusa ao contato com membros pulsionados – como dorso da mão, umbigo, pés e axilas –, tremores, sustos, choro excessivo quando sem roupas, horror ao banho e muita dificuldade em se tornarem independentes, mostrando-se frágeis nos contatos sociais ou "alienadas" ao que se passa ao redor.

Testagens em escalas NIPS[4] e NFCS[5] apontam uma alteração na resposta do prematuro frente a estímulos não dolorosos. Ou seja, o prematuro reage com sinais de dor e estresse mesmo quando o estímulo não é doloroso, como toque, troca de fralda ou luminosidade e barulho no ambiente. Segundo Nazareth, Lavor e Souza (2015), os eventos dolorosos podem desencadear reações adversas no desenvolvimento da criança. Alertam para o seguinte:

> A associação da dor causada por esses procedimentos com o ambiente estressor poderão impactar em sua qualidade de vida e desenvolvimento neuropsicomotor. Estímulos dolorosos agudos desencadeiam nos recém nascidos uma resposta global ao estresse que inclui modificação a nível cardiovascular, respiratório, imunológico, hormonal e comportamental. O desequilíbrio na fisiologia do organismo pode acarretar queda na saturação de oxigênio, aumento das frequências cardíaca e respiratória, além de consequências em longo prazo, como o comprometimento do crescimento, desenvolvimento, diminuição do limiar de dor, hiperalgia e alodinia (Nazareth, Lavor e Souza, 2015, p. 36).

Sizun et al. (2002) ratificam essa resposta inadequada à dor ao dizerem que há, no bebê prematuro, um sofrimento significativo

4 Escala de Dor no Recém-Nascido e no Lactente – Neonatal Infant Pain Scale.

5 Sistema de Codificação da Atividade Facial Neonatal – Neonatal Facial Coding System.

ocasionado pelos eventos dolorosos na UTI neonatal, que pode continuar como um padrão de resposta após a alta.

Puchalski e Hummel (2002) argumentam que a experiência repetida de dor, principalmente quando não há maturação dos sistemas de inibição à dor, pode alterar as estruturas cerebrais, alterando os padrões de respostas fisiológicas. Os autores evidenciam uma maior probabilidade destas crianças se tornarem adultos mais propensos a distúrbios emocionais e psiquiátricos relacionados à ansiedade.

Outros sintomas estudados por Puchalski e Hummel (2002) foram a diminuição sucessiva, ao longo dos anos, das reações comportamentais à dor nas crianças com longo período de exposição a dor intensa, seja por intervenção em UTI neonatal, seja por eventos cirúrgicos ou por outra causa dolorosa.

Embora a analgesia faça parte dos protocolos médicos, pouco se aplica em ambientes com bebês, especialmente prematuros. Acredita-se que a falta de verbalização sobre as sensações seja a grande dificuldade no manejo de procedimentos protetivos. Entretanto, protocolos de humanização para o controle da dor no prematuro, incluindo procedimentos farmacológicos e não farmacológicos (posicionamento, contenção, amamentação), já são descritos na literatura médica.

O PSIQUISMO E A EXPERIÊNCIA CORPORAL

Todo bebê humano nasce inacabado, desamparado do ponto de vista fisiológico, necessitando de cuidados de um outro semelhante para que possa sobreviver, para que possa ter satisfeita sua fome, sede e demais demandas fisiológicas. Nesta situação, estamos diante da demanda por uma ação específica que inicialmente só pode ser realizada por outra pessoa (Freud, 1895/1975). Dissemos, com isso, que todo bebê nasce prematuro do ponto de visto psíquico e biológico, desamparado, dependente e que esta condição, chamada por Freud (1895/1975) "desamparo primordial", é constitutiva do ser humano. Também estão na base da constituição subjetiva a "vivência de satisfação", fundamento de um "funcionamento psíquico normal", e a "vivência de dor", fundamento de um funcionamento psíquico patológico (Caropreso, 2009).

O bebê prematuro, assim como qualquer bebê a termo, nasce desamparado do ponto de vista orgânico e psíquico, necessitando de ações específicas que o tire dessa posição prematura e de relações que sustentem sua constituição psíquica.

A forma de expressão de um recém-nascido é seu corpo e sua comunicação e linguagens devem ser através dele compreendidas quando chora, se mexe, fixa o olhar, se aconchega, enfim, tudo é expressão. Pelo fato do bebê não verbalizar seu sofrimento pela linguagem oral, há uma falsa e perigosa ideia de que ele nada sente, ou que isso não repercutirá em seu desenvolvimento futuro, dado que seu cognitivo ainda não processa a memória como um adulto ou uma criança maior. No entanto, afirma Maria Ivone Lins (1997): "tudo o que é psíquico se desenvolve em constante referência à experiência corporal" (p. 01).

Separados dos pais para que suas vidas orgânicas sejam socorridas, os prematuros ficam à deriva em seus caos pulsionais, "invadidos" por registros sensoriais como toques desconfortáveis, agulhadas e barulhos que, segundo Lapierre (2002), "originais de nosso psiquismo, marcaram-nos profundamente" (p. 41). Ainda de Lapierre (2002), recortemos a assertiva de que a "primeira comunicação verdadeira da criança com outro ser humano que vai servir de base para a elaboração progressiva de todas as relações posteriores" (p. 43).

Segundo Anzieu (citado por Busnel, 1997), o registro tátil possui uma característica que o situa além da origem do psiquismo, pois lhe fornece o fundo mental sobre o qual os conteúdos psíquicos vão se inscrever, ou seja, "faz com que o aparelho psíquico se torne suscetível de ter conteúdos" (p. 128).

Enfim, se o psiquismo da criança se desenvolve a partir de suas experiências corporais, o que será que acontece àqueles bebês que começam suas vidas numa UTIN, sendo manipulados, furados, invadidos, manuseados?

Retomando o exposto na seção anterior, o que pensar dos bebês prematuros com vivência de UTI neonatal e que, no pós-alta, recusam o contato, reagem fugindo e evitando o toque, não encostam o calcanhar no chão, demonstram grande dificuldade em manter-se em posição ventral? Como localizar na teoria psicanalítica argumentos que nos oriente a enxergar esses sinais?

As consequências deste movimento de recusa podem estar para além das respostas fisiológicas colocadas na seção anterior. No aspecto do desenvolvimento psicomotor e da relação, pensemos que se não há possibilidade de contato com o calcâneo ou umbigo, não há também um andar adequado ou um engatinhar satisfatório. Com as mãos, a situação se mostra ainda mais delicada, posto que são elas, a rigor, local de relação e troca com o outro.

Como foi analisado na primeira parte, a experiência de dor tem como consequência o surgimento do afeto. Sua economia é apresentada por Freud (1895/1975) a partir da íntima relação entre as experiências no corpo do indivíduo e os traços mnêmicos que constituirão seu psiquismo. Afirma que uma primeira marca de um desprazer intenso resultante da recepção de grandes quantidades de excitação externa, quando reativada, ratifica a primeira sensação e obriga o psiquismo a estabelecer um mecanismo de fuga ou de descarga de energia na tentativa de desinvestir a representação do objeto, mecanismo esse chamado de defesa primária.

Ou seja, pelo texto de 1895, podemos entender que, diante de um primeiro estímulo doloroso, uma marca hostil irá se constituir e, quando novamente investida num segundo momento, o aparelho psíquico tenderá a se proteger deste reinvestimento operando mecanismos de fuga e evitação, exatamente os comportamentos que percebemos nos prematuros no pós-alta hospitalar.

Nos textos *Além do Princípio do prazer* (1920) e *Inibição, sintoma e angústia* (1926), entretanto, e apesar de muito pouca atenção teórica ser dada a essa mudança paradigmática, Freud retoma a "vivência de dor" colocando-a como ponto central dos processos do desenvolvimento psíquico e das neuroses e vinculando-a à angústia e à repressão. Leopoldo Fulgêncio (2004) afirma que "a noção freudiana estabelece que o trauma é um acontecimento de natureza psíquica, no qual o indivíduo está sujeito a uma excitação que não pode ser eliminada" (p. 260).

Em 1923, ao propor que o ego seria corporal, Freud (1923/1975) coloca a superfície do corpo como constitutiva da instância que se comunica com o meio externo. Assim, quando o meio externo agride repetidas vezes a superfície corporal, o ego se defende inibindo este contato com o exterior. Outra questão a se pensar é no ego tomando o próprio ego como objeto. No caso de eventos dolorosos, corre-se o risco do funcionamento psíquico entender que há, na própria constituição psíquica, algo a ser defendido, levando a criança a um estado de não investimento nos objetos da cultura.

Em 1926, na proposição da segunda teoria da angústia, Freud (1926/1975) nos mostra que é do ego a responsabilidade do sinal de angústia diante do reinvestimento por caminhos facilitados e representações que foram, em algum momento prévio, desprazerosos. No caso da prematuridade, o ego faria um esforço muito grande para manter as representações hostis da dor protegidas pelo sinal de angústia. Sabemos que, quanto mais energia o ego dispende para efetuar a contra-ocupação, menos catexia ele investe no meio externo. Ou seja, a experiência de dor no início da vida, num momento em que a criança ainda não tem o escudo protetor desenvolvido, pode levar a uma situação de intensa angústia e empobrecimento do ego nas relações com o outro.

CONSIDERAÇÕES FINAIS

Neste artigo, pretendeu-se retomar o percurso de Freud sobre os conceitos de dor e trauma nos textos *Projeto para uma psicologia científica* (1895), *Além do Princípio do prazer* (1920), *O Ego e o Id* (1923), *Inibição, sintoma e angústia* (1926), assim como na bibliografia secundária, apontando para a retomada pós 1920 da experiência de dor como "fundante" do psiquismo, refazendo toda a ideia de uma teoria pautada exclusivamente na sexualidade e na fantasia. Buscamos compreender o papel desempenhado pelas experiências dolorosas e traumáticas precoces no desenvolvimento psíquico segundo a teoria de Freud, além de refletir sobre as implicações das hipóteses desse autor para a questão do impacto da dor e do trauma sobre o desenvolvimento psíquico de bebês prematuros.

A partir da metapsicologia freudiana e da experiência com o atendimento de bebês prematuros em *Follow-up,* buscou-se uma articulação com a teoria que pudesse justificar o movimento de recusa ao toque e ao contato desses bebês prematuros por conta de suas vivências de dor no período de internação.

Diante do exposto, concluímos que é a partir das primeiras experiências traumáticas que as vivências posteriores irão suscitar estados de alerta e perigo, por se associarem afetivamente aos traumas iniciais. As consequências desse comportamento de recusa podem estar relacionadas, então, à constituição psíquica na medida em que a experiência de dor é fundante do afeto.

Com isso, alertamos para o risco psíquico das intensas vivências de dor no corpo do bebê no início de sua vida, pois tanto a medicina quanto a teoria psicanalítica apontam para um movimento de reações fisiopatológicas e de defesas patológicas primitivas.

Ainda diante de todo o exposto, ficamos com a reflexão que a psicanalista francesa Catherine Mathelin (1999) nos coloca: "Pode se furar o corpo se não se fura o simbólico" (p. 92).

Nossos esforços teóricos e práticos devem ser, portanto, no sentido de buscar maneiras de furar o corpo preservando a possibilidade simbólica.

REFERÊNCIAS

Busnel, M.-C. (1997). *A linguagem dos bebês: sabemos escutá-los?* São Paulo: Escuta.

Caropreso, F. & Simanke, R. T. (2006). A linguagem de órgão esquizofrênica e o problema da significação na metapsicologia freudiana. *Revista de Filosofia – PUCPR, 18*(23), 105-128.

Caropreso, F. (2009). Dor e desejo na teoria freudiana do aparelho psíquico e das neuroses. *Revista de Filosofia Aurora, 9*(2), 569-590.Recuperado em 04 de janeiro de 2012, de http://www2.pucpr.br/reol/index.php/RF?dd1=3450&dd99=view

Caropreso, F. (2010). *Freud e a natureza do psíquico.* São Paulo: Annablume.

Catão, I. (1999). Adoção pela palavra. *A mente do bebê: fascinante processo de formação do cérebro e da personalidade – interatividade e criação de vínculos sociais,*4, 42-47.

Figueiredo, L. C. (1999). *Palavras cruzadas entre Freud e Ferenczi.* São Paulo: Escuta.

Freud, S. (1975). Project for a scientific psychology. In *The Standard Edition of the Complete Psychological Works of Sigmund Freud.* Vol. 1 (pp. 283-387). London: The Hogarth Press. (Trabalho original de 1895).

Freud, S. (1975). The interpretation of dreams (Second Part). In *The Standard Edition of the Complete Psychological Works of Sigmund Freud.* Vol. 5 (pp. 339-621). London: The Hogarth Press. (Trabalho original publicado em 1900).

Freud, S. (1975). Beyond the pleasure principle. In *The Standard Edition of the Complete Psychological Works of Sigmund Freud.* Vol. 18 (pp. 3-66). London: The Hogarth Press. (Trabalho original publicado em 1920).

Freud, S. (1975). The ego and the id. In *The Standard Edition of the Complete Psychological Works of Sigmund Freud.* Vol. 19 (pp. 3-66). London: The Hogarth Press. (Trabalho original publicado em 1923).

Freud, S. (1975). Inhibitions, Symptoms and anxiety. In *The Standard Edition of the Complete Psychological Works of Sigmund Freud.* Vol. 20 (pp. 77-178). London: The Hogarth Press. (Trabalho original publicado em 1926).

Fulgêncio, L. (2004). A noção de trauma em Freud e Winnicott. *Naureza Humana 6*(2) 255-270, recuperado em 04 de janeiro de 2012, dehttp://www.winnicottnaturezahumana.com.br/modules/mastop_publish/?tac=27

Kimmerle, G. (2000). *Denegação e retorno: uma leitura metodológica de "Para além do princípio do prazer", de Freud.* Piracicaba: UNIMEP. (Trabalho original publicado em 1988).

Lapierre, A. (2002). *O Adulto Diante da Criança de 0 a 3 anos. Psicomotricidade relacional e formação da personalidade.* Curitiba: UFPR.

Lins, M. I. A. (1997). *O Corpo do Bebê.* Jornada sobre infância e adolescência na SPRJ.

Mathelin, C. (1999) *O Sorriso de Gioconda. Clínica psicanalítica com os bebês prematuros.* Rio de Janeiro: Companhia de Freud.

Nazareth, C. D.; Lavor, M. F. H. & Souza, T. M. A. S. (2015). Ocorrência de dor em bebês internados em unidade de terapia intensiva neonatal de maternidade terciária. *Rev Med UFC,55*(1), 33-37.

Puchalski M. & Hummel, P. (2002). The reality of neonatal pain. *Adv Neonatal Care, 2*(5), 233-44; quiz 245-7. Review.

Salles, A. C. T. C. (1992). A mãe e seu filho doente. In *Epistemossomática.* Vol. II. Belo Horizonte: Publicação do Departamento de Psicologia e Psicanálise do Hospital Mater Dei.

Simanke, R. T. (2007) *Mente, cérebro e consciência nos primórdios da metapsicologia freudiana: uma análise do "Projeto de uma Psicologia" (1895).* São Carlos: Edufscar.

Sizun, J.; Ansquer, H.; Browne, J.; Tordjman, S. & Morin, J. F. J. (2002). Pain. *Developmental care decreases physiologic and behavioral pain expression in preterm neonates, 3*(6), 446-50.

Capítulo 9

QUANDO A DOR CONSTITUI A PRIMEIRA EXTERIORIDADE

Ângela Maria Resende Vorcaro
Alexandra de Oliveira Martins
Ariana Lucero

O que nos interroga, nesse artigo, é o efeito da dor que afeta o neonato. Seguindo as asserções freudianas sobre o tema (1895, 1900, 1911, 1920), consideramos a vivência de dor em contraposição à experiência de satisfação, estabelecendo primariamente, a partir do próprio organismo, uma estruturação rítmica binária *apaziguamento (prazer) X tensão (desprazer)* constitutiva do mundo originário do bebê, matriz mínima para a organização da dimensão simbólica. São os efeitos dessas vivências que permitem a formação de uma primeira distinção dentro/fora, Eu/exterior na constituição psíquica. No entanto, enquanto experiência maciça sem a interpolação do apaziguamento (satisfação), a vivência intensiva da dor pode configurar-se como a primeira incidência da alteridade, capaz de comprometer o modo primário da tomada do campo em que o organismo está imerso, ou seja, o Outro, a realidade, a exterioridade.

Daí nossa interrogação, que partilhamos com o leitor, uma vez que esta pode presidir a intervenção clínica no laço mãe-bebê: em que medida o afeto pronunciado da experiência de dor é a orientação básica para o enquadramento do que faz alteridade ao bebê, caso tal experiência seja formatada como procedente do exterior? Em seu desamparo, a dor poderia, assim, ser tomada como dirigida, de fora, à sua consistência precária, apresentando-se com a ordem de grandeza de uma absoluta hostilidade do Outro?

SATISFAÇÃO E DOR

Para esclarecer essas assertivas, retomamos as primeiras experiências do neonato. A *experiência de satisfação (Befriedigung)*[1] e a *vivência de dor (Schmerzerlebnis)*[2], conforme definidas por Freud (1895/1995), estão muitos próximas e estabelecem o modo inicial de funcionamento do aparelho psíquico, conformando as matrizes sobre as quais este se constitui. Considerando os processos psíquicos inconscientes "os mais antigos e primários, remanescentes de uma fase do desenvolvimento em que eram os únicos existentes" (Freud, 1911/2004, p. 65), o psicanalista distingue, a partir da aspiração a obtenção do prazer, a tendência dominante a que tais processos obedecem: princípio de prazer e desprazer. A experiência de satisfação marca o aparelho psíquico com um traço que o conduz a ansiar recuperá-la; já a vivência de dor desencadeará uma defesa primária por meio da qual se inicia tanto a diferenciação do *Eu* quanto o franqueamento do acesso aos processos secundários que delimitam o campo em que este está imerso.

Apoiando-se na noção de quantidade (Q), que diferencia atividade e repouso, Freud (1895/1995)[3] estabelece o *princípio da inércia*, que especifica a tendência inaugural do organismo: manter inalterada a diferença entre atividade e repouso, aspirando libertar-se de Q, a despeito das quantidades endógenas incessantes e excessivas a que está submetido. Estas impõem grande trabalho ao aparelho psíquico, constituindo sua *mola pulsional*. Também as quantidades incidentes no organismo desde o exterior exigem o seu sistema reflexo: o aumento na sua quantidade causa desprazer sendo que, quando eliminado através da descarga motora, produz prazer.

Freud (1895/1995) diferencia, no aparelho psíquico, três grupos de neurônios:

[1] O termo *Befriedigung* corresponde à "satisfação", contém o mesmo radical de *Frieden* (paz) e, em geral, conotativamente equivale a "apaziguar" ou "aplacar". Aplaca o interior de inquietude (Hanns, 1996, p. 405).

[2] O termo *Schmerzerlebnis* corresponde à "vivência da dor" (Michaelis, 2009), mesmo que *Erlebnis* (vivência) não tenha seu conteúdo determinado racionalmente, conferindo ao conceito uma dimensão estética (Viesenteiner, 2013, p. 144).

[3] Para o aprofundamento da experiência de satisfação em Freud, cf. Lucero & Vorcaro (2009), que aqui retomamos parcialmente.

φ – responsável pela *percepção;*

ψ – responsável pela *memória*, e se divide em: *sistema ψ núcleo*, que recebe diretamente os estímulos endógenos; e *sistema ψ manto*, que recebe as informações do mundo externo a partir de φ;

ω – responsável pela *consciência*.

A *experiência de satisfação* implica que, diante da sensação de fome, o organismo responda com um esforço de eliminação, com o grito ou o debater-se, originalmente a única via de eliminação possível. Entretanto, tal esforço não diminui, por si mesmo, a tensão em ψ. Remover as quantidades, liberando-as do interior do corpo, requer uma *ação específica* que altere o mundo externo (como a provisão de alimento). Incapaz de produzir tal ação, o organismo depende da ajuda alheia atraída por seu grito de descarga. Na medida em que um outro ser humano possa interpretá-lo como apelo a ser respondido, o grito adquire a função de comunicação. Diante da efetiva resposta do outro, os dispositivos reflexos do organismo removem, então, o estímulo endógeno. A totalidade desse evento resulta na *vivência de satisfação*, com duas consequências essenciais:

1) no *sistema* ψ *manto*, os neurônios (α) são ocupados, correspondendo à percepção do objeto ("pessoa prestativa"). Estabelece-se uma facilitação entre essas ocupações e os neurônios do sistema ψ núcleo;

2) ainda no *sistema* ψ *manto*, outros neurônios (β) recebem sinalizações de eliminação dos excessos de quantidade, sentidas como prazer (em ω). Estas sinalizações se devem a que todo movimento, através de suas consequências laterais, dá lugar a novas excitações sensoriais (provenientes da pele e dos músculos) que produzem em ψ uma imagem de movimento.

No sistema ψ a associação por simultaneidade fundamenta as ligações entre os seus neurônios. Formam-se facilitações (*Bahnungen*) entre os neurônios ψ do núcleo e os neurônios ψ do manto e os próprios neurônios ψ do manto estabelecem facilitações entre si. Quando os neurônios α e β do sistema ψ do manto forem ocupados simultaneamente, a ocupação quantitativa de α passa para o neurônio β, formando uma facilitação na barreira de contato entre α - β.

A vivência de satisfação origina a facilitação entre as duas imagens recordativas (percepção do objeto (α) e imagem de movimento (β)) e entre elas e os neurônios nucleares. No reaparecimento do estado de urgência ou de desejo, a ocupação prossegue dos neurônios ψ do núcleo para as duas recordações, reativando-as. A imagem recordativa do objeto é a primeira a ser afetada pela ativação do desejo, ocasionando algo idêntico a uma percepção, equivalente a uma *alucinação*. Nesse caso, uma ação reflexa pode ser iniciada e o processo acabará em desilusão, uma vez que não haverá satisfação.

Facilitações que franqueiem a passagem do fluxo das quantidades permitem que essas percorram sempre os mesmos trilhamentos (*Bahnungen*), garantidos pela constante ocupação dos neurônios que impedem a propagação aleatória das quantidades. Assim, a própria necessidade vital impede que o aparelho psíquico conserve-se sem estímulos eliminando as Qs, como o primário princípio de inércia fazia vigorar. Impelida pela pulsão, a necessidade vital obriga o organismo a um armazenamento de Q que conserve os caminhos de descarga (eliminação), além de também buscar no mundo externo a ação específica que garanta a satisfação. Para evitar a alucinação, constitui-se, com o armazenamento de Q, a *função da atenção* ao mundo exterior e da consciência ligada a ele.

A totalidade das ocupações em ψ é nomeada por Freud (1895/1995) como *Eu,* distinguido como *Eu-prazer* (Freud, 1911/2004), do qual uma parte permanente – núcleo – pode separar-se de uma variável, o manto. Esse *Eu-prazer* passa a impedir processos psíquicos primários através de ocupações laterais, transformando-se no *Eu-real* (1911/2004), que impede que a imagem recordativa do objeto seja abundantemente ocupada, resultando, assim, em uma alucinação. Doravante, a ocupação de desejo não é tão intensa a ponto de iniciar uma eliminação, de tal forma que apenas uma percepção externa real teria quantidade suficiente para ativar esse circuito. Essa *inibição* operada pelo *Eu* possibilita o critério para a diferenciação entre percepção e recordação, mesmo que tal mecanismo por vezes falhe, quando o objeto de desejo é fartamente ocupado.

Freud (1895/1995) acreditava que a experiência biológica ensinaria o organismo a não ocupar as imagens recordativas desejadas acima de certa medida e a não iniciar a eliminação antes do aparecimento de um signo de realidade. Porém, tal signo se define pela própria notícia de eliminação (β), funcionando, na verdade, para alertar ψ para uma percepção, ou para sua ausência.

Fato é que uma nova percepção da realidade não coincide jamais com a recordação, sendo disfuncional a identidade entre elas que, nesse caso, dispensaria a função do *juízo*. Este, fundamentado nas experiências corporais, sensações e imagens de movimento, é que pode distinguir entre alucinação e presença real da satisfação.

Essa situação é exemplificada por Freud (1895/1995) considerando que (1) a *ocupação de desejo* é formada pelo neurônio *a* + neurônio *b*; (2) a *ocupação de percepção* é formada pelo neurônio *a* + neurônio *c*. Devido à insegurança em iniciar a eliminação enquanto os signos de realidade não concordarem com a totalidade da ocupação de desejo, o *complexo perceptivo* deve decompor-se em: (2.1) um componente neurônio *a*, que quase nunca muda e que passará a se chamar "a coisa" (*das Ding*); (2.2) um componente neurônio *b*, que sempre varia e será chamado de predicado, sua atividade ou atributo da *coisa*. A partir do neurônio *c* será perseguida a identidade para reencontrar o neurônio *b*. Em geral, o que se intercala entre o neurônio *c* e o neurônio *b* é uma imagem de movimento advinda de uma notícia de eliminação, e a percepção do objeto é visada pelo neurônio *a*. Assim, independentemente do objeto percebido, o aparelho psíquico perseguirá a imagem de movimento que corresponde ao prazer proporcionado pela vivência de satisfação, buscando atingir "a coisa" que permaneceria constante.

A vivência da satisfação não será uma sem um objeto, e toda atividade tem como meta encontrá-lo, mesmo que nesta procura encontre o que lhe é hostil:

> o Eu-prazer presente no início do desenvolvimento, quer introduzir tudo que é bom e expelir de si tudo que é mau. Inicialmente, para o Eu-prazer, não há diferença entre o mal, o que é estranho [*Fremd*] ao Eu e tudo aquilo que se situa fora do Eu. As três categorias são idênticas (Freud, 1925/2007, p. 148).

Em seu desamparo (*Hilflosigkeit*) e na condição de um organismo entregue ao cuidado do agente de sua maternagem (o outro, seu semelhante), o bebê será marcado pela *experiência da satisfação originária* e pela *vivência da dor*. Nas duas vivências, a descarga da tensão exercida pelos estímulos gera uma forma diferente de resolução.

Por conseguinte, no *Projeto para uma psicologia científica,* Freud (1895/1995) também apresenta a economia da dor, esclarecendo a propensão decidida do aparelho psíquico para fugir da dor, cujas causas precipitadoras devem-se ao aumento de quantidades: qualquer excitação sensorial tende a se transformar em dor quando a estimulação aumenta. A dor aciona tanto o sistema de neurônios impermeáveis quanto os permeáveis. Sem obstáculos a sua condução, a dor é o processo mais imperativo e, portanto, não pode ser negligenciada:

> Nessa primeira abordagem freudiana do estudo da dor, a oposição que está na origem do funcionamento do aparelho neurônico e do acontecer psíquico não é a oposição entre *Lust* e *Unlust* (Prazer e desprazer), mas a oposição entre Prazer (*Lust*) e Dor (*Schmerz*), enquanto dois modelos com formas diferentes de resolução da tensão que invade o psiquismo. A experiência de satisfação é regida pela experiência do prazer-desprazer, que essencialmente consiste no aumento e na redução e descarga da tensão gerada pelos estímulos. Na experiência da dor, a resolução da tensão criada pelo excesso dos estímulos não se faz pela descarga que gera o prazer, mas pelo processo de ligação da energia ligada, que enquanto desligada é uma ameaça para integridade do Corpo e do Ego (Rocha, 2011, p. 8).

Com efeito, Freud (1895/1995) supõe a situação em que um Outro aparece para apaziguar a vivência de dor, efetuando a ligação desse excedente, que bem pode advir do interior do organismo – como no investimento da imagem de objeto de satisfação sem que esta efetivamente lhe suceda –, como pode vir de fontes externas. Afinal, assim como o bebê precisa da ajuda alheia para se alimentar, precisa dela para aplacar a dor, de modo que o outro também é o primeiro *objeto hostil*, pois aparece como uma das facilitações resultantes dessa experiência. Novamente temos que o objeto em si, aquilo que provocou a dor, permanece inacessível, mas são os efeitos dessa experiência que deixarão marcas e "atributos" ao objeto, com o qual o neonato deverá se relacionar para retornar a uma certa constância. O *Nebenmensch* (próximo auxiliar) na função de mediação das experiências com o *bom* (que traz apaziguamento) ou o *mau* (que aumenta a tensão) objeto contribui para que o acesso ao objeto seja impedido – *defesa primária* que participa da construção do princípio de realidade, tal como o concebemos na psicanálise, distante de toda determinação biológica.

Como vimos acima, Freud (1895/1995) considera a economia psíquica em que a energia que afeta o organismo tenderia a percorrer o caminho neuronal já demarcado, enquanto novos caminhos impõem resistência. Essa facilitação, dependente da intensidade da impressão recebida e da frequência da repetição dessa última, franquearia uma espécie de memória, na medida em que reproduz o percurso já realizado. Entretanto, como salientamos, na imaturidade de seu psiquismo, o bebê não possui meios de uma satisfação autônoma, e a sensação de prazer será então alucinada pela memória da primeira experiência de satisfação:

> Nesse estado, de modo análogo ao que ainda hoje ocorre todas as noites com nossos pensamentos oníricos, o pensado (o desejado) apresentava-se simplesmente de forma alucinatória. Foi preciso que não ocorresse a satisfação esperada, que houvesse uma frustração, para que essa tentativa de satisfação pela via alucinatória fosse abandonada. Em vez de alucinar, o aparelho psíquico teve então de se decidir por conceber [*vorsustellen*] as circunstâncias reais presentes no mundo externo e passou a almejar uma modificação real deste. Com isso foi introduzido um novo princípio da atividade psíquica, não mais era imaginado [*vorgestellt*] o que fosse agradável, mas sim o real, mesmo em se tratando de algo desagradável. Essa instauração do princípio da realidade mostrou-se um passo de importantes consequências (Freud, 1911/2004, p. 66).

Na medida em que reencontra a ação específica, os órgãos sensoriais voltam-se mais para o exterior e o organismo faz uma busca periódica no mundo externo, antecipando-se, e assim prevenindo-se da ocorrência da necessidade: "a consciência além de captar as qualidades de prazer-desprazer, as únicas que interessavam até então, aprendeu também a captar as qualidades sensoriais" (Freud, 1911/2004, p. 66). Ora, voltar-se para o exterior é abrir-se a estímulos desconhecidos e potencialmente geradores de desprazer, até mesmo de dor. Um sistema de notações armazena os resultados assim colhidos, franqueando o acesso ao agente materno, *humano ao lado*, ou *a pessoa prestativa*, que Freud (1895/1995) denominou de *Nebenmensch*.

Até então, as representações mentais geradoras de desprazer eram excluídas do processo de investimento de cargas, sendo recalcadas e, por isso, eram inacessíveis à consciência. E isso pode permanecer dessa forma caso a vivência de dor, em especial, advinda de estímulos externos, supere as experiências de satisfação. Afinal, o que faria com que o neonato se voltasse para o exterior se este já o atinge de forma intempestiva? A partir da maior atenção à realidade, tal processo primário de recalque pode ser substituído pela *avaliação do juízo* que, comparando as impressões percebidas com traços de lembrança, pode decidir se uma representação é alucinatória ou efetivamente presente na vivência:

> A função de emitir juízos se refere basicamente a duas questões: decidir se uma coisa [*Ding*] possui ou não certa característica e confirmar ou refutar se a representação [*Vorstellung*] psíquica dessa coisa tem existência real. Quanto à característica a ser atribuída ou não à coisa, diremos que, na etapa inicial do desenvolvimento, sua qualidade pode ser boa ou má, útil ou danosa. Exprimindo na linguagem mais antiga dos impulsos pulsionais orais: "Isso eu quero comer, isso eu quero expelir para longe de mim" ou de forma mais abrangente "isso eu quero colocar dentro de mim e isso eu quero pôr para fora, ou seja, deve estar dentro ou fora de mim" (Freud, 1925/2007, p. 148).

O alívio do aparelho psíquico da sobrecarga de estímulos, que operava por meio da remoção motora de estímulos desprazerosos utilizando inervações enviadas para o interior do corpo (mímica, exteriorização das emoções), pode, agora, ser postergado. Na medida em que o aparelho suporta melhor a tensão, o processo de pensar é viabilizado, transformando cargas de investimento livremente deslocáveis em cargas de investimento ligadas. O pensar, que na origem dirigia-se às relações entre impressões deixadas pelo objeto, apenas ultrapassando o ato de visualizar mentalmente, é utilizado agora para modificar, com eficácia, a realidade: "adquiriu qualidades perceptíveis a consciência por meio da fixação [*Bindung*] a restos de palavras" e "transformou-se em agir" (Freud, 1911/2004, p. 67). Com a instauração do princípio de realidade, o fantasiar, nova atividade do pensar, exclui-se da avaliação do juízo, ou seja, do teste de realidade:

> A experiência ensinou à psique que não é somente importante saber se uma coisa [*Ding*] (objeto de satisfação) possui uma qualidade "boa", isto é, se merece ser acolhida no Eu, mas também se ela está presente no mundo externo, de modo a que seja possível apoderar-se dela conforme surja a necessidade [*Bedürfnis*]. Para melhor compreender esse desenvolvimento, devemos nos lembrar que todas as representações mentais [*Vorstellungen*] se originaram de percepções e, de fato, elas são repetições [*Wiederholung*] dessas

> últimas. Dessa forma, a própria existência de uma representação [*Vorstellung*] já é, na sua origem, uma garantia da realidade do representado. Assim, a oposição entre subjetivo e objetivo não existe desde o início. Ela somente se estabelece pelo fato de o pensar possuir a capacidade de novamente presentificar, através da reprodução no imaginar [*Vorstellung*] algo que já foi uma vez percebido, isto é, pode-se imaginar o objeto sem que ele precise estar presente no mundo externo. O primeiro e mais imediato objetivo do teste de realidade não é, então, encontrar na percepção real um objeto correspondente ao que foi imaginado [*Vorstellt*], mas *reencontrá-lo,* certificar-se de que ele ainda permanece (Freud, 1925/2007, p. 149).

De fato, por paradoxal que possa parecer, a capacidade de alucinar/fantasiar é essencial para a constituição do princípio de realidade. A própria questão da dor, enquanto advinda de estímulos externos, dará lugar a uma discussão sobre o trauma e a perda do objeto em que a angústia terá um papel fundamental na clínica com bebês.

ANGÚSTIA E DOR

A precedente constatação, explicitada na citação acima, leva Freud (1926/2014) a afirmar que o traumático em jogo no início da vida não é a situação de perigo que o bebê vive, mas "a da perda da percepção [do objeto], que é equiparada à perda do objeto" (p. 121), uma vez que o apelo do bebê se articule à presença/ausência do agente materno, ou seja, já diferenciado da situação do nascimento, momento em que não "havia objeto que pudesse fazer falta" (p. 121). Depois disso, com a vivência de satisfação proveniente da ação específica, o bebê localiza no objeto *mãe* a necessidade de seu reencontro, produzindo *anseio.* E ressalta: "a essa novidade devemos relacionar a reação da dor. Portanto, a dor é reação propriamente dita à perda do objeto, e a angústia, ao perigo que essa perda traz consigo e, em deslocamento posterior, ao perigo da perda do próprio objeto" (p. 121).

Ao diferenciar a reação de dor presente no nascimento daquela da angústia como o perigo implicado na perda de um objeto, Freud (1926/2011) aponta o desespero do bebê de colo que avista, em lugar da mãe (seu primeiro objeto), uma pessoa desconhecida. Angústia e dor estão presentes nesse desespero, ou seja, confluem várias coisas aí que depois serão diferenciadas. Nesse momento, o bebê não seria capaz de distinguir entre a condição temporária da ausência e a situação duradoura da perda. Por isso,

> são necessárias repetidas experiências contrárias, consoladoras, até que ele aprenda que a mãe sempre costuma reaparecer. Ela faz amadurecer esse reconhecimento com a familiar brincadeira de ocultar-lhe o rosto para novamente mostrá-lo, para a alegria do bebê. Então ele pode, digamos, sentir anseio que não é acompanhado de desespero (Freud, 1926/2014, p. 120).

A experiência de distanciamento do agente materno é situada por Freud (1926/2014, p. 85) como primeiro marco da série psíquica das separações, em que as repetidas experiências de aproximação e afastamento franquearão a distinção entre o *desespero primário* e o posterior *estado de anseio*. Ressaltamos que essas brincadeiras, a despeito de serem, em geral, entoadas de formas diversas, sempre marcam o registro de um desaparecimento (*cadê?*) e de um reencontro (*achou!*).

Desta forma, o usufruto do balizamento simbólico demarcado pela alternância dos estados de desprazer e prazer franqueia a antecipação de prazer ou de desprazer passíveis de serem experimentados pelo próprio *infans*. O exercício da antecipação, quando não coincidente com a atualização da experiência, produz uma precipitação subjetiva como efeito do próprio funcionamento binário sem garantias: por mais binário que seja não é maquínico, porque tal funcionamento está submetido às discordâncias entre o agente da satisfação e o neonato. Depois de balizado pelo exercício alternante do desaparecimento-retorno do agente materno já relacionados ao desprazer e ao prazer, o próprio neonato reengaja-se nessa estrutura simbólica, manifestando-se para fazer vigorar o exercício alternante da oposição entre dois estados que se remetem e se convocam biunivocamente no usufruto da vida. A dimensão de antecipação entre duas escansões, que coagem o sujeito a precipitar-se, sustenta a continuidade entre elas, posto que situa-se entre o risco do atraso (*havia algo aí, estava aí e não está mais*) e o risco de adiantamento (*um pouco mais ele estava, por haver podido ter estado lá*), que implicariam, ambos, em o sujeito perder a possibilidade de afirmar-se *a tempo* de manter o próprio balizamento dado pela articulação prazer/desprazer sem esvair-se. Entre essas duas escansões o sujeito neonato incide imediatamente. Precipita-se em concluir na pressa, num momento de eclipse em que a certeza do sujeito é impelida pelo ato de engajamento na asserção antecipada (Lacan, 1945/1998). Desde então, ele mesmo poderá dirigir a cena, operando sobre sua modalização do tempo de espera da satisfação e da sua capacidade de suportar a tensão.

Tal engajamento da criança depende, necessariamente, da sustentação do reconhecimento recorrente da sua manifestação por um sujeito, agente materno encarnado, também agente do campo simbólico (o Outro), que oferece o testemunho de que compareceram vestígios de um sujeito no organismo, concatenados aos atos de cuidado. Afinal, por mais que ambos possam comparecer indistintos, as precipitações do neonato passam a ter vigência simbólica porque se diferenciam e servem ao laço social. Em posição dissimétrica ao bebê, a fala da mãe reduz sua prosódia a um circuito privado, como se verifica no *manhês*[4], mas, ao mesmo tempo, faz operar a substituição significante para intermediar os corpos de ambos na concatenação que reconhece e articula um traço de sujeito. A complementaridade imaginária em que a mãe se ataria ao bebê é assim ultrapassada.

Nesse momento, a alteridade presentificada pela mãe se distingue do que ainda lhe causa estranheza, mostrando que a satisfação do bebê está apensa ao outro. Também para Lacan (1959-60/2008):

> é por intermédio desse *Nebenmensch*, como sujeito falante, que tudo o que se refere aos processos de pensamento pode tomar forma na subjetividade do sujeito... se o homem chega a pensar a ordem simbólica, é por estar primeiramente aprisionado nela em seu ser. A ilusão de que ele a formou com sua consciência provém de ter sido através de uma hiância específica de sua relação imaginária com o semelhante que ele pôde entrar nessa ordem como sujeito. Mas ele só pôde fazer essa entrada pelo desfilamento radical da fala, ou seja, o mesmo do qual conhecemos, no jogo da criança, um momento genético, mas que, em sua forma completa, reproduz-se toda vez que o sujeito se dirige ao Outro como absoluto, isto é, como o Outro que pode anulá-lo,

4 Um sólido estudo sobre o *manhês* é encontrado em Ferreira, S. S. (2011).

> do mesmo modo que pode agir sobre ele, isto é, fazendo-se objeto para enganá-lo (p. 53).

Lacan (1962-63/2005) esclarece que não há angústia no ritmo nem na alternância da presença-ausência da mãe: "A prova disso é que a criança se compraz em renovar esse jogo de presença-ausência. A possibilidade da ausência, eis a segurança da presença" (p. 64). É essa falta que será transformada em desejo.

O circuito desse jogo foi esclarecido por Lacan (1961-62/2003) ao ressaltar a necessidade da escansão operada pela ausência para a constituição da percepção e destacamento de um objeto qualquer do mundo humano. Ele salienta a função do desaparecimento entre os dois momentos de *atirar* um objeto e *recuperá-lo*. Sem esse desaparecimento, nada pode se formar no plano da imagem, sendo necessário esclarecer a relação entre o "*é*" que une as duas aparições do objeto e seu desaparecimento intermediário, que, no plano imaginário, parece causá-lo. Não há assunção espontânea, pelo sujeito, da identidade das duas aparições, todavia, diferentes. Este "*é ele", "é ainda ele"* dá à experiência mais simples da identificação o modelo e o registro. *Ele*, e depois, *ainda ele*: existe aí a visada do ser no "*ainda ele*", no mesmo ser que aparece. Assim, no campo imaginário, o suporte do ser é rapidamente concebível.

A insistência em reencontrar o objeto perdido da primeira satisfação (*das Ding*) é destinada ao fracasso que não dissipa a persistência. Recorrendo a objetos substitutos (*die Sache*), sem cessar, o bebê constitui o mundo dos objetos: "o que não aconteceu da maneira que teria sido conforme o desejo é anulado por sua repetição sob uma outra forma, a isso se acrescentam então todos os motivos para insistir nessas repetições" (Freud, 1926/2014, p. 58).

Para Freud (1907/1969), há sempre uma diferença entre a impressão mnêmica original e a lembrança referente a ela, que só modificada entra na consciência, por força do recalque. A compulsão à repetição indica o fracasso do recalcamento, apresentando-se, ao mesmo tempo, como medida de defesa diante desse fracasso. Não podemos situar o sujeito sem a hipótese desse inevitável da repetição (Freud, 1937/1969). A hipótese freudiana de que a compulsão a repetir operaria como insistência em capturar e fixar esses traços mantém seus argumentos desenvolvidos em 1895, 1896, 1900, 1915, na tese de que a memória se presentifica de modo múltiplo, sendo registrada em diferentes espécies de signos e estando sujeita, de tempos em tempos, a uma reordenação de seus registros, segundo novas circunstâncias. Assim, o *mecanismo psíquico* seria gerado devido às estratificações sucessivas a que o registro psíquico está submetido: "De tempos em tempos, o material presente na forma de traços mnêmicos [*Erinnerrunsspuren*] sofre uma reorganização, uma reescrita, a partir de novas relações" (Freud, 1896/2016, p. 274). Sucessivos registros representam, de modos distintos, a realização psíquica em diferentes épocas. Na fronteira entre esses registros haveria uma tradução do material psíquico:

> Cada reescrita sobreposta [*Überschrift*] posterior inibe a anterior e desvia seu processo excitatório. Onde quer que falte a escrita sobreposta posterior, a excitação é resolvida de acordo com as leis psicológicas vigentes no período psíquico anterior e segue pelos caminhos disponíveis naquela ocasião. Dessa maneira, subsiste um anacronismo: numa determinada província ainda vigoram os "*fueros*"[5], "sobrevivências" acontecem. A fada da tradução [die *Versagung der Übersetzung*], é isso que clinicamente se chama "recalcamento" (Freud, 1896/2016, p. 37).

Nesse equacionamento do mecanismo psíquico, Freud (1896/2016) posiciona inicialmente os neurônios (*W*) geradores de percepções [*Wahrnehmungs*] que, a despeito de terem sido conscientes ao acontecerem, não conservam nenhum traço, posto que consciência e memória se excluem. A primeira transcrição (*Ws*) das percepções [*Wahrnehmungszeichen*] seria formada a partir das percepções que colidem com o aparelho psíquico. Neste primeiro registro, as percepções estão dispostas conforme associações por simultaneidade. Seus traços são ainda logicamente anteriores ao registro do inconsciente. Um segundo registro (*Ub*), inconsciente [*Unbewusstsein*], estaria disposto de acordo com outras relações, talvez causais. O pré-consciente [*Vorbewusstsein*] seria relativo à transcrição, terceiro registro (*Vb*), ligado às representações verbais, correspondente ao Eu. Enfim, a consciência [*Bewusstsein*], é um quarto registro (*B*), também disposto de acordo com regras de transposição.

[5] Um *fuero* era uma província em que vigorava uma antiga lei espanhola que garantia privilégios perpétuos.

A despeito da precocidade desse esboço, continuamente as asserções freudianas sustentaram que a representação inconsciente se refere a um material que permaneceria desconhecido, enquanto a representação pré-consciente estaria conectada a representações-de-palavra, *resto-de-recordação da palavra ouvida*. A criação de elos e intermediações por *ligações com representações verbais* conduziria o material inconsciente à consciência:

> os processos de pensamento, i.e., os atos de investimento de carga mais distantes das percepções [*Wahrnehmungen*], em si não tem qualidade e são inconscientes, só atingindo sua capacidade de se tornarem conscientes pela união com os resíduos das percepções-de-palavra (Freud, 1915/2006, p. 49-50).

O modo de o aparelho psíquico capturar e enlaçar cargas psiquicamente para processá-las[6] implica o que Freud (1915/2006) identifica como tradução entre registros psíquicos por meio das ligações com representações-de-palavra. A falha de tal transposição localiza elementos que não foram alçados e que manter-se-iam recalcados. Esses lugares de falha foram considerados como "*fueros* sobreviventes" que insistem como traumas, que provocam uma grave perturbação e acionam mecanismos de defesa, colocando o princípio de prazer fora de ação. Essa noção parece ter sido contemplada quando Freud (1915/2004) supõe a existência de uma primeira fase do recalque, que denomina recalque original:

> Temos razões para supor que exista uma primeira fase do recalque, um recalque original, que consiste em interditar ao representante [*Repräesentanz*] psíquico da pulsão (à sua representação mental

[6] Efetivamente, há muitos anos Freud (1897/2006) delimitara modalidades pelas quais essa tentativa de capturar e enlaçar pode proceder. Este é o caso da fantasia, cujo material remonta a percepções muito remotas, captadas "*dos seis ou sete meses em diante!*" (p. 293), combinando "*coisas experimentadas e coisas ouvidas, acontecimentos passados (da história dos pais e dos ancestrais) e coisas que a própria pessoa viu*" (p. 297). Como *estruturas protetoras*, as fantasias seriam erigidas como "*fachadas psíquicas construídas*" para "*obstruir o caminho das lembranças*", servindo para "*aprimorá-las ou sublimá-las*" (p. 296). Essas fantasias tornariam inacessíveis as lembranças das quais os sintomas emergiriam, por meio de "*fusões e distorções*" que falsificariam a memória por um processo de "*fragmentação*", que excluiria relações cronológicas. Depois, juntar-se-ia a um fragmento da experiência auditiva um fragmento de cena visual, sendo assim transformado numa fantasia, enquanto o fragmento restante é ligado a alguma outra coisa. Entretanto, o aumento de sua intensidade ameaçaria irromper na consciência, provocando seu recalque e produzindo sintoma (p. 301-302).

> [*Vorstellung*]) a entrada e admissão no consciente. Esse recalque estabelece então uma *fixação* e a partir daí o representante em questão subsistirá inalterado e a pulsão permanecerá a ele enlaçada (p. 178-179; itálico do autor).

Além dessa *fixação*[7], o recalque original "exerce atração sobre tudo com que estabelece conexão" (Freud 1915/2004). Um contrainvestimento de carga, que implica dispêndio constante, sustenta e garante a durabilidade do recalque original. Freud (1926/2014) especificou o recalque original (*Urverdrängt*), considerando "inteiramente verossímil que fatores quantitativos como a intensidade hipertrófica da excitação e a ruptura da proteção contra estímulos constituam as ocasiões imediatas das repressões primordiais" (p. 90). Enfim, considerando o perigo que o escoamento livre imporia ao organismo, o recalque original seria um primeiro aprisionamento de uma representação ao fluxo livre de energia libidinal. Ele atrai novas representações substitutas também recalcadas, que se conectam a ele, formando uma cadeia de representações interligadas (Hanns, 1996). Portanto, Freud supõe no recalque originário uma espécie de saber acéfalo que está recalcado desde a origem[8] e que preserva o organismo da força excessiva de excitação.

Considerando essas asserções freudianas, podemos seguir a hipótese de Lacan (1961-62/2003) de que os signos (indicações) de percepção [*Wahrnehmungszeichen*], localizados anteriormente ao estabelecimento do sistema inconsciente, seriam marcas que perderam seu conteúdo para subsistir como um simples traço, apenas indicativo de ultrapassagens da condição homeostática do aparelho. De cada experiência capturada, restaria apenas essa cunhagem que comemoraria a diferença – e não o reencontro – em relação à regência do princípio de prazer.

7 É necessário sublinhar que a noção freudiana de fixação refere-se geralmente ao fato de todo sujeito manter-se ligado a tipos arcaicos de objeto, de satisfação ou em uma estrutura da atividade de certa fase. Entretanto, por desempenhar papel predominante na etiologia de diversos distúrbios psíquicos, a fixação foi localizada por Freud na origem do recalcamento, que a considerou como recalcamento primário, que condiciona o recalcamento propriamente dito, só possível pela ação conjunta de uma instância superior e de uma atração do que previamente tinha sido fixado. A noção de fixação das representações é correlativa a de uma fixação da excitação nelas (cf. Laplanche & Pontalis, 1970, p. 251-254).

8 Freud (1915/2004) chegou a considerar também um elemento constitucional da fixação, como as disposições herdadas, restos de aquisições dos antepassados.

Dessa forma, o que Freud (1895/1995) distingue como perda do objeto da satisfação é retomado, por Lacan (1969-70/1992), a partir da perda de plenitude do usufruto de um gozo que ultrapassa o nascimento, já que sua continuidade é, num primeiro tempo, ao menos simulada pelo agente materno, que "permite ao gozo ousar a máscara da repetição" (p. 73-74). Tal perda é marcada pelo traço que representa essa perda de *identidade de percepção,* pois o *infans* é subsumido pelo significante do Outro, que demarca uma perda, e não a consistência do que teria sido a primeira satisfação.

Assim, a notícia da marca da alteridade inscreve-se no corpo e é alçada por significantes que substituem a condição vital anterior. Mas o vivente engaja-se na rede significante mantendo um resto, que o mobiliza a assimilar um saber na linguagem que o aparelha. Resíduo de gozo sobrevivente do encontro com o campo significante, sua função será a de sustentar e mobilizar o desejo que não se dirige a seu suposto alvo, mas sim ao resto constituído pela relação do sujeito com o Outro, distinguido como o "objeto causa de desejo" (Lacan, 1962-63/2005).

Os objetos pulsionais são buscados nos encontros com o outro, que referencia o *infans* quanto a sua imagem e, portanto, quanto a seu eu. Esses objetos introduzem a dialética do sujeito do inconsciente, em que o sujeito inapreensível pode se inscrever no campo do Outro para aí subsistir (Lacan, 1968-69/2008).

Considerando a asserção freudiana de que o inconsciente busca a *identidade das percepções*, o fracasso de tal busca é ressaltado por Lacan (1961-62/2003), pois é justamente o idêntico que sempre faltará. Toda reaparição do significante que responda ao traço original faltará sempre a qualquer significante que venha representá-lo. Afinal, nessa marca que se apresentou no momento do recalque original que funda o inconsciente insistem as coisas recebidas do mundo exterior. Entretanto, *elas só podem ser ligadas sob uma forma significante* e, assim, o sujeito só pode recebê-las em sua diferença, que é o que, na linguagem, o define. Manejando o valor do índice determinante a partir do significante primário, novas significações dialetizarão a relação do desejo com o Outro (Lacan, 1964/1988).

DESPRAZER E DOR

Para retornar a nossa interrogação sobre os efeitos da vivência preponderante da dor nos primórdios da vida psíquica, tentemos melhor especificar a quê nos referimos. Trata-se das situações em que o neonato ou o bebê estão afetados de modo preponderante pela dor, mesmo que esta não impeça sua sobrevivência. Bebês com doenças graves causadoras de sofrimento, acometidos pela dificuldade intensa de dormir, os que sofrem de graves refluxos gastrointestinais ou que choram na maior parte do tempo evitando ou demonstrando a impossibilidade de serem aliviados pelo seu cuidador, estariam aí incluídos. Nesses casos, podemos considerar que o afeto da dor pode ser tomado como o primeiro elemento que faz incidência na experiência infantil. E, com relação a isso, Freud (1926/2014) afirma que sabemos pouco sobre a dor:

> O único fato de que há certeza é que a dor – inicialmente e por via de regra – nasce quando um estímulo que ataca na periferia rompe os dispositivos que protegem contra estímulos e passa a agir como um estímulo instintual constante, diante do qual são impotentes as ações musculares normalmente eficazes, que subtraem aos estímulos o local estimulado. Se a dor não vem de um ponto da pele, mas de um órgão interno, nada muda na situação; apenas sucede que uma porção da periferia interna tomou o lugar da externa. Obviamente, a criança tem oportunidade de passar por experiência de dor desse tipo, que são independentes de suas experiências de necessidades. Mas essa condição para o surgimento da dor parece ter bem pouca semelhança com uma perda de objeto, e, além disso, o fator essencial para a dor que é a estimulação periférica falta completamente na situação de anseio da criança. E, contudo, não é desprovido de sentido que a linguagem tenha criado o conceito de dor interna, psíquica, e que compare à dor física o sentimento de perda de objeto (p. 121-122).

Essa dor avassaladora, que atinge o organismo como um *raio* (Freud, 1895/1995), passa por cima do sistema percepção-consciência (φ) e atinge o aparelho psíquico (ψ) de forma direta. Essa energia desligada é perigosa e não pode ser localizada no corpo como passível de ser apaziguada por uma ação específica, como aconteceria com um desprazer corriqueiro. É um excesso de tensão que, independentemente da fonte (interna ou externa), será *projetada* para o exterior, causando uma *aversão* a manter catexizada a imagem mnêmica hostil – que, lembremos, associa-se ao mesmo *Nebenmensch*.

Alertado pela sugestão verbal de Ferenczi de *levar em conta a influência da enfermidade orgânica sobre a distribuição da libido* (p. 103), Freud (1914/2004), primeiramente, lança o seguinte comentário:

> Todos sabemos e consideramos natural que o sujeito atormentado por uma dor orgânica e por incômodos diversos deixe de se interessar pelas coisas do mundo exterior que não digam respeito ao seu sofrimento. Uma observação mais acurada nos mostra que ele também recolhe seu interesse libidinal dos objetos de amor e que, enquanto estiver sofrendo, deixará de amar... "A alma inteira encontra-se recolhida na estreita cavidade do molar"... As pessoas acham esse egoísmo [do doente] natural, porque sabem que em situação semelhante se comportariam da mesma forma (p. 103-104).

O psicanalista remete-se ao imenso trabalho psíquico que serve ao escoamento interno de excitações que não podem ser removidas por meio de ações mecânicas. O estado de excitação é explicitado a partir do protótipo dos órgãos genitais, como demonstram as zonas erógenas em outras partes do corpo que podem "comportar-se de maneira análoga a eles" (Freud, 1914/2004, p. 105). Tal processo implica em alteração ou represamento de investimento da libido no Eu, o que é sentido como desprazer, mas que, assim, pode alavancar "um novo esforço de anexar libido aos objetos" (p. 107), em condições distintas do investimento primário.

Essa lógica freudiana nos permite ultrapassar as formulações que consideram o fechamento autístico com seu funcionamento compulsivo em relação a objetos inusitados como mera estereotipia, para situá-lo como esforço psíquico de processamento de uma estimulação endógena aterradora. Mais ainda, o gozo autístico articulado ao desprazer, nesse funcionamento, talvez nos informe sobre a potencialidade de uma erótica específica que, além de amortecer a invasão da exterioridade, imanta a dor, tornando-a suportável e até mesmo requerida e provocada (como nos ataques ao próprio corpo).

As ocorrências excitatórias provenientes do próprio corpo deixam no psiquismo traços duradouros, vestígios de lembranças como fundamento da memória que são mais fortes e permanentes quando não atingem a consciência (Freud, 1920/2010). Ou, nos termos do *Projeto*, quando passam direto pelos neurônios perceptivos-conscientes (φ). Considerando que a substância vivente flutua num mundo externo carregado de energias, Freud (1920/2006) supõe nela a presença de uma camada cortical protetora que impede o seu mero aniquilamento, ao mesmo tempo em que tal camada é receptora e amortecedora de estímulos. Esse invólucro ou membrana especial detém a estimulação bruta, reduzindo sua intensidade à fração propícia para penetrar nas camadas adjacentes, permitindo que estas possam receber e tratar eficazmente os estímulos externos assim amortecidos. Nos organismos altamente desenvolvidos, "são os órgãos dos sentidos que contém, no essencial, dispositivos para a recepção de estímulos específicos, mas também mecanismos especiais para ainda proteger contra excessivos montantes de estímulos e deter espécies inadequadas de estímulos" (p. 189-190). Tal camada, entretanto, é impotente para lidar com os estímulos recebidos de dentro do próprio organismo, que se propagam de forma direta e não atenuada no sistema, na medida em que determinadas características de seu curso produzem a série das sensações prazer-desprazer. Indiciando ocorrências interiores, essas sensações serão mais fortemente prevalentes e, ante um excessivo aumento do desprazer, exigirão a adoção de condutas:

> Haverá uma tendência de tratá-las como se agissem a partir de fora, e não de dentro, para poder usar contra elas os meios defensivos da proteção contra estímulos. Essa é a origem da projeção, destinada a ter um papel importante na causação dos processos patológicos (p. 191).

A projeção tem uma apresentação regular em outras condições da vida psíquica e cumpre diferentes papeis: "uma percepção interna é suprimida e, em substituição, seu conteúdo vem à consciência, após sofrer certa deformação, como percepção de fora" (Freud, 1911/2010, p. 88).

Freud (1923/2007) reconhece que todas as percepções vindas de fora (percepções sensoriais) ou de dentro do corpo (sensações e sentimentos) são, de início, percepções conscientes: "mesmo que originem-se do interior do aparelho tentarão converter-se em uma percepção externa, por meio de traços-de-lembrança" (p. 33). Os investimentos nesses resíduos de memória, contíguos ao sistema pré-consciente/consciente, podem, a partir do interior, propagar-se alcançando elementos deste sistema. Assim, caso as quantidades de investimento passem inteiramente ao elemento perceptivo, uma alucinação não se distinguirá da percepção.

Uma investigação que estabeleça a articulação entre a percepção interna e o Eu é necessária. Por implicar a premência de mudança em alto grau, o desprazer é mais primordial e elementar que as percepções externas, podendo desenvolver força impulsora, sem que a pressão seja notada pelo Eu, a não ser que uma resistência se imponha à descarga. As mal conhecidas percepções internas, vindo simultaneamente de lugares diversos (tais como as externas), podem ter qualidades diversas e opostas. Enquanto o prazer torna-se consciente devido à diminuição do investimento, o desprazer, comportando-se como uma moção recalcada, se desenrola de um modo diferenciado, tanto em termos qualitativos quanto quantitativos, sendo "*algo*" reconduzido ao sistema perceptivo, pois somente um freio à reação de escoamento pode tornar "esse '*algo*' consciente" como desprazer (Freud, 1923/2007, p. 35). Para o psicanalista, a dor pode permanecer inconsciente, tal como as tensões por acúmulo de necessidades internas não atendidas, posto que desdobra-se "em forças impelentes [*treibende*] sem que o Eu se dê conta da pressão coercitiva [*Zwang*] exercida por essas forças" (p. 35). Situada "entre percepção interna e externa", a dor se comporta como uma percepção interna mesmo quando se origina do mundo externo.

À determinação da percepção na constituição do Eu, Freud (1923/2007) acrescenta a importância do corpo, e especialmente sua superfície, na gênese do Eu, sendo um lugar de onde partem, simultaneamente, percepções internas e externas: "Embora ao vermos nosso próprio corpo, ele se nos apresente como se fosse um objeto, ao tocá-lo notaremos que ele produz dois tipos de sensações táteis, das quais uma pode ser equiparada a uma percepção interna" (p. 38). Suspeitando que a dor seja o modo como se forma a concepção do próprio corpo, Freud (1923/2007) afirma que "o Eu é sobretudo corporal, mas ele não é somente um ente de superfície, é também, ele mesmo, a projeção de uma superfície" (p. 38). Derivado de sensações corporais, o Eu é projeção mental da superfície do corpo, representando a superfície do aparelho psíquico.

Se a experiência de dor na vivência do bebê configura a primeira incidência do que lhe faz alteridade, seria essa vivência capaz de comprometer o modo primário da sua realidade? Em que medida o afeto intenso da experiência de dor pode orientar o enquadramento do que faz exterioridade ao bebê, que a sente como um ataque fulminante a sua consistência precária, apresentando-se na grandeza de uma hostilidade capaz de aniquilá-lo?

Mesmo considerando que haja tensões prazerosas e distensões desprazerosas que delineiam qualidades específicas, talvez atribuíveis ao ritmo de elevações e quedas das quantidades de estimulação, Freud (1924/2007) frisa que "quando a dor e o prazer deixam de ter a função habitual de alarmes e, ao contrário, passam a ser metas almejadas, o princípio de prazer [*Lustprinzip*] fica totalmente fora de combate, ou seja, o guardião de nossa vida psíquica fica paralisado" (p. 105). Assim, o psicanalista situa o masoquismo erógeno, ou o prazer-derivado-da-dor [*Schmerzlust*], que daria origem a outras modalidades masoquistas posteriores. A partir dos dois tipos de pulsão (de vida e de morte) amalgamados em várias proporções, mas sempre presentes no organismo, Freud (1924/2007) situa o masoquismo original e erógeno. Tratar-se-ia de um resíduo interno da pulsão de morte fixada no organismo, que não foi transposta para o exterior por meio da pulsão de destruição em apoderamento ou vontade de exercer poder. Tal fixação teria sido acrescida da solidariedade excitatória sexual existente entre dor e prazer.

No caso em que a dor física resulta em desprazer, Freud (1920/2006) considera que a barreira contra estímulos foi rompida, obrigando a afluência de excitações contínuas das áreas periféricas para o aparelho psíquico. A reação a essa irrupção é a produção de

> Um "contrainvestimento" de grande envergadura à custa do empobrecimento de todos os outros sistemas psíquicos, que sofrem uma extensa paralisia, ou à custa de uma forte redução de qualquer outra função psíquica.... Quanto mais alta for a própria carga de investimento disponível em estado de repouso, tanto maior será também sua capacidade e força para capturar [*bildende kraft*] e, inversamente, quanto mais baixo for seu estoque de carga de investimento em repouso, menor capacidade terá o sistema de receber os novos afluxos de energia, e tanto mais desastrosas serão as consequências de um eventual rompimento do escudo protetor.... Os efeitos violentos produzidos pela remoção dos estímulos durante a dor, penso que não contradizem nossa explicação, pois ocorrem de maneira reflexa, isto é, sem a mediação do aparelho psíquico (p. 154).

Freud (1920/2006) situa dois diferentes estados da energia das cargas de investimento na vida psíquica. Um estado primário dessas cargas flui livremente pressionando à remoção e ao escoamento. Obedecendo a esse processo primário, as moções pulsionais tem cargas de investimentos livremente móveis. Somente a partir do advento de um processo secundário, em que o princípio da realidade já está vigente, o estado de cargas de investimento opera a fixação tônica, capturando e enlaçando cargas livres que, assim, passam para o estado de repouso. Nesse ponto, os processos do pré-consciente agem, inibindo a tendência à descarga inerente às ideias, o que implica em prender as cargas de investimento, enlaçando e atando as excitações pulsionais.

Portanto, quando as excitações possuem força suficiente para inundar o aparelho psíquico, só resta ao organismo tentar processá-las a partir da captura e do enlaçamento delas, passando-as do estado de fluxo livre para o estado de repouso. Vale ressaltar que o fracasso nesse enlaçamento provoca uma perturbação traumática, mantendo cargas (a libido) em processo primário, inacessíveis ao pré-consciente. Freud (1920/2006) esclarece, então, que a operação própria da *compulsão à repetição* seria a tentativa insistente de capturar e fixar psiquicamente as impressões traumáticas, que não estão disponíveis em estado de enlaçamento, sendo, portanto, incapazes de elaboração.

A DOR NOS BEBÊS

As ocorrências em uma unidade médica de tratamento intensivo, em que o tratamento do bebê é direcionado para patologias graves, nos informam sobre algumas modalidades das experiências primárias de neonatos. Mesmo gritando sua dor, não é este grito que acalma o bebê, pois este não implica o reencontro com o objeto perdido da vivência de satisfação inicial. O bebê expressa sua insuficiência para apaziguar-se que, depois de reconhecida, é respondida. Portanto, desde que atendido, ele transforma esse signo de mal-estar em apelo, efetuando demandas ao outro. Assim, devido ao anseio pelo prazer, o fluxo de apaziguamento da tensão poderá colocar esse organismo na trilha da demanda ao outro.

Ativo para fazer ver e ouvir seu apelo, debater e gritar são as vias de expressão primária do neonato, única forma de manifestar a tensão interna. Porém, além de sua dependência do outro, a satisfação das necessidades do bebê pode depender também da sua condição orgânica, que muitas vezes impede o desenrolar da sua atividade primária. Neutralizadas essas vias de expressão, seja por não serem respondidas a tempo, seja pelos bebês terem sido submetidos a sedação, provavelmente haverá repercussões no aparelho psíquico em constituição. Afinal, é a leitura do agente materno que, reconhecendo uma carência orgânica, não apenas a apazigua com provisões, mas a subjetiva: transitivando os efeitos da sua leitura do bebê a suas sensações próprias, transpõe o estado fisiológico de mal-estar do filho ao sofrimento da dor.

Para outras pessoas, aqueles que não são responsáveis pelas pequenas vidas, desviar o olhar diante de bebês aparelhados para o tratamento pode ser uma solução. Pois, nesse instante de olhar (Lacan, 1945/1998), alguns expressam: *que dó!* Familiares próximos dos bebês e profissionais que circulam naquele espaço expressam o impacto da visão de bebês que precisam de tantos aparatos médicos e técnicas complexas. O organismo é invadido por agulhas, bisturis, tubos, acessos venosos, enfim, é preciso manipular o corpo para localizar o problema diagnosticado e consertá-lo. Essa prática é realizada com técnicas descritas em protocolos especializados de cada área de atuação. No entanto, diante de tantos avanços técnicos e medicamentosos, a experiência de satisfação inerente à subjetivação e à vivência de dor são inevitáveis; há sempre a manifestação de uma sensação física ou aflição corporal presente naquele que necessita de tratamentos médicos. Nessas circunstâncias, o cuidado técnico pode manter o bebê em situação de marasmo: seu grito e esperneio serão apaziguados por medicamentos. As medicações apagam de vez a sua descarga motora – ação única de comunicação do bebê com o mundo externo (Martins, 2017). Então, perguntamo-nos: a manipulação constante, sedações e medicações dos corpos dos bebês no hospital permitem que ele constitua um objeto de satisfação que permita a alucinação?

Alguns bebês permanecem meses em ventilação mecânica, no leito de terapia intensiva, sem trocas afetivas; esses possivelmente sofrem um impacto maior no que se refere à dimensão psíquica, identificáveis quando, após longos períodos de ausência de estímulo e contato efetivo com os cuidados maternos, apresentam claramente desordem na constituição psíquica. Outros bebês que passaram por situações de doença grave, após alta da terapia intensiva e permanência do cuidado materno, respondem aos estímulos e contato afetivo progressivamente, observando-se tendência à desordem das respostas ao contato, porém não irreversíveis. Já outros bebês apresentam dificuldades relacionais dramáticas, em alguns casos, crônicas.

Diferenciando uma tipologia de choros, Winnicott (1957-64/1985) salienta que quando o bebê chora, ele sinaliza que está solicitando essa ajuda:

> Os bebês, tanto quanto necessitam de leite e de carinho maternos, também precisam de amor e compreensão da mãe. Se ela conhece bem o seu bebê, está em condições de ajudá-lo quando ele precisa e, como ninguém pode conhecer um bebê melhor do que a sua própria mãe – ninguém mais, senão ela, poderá ser a pessoa indicada para prestar-lhe essa ajuda (p. 64).

Sublinha também que "temos que reconhecer que o prazer participa do choro como do exercício de qualquer outra função física, pelo que certa dose de choro pode ser considerada algumas vezes satisfatória, ao passo que uma dose inferior a essa não seria" (Winnicott, 1957-64/1985, p. 65). O bebê chorão "conta da sua capacidade total para fazer ruído" (p. 66). Ao mesmo tempo, ele afirma que "quando o bebê sente alguma dor, emite um som penetrante ou guincho e, com frequência, dá ao mesmo tempo uma indicação do lugar onde está a dificuldade" (p. 67).

No leito de terapia intensiva, em tratamento médico ou em recuperação pós-operatório, mantido vivo e respirando com a ajuda de aparelhos, medicações e aparatos médicos, o bebê sente dor? A essa interrogação materna, a resposta é negativa: *o paciente está sob efeito de medicações sedativas para controle da dor.* Mas as dúvidas e angústias do leigo parecem persistir, pois o leigo em medicina pode portar um saber específico quando opera transitivamente com seu filho. E este saber deve ser ouvido, pois a inscrição do bebê no laço social depende da resposta do agente materno que subjetiva a dor ao ler e transitivar os estados de seu bebê numa ação específica.

Esse estado clínico, que chamamos de *dor*, causado por uma excitação sensorial, sobressai, antecipando sintomas físicos do possível sofrimento orgânico e, consequentemente, psíquico do bebê. Indiferenciado, o objeto de prazer e de dor pode ser o mesmo. A vivência de *dor* é incomparável, singular, exclusiva e vivida diferentemente por cada sujeito ao longo da sua vida. No entanto, se a dor existe indiscutivelmente, a questão transita em torno do impacto que essa experiência única tem na constituição psíquica dos sujeitos:

> Não vai longe o tempo em que alguns profissionais de saúde não acreditavam que os lactentes pudessem sentir dor. Eles nem sempre recebiam analgésicos no período pós-cirúrgico e, às vezes, durante a própria cirurgia. A dor não era reconhecida como um sintoma tratável importante e, portanto, era raramente avaliada. Foi somente durante a década de 1980 que os clínicos e pesquisadores começaram a medir o impacto da avaliação e do tratamento da dor em bebês. Apesar desses avanços em pesquisa, levou anos para que a avaliação e o tratamento da dor de lactentes se tornassem generalizados e, infelizmente, ainda não são universais no contexto médico de hoje (Grégoire & Finley, 2008, p. 6).

No centro de terapia intensiva pediátrico, os bebês permanecem longos períodos sob efeitos de medicações para tratamento da dor e da patologia. De acordo com a fase do tratamento, permanecem sedados e, mesmo imóveis no leito, observam-se episódios com algum tipo de movimento, perceptível principalmente aos olhos atentos da mãe. Em um relato nesse contexto, de um bebê em estado grave, em recuperação pós-operatória, a mãe assim se expressa:

> *"Ela não olha pra mim! Um dia olhou, mas estava sem brilho nos olhos. É normal? É a sedação? Sente dor? Tenho medo, não consigo dormir. Quando ela nasceu, dissemos que seria uma atleta, agora será uma lutadora. Ela tem mais de dois por centro de chance? Ela terá uma vida normal? Poderá brincar? A criança sabe quando deve parar de lutar? Quando esta cansada? O cérebro diz para o corpo que precisa parar, né?"*

Pretendemos, com esses fragmentos, apontar a potencialidade do bebê ser visto em sua dor pelo agente materno privado de seus cuidados. É marcante sua condição impotente e sua expressão, registrada no desamparo que a mãe não consegue recobrir, com o qual ela é sempre confrontada: desamparo dela transitivando o do bebê?

Nessas situações, cabe-nos questionar a eficácia simbólica do transitivismo, na medida em que o Outro que deveria efetuar essa operação encontra-se sem recursos para traduzir a experiência traumática para o bebê. Se tomarmos como referência o estudo sobre o transitivismo de Bergès e Balbo (2002), entendemos que, ao transitivar, a mãe recorre a significantes para falar de algo que ela efetivamente não sentiu, ou seja, a mãe não sente a dor, a fome ou frio de seu filho – ela não experimenta naquele momento, em seu corpo, essas sensações –, mas faz uma hipótese sobre o que se passa com o filho a partir de suas vivências anteriores, supondo ali um sujeito que lhe estabelece uma demanda. Em suma, para os autores: "Há uma negação própria do pensamento transitivista, que é sempre negação[9] do real experimentado pelo outro, a fim de que o outro experimente, especular e realmente, o que é suposto dever experimentar, por parte daquele que o situa em seu transitivismo" (p. 98).

Nos casos de dor, Bergès e Balbo (2002), primeiramente, postulam que aquilo que está em questão no transitivismo não é a dor, mas o masoquismo materno. Seria um saber sobre a dor que a mãe inculca em seu filho. Interrogamos, assim, qual saber estaria em jogo em um contexto de hospitalização em que a própria mãe desconhece completamente tal vivência, sem mesmo ter acesso direto ao seu bebê. Em tais situações, o afeto envolvido na relação e o desamparo materno podem impedir o transitivismo, tornando a dor mais uma carga sem ligação a ser capturada pela compulsão à repetição.

Ainda sobre a dor em neonatos, Bergès e Balbo (2002) supõem que haveria uma "estrutura 'escrita' da dor, que espera ser dita para ser realmente experimentada" (p. 44). Nesse sentido, os traços da dor, de modo geral, esperam pelos significantes do Outro para que a dor se inscreva pelo recalque secundário. Mas, e quando não há palavras para traduzir a dor?

A ideia de uma experiência primordial de dor à espera de ser significada é bem o que vemos no contexto de UTIs neonatais, onde o que resta ao bebê é sofrer sua dor – afinal, não pode controlar seu organismo e suas respostas motoras e sensórias são ainda precárias e desconexas. A dor é avaliada através dos protocolos padronizados que consideram aspectos da expressão, dados vitais e resposta motora do bebê. Já a mãe, presente na beira do leito, considera a expressão de dor do seu bebê como um apelo de socorro. Assim, numa cena de encontro entre mãe e bebê na beira do leito, a mãe dizia: *minha filha esta com dor!* A equipe tentava acalmá-la, explicando o tratamento da dor e sua eficácia, mas não a convenciam:

> *Ela acorda assustada! Ontem fui ao leito para visitá-la e vi uma imagem que não sai da minha cabeça. Ela estava chorando! Chorou tanto que*

[9] A questão da negação (*Verneinung*), em oposição ao negativismo, pode ser vista como um marco importante no diagnóstico diferencial concernente à psicopatologia da infância. Cf. Vorcaro & Lucero (2017).

vi suas lágrimas escorrerem pelo rosto até encher a orelhinha e pingarem no seu ombro. Por causa da traqueostomia o choro era silencioso. Mas ela chorou!

No contexto do bebê hospitalizado, o fluxo da presença e ausência materna será alterado e muitas vezes tornado anônimo pelo protocolo técnico. A decisão de apaziguar a tensão do corpo do bebê não ficará sob os cuidados da mãe em muitos momentos, mas do tratamento determinado a salvar vidas, tornando secundária a interrogação sobre os efeitos dessa ação. Afinal, em muitos episódios, somente a interferência maciça de cuidados especializados na relação mãe/bebê franqueia o tratamento. Essa separação necessária, porém agressiva para os protagonistas da cena, bebê e mãe, deixa explícita a marca da vivência de dor. Pois, mesmo quando vê a dor em seu bebê, a mãe nada pode fazer por ele. Sua percepção é desmentida pelos protocolos e seu saber pouco pode dizer diante de sua perplexidade.

Freud (1915/2010) destaca que "o sistema nervoso é um aparelho ao qual coube a função de eliminar os estímulos que lhe chegam, de reduzi-los ao mais baixo nível, um aparelho que, se fosse possível, gostaria de manter-se verdadeiramente livre de estímulos" (p. 55). Afirma, assim, a incapacidade tanto do organismo quanto do psiquismo de regular a excitação dos estímulos de fora ou de dentro do seu corpo. Porém, ao sobreviver a essa contingência da vida, carrega suas marcas, que não se dimensionam *a priori*. Importa destacar que, apesar de todos os esforços médicos e de todas as técnicas avançadas, sem um desejo que não seja anônimo – esse empuxo à vida implicado no investimento singular de um outro –, o bebê também não se sustentará. É preciso dar voz à mãe no tratamento do bebê – o que pode bem ser o papel do analista na equipe multiprofissional.

Ultrapassando a contingência da hospitalização, vale interrogar em que medida os quadros clínicos de bebês definidos por sua resistência à interação, como o autismo, as depressões primárias e mesmo algumas debilidades, seriam tributários da experiência maciça da dor em detrimento da vivência de satisfação. Retomando afirmações anteriores, já tratadas aqui, Freud (1911/2004) assevera que a instauração do princípio da realidade implica modificações na atividade psíquica não mais dirigida a imaginar o que é agradável, mas o real, mesmo que desagradável. Os ovos de pássaros encerrados numa casca com nutrientes e recebendo apenas o calor materno exemplificam um sistema psíquico fechado à estimulação externa, que "é capaz de se satisfazer de forma autista" (p. 74). Nessa nota ao texto de 1911, o psicanalista retoma o desprazer decorrente da alucinação da satisfação de necessidades internas do lactente, que o leva a gritar e se debater, de modo que, "ao fazê-lo, vivencia por meio desta eliminação de estímulos a satisfação, antes alucinada" (p. 73). Se posteriormente a criança pode se servir dessas manifestações como expressões intencionais, no bebê, há prazer em jogo nessa descarga. Sublinha então:

> Ao insistir que o sistema que vive de acordo com o princípio do prazer necessita de alguns dispositivos para poder evadir-se dos estímulos da realidade, não estou fazendo uma correção do esquema, mas apenas fornecendo uma ampliação explicativa. Esses dispositivos são somente o correlato do "recalque" que trata os estímulos de desprazer internos como se fossem externos e os arremessa ao mundo externo (Freud, 1911/2004, p. 74, nota 21).

Considerando as afirmações freudianas sobre a tendência em tratar a estimulação endógena como exterior para processá-la, estabelecendo mecanismos protetivos, somos conduzidos a interrogação: a incapacidade psíquica de tratar a dor, operar com ela e dela se defender conduziria o bebê a evitar e até a recusar a estimulação externa, tomando-a como efeito desagregador incidente no organismo desde fora, assim configurando primariamente o que lhe faz exterioridade? Desse ângulo, o outro e as alterações do ambiente poderiam provocar a insistência na imutabilidade (Kanner, 1943) que caracteriza tantas crianças nessas condições. É em torno desse ponto que novas pesquisas podem nos esclarecer.

REFERÊNCIAS

Bergès J. & Balbo, G. (2002). *Jogos de posições da mãe e da criança – Ensaio sobre o transitivismo.* Porto Alegre, RS: CMC.

Ferreira, S. S. (2011) O manhês e o impossível da língua. In M. C. Laznik & D. Cohen (Orgs.). *O bebê e seus intérpretes: clínica e pesquisa.* (E. Parlato -Oliveira; R. E. O. Gomes-Kelly; G. Araújo; S. A. Carvalho, trads.). São Paulo: Instituto Language.

Freud, S. (1969). Acciones obsesivas y prácticas religiosas. In *Obras Completas,* vol. IX. Buenos Aires: Amorrotu (Trabalho publicado originalmente em 1907).

Freud, S. (1969). Esquema del psicoanálisis. In *Obras Completas,* vol. XXIII. Buenos Aires: Amorrotu (Trabalho publicado originalmente em 1937).

Freud, S. (1986). Extratos de documentos dirigidos a Fliess. In *Edição Standard Brasileira das Obras Psicológicas Completas de Sigmund Freud* (J. Salomão, trad., vol. 1). Rio de Janeiro: Imago. (Trabalho publicado originalmente em 1896).

Freud, S. (1995). *Projeto para uma psicologia científica.* (Gabbi Jr., trad.). Rio de Janeiro: Imago. (Trabalho publicado originalmente em 1895).

Freud, S. (2004). Formulações sobre os dois princípios do acontecer psíquico. In *Escritos sobre a psicologia do inconsciente* (L. Hanns, trad., Vol. 1). Rio de Janeiro: Imago. (Trabalho original publicado em 1911).

Freud, S. (2004). À guisa de introdução ao narcisismo. In *Escritos sobre a psicologia do inconsciente* (L. Hanns, trad., Vol. 1). Rio de Janeiro: Imago. (Trabalho original publicado em 1914).

Freud, S. (2004). O recalque. In *Escritos sobre a psicologia do inconsciente* (L. Hanns, trad., Vol. 1). Rio de Janeiro: Imago. (Trabalho original publicado em 1915).

Freud, S. (2006). O inconsciente. In *Escritos sobre a psicologia do inconsciente* (L. Hanns, trad., Vol. 2). Rio de Janeiro: Imago. (Trabalho original publicado em 1915).

Freud, S. (2006). Além do Princípio de Prazer. In *Escritos sobre a psicologia do inconsciente* (L. Hanns, trad., Vol. 2). Rio de Janeiro: Imago. (Trabalho original publicado em 1920).

Freud, S. (2007). O eu e o id. In *Escritos sobre a psicologia do inconsciente* (L. Hanns, trad., Vol. 3). Rio de Janeiro: Imago. (Trabalho original publicado em 1923).

Freud, S. (2007). O problema econômico do masoquismo In *Escritos sobre a psicologia do inconsciente* (L. Hanns, trad., Vol. 3). Rio de Janeiro: Imago. (Trabalho original publicado em 1924).

Freud, S. (2007). A Negativa. In *Escritos sobre a psicologia do inconsciente* (L. Hanns, trad., Vol. 3). Rio de Janeiro: Imago. (Trabalho original publicado em 1925).

Freud, S. (2010). Observações psicanalíticas sobre um caso de paranóia relatado em autobiografia (O caso Schreber). In *Obras Completas* (P. César de

Souza, trad., Vol. 10). São Paulo: Companhia das Letras. (Trabalho original publicado em 1911).

Freud, S. (2011). Psicanálise e teoria da libido. In *Obras Completas* (P. César de Souza, trad., Vol. 15). São Paulo: Companhia das Letras. (Trabalho original publicado em 1923).

Freud, S. (2014). *A interpretação dos sonhos*. (R. Zwick, trad.). Porto Alegre: LP&M. (Trabalho publicado originalmente em 1900).

Freud, S. (2014). Inibição, sintoma e angústia. In *Obras Completas* (P. César de Souza, trad., Vol. XVII). São Paulo: Companhia das Letras. (Trabalho original publicado em 1926).

Freud, S. (2016). Cartas e documentos dirigidos a Fliess (Carta 112 [52] de 06/12/1986). In *Obras Incompletas, Neurose, psicose, perversão* (M. R. Moraes, trad.). Belo Horizonte: Autêntica.

Grégoire, M.-C. & Finley, G. A. (2008). "Doctor, I think my baby is in pain": the assessment of infants' pain by health professionals. *J Pediatr* (Rio J), 84(1):6-8.

Hanns, L. A. (1996). *Dicionário comentado do alemão*. Rio de Janeiro: Imago.

Kanner, L. (1943). *Os distúrbios autísticos do contato afetivo*. Disponível em http://www.profala.com/artautismo11.htm. Acessado em 20 de junho de 2012.

Lacan, J. (1992). *O Seminário, livro 20: mais, ainda (1969-70)*. Rio de Janeiro: Jorge Zahar.

Lacan, J. (1998). O tempo lógico e a asserção de certeza antecipada. In *Escritos*. (V. Ribeiro, trad.). Rio de Janeiro: Jorge Zahar. (Trabalho publicado originalmente 1945).

Lacan, J. (2003). *O Seminário, livro 9: a identificação (1961-62)*. Recife: Centro de Estudos Freudianos do Recife.

Lacan, J. (2005). *O Seminário, livro 10: a angústia (1962-63)*. Rio de Janeiro: Jorge Zahar.

Lacan, J. (2008). *O Seminário, livro 7: a ética da psicanálise (1959-60)*. Rio de Janeiro: Jorge Zahar.

Lacan, J. (2008). *O Seminário, livro 16: de um Outro ao outro (1968-69)*. Rio de Janeiro: Jorge Zahar.

Laplanche, J. & Pontalis, J.-B. (1970). *Vocabulário da Psicanálise*. São Paulo: Martins Fontes.

Lucero, A. & Vorcaro, A. (2009). *Das Ding* e o Outro na constituição subjetiva. *Estilos da Clínica, XIV* (27).

Lucero, A. & Vorcaro, A. (2017). Lacan leitor de Melanie Klein: o caso Dick em questão. *Psicologia: Teoria e Pesquisa*, 33, 1-8.

Martins, A. (2017). *Constituição psíquica e subjetividade materna na clínica com bebês acometidos por malformação congênita*. Dissertação de mestrado. FAFICH/ UFMG. Belo Horizonte.

Rocha, Z. (2011). A dor física e psíquica na metapsicologia freudiana. *Revista Mal Estar e Subjetividade, 11*(2), 591-621. Recuperado em 08 de agosto de 2016, de http://pepsic.bvsalud.org/scielo.php?script=sci_arttext&pid=S1518-61482011000200006&lng=pt&tlng=pt.

Viesenteiner, J. L. (2013). O conceito de vivência (*Erlebnis*) em Nietzsche: gênero, significado e recepção. *Kriterion: Revista de Filosofia, 54* (127), 144-155.

Vorcaro, A. (2010). Urgência subjetiva do neonato em UTI. *Revista Latinoamericana de Psicopatologia Fundamental (Impresso)*, v. 13, p. 617-634.

Winnicott, D. W. (1985). *A criança e o seu mundo*. Rio de Janeiro: Zahar Editores. (Trabalho publicado originalmente 1957-1964).

Capítulo 10

IMPLICAÇÕES DA DOENÇA E DA HOSPITALIZAÇÃO DO BEBÊ AO NASCER

Liliane Cristina Santos
Ângela Maria Resende Vorcaro

Este capítulo apresenta a súmula de uma pesquisa clínica qualitativa que teve como objetivo investigar as implicações da patologia e da hospitalização do bebê ao nascer. Introduzimos uma revisão bibliográfica da internação neonatal e suas consequências, explicitando os efeitos da hospitalização do recém-nascido apontados na literatura e discutindo sobre a prevenção na ótica psicanalítica. Depois desta explanação, fizemos a apresentação e a discussão dos dados das entrevistas psicanalíticas realizadas no ambulatório de segmento do Hospital Odilon Behrens, no qual são atendidas as crianças que ficaram internadas ao nascer e são acompanhadas por até dois anos por especialistas, conforme necessidade. As entrevistas e a análise dos casos partem do pressuposto da clínica como método de pesquisa, que é centrada na singularidade do caso. Esta é a direção que foi dada à pesquisa de campo caracterizada pelas entrevistas, assim como à descrição e à análise delas. Assim, descrevemos as falas dos entrevistados sobre como foi para eles a vivência da doença e da hospitalização do bebê, que impasses surgiram e quais saídas construíram para lidar com a situação. A partir disso, discorremos sobre as intervenções possíveis e necessárias às famílias que vivem a hospitalização neonatal, refletindo sobre as contribuições da psicanálise neste campo, com o embasamento do método clínico e da ética psicanalítica.

CONTEXTUALIZANDO A INTERNAÇÃO NEONATAL

As patologias apresentadas pelos bebês ao nascer que resultam na necessidade de tratamento e de hospitalização são, principalmente, prematuridade (bebês nascidos até 37 semanas e peso inferior a 2,5 quilos), anomalias e patologias congênitas, síndromes genéticas, sofrimento fetal (decorrentes da prematuridade ou não), infecções ou algum quadro de insuficiência transitória. Nestes casos, o bebê fica retido em uma Unidade de Tratamento Hospitalar, não podendo ser acompanhado e cuidado em tempo integral pela família, como seria se estivesse saudável e, portanto, no Alojamento Conjunto[1] e, posteriormente, em casa. Quando internado, o recém-nascido necessita de tratamento intensivo ou intermediário, dependendo da gravidade de seu quadro, o que implica em cuidados especializados médicos e de outros profissionais de saúde e, por conseguinte, procedimentos técnicos e rotineiros intrínsecos ao ambiente hospitalar, muitos dos quais não podem ser realizados com a presença ou com a participação da família. Sendo assim, no hospital, os pais ficam impossibilitados de construir uma maneira própria de exercer os cuidados, devendo, ao contrário, adaptar-se à rotina hospitalar. A hospitalização neonatal exige uma série de adaptações dos pais, que precisam se organizar para acompanhar o bebê em tratamento, muitas vezes deixando a casa, a cidade, o trabalho, outros filhos e familiares, enfim, suspendendo toda sua rotina de vida. Acontece, também, de os pais não terem condições de acompanhar o bebê internado, o que geralmente mobiliza incômodos na família e na equipe de saúde.

Assim, mesmo que a incorporação tecnológica tenha gerado avanços no tratamento intensivo neonatal, reduzindo sensivelmente a mortalidade dos recém-nascidos prematuros e com patologias, não se pode deixar de considerar que a internação neonatal implica em consequências negativas importantes, envolvendo a criança e sua família. Pois as patologias desenvolvidas pelos recém-nascidos internados, associadas às

[1] Alojamento Conjunto é a enfermaria da maternidade onde fica o binômio mãe-bebê (assim denominado pelas políticas de saúde) logo após o nascimento. Neste alojamento, o bebê permanece junto à mãe, sendo cuidado e amamentado por ela em tempo integral, tendo o apoio da equipe médica, da enfermagem e de outros profissionais de saúde, conforme a necessidade. O Ministério da Saúde preconiza este modelo de atendimento ao bebê recém-nascido e sua mãe (Brasil, 2014; Brasil, 2011).

medidas adotadas nas Unidades de Tratamento Neonatais, podem acabar repercutindo no seu desenvolvimento futuro, além da internação provocar a separação entre pais e bebês, num momento em que a proximidade entre eles é fundamental (Brasil, 2011; Paim, 2005).

As discussões e as práticas atuais relacionadas ao tratamento neonatal, neste sentido, preconizam o cuidado humanizado, que inclui o controle da manipulação do bebê e da ambiência, mas, especialmente, uma rotina que valoriza a participação da família nos cuidados, na tentativa de minimizar os efeitos negativos da hospitalização precoce. Como exemplo, temos o Método Canguru – regulamentado por portaria do Ministério da Saúde em 2007 –, que valoriza de maneira especial o contato da família com o recém-nascido. Tal método coloca a inclusão da família na internação neonatal como a principal forma de tratamento, desenvolvimento e ganho de peso do bebê prematuro (Brasil, 2011; 2005; Paim, 2005).

Todavia, é válido lembrar que a participação da família nos cuidados ao recém-nascido internado sofreu mudanças ao longo dos anos. Se fizermos um breve recorte histórico, notamos que a década de 40 foi marcada pela regulamentação das unidades neonatais, com a exclusão da família para o controle de infecções. É somente a partir dos anos 60 que começaram a ficar claros os efeitos da separação dos bebês hospitalizados da família. As mudanças foram relacionadas ao início dos estudos sobre a formação do vínculo e a relação entre pais e bebês internados, que foram provocados, na época, pelo fato de profissionais de unidades neonatais observarem que alguns dos bebês que tinham sido internados, após receberem alta para casa, retornavam aos hospitais com sinais de maus tratos (Brasil, 2011; Klaus & Kennel, 1982; Klaus & Kennel, 1992; Paim, 2005).

O que os teóricos do desenvolvimento do vínculo (ou apego) evidenciaram em seus estudos é que a vinculação afetiva não é um fato garantido com o nascimento do bebê, mas algo que deve ser construído, um processo em que a interação entre pais e filhos é fundamental (Bowlby,1990; Brazelton & Cramer, 1992; Klaus & Kennel, 1992). Por sua vez, as teorias psicológicas do desenvolvimento infantil – que também se configuram como importante alicerce das políticas de humanização relativas à assistência à saúde e estiveram em evidência nesta mesma época afirmam que o desenvolvimento das relações na primeira infância é que determina como se dará as futuras relações do sujeito ao longo da vida, sendo que as falhas no processo de facilitação, principalmente associadas às inadequações no papel da figura materna, podem produzir distorções ou patologias irreparáveis (Spitz, 1998; Winnicott, 2006).

Interessa notar que tanto os representantes das teorias do desenvolvimento infantil quanto os da teoria do apego atribuem importância fundamental à mãe na vida e no desenvolvimento da criança. É consenso entre os teóricos também que o período inicial da vida da criança é um período crítico, sendo fundamentais as primeiras interações com os familiares para um desenvolvimento saudável do vínculo afetivo e da criança. Por conseguinte, isso embasa a rotina de incentivo à presença dos pais para acompanhamento aos bebês hospitalizados.

A psicanálise influenciou muitos destes autores e continua se ocupando deste tema. No entanto, a leitura lacaniana nos fornece uma perspectiva diferente da relação pais e bebê e permite-nos aprofundar nas razões porque o agente materno é tão fundamental na vida da criança, considerando sua entrada na linguagem e sua constituição enquanto sujeito, como discutido em outros capítulos deste livro. Pensemos sobre a hospitalização do bebê a partir da contribuição da psicanálise.

A CONTRIBUIÇAO DA PSICANÁLISE NO CONTEXTO DA PATOLOGIA E DA HOSPITALIZAÇÃO DO BEBÊ

É importante mencionar que pesquisas demonstraram que o nascimento pré-termo e a hospitalização precoce são comuns em histórias de crianças violentadas ou com atraso no desenvolvimento sem causa orgânica detectável (Brasil, 2011; Brazelton & Cramer, 1992; Klaus & Kennel, 1992; Paim, 2005; Wanderley, 1999). E podemos levantar as seguintes questões: o que estes dados evidenciam? Não é porque o bebê precisa inserir-se em uma rede simbólica para se fazer sujeito de fala e desejo que ele é tão dependente dos pais? E os pais, para incluí-lo na linhagem familiar, não precisam antecipá-lo como sujeito e dirigir a ele um desejo não anônimo? Os pais não devem, para isso, tomar o bebê como deles e, por isso, é tão importante que eles participem dos cuidados do filho, mesmo que este necessite de tratamento médico?

A psicanálise lacaniana trata da criança (*infans*) em termos de sua constituição subjetiva, abordando os tempos lógicos – não cronológicos, mas estruturais – e as operações necessárias a essa subjetivação. Nesta perspectiva, consideramos também que o bebê está em um período crítico para sua constituição enquanto sujeito, uma vez que é necessário que tenha um espaço psíquico ou lugar simbólico para ele se constituir, ou seja, o bebê precisa ser antecipado como sujeito, que a ele seja dirigido um interesse particularizado, um desejo não anônimo, que seja falado pelo Outro, para que possa advir. As referências ou significantes da história dos pais ou daqueles que exercem estas funções (cuidadores) dirigidas à criança são o que dão a ela sua condição de possibilidade de subjetivação.

Contudo, vale questionar se o chamado cuidado humanizado consegue resolver os impasses da hospitalização do recém-nascido que dizem respeito às possíveis sequelas da patologia e da internação para a vida da criança e da família. Nas palavras de Mathelin (1999): "o contato pele a pele, a escuta benevolente da mãe, o acolhimento do bebê por meio da fala, como humano no mundo dos humanos, é certamente indispensável; mas é suficiente?" (p. 19). Entendemos que o incentivo à participação da família no tratamento neonatal foi um avanço histórico importante, mas cabe refletir se a presença da família garante a circulação do desejo entre pais e criança e sua subjetivação. Sabe-se, com a teoria psicanalítica, que não basta a presença concreta da mãe para que a constituição subjetiva aconteça. O que está em jogo aí, além das limitações físicas da criança? E como se dá o processo de antecipação do sujeito no bebê e a circulação do desejo num ambiente de hospital, no qual a mãe se vê desprovida de sua função, sem possibilidade ou com dificuldades de exercê-la, já que o bebê necessita da equipe profissional e de cuidados especializados, cujo objetivo é a sua sobrevivência, o tratamento do seu corpo?

Vorcaro (1998), assim como Lima (2003), discutem sobre a clínica da criança organicamente atingida, propondo pensar em como as ameaças ao desenvolvimento orgânico pleno que a doença provoca podem incidir sobre a estruturação subjetiva da criança. As autoras consideram a incidência da morbidade sobre o desejo que a criança condensa, uma vez que se configura como uma lesão que atinge o sujeito imaginado e idealizado pelos pais, tendo efeitos em toda rede de significações nas quais a criança se estrutura, se a criança for nomeada e definida pela patologia que possui. A insuficiência manifesta na doença pode atingir os agentes materno e paterno de tal forma que busquem transferir suas funções ao saber especializado para tratá-la, uma vez que não detêm este saber, necessário para o cuidado de seu filho.

A nomeação de um diagnóstico parece acalmar os ânimos aflorados pela angústia que o desconhecido causa nos pais. Entretanto, as condições psíquicas destes podem implicar a identificação ao próprio desamparo do filho, restringindo a função parental. A imagem (totalizante) definida pela patologia, que vem acompanhada por todas as prescrições de como cuidar do doente, pode preencher o lugar da falta, tamponando-a. Assim, resta aos pais apenas fazer valer as prescrições do saber científico, seguir seu protocolo, apagando qualquer possibilidade de dúvida, de falta, ou seja, de desejo e de singularidade.

Coriat (1997) considera que o principal problema dos pais que procuram tratamento para os filhos deficientes "não é a falta de amor, mas seus excessos pela via de suprir" (p. 54). O tratamento do bebê, nestes casos, propõe objetivos a cumprir em função de um plano de trabalho, impondo à criança e sua família a realização de intensos exercícios, dentro de um programa educativo especial, para tentar suprir o *déficit* orgânico. Isso, conforme Coriat (1997), pode provocar importantes prejuízos para aqueles em quem um aparelho psíquico não está formado. A autora defende que o autismo ou a psicose que se constitui na grande maioria das crianças com problemas orgânicos não se remetem a causas orgânicas, mas sim ao lugar ao qual foram convocados pelo Outro. Segundo ela, "não se trata de ignorar os limites que o real do orgânico de seu corpo impõem no desdobramento da vida de um sujeito" (p. 95), mas considerar que "o sujeito é efeito da marca do significante no real" (p. 96), e é sob este aspecto que a psicanálise opera. Para a autora, o profissional que intervém sobre a criança e sua família deve estar atento à forma como se dá a inscrição de traços pelo Outro, e adverte, no que se refere à criança com patologia: "Há marcas que não produzem efeito de corte e isto tem consequências no real muito mais graves que o real da patologia orgânica, gerando uma estupidez simplória e uma idiotia crônica que são atribuídos a fatores congênitos" (Coriat, 1997, p. 96). Coriat (1997) discute sobre o impacto da patologia e da notícia do diagnóstico para os pais, preocupada com os efeitos que isto pode ter nestas marcas fundantes, necessárias à constituição do sujeito. Suas considerações corroboram as argumentações de Vorcaro (1998) e Lima (2003) quanto aos riscos que a patologia pode impor à construção imaginária do sujeito (antecipado e idealizado), feita pelos agentes materno e paterno em relação à criança e, por conseguinte, à sua estruturação psíquica:

> Um pai traz seu bebê de três meses e diz: "Eu estava feliz com o meu filho. Com o primeiro não pude aproveitar enquanto ele era bebê, não brincava com ele, com este sim. Há duas semanas deram o resultado do exame genético. Quando me comunicaram o diagnóstico algo mudou para mim. Trocaram meu filho. Passei a vê-lo diferente; apareceram traços nele que antes não via" (Coriat, 1997, p. 93).

Coriat (1997) pontua que nada muda no real do corpo do *infans* no momento do diagnóstico, mas muda a forma como o pai olha para ele. A partir daí, o pai vai dirigir-se ao filho de modo diferente de como teria feito sem o significante do diagnóstico. E, assim, como consequência, não serão estabelecidas no real do corpo do *infans* as marcas que a ele estavam destinadas anteriormente. Daí a importância de intervir sobre os pais e "sobre a articulação significante que opera neles e que comanda cada um dos atos que, em seu relacionamento com o bebê, estabelecem marcas" (Coriat, 1997, p. 105).

No que diz respeito mais especificamente ao bebê doente e hospitalizado ao nascer, recorremos a Ansermet (2003), que discute a intervenção de um analista na neonatologia, quando uma criança é marcada pelo esforço de tratamento e proteção. O autor observa que, para os pais, algo foi interrompido e é preciso que eles encontrem pontos de referência, se apeguem a elementos que faça com que não vivam só no presente com a criança, pois isso levaria ao risco dela existir apenas pelo traumatismo resultante de um encontro com um real impossível de assimilação subjetiva.

Muitos autores recomendam, nesta situação, portanto, a escuta dos pais envolvidos, com o intuito de se estabelecer o discurso em torno da criança, impactado e interrompido pela doença e pela internação hospitalar do filho recém-nascido. Mathelin (1999) sustenta ser necessário, além da reanimação do recém-nascido hospitalizado, uma reanimação do discurso em torno da criança. A autora defende que a hospitalização não precisa ser necessariamente fonte de complicações psicológicas para o bebê, desde que sejam escutados ele e sua família, o que não se refere à necessidade de manter o laço entre mãe e filho a qualquer custo, mas implica em escutar a mãe com todas as ambivalências que a maternidade comporta. Mathelin (1999) afirma que essa ideia de ambivalência é muito pouco admitida nos dias de hoje, relatando a imagem de doçura do amor materno que prevalece nos serviços de pediatria para recém-nascidos, cujos profissionais consideram anormais as mães que não correspondem a essa imagem ideal – mães que não aceitam o bebê logo após o parto, que sentem raiva do filho ou ficam agressivas com ele nos primeiros dias de vida, por exemplo[2]. Conforme a autora, muitas vezes, a situação de patologia e de hospitalização do recém-nascido atualiza as fantasias de desejo de morte que a mãe tem em relação ao filho. Mathelin (1999) explicita, assim, as ambivalências inerentes à maternidade, evidenciando a violência, o ódio e a ideia de devoração implícitos no amor materno, expondo que: "num serviço de reanimação, as mães que acabam de dar à luz um filho doente ou um prematuro estão, mais do que todas as outras, confrontadas em si mesmas com uma imagem de mãe má" (p. 17). Ela explica que, se a ambivalência está presente em toda gravidez, "o nascimento sem problema renarcisa a mãe ao lhe oferecer um belo bebê saudável que a tranquiliza e a gratifica" (p. 17), ao passo que, quando o bebe nasce prematuro, a mãe passa pelo pânico e pela urgência do parto, sem possibilidade de ser tranquilizada pelo médico, tendo um bebê em perigo. Nestes casos, segundo a autora, "a realidade reencontra o fantasma e surge o trauma" (Mathelin, 1999, p. 17).

A autora aponta a possibilidade da equipe de saúde poupar mãe e filho, protegendo-os da agressividade presente na situação. Cita o caso

2 É válido mencionar que esta ideia de amor materno puro e terno do imaginário social não é recente nem exclusiva de determinada época ou contexto social. Badinter (1985) faz um percurso pela história e mostra como a concepção de mãe sofre mudanças conforme o momento histórico-social, situando o contexto de surgimento do amor incondicional e sagrado nos séculos XVII e XVIII, na Europa, devido ao objetivo político de combate à mortalidade infantil em decorrência da queda populacional dos pós-guerras. A autora derruba, assim, a tese de que o amor materno seria algo instintivo, como uma tendência feminina ou uma condição inata da mulher. Para a autora, o amor materno é adquirido, conquistado, diferente do pressuposto social de amor ideal e inato. Da perspectiva psicanalítica, podemos lembrar dos apontamentos de Jerusalinsky (2014), que ressalta a maternidade como uma função não garantida por condições naturais, nem imanada de quantidade determinada de afeto ou de um saber que possa ser aprendido racionalmente, diferente do que pressupõe os ideais sociais que a situam como fonte de amor puro, desinteressado, natural e forma de completude para a mulher. A autora acentua que a maternidade advém do estabelecimento de um laço simbólico com o bebê, que convoca o saber inconsciente e se faz como uma criação singularmente inventada por cada mulher.

de uma mãe que tivera uma gravidez muito difícil e sentiu alívio por não ser mais a única responsável pelo bebê, quando, no seu nascimento, escutou a fala do médico que indicava a possibilidade de ela descansar, informando que ele cuidaria do recém-nascido. Essa mãe, alguns dias depois do parto, confessa à psicanalista que ficara tranquila porque sabia que o médico faria o seu filho viver à força, apesar dele e, segundo a análise do caso pela psicanalista, apesar dela. Mathelin (1999) evidencia, assim, a história impossível de ser escutada pelos neonatologistas reanimadores, estando esses ao lado do saber científico, que pressupõe uma imagem idealizada da relação mãe-bebê, em contrapartida ao "enredo fantasmático no qual a criança e os pais" estão envolvidos, que dizem da "morte inscrita como realização de um desejo" (p. 18)[3]. Segundo a autora, esse saber da mãe "marca o corpo do filho como lugar privilegiado de uma inscrição. Inscrição dos significantes do discurso do Outro" (p. 18). É isso que deve ser ouvido no discurso materno, para além do "falar com o bebê" com o objetivo de manter o laço entre mãe e filho (Mathelin, 1999, p. 18).

Sobre o limite desse falar com o bebê, especificamos o necessário encontro das palavras com o corpo para a entrada do sujeito no simbólico, esclarecendo que este não se reduz a simplesmente expor o neonato à linguagem, tendo em vista que ele já está nela. Trata-se, na verdade, "de banhá-lo dos efeitos que o ato da fala endereçada – mesmo que sem garantias – pode antecipar quanto ao engajamento com um ser de desejo"

[3] Vale citar que este desejo implícito e ambivalente de morte do filho é mencionado também por Martins e Vorcaro (2015), que discutem acerca dos intensos efeitos desorganizadores na subjetividade materna na clínica de tratamentos médicos de alta complexidade, em casos de malformação congênita, devido ao sofrimento causado pela radical ruptura das expectativas do filho idealizado. As autoras apontam a vulnerabilidade subjetiva na qual esses bebês se encontram, não apenas pela determinação dos cuidados intensivos, mas por causa do impacto que essa cena provoca na construção do laço mãe-bebê, podendo produzir efeitos desorganizadores para a entrada do sujeito no simbólico, o que ratifica as ideias de Vorcaro (1998), Lima (2003) e Coriat (1997), como vimos. Martins e Vorcaro (2015) pontuam a possibilidade de a mãe, desolada e desamparada por identificar-se com seu bebê, tomar o diagnóstico de malformação como sendo má formação própria, o que impõe uma lacuna no que se supunha ser lugar de plenitude ou sublinha o fracasso como mãe ou como mulher. Neste contexto, ainda, segundo as autoras, a angústia de perder um filho pode mesclar-se ao desejo de perdê-lo. Enfatizamos, anteriormente, as fantasias de um filho ideal, necessárias à constituição subjetiva, porque essas é que sofrem um golpe quando o bebê nasce doente, mas sabemos que as fantasias relativas à chegada do bebê não se referem apenas ao filho ideal.

(Vorcaro, 2010a). Vale retomar a problematização do ato de fala na relação com o bebê recém-nascido na Unidade de Tratamento Intensivo Neonatal (UTI), interrogando as implicações dos procedimentos da internação e do isolamento nos primeiros dias de vida, tomando o próprio neonato como referência. É comum supor um trauma psíquico causado pelo nascimento e, ainda, a ênfase na suposta angústia constante e desmedida provocada no bebê internado em tratamento intensivo. Com vistas a amenizar tal estado de angústia é que se estabeleceriam procedimentos padronizados – incluindo a prescrição da presença materna dentro de um programa técnico –, o que mantêm e repete o funcionamento da criança no anonimato. No entanto, o efeito traumático do nascimento só pode ser constituído posteriormente, quando a situação for subjetivada pela criança, a partir do que o nascimento mobilizou nos pais. Ademais, "as insistentes perguntas sobre os efeitos psíquicos iatrogênicos da internação de neonatos em UTIs permitem supor faltar-nos a unidade de medida a partir da qual poderíamos fazer avançar uma prática psicanalítica no hospital" (Vorcaro, 2010a). Mesmo diante dessa impossibilidade de medida, importa apontar que mesmo em tratamento intensivo, é fundamental endereçar ao bebê uma fala que articule a posição parental, transmitindo-lhe e assegurando-lhe seu lugar de filho. Sua subjetivação depende da antecipação do espaço em que é esperado na cadeia geracional e do seu reconhecimento pelos pais, a despeito dos riscos inerentes à imposição de um programa de procedimentos técnicos anônimos ao bebê internado em tratamento intensivo.

Enfatizamos, ainda, que fica em suspenso "a questão do que presidiria o engate dos significantes no organismo em uma UTI, uma vez que o endereçamento da fala por si só não responde ao fato de que ainda será necessária a 'insondável decisão do ser'" (Vorcaro, 2010a). A demanda de prevenção que ressoa sobre a clínica com bebês é assim confrontada à impossibilidade de prever e prevenir o que se passa com o bebê, especialmente no que se refere às marcas que seriam produzidas com a patologia e a hospitalização do recém-nascido. É o que exige debate sistemático.

É preciso apontar que o termo e tema da prevenção é controverso para a psicanálise, tendo em vista a acepção do *só-depois* tão marcante desse campo. Neste sentido, a articulação entre psicanálise e prevenção não é uma tarefa fácil e pode levar a equívocos e a desvios de sua ética. Pensemos, então, nessa questão da prevenção, de forma a fundamentar a reflexão sobre as intervenções possíveis e necessárias nos casos de patologia e de hospitalização do bebê ao nascer.

A QUESTÃO DOS RISCOS E DA PREVENÇÃO

No que se refere ao bebê doente e hospitalizado ao nascer, é preciso apontar que diversas pesquisas (BBC Brasil, 2008; Cunha, 2015; Presse, 2015; Pontes, 2011; Veja.com, 2011) mostram uma incidência maior de problemas de comportamento entre crianças nascidas prematuras e com baixo peso: são problemas como dificuldades de aprendizado, *déficit* de atenção e outros transtornos comportamentais relacionados à socialização e à concentração, por exemplo. Atualmente, também têm crescido os estudos que associam o autismo à prematuridade e ao baixo peso no nascimento. Estas pesquisas relacionam a maior incidência de autismo e outros distúrbios de comportamento neste grupo à vulnerabilidade a que os cérebros desses bebês são expostos pela situação que impõe, precocemente, interferências ambientais – como pequenas variações de pressão –, e intercorrências do tratamento intensivo, o que pode levar a microlesões cerebrais. Além disso, consideram que a conectividade entre diferentes partes do cérebro pode ser alterada com o nascimento prematuro. Diante dos avanços tecnológicos do tratamento intensivo neonatal e do aumento significativo da sobrevivência dos bebês prematuros, tais estudos indicam a relevância de se identificar os riscos decorrentes do tratamento e da prematuridade, que se configuram como importantes desafios para saúde pública. As investigações, neste sentido, visam a possibilitar um diagnóstico e um tratamento cada vez mais precoces.

Sabe-se que a etiologia, o diagnóstico e o tratamento do autismo geram muitos contrassensos teóricos e práticos. Mas, dentro dos objetivos deste trabalho, não é importante verificar até que ponto a etiologia do autismo é genética ou não, nem indicar o tratamento mais adequado ou uma forma mais assertiva de diagnosticá-lo. No nosso entendimento, se o bebê prematuro, com baixo peso ou que apresenta patologias e fica hospitalizado ao nascer tem mais chance, segundo dados estatísticos, de desenvolver problemas comportamentais, quer seja pela associação aos fatores orgânicos, quer seja aos psicológicos ou à interação de muitos deles, o fato por si só justifica maior atenção nesses casos[4]. Neste sentido, é preciso pensar em intervenções para as crianças que apresentam patologias e ficam internadas ao nascer, que são expostas a muitas sequelas físicas, incluindo neurológicas, e, ainda, são mais propensas a outros riscos psicossociais, como vimos, se comparadas a crianças que não vivem tal circunstância.

Direcionados pela ética psicanalítica, não nos interessa contrapor o que é da ordem orgânica ou psicogênica, mas discutir acerca do que a psicanálise pode contribuir no que diz respeito aos efeitos psíquicos da patologia e da hospitalização e às intervenções possíveis neste ponto de vista. Assim, não se trata de desconsiderar o real do organismo, mas a psicanálise se interessa pela resposta do sujeito a este real. Citamos:

> Sempre há uma resposta do sujeito para o real do seu organismo. Isso caracteriza a dimensão subjetiva, mais além de qualquer determinismo biológico ou patológico. Por que o sujeito, ainda que atingido em seu corpo, se privaria de interrogar o que faz sua vida, de encontrar suas próprias respostas diante da incidência do sexo e da morte? (Ansermet, 2003, p. 68).

Por isso, consideramos fundamental enfocar o lugar simbólico que é dado à criança e atentar ao modo como ela se apropria dos significantes a ela atribuídos em sua constituição subjetiva, pois é isso que nos interessa escutar, pensando na contribuição da psicanálise. Como vimos, este lugar simbólico e, portanto, os significantes oferecidos à criança com patologia orgânica, têm o potencial de restringir as suas possibilidades

[4] Ansermet e Magistretti, citados por Camarotti (2011), consideram caduca a oposição entre causalidade psíquica e causalidade orgânica, pelo fato de a neurociência ter se consagrado à questão da plasticidade cerebral. Na perspectiva da neurociência, é válido citar que Cunha (2015) salienta que o cérebro humano cresce graças a modificações dos neurônios e ressalta que, como resultado da nova experiência interativa do organismo do bebê com a mãe, iniciada antes do nascimento, os aproximadamente cem bilhões de neurônios que constituem a base genética do cérebro humano vão se modificar. Neste sentido, Cunha (2015) atribui especial importância aos cuidados na primeira infância para formatação das capacidades do futuro adulto.

Campanário (2006) traz uma crítica ao debate entre os defensores de uma causa orgânica e os de uma causa psíquica para o autismo, levantando questões relativas à utilidade da oposição psicogênese e organogênese, que, para ela, explica por que pouco caminhamos no tratamento destas crianças. Isso leva a autora considerar tal debate uma "*questão estéril*" (p. 36).

de subjetivação, podendo ter um impacto muito importante em sua estruturação psíquica.

Mas, então, como pensar nas intervenções da psicanálise nestes casos de doença e de internação neonatal? E como tais intervenções se articulam à noção de prevenção, se a estes bebês são associados tantos riscos?

Segundo Mariotto (2009), "discutir sobre o tema da prevenção nos leva a uma fronteira perigosa entre a ética e a técnica", considerando que a prevenção técnica é a que se pauta em um ideal de normatização, "descartando o improvável, o imprevisível e o impossível" (p. 128). Segundo ela, "partimos da ideia de que jamais será possível antecipar o modo pelo qual um acontecimento afetará e será tomado pelo sujeito, mas que a forma pela qual ele possa se orientar em relação a isso... permita a experiência e sua significação *a posteriori*" (p. 132) – o que, podemos dizer, aponta para a escuta dos pais em sofrimento com a vivência da patologia e da hospitalização do filho.

Para Crespin (2004), a prevenção na perspectiva psicanalítica não consiste em antecipar ou prevenir a aparição de um sintoma, admitindo que este comporta, além de um impasse, um modo de dizer que seria indizível para o sujeito de outra forma. Por isso, nesta perspectiva, o sintoma não é algo que deve desaparecer para o bem do sujeito, mas um funcionamento que pode ser ouvido. Na clínica com bebê, se este está ainda num primeiro tempo da possível instauração do trauma ou da configuração do sintoma, a autora sustenta que os profissionais que acompanham a mãe poderão ficar "sensíveis à complexidade da situação, sem, no entanto, saber de antemão o que isso vai fazer a esse bebê e à sua mãe" (p. 174), mas tendo a chance de entender o que vai se produzir. Assim, a intervenção psicanalítica pode adquirir caráter preventivo na medida em que possibilita um espaço de escuta, de forma a "acolher o dizer da mãe e do bebê, permitindo a eles captar aquilo dentro do que os dois estão tomados", o que permite ao bebê "se liberar do lugar de ser o suporte desse dizer" e a mãe "trabalhar sua questão" (Crespin, 2004, p. 175). Para a autora, isso não se faz sem um trabalho clínico permanente dos profissionais, para que se coloquem "nesse lugar que acolhe um dizer sem interpretar rápido demais ou sem se defender" (p. 175).

Para nós, esse posicionamento clínico do profissional diante das famílias que vivenciam a hospitalização precoce implica na escuta à singularidade do caso, de modo a suportar as contingências do real, do vivo da clínica. Segundo Ansermet (2003), a clínica é o método específico de construção de saber da psicanálise e baseia-se na experiência da singularidade como tal, devendo priorizar o único, reencontrar o um, em detrimento do múltiplo. O sujeito, neste sentido, é uma exceção ao universal e resiste a ser universalizável.

Foi nessa diretriz que procuramos basear a escuta que realizamos de pais cujas crianças ficaram internadas ao nascer, por meio de entrevistas, bem como fundamentar a apresentação dos depoimentos neste trabalho de pesquisa. As entrevistas foram realizadas no ambulatório de segmento do recém-nascido do Hospital Odilon Behrens, da prefeitura de Belo Horizonte[5] e buscaram depreender as colocações dos pais/cuidadores sobre a patologia, a internação e a posição em que localizam a criança. Apresentaremos, então, alguns fragmentos das entrevistas para trazer contribuições ao debate sobre a hospitalização do bebê ao nascer, partindo do método e da ética psicanalítica.

DOENÇA E HOSPITALIZAÇÃO DO BEBÊ, IMPASSES E SAÍDAS

Ezequiel, sua mãe e seu "super cuidado"[6]

Ezequiel, nascido de 29 semanas, ficara internado por 118 dias na Unidade de Tratamento Neonatal, tendo tido muitas intercorrências em decorrência da prematuridade, especialmente relacionadas a dificuldades no padrão respiratório. Realizamos entrevista com Hortência, sua mãe, que trouxe sua vivência com a maternidade, com o impacto de um nascimento prematuro e a evolução difícil do bebê quando nasceu: *"A gente sabe do histórico dele. A gente sabe que uma criança que tem displasia pulmonar o oxigênio é um auxílio pra ela se manter viva, pra todos nós, né? [...] Que o que o meu filho passou aqui foi porque ele não saía do oxigênio"*. Na entrevista, Hortência evidencia o sofrimento que viveu e vive com a situação

5 As entrevistas constituíram-se como pesquisa de campo da dissertação de mestrado "Implicações da patologia e da hospitalização do bebê ao nascer: do desenvolvimento à psicanálise", de Liliane Cristina Santos (2016), orientada por Ângela Maria Resende Vorcaro na Universidade Federal de Minas Gerais, Faculdade de Filosofia e Ciências Humanas, Programa de Pós Graduação em Psicologia.

6 Os nomes dos participantes da pesquisa foram alterados para preservar sua confidencialidade.

de prematuridade e de hospitalização do bebê, que acredita serem os motivos que a levam a ter uma preocupação muito grande com o filho, considerada exagerada por muitos de sua família, da comunidade em que vive, dos profissionais de saúde, e até por ela mesma, como pode ser cunhado em muitas de suas falas, por exemplo: "*porque eu sou apavorada, ele tossiu ontem à noite, hoje eu já fiz sabultamol nele [...] mas, tossiu, eu acho que ele tá com crise*".

Suas falas demonstram sua preocupação com relação às cobranças e às críticas das pessoas, principalmente do marido e da família dele, o que aparece o tempo todo na entrevista: "*Ninguém te respeita. Ninguém te pergunta: você quer?*". Assim, ela afeta-se bastante pelas críticas das pessoas em relação às suas atitudes: "*Funciona bem, mas a pessoa vira pra você e fala: você não pode fazer assim não, ele tem que ficar no carrinho pra ele comer. Ele tem que fazer isso...*". E sempre menciona as próprias cobranças e exigências, que se refletem muito no cuidado ao filho: "*Eu fui guardando muita coisa [...] fui cobrando muito de mim. Hoje eu me sinto muito sobrecarregada, sabe? [...] Eu planejava tudo, não podia sair nada do meu controle, eu que demandava as coisas*".

Interessa notar que seu saber de mãe é perpassado pelo conhecimento técnico. Na fala de Hortência, aparece o valor que ela atribui ao conhecimento e às recomendações dos especialistas, seguindo à risca todas as indicações médicas. Além disso, ao longo da entrevista, ela menciona a displasia pulmonar, a atelectasia, o sabultamol, a saturação, o padrão respiratório, o raio X, os cuidados especializados, significantes que marcam sua vivência com o bebê desde o seu nascimento: "*Que todo mundo acha que a gente sai daqui uma técnica de enfermagem, uma médica. E a gente é assim mesmo, tá?! Porque a gente sai falando termos técnicos, conversando com o médico*". Este conhecimento técnico com o qual ela se identificou no exercício da maternidade e do cuidado com o filho não tem relação apenas com a situação de prematuridade e de tratamento do filho, mas também com a história da família, referindo-se ao fato de sua mãe ter sido técnica de enfermagem, hoje aposentada.

Além disso, o caráter técnico que ressoa no cuidado de Hortência parece refletir também sua forma de funcionamento, deparando-se com sua maneira própria de se relacionar e lidar com o que lhe ocorre antes mesmo da prematuridade e hospitalização do filho. Ela sempre faz referência à expectativa do outro e à imagem de mãe que sugere buscar.

Neste sentido, retorna sempre na fala de Hortência uma insatisfação e a importância ou o peso do olhar do Outro para ela: "*Cê é responsável por uma criança e cê tem que fazer tudo do que é melhor pra ela. Por mais que você ache o que é melhor pra ela, você tem certeza do que é melhor pro seu filho, as pessoas sempre tem o que criticar*". E surgem também os furos de sua imagem idealizada de mãe, retornando uma incessante busca por satisfazer e ser satisfeita pelo Outro, ora alienando-se ora separando-se dele, o que provoca sua angústia: "*aí eu fico com esse excesso [...] de cuidado, esse tanto de restrição, eu sigo à risca, aí o menino tem uma bronquiolite e eu fico frustrada: mas o que quê eu fiz de errado?*".

Com a maternidade e o nascimento prematuro do filho, Hortência teve que enfrentar a falta de controle sobre as coisas. O modo como o filho entra na vida dela reproduz esta sua busca de satisfação submetida ao julgamento do Outro, na qual não pode haver falhas, o que ela sempre repete em sua fala e forma de funcionamento. Acerca do lugar que o filho ocupa em sua vida, destacamos: "*Eu não me sinto sozinha. Ele ocupa meu tempo. Mas [...] apesar disso, a gente fica muito [...] Que dia que eu vou viver em função de mim?*". O mesmo filho que não a deixa sozinha, que ocupa seu tempo, é quem não permite que ela tenha tempo para ela mesma. Então, ela se mostra insatisfeita e tenta fazer autoescola, quer estudar, quer fazer terapia, quer fazer unha, quer sair à noite, quer voltar para a igreja, quer caminhar, quer fazer academia, porque engordou muito. Mas sua situação em casa com um bebê novo e que exige muito dela não permite que ela tenha este tempo, o tempo que ela queria que o bebê ocupasse para não se sentir só. E repete-se o movimento de alienação e de separação, de tamponar e de fazer aparecer a falta, surgindo a angústia.

Hortência demanda um espaço, um tempo para que ela realize algum outro projeto pessoal, que não apenas relacionado ao "ser mãe". Sabemos que este espaço para o desejo é necessário para que o bebê não se torne objeto de gozo da mãe. Mas não é isso que está em impasse no caso. O que entendemos necessitar de atenção é o sofrimento de Hortência com os arranjos em sua vivência da maternidade e do cuidado com o filho, que tem marcas importantes da situação de prematuridade e de hospitalização precoce. Estas marcas fazem um elo com a história de Hortência, que conseguiu fazer elaborações e incluir o filho na história dela, o que, ao que nos parece, permitiu a circulação do desejo entre ela e a criança e também da criança com o pai. No entanto, isso não se dá sem sofrimento para a mãe, que demanda um acompanhamento, uma escuta, haja vista estar procurando atendimento psicológico e ter repetido tanto algumas temáticas na entrevista. Consideramos que o mais importante neste trabalho é pensarmos no caso em sua singularidade. E, portanto, pensarmos, no caso de Hortência e Ezequiel, em sua forma de funcionamento, no modo de gozo e no sintoma da mãe, porque têm impactos diretos no bebê.

Hélio: o menino com nome de deus grego

A segunda entrevista foi realizada com Cristiane e Marcius, pais de Hélio, que estava, então, com um ano e três meses. Desde seu nascimento, Hélio ficara internado por 89 dias na Unidade de Tratamento Neonatal do hospital, devido à prematuridade e as complicações dela decorrentes. Marcius é quem cuida do filho em casa e Cristiane é quem trabalha fora. Eles contam que, depois da alta hospitalar de Hélio, Marcius interrompeu a faculdade e o estágio pra se dedicar aos cuidados do filho em casa e ao seu tratamento. Cristiane, que estava trabalhando quando Hélio nasceu e ficou um período, portanto, de licença maternidade, voltou a trabalhar quando o prazo da licença venceu. Durante a entrevista, Hélio ficou o tempo todo no colo do pai. Marcius foi quem deu a mamadeira para ele, trocou sua fralda, acomodou-o no colo para que ele dormisse. E Marcius beijava a testa de Hélio em seu colo durante toda a entrevista. Cristiane auxiliava o marido nos procedimentos e brincava com o filho no colo do pai com frequência. Cristiane, na entrevista, fala rindo, brincando, quando perguntadas informações sobre o casal, como idade e profissão: "*o Marcius é do lar*". Quando perguntamos se eles inverteram, Cristiane respondeu: "*é, do padrão sim*". Com tal resposta, parece-nos que Cristiane já sinaliza a forma de funcionamento do casal, que não se adéqua a padrões sociais ou familiares, mas busca posicionar-se conforme seu próprio desejo, construindo o estilo e a história da família deles assim, como sugerem as falas deles na entrevista.

No que concerne aos efeitos da situação da prematuridade e de hospitalização de Hélio, Cristiane e Marcius contam como foi para eles vivenciar esta experiência, falando também das estratégias que buscavam para lidar com o que aconteceu. Hélio passara por uma situação muito crítica em seus primeiros dias de vida. No dia em que estivera mais grave, a equipe de saúde avaliou que ele teria poucas chances de sobreviver até o próximo dia, o que foi comunicado aos pais. Eles procuraram aceitar a situação, buscando preparar-se para o pior. Ela lembra deste dia em um momento da entrevista: "*Atrapalhou minha noite só quando falou que ele ficou com risco lá, porque ele não poderia passar daquela noite*". Mas a mãe não relata o acontecimento como o mais difícil ou o mais marcante do período de internação. Nesta fala, ela lembrou-se do fato apenas porque estavam falando sobre o sono dela, que não tinha sido prejudicado com o nascimento do bebê, ao contrário do sono de Marcius e de outras mães.

Notamos, neste caso, que o diagnóstico e as notícias médicas não parecem ter um peso ou impacto grande para o casal, que ia lidando com tranquilidade com a situação, não dando tanta importância ao saber dos especialistas no sentido de interferir de maneira significativa no modo de cuidado, como se evidencia quando relatam acerca da dificuldade auditiva de Hélio:

> *Marcius: Ele fez um teste aqui lá no... ele fez o teste aqui, fez no berçário, deu alterado. Só que eles esperam um tempo, ele fez o teste em novembro, deu alterado, eles marcaram um exame aqui, coloca um eletrodo na cabeça. Aí deu alterado de novo. Aí eles encaminharam a gente pro Isabela Hendrix. Lá no Isabela Hendrix eles refizeram o teste, porque deu muito alterado. Porque... é... do ouvido, ele é ok, ele é perfeito, eles fazem aquele, tem um teste que coloca um fone de ouvido assim, pra ver se tá tudo bem o ouvido. O ouvido tá ok, só que, a moça falou ó, é o... é o... provavelmente é o nervo que tá afetado.*
> *Entrevistadora: A questão é neurológica?*
> *Marcius: É neuropatia. Aí ela inclusive marcou uma, como é que chama aquele exame, tem um nome... tomografia. Ele fez em dezembro vai sair agora em...*
> *Cristiane: Ressonância.*
> *Marcius: Ressonância.*
> *Cristiane: Não é tomografia não.*
> *Marcius: Pra testar e vai pra saber se é o nervo, se é o cérebro, pra saber o que aconteceu, dá um diagnóstico mais perfeito. Mas realmente é, ele tem. Ele não assustava, cê batia palma na frente dele assim, ele não assustava, uma criança fechava o olho, assustava, ele não fazia* isso.

Assim, por mais que eles levem Hélio às consultas e sigam as indicações do tratamento em certa medida, exercem os cuidados à sua própria maneira, o que tem muito mais relação com o estilo do casal do que com a situação de prematuridade, hospitalização precoce ou cuidados especializados necessários em consequência da evolução da criança nos primeiros meses. Cristiane enfatiza quanto a forma de cuidado de Hélio: "*Porque a gente não cria filho não é pra ficar dependente, né?*". Então, as indicações que seguem são aquelas que vão de encontro à maneira deles de pensar e conduzir suas próprias vidas, ou seja, seu modo de funcionamento e seus valores. Sobre isso, destacamos:

> *Cristiane: Ele não tem tempo ruim pra ele não, se ele tiver cansado ele deita e dorme. Eu acho que a maioria das crianças também.*
>
> *Marcius: É o que... quando a gente tava aqui, um dos enfermeiros falou: olha, o meu primeiro filho eu criei no silêncio, o segundo eu já criei na bagunça, assim, é melhor criar na bagunça do que no silêncio – é tenso.*

Nas falas do casal, eles ressaltam como adaptaram a sua vida à chegada do filho, com o máximo de esforço para que ele não ficasse com *"frescuras"*, como dizem. Eles buscam não criar expectativas pré-determinadas com relação ao filho, o que diz da posição que assumem com ele, do lugar que o colocam: *"aí a Cris virou e falou que o Hélio poderia ser gay, ela (mãe de Cristiane) chorou tanto, ficou nervosa. Se for vai ser, fazer o que?... Não importa. Não vai fazer dele menos ou mais pessoa"*. O casal fala na entrevista como é importante criá-lo dando liberdade para que ele tenha as próprias escolhas, o que eles mesmos não tiveram com seus pais. Cristiane explica que nunca teve relacionamento com o pai, a quem chama "*progenitor*", e que a mãe e as irmãs são "*muito crentes*", o que se distancia do que ela acredita atualmente. Quanto à Marcius, ele conta o ótimo relacionamento que tinha com o pai e como isso foi mudando quando ele se afastou para formar a sua própria família. Assim, este estilo de criação que escolhem – sem frescuras e que respeite as escolhas de Hélio – tem relação com as interações familiares de Cristiane e Marcius desde suas infâncias, e com a forma com que foram se apropriando das referências familiares. Quando contam sobre o relacionamento deles com suas famílias de origem, dizem das expectativas que depositam na relação com o filho, como aparece nesta fala de Cristiane: *"Tô tendo a oportunidade de não fa... de não errar onde os meus pais erraram. Eu vejo muito assim, eu quero poder fazer diferente. Eu quero poder... eu espero poder acertar e ele não ter os problemas que eu tenho. Que eu vejo que eu tenho"*. Marcius, por sua vez, também parece estar atualizando no relacionamento com o filho sua relação com o pai, podendo fazer novos arranjos. Em alguma medida, fazendo diferente, buscando repetir o que tinha de bom e melhorar o que entendeu ter dado errado. É disso que fala, ao discorrer sobre o que Hélio representa para ele:

> *Marcius: Eu tô esperando ele crescer (ri). Por enquanto, pra mim, ele é só responsabilidade. Ainda não tá... eu sempre quis um filho, porque eu sempre queria uma pessoa que eu pudesse é, trocar ideias, mais um amigo.*
>
> *Cristiane: Ele queria a relação que ele tem com o pai dele.*
>
> *Marcius: É.*
>
> *Cristiane: Ele queria poder ter isso também com o filho.*
>
> *Marcius: É. Eu queria um filho porque a relação com meu pai era muito forte. Desde quando eu comecei a namorar com a Cris, ela meio que deu uma patinada e, agora, com o Hélio, ela acabou.*

Podemos observar que até a escolha do nome de Hélio[7] parece refletir os significantes marcantes da história de Cristiane, que vão ao encontro dos significantes de Marcius. Eles escolheram para o filho um nome com origem na mitologia grega. Hélio é o nome de um deus grego, símbolo da beleza, da luz, um deus imponente, parece que proporcional à importância do filho na vida deles. É significativo terem escolhido o nome de um deus da mitologia, pois Cristiane precisou separar-se da imposição religiosa da mãe. Marcius, por sua vez, valoriza e busca vivenciar o espiritualismo que diferencia o seu próprio pai do restante da família (toda católica), o que marca consideravelmente seu elo e suas afinidades com o pai, como ele conta na entrevista. Pensamos que a escolha do nome de Hélio passa pelas marcas conferidas ao significante da religião cristã na vida deles, portanto, pela busca da diferença em relação ao cristianismo.

Em geral, o que mais aparece na entrevista de Cristiane e Marcius são os arranjos que fizeram e estão fazendo em sua história, tanto antes quando depois do nascimento do bebê. Desta forma, eles não dão ênfase

[7] Apesar do tema da escolha do nome da criança não ter sido mobilizado na entrevista, surgiu algumas vezes durante a internação de Hélio, inclusive nas reuniões de pais das quais Cristiane e Marcius participavam. E, nestas ocasiões, Cristiane dizia de forma enfática: "nome de deus grego".

à prematuridade de Hélio ou às complicações dela decorrentes, muito diferente de Hortência. O que fica evidente na explanação do caso é como a situação de doença e de hospitalização do bebê marca cada família de uma maneira única, dependendo da história e do modo de funcionamento de cada um, o que faz com que a vivência tenha um significado singular para cada sujeito, relacionando-se ainda com as amarrações que são feitas. Passemos para discussão de outro caso.

Matheus: um acontecimento inesperado, uma grande novidade

A terceira entrevista da pesquisa foi realizada com Rúbia, mãe de Matheus, que estava com três meses na ocasião. Ele é fruto do relacionamento dela com Sérgio, atualmente seu ex-namorado. Matheus é o primeiro filho de Rúbia e primeiro neto de seus pais. Matheus mora com sua mãe Rúbia, com a avó materna e um tio materno. Embora Rúbia goste muito de trabalhar fora de casa, ela optou por permanecer sem trabalhar por um tempo e dedicar-se aos cuidados do filho, pela exigência de cuidados especiais, devido ao seu nascimento prematuro (34 semanas) e outras complicações de sua condição de saúde, especialmente, como o refluxo: "*Então eu prefiro eu mesma ficar, que aí eu fico mais tranquila. Eu volto a trabalhar depois, tem muito tempo, né?*".

Sérgio, pai do bebê, tem mais um filho de um ano e Matheus é seu segundo filho. O pai participa dos tratamentos de Matheus, mantém contato com ele e apoia no que for preciso, segundo informa Rúbia. No dia da entrevista, embora pai e mãe estivessem acompanhando Matheus, Rúbia preferiu ser entrevistada sozinha, deixando Matheus com o pai na recepção do ambulatório, justificando logo no início da conversa: "*Mas assim, ele é um ótimo pai, eu também, mas só... o problema é pessoal, eu e ele, não tem nada a ver com filho não*". Aí Rúbia já aponta para um tema que é recorrente em sua fala: seu relacionamento com o ex-namorado e pai do seu filho, evidenciando uma tentativa de separar o que é da ordem do relacionamento entre eles e o que diz respeito à relação de cada um deles com o bebê: "*Ele faz tudo pro filho, a gente só não é casado. Antes, a gente namorava e tudo, mas depois do nascimento do filho não, ele é pai, eu sou mãe. Mas cada um na sua casa. Ele traz, faz tudo pro Matheus, tudo que pedir também compra, mas...*".

Na entrevista, Rúbia enfatiza como a gravidez e o nascimento prematuro do filho foram inesperados em sua vida: "*Eu pensei que eu fosse voltar bem rápido, que eu ia ter ele de nove meses, mudou tudo. Nada do que eu planejei aconteceu, nada do que aconteceu tava previsto, tava na minha cabeça, tudo é uma coisa muito nova. Eu tive que aprender com a situação, sabe?*". Matheus ficara internado por um mês no hospital pelo nascimento prematuro, pela dificuldade de sucção e pela suspeita de síndrome de Moebius[8], diagnóstico que foi descartado com o resultado do exame de cariótipo[9].

As falas de Rúbia na entrevista demonstram como foi difícil para ela a vivência da situação, como foi tudo muito "*inesperado*" e "*repentino*", como ela diz muitas vezes. Antes mesmo do parto prematuro, a gravidez já foi um acontecimento muito novo em sua vida. Ela relata que não planejava engravidar naquele momento, embora pensasse em ser mãe um dia. Ela fala muito da vivência intensa com a maternidade, o parto prematuro, a hospitalização do filho ao nascer, e atribui a sua separação do pai de Matheus aos efeitos de tantos acontecimentos bruscos na vida do casal: "*Fica complicado, nossa! Tanto que a vida pessoal ficou conturbada depois disso. Já começou daí, tava tudo muito bem aí, depois as coisas já foram desandando. Acho que aí já contribuiu*".

Rúbia expressa sua tentativa de elaborar a separação do pai de Matheus, contando as frustrações e as mágoas que vivenciou com ele, por expectativas que tinha e não foram correspondidas. Desse modo, Rúbia fala do impacto do término do namoro justamente no momento em que vive a maternidade: "*Mas eu não esperava também tudo, eu não esperava esta atitude dele, eu acho que eu fiquei um pouco assim, sem chão, né?*".

Na entrevista, Rúbia fala muito de uma busca por entendimento ou assimilação de determinadas situações, seja em relação ao seu relacionamento com Sérgio, seja no que se refere à sua gravidez e ao nascimento prematuro de Matheus. Assim, verbaliza sua busca por significações e elaborações a partir das irrupções do real, e as estratégias que constrói para lidar com a situação:

> *Mas enfim, aconteceu e tudo. Agora esperar e dando um tempo e tudo. As coisas acontecem, acho que depois vai... chegando no lugar, assim, sabe?*

[8] Síndrome de Moebius é um distúrbio neurológico que tem como principal característica a perda total ou parcial dos movimentos dos músculos da face, com consequente ausência de expressão facial. A maior parte dos casos de Moebius caracteriza-se por paralisia bilateral completa ou incompleta dos nervos faciais e abducente, sintoma apresentado por Matheus e que motivou a suspeita da equipe médica.

[9] Consiste na análise dos cromossomos, que permite diagnosticar síndromes genéticas.

> *As coisas vão se acertando. Por mais que, assim, a gente termine, que não dê certo, mas pelo menos na cabeça, na ideia da gente as coisas vão se assimilando melhor, porque tudo de uma vez, um tapa naquela porrada, cê não dá conta não, cê precisa de respirar, sentar, pra você entender um pouco, assim, mais.*

Rúbia busca um sentido para o nascimento prematuro do filho: "*O fato dele ter vindo antes, será que ele ia, né? Ele veio também pra mostrar alguma coisa. Minha mãe sempre fala isso, e é mesmo, hoje que eu consigo assim, que é tanta coisa na hora, que na hora cê não vê nada*". Depois do turbilhão de fatos que não puderam ser representados em um primeiro momento, nem sequer vistos, ela consegue olhar para a própria situação e parar para pensar em alguma coisa a respeito. Assim, busca construir alguma representação que permita simbolizar, em alguma medida, seu encontro com o real, que irrompeu anteriormente de forma tão repentina que, na hora, o fato não comportou nenhuma associação, nenhuma cadeia significante.

Ela conta como foi para a sua família a chegada de Matheus e mostra, desta forma, o sentido que foi construindo para seu nascimento no contexto familiar: "*Eu acho que, da minha família, o motivo é a alegria e é uma novidade a minha gravidez, de ter um filho agora, foi uma novidade*". Podemos notar como Rúbia inclui Matheus na linhagem familiar, oferecendo a ele um espaço simbólico, o que é condição de possibilidade para a constituição subjetiva para um bebê, como sabemos. E o lugar que lhe é oferecido passa pela prematuridade, mesmo que não fique restrito ou fixado nela:

> *Ah, é muito diferente, é um sentimento muito novo, que cê nunca sentiu por ninguém, não vai sentir, nem namorado, marido, nada, nada, nada se compara. É muito diferente. Dói em você, cê olha pra ele, que é um bebezinho. Acho que também pelo fato de ser prematuro... mais cuidado, fica mais comovida. Ah, é muito bom. É um amor imenso mesmo, cê não consegue... é ótimo.*

As construções que Rúbia faz em torno da maternidade aparecem o tempo todo em suas falas, bem como sua preocupação com a forma que exerce os cuidados com o filho, com o intuito de ser uma "*excelente mãe*". Lembremos de uma de suas primeiras falas na entrevista, já citada: "*ele é um ótimo pai, eu também*". Em seu discurso, sempre aparece o reconhecimento de Sérgio em relação à sua habilidade como mãe, bem como seu reconhecimento de que Sérgio tem cumprido bem o seu papel de pai, sendo que os problemas deles dizem respeito aos dois especificamente, como ela faz questão de demarcar. Portanto, no que se refere às vinculações imaginárias que faz a partir de sua vivência com a maternidade, Rúbia demonstra sua identificação com uma figura de mãe competente para dar conta da situação, como ela diz: que dê "*conta do recado*" ou que coloque "*a mão na massa*". Rúbia encara o que é de sua responsabilidade, o que parece ir ao encontro de sua forma de funcionar e de se relacionar com o mundo – o que talvez explique o seu ato falho correspondente à sua afirmativa de ser um *"ótimo pai"*, assim como Sérgio.

Notamos que a relação de Rúbia com o filho não é marcada somente pelas dificuldades vividas em seus primeiros dias e pelo peso do diagnóstico e dos sintomas que apresenta, mas pela novidade que o inesperado trouxe para ela com a vivência da maternidade, o que exige dela, é claro, muitas elaborações, mas permite também que ela localize seu filho a partir da transformação que a coisa nova traz: "*É muito transformador, é bom demais. Apesar de tudo isso assim, a forma que aconteceu comigo, é minha, é experiência minha, não significa que é com todo mundo*".

Pensamos que o caso de Rúbia e Matheus traz luz para pensar em vários aspectos. Mas, destacamos, a partir do caso, como pode ser intensa a vivência da maternidade, porque traz à tona muitas referências que precisam ser ressignificadas, mobilizando no sujeito novas amarrações significantes que se relacionam ao seu próprio funcionamento, aos significantes de sua história e às funções que opera no campo social.

Gabrielly: uma criança muito esperta

A próxima entrevista foi realizada com Edijane, mãe de Gabrielly Vitória, que estava com um ano e três meses na ocasião. Ela é sua segunda filha, sendo o primeiro um menino de nove anos. Edijane mora com o filho e com Gabrielly, e trabalha como empregada doméstica: *"É por isso que eu falo que minha vida é muito corrida. Imagina cê cuidar de duas casas. Não é fácil não"*. Por sua vida ser muito corrida e difícil é que ela não planejava ter mais filhos quando engravidou de Gabrielly.

No seu nascimento, Gabrielly ficou onze dias internada devido à prematuridade. Apesar do nascimento antecipado, ela teve uma boa evolução e ficou internada somente nos primeiros dias de vida na Unidade de Tratamento Intensivo (UTI), sendo transferida, em seguida, para a Unidade Canguru, onde ficou com a mãe em período integral. Apesar da boa evolução da filha, Edijane considera que onze dias de internação foram "*uma eternidade*", ainda mais que ela teve que ficar internada antes do nascimento da filha, ainda grávida, por complicações da gravidez com consequente risco de parto prematuro.

No período de internação de Gabrielly, Edijane foi acompanhada de forma sistemática pela psicologia, porque chorava o tempo todo, externalizando seu sofrimento pela gravidez não planejada, nascimento antecipado e preocupação com a filha, em quem, naquele momento, já depositava muitas expectativas. Edijane conta da prematuridade e da hospitalização como experiências marcantes em sua vida, pela interrupção de sua rotina e a preocupação com o filho que ficara em casa. Mas Edijane enfatiza, principalmente, a gravidez não planejada e a chegada inesperada de mais um filho em sua vida:

> *Eu não planejei minha gravidez, ela nasceu assim, ela veio sem, sem eu... eu acho assim, por mais que... filho a gente tem que planejar, e hoje em dia, então, mais ainda. Hoje em dia tá mais difícil, igual eu falo, eu acho que o máximo que a pessoa tem que ter é um filho. (Ri muito). Eu acho (e ri). Eu não tinha planos mais de ter filho não, então assim, quando, quando ela veio pra mim foi um susto. Eu demorei a aceitar a gravidez dela, eu passei assim, eu, porque foi como se fosse assim uma turbulência muito grande. Pra eu aceitar demorou muito. Então, assim, eu não acreditava que eu estava grávida. Então, quando ela, eu não, pra entrar na minha cabeça. Igual quando eu fiz o exame, eu até achei que eu tava era com... como que fala? É... quando a mulher tá entrando na menopausa, eu achei que eu tava.*

Ela se preocupou muito com o fato de ter mais um filho por causa das dificuldades que já enfrentava com um, porque sempre teve que trabalhar muito para sustentá-lo e, para isso, precisava também providenciar como seriam os cuidados com ele nos momentos em que estava fora de casa trabalhando. Edijane conta que assumiu os cuidados do primeiro filho sozinha, pois separou-se do pai dele seis meses depois de seu nascimento e, desde então, ele não dá nenhum apoio. E relata também sobre o seu relacionamento com o pai de Gabrielly, que durou apenas até a gravidez: "*Ah, hoje em dia tô meio assim, aí depois do nascimento dela eu acho que eu tenho, assim, esse mal comigo: depois que meu filho nasce eu mando o homem embora*".

Então, Edijane expressa o que Gabrielly representa para sua vida hoje, reforçando a diferença entre seus sentimentos de hoje e de quando descobriu a gravidez:

> *Ah, hoje em dia, eu acho que depois, mesmo assim, antes dela, quando eu ainda estava grávida dela, eu já... quando chegou certo tempo eu já aceitava a gravidez. Aí já, aquela coisa toda, hoje em dia ela é ó, nó, ela é, assim, muito especial na minha vida. Então, é... eu falo que os dois são meu dois tesouros, né? São o meu orgulho são eles. Então, eu vivo pros meus filhos, eu trabalho, corro e tudo, tudo é pra eles mesmo.*

A respeito das necessidades de sua família e das adaptações que teve que fazer com o nascimento da filha, Edijane afirma que agora tudo está mais ajustado, com algumas coisas ainda se acertando: "*Igual, assim, nós tamos na espera do apartamento. Onde que eu moro, lá é alugado, a prefeitura que paga, mas assim, tirando disso, graças a Deus, hoje em dia nós tamos tranquilos*".

Nas falas de Edijane, é possível notar que Gabrielly já tem um espaço bem estabelecido na família. A mãe conta que ela e o irmão se dão muito bem, salientando que a bebê gosta muito dele: "*Gosta, ih... ele faz ela dormir à noite*". Edijane vive, então, em função de seus filhos, como afirma, sendo que suas buscas, seus projetos e seus desejos referem-se à criação deles, não tendo nem espaço para outro homem, como vimos.

Durante a entrevista, Gabrielly interagiu o tempo todo com a mãe e a pesquisadora. Com um ano e três meses, um ano e um mês de idade corrigida (pelo nascimento prematuro), ela já anda e se comunica, mostrando o que quer e falando muitas palavras. A mãe entende o que ela quer e respondeu a maior parte de suas solicitações. As falas de Edijane, durante a entrevista, foram interrompidas algumas vezes pelas solicitações de Gabrielly, que buscava chamar a atenção da entrevistadora e, principalmente, da mãe: "*Ela conversa com todo mundo*", afirma a mãe. Sobre o desenvolvimento da filha, Edijane pontua: "*Tá bem, graças a Deus... Ela tá com um e três meses. Como diz a médica, na idade corrigida com um e um mês. Nossa, ela já tá, ela tá esperta pra caramba. Ela é bem esperta, o pessoal tá falando na UMEI*[10]*...*".

Interessante notar como Gabrielly, apesar de ter uma saúde mais frágil e precisar de acompanhamento, não fica fixada para a mãe no lugar

[10] UMEI: Unidade Municipal de Educação Infantil.

de doente ou de quem precisa de uma atenção especial por seu nascimento prematuro ou condições de saúde. Edijane conta que precisa ficar brava com a filha muitas vezes: "*Tem, de vez em quando tem, porque ela... (e ri)*". Além disso, ela relata que não segue todas as recomendações dos especialistas, "*porque se a gente escutar tudo que médico fala, a gente fica doida*", como ela afirma. Assim, a mãe mostra que não dá tanta importância para as referências da medicina. Mesmo que siga com os tratamentos necessários à filha, as dificuldades dela e os apontamentos dos especialistas não têm um impacto tão significativo nos cuidados que a mãe exerce. A mãe, ao discorrer sobre o tratamento neurológico da filha, enfatiza que a "*falhinha*" no cérebro de Gabrielly é "*beeemm pequenininha*", o que quer dizer que não é algo com o quê ela deva se preocupar. A criança é considerada muito esperta, tanto pela mãe quanto pelos profissionais de saúde e de educação (da escola que ela frequenta). Assim, Edijane já tem um modo próprio de cuidar e criar os filhos, que têm a marca do seu desejo e dedicação, além de suas próprias referências. Ao que nos parece, as marcas que a prematuridade e a hospitalização de Gabrielly deixaram são bem menos significativas para sua mãe do que a sua chegada inesperada, o que não impediu Edijane de incluí-la na vida da família. Edijane fez seus arranjos e encontrou saídas, de modo a oferecer à filha não só condições materiais – acerca do que ela tanto se preocupa –, mas também condições de possibilidades para sua estruturação psíquica, o que reforça nossa ideia de que cada sujeito responde de forma única ao que lhe acontece.

Júlia: do desespero à tranquilidade

A quinta entrevista integrante de nossa pesquisa de campo foi realizada com Laura, mãe de Júlia, que estava na ocasião com dois meses e cinco dias. Laura é solteira, tem 23 anos, estava cursando faculdade, mas trancou por causa do nascimento da filha. Ela mora com a mãe e um irmão, que a apoiaram muito com o nascimento do bebê, assim como outros amigos e familiares, incluindo o pai, que, embora não more com a família, participou da internação da filha e da neta ativamente.

Júlia é a primeira filha de Laura e ficara internada por três semanas no hospital por causa do parto prematuro, de 32 semanas. A bebê tivera uma boa evolução, embora Laura não tenha feito pré-natal por desconhecimento da gravidez, como ela lembra na entrevista: "*Ela tá bem, o problema foi eu mesmo. Foi o susto. Ela evoluiu bem*". Laura não planejou a gravidez e só ficou sabendo que estava grávida no dia anterior ao nascimento de Júlia, quando já estava no hospital. Ela descreve como foi pra ela a notícia da gravidez de forma tão repentina e, em seguida, já vivenciar o parto, ressaltando a sensação de desespero pelo susto e pelas preocupações decorrentes da situação: "*Mas foi bem desesperador, assim. Se eu tivesse que definir em uma palavra seria desesperador*". No entanto, ela fala da mudança significativa de sensação depois do parto e depois que foi tendo momentos com Júlia: "*Mas aí, depois, assim, até na hora do parto, até depois que ela saiu assim de dentro de mim, aí depois eu já fiquei mais tranquila*". Laura discorre que não sabia como assumir o bebê, chegando a pensar, no momento antes e durante o parto, em não ficar com ele, o que mudou após o nascimento de Júlia e seu contato com ela na UTI: "*É porque eu não trabalho, né? Aí eu falei: e agora assim?... Depois, no outro dia, quando eu vi ela na UTI assim, eu falei: ai, meu Deus, sabe? Na hora que nasceu assim, que eu vi, que acabou a dor, que eu já era uma pessoa normal, que eu ia dar conta de sobreviver, aí eu já mudei assim*".

Laura conta, então, do momento em que Júlia ficou na Unidade de Tratamento Neonatal, começando pelo tratamento intensivo, relatando a sua preocupação na circunstância:

> *Fiquei super preocupada porque ela foi pra UTI. Eu não sabia como que ela tava... Eu fiquei bem preocupada, mas, assim, preocupada porque eu não me cuidei com o pré-natal, com nada, né? Porque eu também sou prematura, de seis meses na verdade, isso é o que minha mãe descobriu com quatro, mas aí ela, ela ainda se cuidou um pouco nesses dois meses, né? Com vacina, com tudo. E eu não tinha feito nada, então, eu tinha muito medo dela ter é, é, algum problema por causa disso. Aí depois que ela saiu, ela ficou dois, é, poucos dias na UTI, só no primeiro dia que ela teve o respiratório pra ajudar, no segundo dia ela já tava sem ele. E, assim, e ela perfeita, ela reagindo bem, aí eu fui ficando super tranquila.*

Interessante como a situação de prematuridade da filha vem ao encontro da história do próprio nascimento de Laura, o que talvez tenha favorecido certa identificação e aproximação entre elas, por conseguinte. Ela conta, ainda, como foi a experiência de acompanhar a filha internada, desde os cuidados intermediários, quando ela passou da fase crítica de mais risco, até a internação na Unidade Canguru, etapa em que Laura se internou para cuidar da filha: *"Aí a minha ficha só foi cair no Canguru, assim. Aí, no Canguru, eu já fui me sentindo mãe mesmo, porque eu dava banho e tudo. Aí ela já me conhecia também. Aí depois, no Canguru, eu já fui ficando mais tranquila em relação a tudo assim"*. Laura mostra como cuidar da filha e amamentá-la foi o que lhe permitiu assimilar a maternidade naquele momento de sua vida, apesar de ter sido tudo tão repentino. Laura ressalta como ficou tomada pela maternidade e bastante investida na filha, depois de passado o susto e o momento de desespero. Ela conta como assumiu os cuidados em casa e adaptou sua rotina com a chegada da filha. Sobre sua vivência com a maternidade, destacamos: "*Eu num, eu não acredito nestas coisas de instinto também. Ah, instinto materno, porque eu vejo várias mães que tem outros filhos que não é tão responsável. Então, eu não acho que é instinto, eu acho que é... cê assume mesmo uma responsabilidade, sabe?"*.

Em muitas falas de Laura, surge a importância do apoio da família e dos amigos com a vivência da situação. Com relação ao seu pai, Laura conta que ele sempre participa de sua vida e dá muito apoio, o que tem ocorrido também na situação atual que ela está vivendo. Ela enfoca que o pai "*é maravilhoso*". Mas, apesar da boa referência que tem do próprio pai, Laura decidiu registrar Júlia sozinha, porque o pai de Júlia não procurou por elas e não demonstrou interesse em assumir a filha, o que confirmou o que Laura esperava mesmo dele: "*Ele viajou, não voltou mais. Aí eu deixei pra lá também. Na verdade, ele nem conhece, assim, pessoalmente, só por foto. Mas aí eu não preocupei também não, deixei o assunto como se tivesse resolvido"*. Sobre os planos de ser mãe, antes da chegada de Júlia em sua vida, Laura elucida:

> *Não, assim, eu já pensei, há muitos anos atrás. Eu pensava em ser mãe, porque a minha casa sempre foi muito cheia, eu tenho três irmãos, cada um tinha uma renca de amigos, então, sempre tinha muita gente na minha casa. Eu sempre gostei de casa cheia. Aí eu falava: ah, eu vou ter quatro filhos. Aí o tempo ia passando, eu falava assim: gente, que loucura! Como que alguém tem quatro filhos? Aí eu ia diminuindo, aí eu falei: não, três, mas também não pode ser número ímpar. Aí depois eu falava: um casal. Aí eu, não, eu quero ser mãe só de menina.*

Mas depois que Júlia nasceu, os projetos de vida de Laura mudaram. E ela retomou, então, o seu desejo de ser mãe de uma menina, como ela menciona: "*Fiquei bem feliz assim. Eu falei que eu não tinha muito jeito pra ser mãe, se fosse pra eu ser mãe, que fosse de uma menina, que era o que eu queria, né?*". Atualmente, Júlia já está bem incluída nos planos de Laura, que pensa em colocá-la na creche para trabalhar, mas só "*quando ela tiver um pouco maior*", assim como pensa em retomar a faculdade, em procurar trabalho em sua área, em ter um outro trabalho antes de terminar a faculdade para ir conquistando independência financeira, pensando nela e na filha: "*Aí tô pensando em várias coisas... Tô olhando, tô indo aos poucos por causa dela, tá bem novinha*".

É possível perceber que, mesmo que o nascimento de Júlia tenha sido tão inesperado na vida de Laura e tenha exigido dela tantas mudanças de rotina e de planos para sua vida, Laura está, no momento, vivenciando a maternidade de forma intensa e a filha tomou um espaço muito importante em sua vida e em seu desejo. Na entrevista, Laura mostra que interpreta as manifestações da filha, responde a elas, antecipando um sujeito: "*na hora que eu for comer, ela vai acordar. Ela quer comer sempre junto comigo. Eu pego o prato ela chora, bem na hora*". Laura já conhece o jeito e as respostas da filha, pela convivência e pela interação que se dá por meio de seus cuidados. E é notável como ela vivencia tais cuidados com tranquilidade e como se sente bem com a inclusão de Júlia em sua vida, demonstrando estar segura em relação a sua decisão por ela.

É valido citar, sobre a escolha do nome da filha, o que Laura comenta: "*Júlia foi o que deu mais certo. Hoje eu já acho que ela tem cara de Júlia*", referindo que pensou em muitos outros nomes além e antes de Júlia. Parece-nos que a escolha do nome reflete o que ela vive com a filha, porque Laura tinha pensado em alguns outros nomes, mas acabou escolhendo um diferente das suas primeiras opções. Da mesma forma, Laura tinha outros planos para sua vida no momento, mas a chegada de Júlia foi o que ela escolheu que acabou dando mais certo neste período de sua vida, se assim podemos dizer. Deu mais certo porque foi o que ela escolheu. Afinal, maternidade para ela não é um "*instinto*", mas um posicionamento assumido, ou melhor, uma "*responsabilidade*" que se assume, como ela diz. De fato, trata-se de uma atitude de assumir uma função que implica no endereçamento do desejo. No caso de Laura, assim como ela elegeu um nome para a filha, ela escolheu assumir a Júlia, e veio à tona seus desejos e suas referências da maternidade e dos cuidados de bebê, de criança, as referências familiares e dos vínculos que ela estabeleceu. Acabou que a filha ficou "*com cara de Júlia*", assim como sua vida, seus projetos, seus desejos.

Mesmo que ela não soubesse, ao menos conscientemente, já havia um espaço para Júlia em sua vida, e não é sem razão que o espaço para Júlia em seu quarto tenha ficado "*perfeito*", como ela conta. Laura não sabia, porque este espaço simbólico refere-se a mecanismos inconscientes que surgem posteriormente, após o seu encontro com a filha, como uma "anterioridade anteriormente inexistente", tal como considerado por Elia (2010, p. 44), passando "a existir como anterioridade" no momento do encontro. Trata-se do desejo que Laura tinha de ser mãe de quatro filhos, depois de três, depois de um casal, depois de uma filha, que indica seu desejo de ser mãe, mesmo com atravessamentos. E isso traz as referências da história de sua família, marcada por uma "*casa cheia*", na qual os vínculos são tão importantes.

Outro aspecto do caso que chama nossa atenção é a clareza e a tranquilidade com que Laura se expressa e narra sua história com Júlia, mesmo com tantos acontecimentos difíceis de serem assimilados, por sua intensidade e surpresa. Assim, parece-nos que sua forma de lidar com o que lhe ocorreu tem relação com sua subjetividade, o que a ajudou, de certa forma, a enfrentar a situação, haja vista os vínculos familiares e sociais terem sido tão importantes para ela nesta vivência. Pois acreditamos que tais vínculos são frutos do estilo de Laura e da sua forma de se relacionar, e o fato deles terem adquirido tanta importância tem a ver com esta forma de funcionamento dela. É claro que ela teve que fazer muitos arranjos e muitas elaborações, e ainda está e continuará fazendo, tendo em vista, a propósito, que ela demandou a continuidade do acompanhamento psicológico iniciado durante a hospitalização. Mas ela tem conseguido fazer amarrações, incluindo Júlia em sua história de forma marcante, isto é, de forma a produzir marcas em sua história e em Júlia. E sabemos que estas marcas, no caso de Júlia, por ser ainda bebê, são necessárias para que ela tenha sua própria história.

BREVE DISCUSSÃO SOBRE OS CASOS APRESENTADOS

Podemos observar algumas semelhanças entre os casos apresentados. Um aspecto comum entre alguns casos, por exemplo, é a dificuldade decorrente da necessidade de assimilar acontecimentos tão inesperados: a irrupção do real na vida das famílias pela gravidez inesperada em certos casos, pelo parto prematuro em outros. É válido citar que, para Ansermet (2003), há sempre um hiato entre o nascimento de uma criança e a emergência do sujeito, que implica um encontro fundamentalmente traumático com o real. No entanto, em contrapartida ao fato desse encontro nem sempre ter uma manifestação clínica, ocorre que o nascimento prematuro acentua essa primeira hiância de forma dramática, mostrando o que está em questão, segundo o autor. De acordo com ele, na clínica neonatal, há uma evidência da criança como objeto *a*, sendo, ao mesmo tempo, objeto causa de desejo e "dejeto, resto inevitável de toda e qualquer simbolização" (Ansermet, 2003. p. 48). Ansermet (2003) considera que a criança recém-nascida carrega certa "impossibilidade de se inscrever no que a precede, daí o mal-entendido que gira em torno dela, mas também o espaço em que surge o ato de sua assunção subjetiva" (p. 48). Neste sentido, surge o sujeito no deslizamento dos significantes, no que fica em aberto. O autor afirma que a presença da criança ultrapassa o desejo de gravidez, bem como o desejo de ter um filho, sendo "compreensível que todas essas dimensões entrem em crise quando o nascimento é prematuro, interrompendo bruscamente a gravidez" (Ansermet, 2003, p. 48).

Como vimos nos casos, é comum por parte de quem vivencia a prematuridade a busca de uma simbolização para o acontecimento, para o nascimento inesperado, antecipado, mesmo que cada um responda de uma maneira própria a essa problemática e mobilize recursos e defesas particulares. Entretanto, não é sempre a prematuridade o que provoca esta crise, pois, em alguns casos, a chegada do bebê já acende uma ruptura com efeito traumático, exigindo amarrações. A criança já evidencia o intervalo entre seu nascimento e sua ascensão subjetiva. E é interessante notar, ainda, a partir dos casos, como a prematuridade, ao invés de ser um empecilho para a antecipação do sujeito nos pais, com impactos em sua subjetivação, pode favorecer a vinculação, provocando uma identificação com a fragilidade do filho, ou uma comoção que possibilita que a criança seja objeto de desejo e de proteção. Assim, o lugar que a criança é localizada pela família passa pela prematuridade e, em alguns casos, parte da prematuridade. Mas o importante é que não fique fixada neste significante. Este seria o risco do problema orgânico para a estruturação psíquica da criança, como apontado por Vorcaro (1998) e Lima (2003), como vimos. Porém, será que podemos pensar que a prematuridade, nos casos apresentados, não perturba a condição de possibilidade de sujeito, mas, ao contrário, em alguns casos, permite tal condição? Ou seja, embora a literatura aponte os riscos da situação de doença e de internação do recém-nascido para a constituição subjetiva da criança, não pode ocorrer, como sugere alguns casos, da circunstância servir para que o bebê seja incluído na linhagem familiar?

Segundo Ansermet (2003), "a prática do psicanalista em reanimação neonatal obriga um retorno à questão do traumatismo" (p. 49). Ele afirma que a neonatologia faz parte da "clínica do real" e explica que se trata de "uma clínica do pavor, mais do que uma clínica da angústia", porque acentua o fator surpresa, diferente da angústia, que "designa o estado caracterizado pela espera do perigo e pela preparação para ele, mesmo que desconhecido" (p, 49). Na situação da reanimação neonatal, conforme Ansermet (2003), há um efeito de sideração, sendo o "traumatismo absoluto" (p. 49). O autor salienta que "o traumatismo conduz a uma abolição simbólica", na medida em que "implica um atentado à simbolização que forma um branco, um furo" (p. 50). Nesta perspectiva, a intervenção do analista seria no sentido de buscar uma possibilidade de o sujeito reencontrar uma liberdade significante. Ansermet (2003) questiona-se: "a sideração e o pavor poderão ser ultrapassados para que reencontremos o equívoco, o desejo além da sideração?" (p. 51). Parece-nos que sim, que é possível esse reencontro. Pensamos que o pavor comparece nos casos trazidos, mas as simbolizações que são feitas, as saídas construídas por cada um é muito particular, até mesmo as questões suscitadas pelo pavor dos acontecimentos são diferentes e únicos. Se Hortência busca o conhecimento técnico para alienar-se em uma imagem de mãe totalmente tomada pelos cuidados de um filho que exige muita atenção e intervenção constante de tratamento, Cristiane e Marcius buscam não apegar-se a um saber já constituído, preferindo sustentar uma criação que respeite as escolhas do filho, ao passo que Rúbia, mesmo que busque seguir as recomendações dos especialistas, não o faz sem atribuir ao cuidado do filho uma significação muito própria, que remete à sua forma de funcionar com eficiência, mas também articula seu estilo à transformação que a maternidade lhe provocou. Edijane, por sua vez, vive pelos filhos e o lugar que localiza a filha não fica de modo algum fixado na prematuridade, diferente de Laura, que, apesar de não fixar seu bebê como prematura, teve a prematuridade como fator que a aproximou da filha que chegou em sua vida de forma tão inesperada e, a princípio, tão desesperadora.

Ansermet (2003) indica que "somente em um segundo momento que se pode esperar reatar o fio da meada, reconstituir uma história" (p. 67). É preciso ponderar que é difícil, a partir das entrevistas, saber como serão as repercussões da situação de seus primeiros dias na vida da criança. Mas parece-nos que muitos que trouxeram seus relatos buscam essa reconstituição de sua própria história, sugerindo importantes efeitos da escuta oferecida durante a hospitalização e também na entrevista. Mesmo que não se possa prever como será isso para a criança no futuro, as falas dos sujeitos permitem-nos pensar em como sua história está sendo reconstituída, o que serve como diretriz para nossas intervenções na prática clínica.

Assim sendo, embora possamos pensar em semelhanças entre os casos, é interessante como cada sujeito lida com a situação da prematuridade e da hospitalização do bebê de um jeito muito próprio e, portanto, cada um que viver tal situação terá uma história diferente para contar, tendo diferentes questões. O sujeito, assim, segue imprevisível e não decidido. Como propõe Lacan (1946, citado por Ansermet, 2003), "não se pode apagar 'a insondável decisão do ser'" (p. 68), restando-nos sustentar a escuta do vivo e do singular.

Tendo em vista o privilégio que buscamos conferir à singularidade e ao funcionamento de cada sujeito em seu discurso, tínhamos o intuito de defender uma concepção de clínica como intervenção e método de trabalho, que não consiste na aplicação de um saber geral a um caso particular, universalizando o objeto e, consequentemente, apagando sua manifestação singular por meio da detenção de um saber e do domínio da aplicação de uma técnica (Vorcaro, 2010b). Neste sentido, se fizéssemos um "recrutamento de dados", estaríamos impedidos do "discernimento do detalhe em que se aloca a singularidade que cada caso coloca 'fora de pauta'" (Vorcaro, 2010b, p. 20). Estávamos, ao contrário, interessados no que se repete no caso, considerando os mecanismos inconscientes em jogo no discurso. Por isso, adotamos a escrita literal das falas dos participantes das entrevistas: "Só na literalidade da narrativa escrita do caso poderemos reconhecer e distinguir o que há de singular na clínica"

(Vorcaro, 2010b, p. 16). Não se trata, portanto, de utilizar o caso para levantar categorias e ilustrar a teoria, mas para "problematizar a generalização necessária à teoria, explodindo a imaginarização de universalidade da teoria sempre avessa à presença do singular surpreendente implicado no inconsciente" (Vorcaro, 2010b, p. 17). Este ponto de vista implica na posição de não saber e considera a solução de cada um como uma amarração única, não universalizável, não presumível e que excede a qualquer arcabouço teórico.

A despeito de discutir aspectos teóricos a partir das entrevistas, explanando sobre os vários pontos que os casos podem nos causar ou problematizar, pretendíamos, com a exposição dos casos, suscitar a proposta da escuta, a fim de sustentar a importância da clínica como método próprio da psicanálise. É neste sentido que não adotamos a metodologia de levantar categorias a partir das entrevistas, como é frequente na pesquisa em ciências humanas. Se assim procedêssemos, perderíamos a linearidade do discurso de cada sujeito, deixando de enfatizar o que se repete e o que aparece do modo de funcionar de cada um, que foram os aspectos que procuramos enfatizar na elucidação dos casos. Isso porque acreditamos que a intervenção e a contribuição da psicanálise podem ser pensadas a partir destes aspectos, direcionando para a escuta aquilo que possibilita uma possível simbolização dos sujeitos atravessados pela doença e pela hospitalização do bebê ao nascer.

Nesta perspectiva, é válido mencionar que há uma importante ferramenta conceitual frequentemente empregada nas pesquisas qualitativas para estabelecer ou fechar o tamanho da amostra estudada. Trata-se do critério de saturação, que define a cessação da coleta de dados quando o pesquisador observa redundância ou repetição de alguns aspectos comuns nos casos pesquisados, o que indica a interrupção da captação de novos participantes para a pesquisa (Fontanella, Ricas & Turato, 2008). Entretanto, se tal critério é importante diretriz para a pesquisa qualitativa, ela também possibilita a distinção do método psicanalítico. Pois, se o trabalho é determinado pelo levantamento de hipóteses, característico do método científico, os dados são utilizados para comprovar ou não aquela hipótese, não importando o caso, mas os dados que servem àquele objetivo. Porém, a pesquisa que tem a psicanálise e seu método clínico como base, tem como objetivo identificar o que é único e singular em cada caso, enfatizando não os aspectos comuns aos casos, mas a repetição que se evidencia como singularidade do sujeito, possibilitando a identificação de um sintoma, ou seja, de um modo de funcionamento particular do sujeito. Desse modo, não é possível chegar a uma saturação dos dados encontrados, porque o que se busca é o vivo, o único e o novo de cada caso, portanto, o insaturável. Neste sentido, as construções que podem ser feitas a partir do caso tendem para o infinito, porque são sempre únicas e, portanto, sempre novas, com potencial de problematizar a teoria. E, por isso, não poderíamos buscar os dados relevantes aos objetivos da pesquisa, mas somente enfatizar o que surge a partir da clínica, ou seja, da escuta de cada caso.

Assim, ao apresentar cada caso, buscando identificar o que surge como questão para cada sujeito, seu modo próprio de funcionamento e as saídas singulares que construíram diante do pavor que o encontro com o real irrompeu, pretendíamos enfocar as respostas singulares, com base no método clínico e na ética psicanalítica. Pois acreditamos que é a partir dela que podemos pensar na contribuição e na intervenção da psicanálise em qualquer campo de pesquisa e de atuação.

CONSIDERAÇÕES FINAIS

A partir de entrevistas realizadas com as famílias, podemos notar que as situações de doença e de hospitalização são semelhantes. Mas, o que fica claro na discussão dos casos é que a questão que surge para cada um, a partir da vivência, é muito singular, porque depende de como o sujeito foi tomado por aquele acontecimento. Então, a resposta do sujeito não depende do fato em si, mas da forma singular com que responde a ele. Por isso, a atenção e a escuta clínica são tão importantes, inclusive e talvez especialmente em uma situação que potencialmente pode produzir efeitos tão importantes na vida dos sujeitos envolvidos, como pode ser sustentado pela literatura. No entanto, se as intervenções são pensadas a partir destes efeitos potenciais que a literatura aponta, elas perdem seu sentido, porque perdem seu efeito de intervenção, já que não se dão a partir da questão de cada sujeito a quem elas são dirigidas. Os casos, a clínica, auxiliam-nos, portanto, no direcionamento do trabalho a ser realizado, baseando a ética de nossas intervenções.

Pensar nos casos com a perspectiva do método clínico permite-nos avaliar como cada sujeito vai lidar à sua própria maneira com o que lhe ocorre. E interessa constatar que a impossibilidade de prevermos como serão as implicações da vivência para cada família, para cada sujeito nela incluída e envolvido com a situação, não contraindica e nem mesmo inviabiliza pensar em intervenções. Pelo contrário, exige uma intervenção ressoante ao fato clínico que evidencia a impossibilidade de antever o que se passará, na medida em que indica que a significação só pode se dar em um momento posterior, o que demarca também a temporalidade própria a tal perspectiva. Consideramos, então, que *não é preciso predizer os efeitos e os riscos de transtornos futuros para prevenir os problemas.* Já há, aí, um sofrimento pela irrupção do real para os pais, pela intervenção técnica no corpo da criança, que a priva do encontro com a palavra, conforme discutimos neste trabalho. Mas, se a resposta a esse encontro com o real é singular, quer dizer que a intervenção só pode ser pensada a partir da clínica, que considera cada caso em sua singularidade e, por conseguinte, compreenda e suporte as surpresas, as incertezas e as contingências. Isso implica em abdicar de qualquer categoria pré-estabelecida, como pontua Coriat (1997), que adverte sobre o risco de o profissional fazer como a mãe que, preocupada em alimentar bem seus bebês, entope-o de comida, calando seu choro e impedindo que o desejo se manifeste. Assim também pode agir o profissional que se serve de "alimentos funcionais" ou "deliciosos menus psicopedagógicos" que ficam à sua disposição, transformando o trabalho, desta forma, em uma receita a mais aos pais das crianças atendidas (Coriat, 1997, p. 34). Corroborando com esta ideia, tornamos nossas as palavras de Ansermet (2003), ao discutir sobre o trabalho no campo da reanimação neonatal: "Para o analista, em um primeiro momento, trata-se de acompanhar o que se passa, além de qualquer concepção preestabelecida" (p. 67).

Mas, trabalhar nessa perspectiva retira da intervenção seu caráter preventivo, no sentido de evitar problemas futuros? Pensamos que não. Porque, se a situação de doença e de hospitalização precoce já coloca o bebê e a família em sofrimento, a intervenção clínica é necessária e tem efeitos importantes no sentido de evitar um enquistamento do sofrimento que inviabilize uma simbolização. Então, a atuação tem sua validade se considerar o caso, porque só assim a escuta pode ter efeitos. Como vimos, Mariotto (2009) discute a prevenção enfocando a possibilidade de uma significação *a posteriori*. Da mesma forma, Crespin (2004) enfatiza a importância de se promover um espaço de escuta à mãe e ao bebê em sofrimento.

Isso não quer dizer que somente o psicanalista possa oferecer uma intervenção, no nosso ponto de vista, mas sim que, necessariamente, o acompanhamento e o tratamento do bebê não provoque a abolição, mas admita o aparecimento do sujeito. O que isso significa para os pais/familiares que acompanham o bebê internado? Possibilitar que eles façam suas questões, dirijam ao filho seu desejo e os significantes que marcaram sua história, fazendo um elo entre o que é vivido, sua história, seu modo de funcionar e construindo uma representação relativa à criança. E para os bebês? Dar às famílias tais possibilidades é também oferecer ao bebê o necessário encontro com as palavras, que dará a condição de possibilidade de sua entrada na linguagem, ou seja, dele se fazer sujeito de fala e de desejo. Assim, é possível oferecer à criança uma permeabilidade à palavra, para além da tecnicidade que sustenta a vida de seu corpo. Pois, se a técnica do tratamento neonatal, como todos os seus procedimentos e suas condutas, é necessária para sustentar a sobrevivência do organismo, ela não é suficiente para sustentar a vinda do sujeito.

E, se buscamos pensar na contribuição da psicanálise no que se refere à patologia e à hospitalização precoce – e foi isso que nos propomos discutir –, acreditamos que tal contribuição só possa ser articulada passando pela clínica. Se a resposta do sujeito ao que lhe ocorre é singular, sendo particular os efeitos da situação de prematuridade e internação neonatal, então, também assim deverá ser a intervenção.

REFERÊNCIAS

Ansermet, F. (2003). *Clínica da Origem: a criança entre a medicina e a psicanálise*. (D. A. Seidl, trad.). Rio de Janeiro: Contra Capa Livraria, 223 p.

Badinter, E. (1985). *Um Amor conquistado: o mito do amor materno*. (W. Dutra, trad.). Rio de Janeiro: Nova Fronteira.

BBC Brasil. (2008). Estudo aponta relação entre bebês prematuros e autismo. *Jornal BBC Brasil*, Abr. 2008. Recuperado em set. 2015 de <http://www.bbc.com/portuguese/reporterbbc/story/2008/04/080407_prematuros_autismo_mv.shtml>

Bowlby, J. (1990). *Apego.* (A. Cabral, trad.). São Paulo: Martins Fontes. 423 p.

Brasil (2011). Ministério da Saúde. Secretaria de Atenção à Saúde. Departamento de Ações Programáticas Estratégicas. *Atenção humanizada ao recém nascido de baixo peso*: Método Canguru: Manual Técnico. 2 ed. Brasília: Editora do Ministério da Saúde, 204 p.

Brasil (2014). Ministério da Saúde. *Portaria Nº 371 de maio de 2014*: Institui diretrizes para a organização da atenção integral e humanizada ao recém-nascido (RN) no Sistema Único de Saúde(SUS). Recuperado em setembro de 2015 de < http://bvsms.saude.gov.br/bvs/saudelegis/sas/2014/prt0371_07_05_2014.html>

Brazelton, T. B. & Cramer, B. G. (1992). *As primeiras relações.* (M. B. Cipolla, trad.). São Paulo: Martins Fontes. 287 p.

Camarotti, M. C. (2011). O bebê na Unidade de Terapia Intensiva Neonatal: dor e psiquismo precoce (p. 129-136). In Laznik, M. C. & Cohen, D. (Orgs.). *O bebê e seus intérpretes: clínica e pesquisa.* São Paulo: Instituto Langage.

Campanário, I. S. (2006). *O atendimento do bebê com risco de autismo e de outras graves psicopatologias: uma clínica de antecipação do sujeito.* Dissertação de Mestrado. Faculdade de Filosofia e Ciências Humanas. Universidade Federal de Minas Gerais. 169 p.

Coriat, E. (1997). *Psicanálise e Clínica de Bebês: Psicanálise e Clínica de Bebês e Crianças Pequenas.* (J. Jerusalinsky, trad.). Porto Alegre: Artes e Ofícios.

Crespin, G. C. (2004). *A clínica precoce: o nascimento do humano.* São Paulo: Casa do Psicólogo. (Coleção 1ª Infância, dirigido por Cláudia Mascarenhas Fernandes). 187 p.

Cunha, I. (2015). *A Neurociência e o bebê de zero a três anos.* Recuperado em Maio de 2015 de http://www.sbp.com.br/sbpciencia/files/_pdf/a-neurociencia-e-o-bebe-de-zero-a-tres-anos.pdf

Elia, L. (2010). *O conceito de sujeito.* 3ª ed. Rio de Janeiro: Jorge Zahar Ed. 81p.

Fontanella, B. J. B.; Ricas, J. & Turato, E. R. (2008). Amostragem por saturação em pesquisas qualitativas em saúde: contribuições teóricas. *Cadernos de Saúde Pública, 24*(1). Rio de Janeiro. Jan. 2008. Recuperado em 20/11/2015 de <http://www.scielo.br/scielo.php?script=sci_arttext&pid=S0102-311X2008000100003>.

Jerusalinsky, J. (2014). *A criação da criança: brincar, gozo e a fala entre a mãe e o bebê.* Salvador, BA: Ágalma. 298 p.

Klaus, M. H. & Kennell, J. H. (1982). Assistência aos pais. In M. H. Klaus & A. A.Fanroff (Orgs.). *Alto risco em neonatologia*. Rio de Janeiro: Interamericana.

Klaus, M. H. & Kennell, J. H. (1992). *Pais-Bebê: a formação do apego*. (M. H. Machado, trad.). Porto Alegre: Artes Médicas, 360 p.

Lima, N. L. (2003). A clínica psicanalítica de crianças com problemas orgânicos. In A. M. C. Guerra & N. L. Lima (Orgs.). *A clínica de crianças com transtornos no desenvolvimento: uma contribuição no campo da Psicanálise e da Saúde Mental*. Belo Horizonte: Autêntica; FUMEC. p. 105-112.

Mariotto, R. M. M. (2009). Cuidar, Educar e Prevenir: as funções da creche na subjetivação de bebês. São Paulo: Escuta. 160 p. (Infância e Psicanálise).

Martins, A. & Vorcaro, A. (2015). *Sobre a interface entre a subjetividade materna e as malformações do neonato*. Inédito.

Mathelin, C. (1999). *O sorriso da Gioconda: clínica psicanalítica com os bebês prematuros*. (P. Abreu, trad.). Rio de Janeiro: Cia. de Freud. 160 p.

Paim, B. J. P. (2005). *Vínculo Pais-Bebê em UTI Neonatal: a educação de pais e a posição mãe-canguru*. Canoas: Ed. ULBRAS. 156 p.

Pontes, A. P. (2011). Bebês prematuros e com baixo peso têm mais risco de desenvolver autismo, diz estudo. *Revista Crescer*, Ed. Globo, Out. 2011. Recuperado em set. 2015 de http://revistacrescer.globo.com/Revista/Crescer/0,,EMI273345-15329,00.html

Presse, F. (2015). Bebês prematuros podem ser mais propensos a ter autismo, diz estudo. *Coluna Bem Estar, Globo.com*. Mai. 2015. Recuperado em set. 2015 de <http://g1.globo.com/bemestar/noticia/2015/05/bebes-prematuros-podem-ser-mais-propensos-ter-autismo-diz-estudo.html>

Spitz, R. A. (1998). *O primeiro ano de vida*. (E. M. Barros da Rocha, trad.). 2ª ed. São Paulo: Martins Fontes, 390 p.

Veja.com. (2011). Bebês prematuros têm mais chances de ter autismo. *Revista Veja*, Ed. Abril, Out. 2011. Recuperado em set. 2015 de < http://veja.abril.com.br/noticia/saude/bebes-prematuros-tem-mais-chances-de-ter-autismo/>

Vorcaro, A. M. R. (1998). Doenças graves na infância (p. 333-340). In *Trata-se uma criança? Congresso Internacional de psicanálise e suas conexões (1988)*, Anais, Tomo I. Rio de Janeiro: Cia de Freud.

Vorcaro, A. M. R. (2010a). Urgência subjetiva do neonato em UTI. *Revista Latinoamericana de Psicopatologia Fundamental, 13*(4). São Paulo, Dez 2010.

Recuperado em 10/02/2015 de <http://www.scielo.br/scielo.php?script=sci_arttext&pid=S1415-47142010000400006&lng=pt&nrm=iso>

Vorcaro, A. M. R. (2010b). Psicanálise e Método Científico: o lugar do caso clínico (p. 11-23). In J. O. Moreira & F. Kyrillos Neto. *Pesquisa em Psicanáise: transmissão na universidade.* Barbacena, EdUEMG. Recuperado em 11/01/2014 de <http://intranet.uemg.br/comunicacao/arquivos/PubLocal172P20120518120750.pdf>.

Wanderley, D. B. (org.) (1999). *Agora eu era o rei: os entraves da prematuridade.* Salvador, BA: Ágalma. (Coleção de Calças Curtas).

Winnicott, D. W. (2006). *Os bebês e suas mães.* (J. L. Camargo, trad.; M. H. Souza Patto, rev. técnica). 3ª ed. São Paulo: Martins Fontes. 98 p. (Coleção Psicologia e Pedagogia).

Capítulo 11

MALFORMAÇÃO CONGÊNITA, O BEBÊ COMO VEIO AO MUNDO: REPERCUSSÕES NA SUBJETIVIDADE MATERNA

Alexandra de Oliveira Martins

A maternidade sobrecarrega a subjetividade da mulher de indagações e impasses que esbarram na posição enigmática do feminino. Mannoni (1964/1988) aponta que: "qualquer que seja a mãe, o nascimento de uma criança nunca corresponde exatamente ao que ela espera. Depois da provação da gravidez e do parto, deveria vir a compensação que faria dela uma mãe feliz" (p. XVIII). O nascimento não traz a satisfação esperada; pelo contrário, inicia-se um desencadeamento de afetos que parecem não ter fim. Interessa-nos, assim, investigar mais precisamente as repercussões que bebês acometidos por malformação congênita podem ter sobre a subjetividade materna. Para tanto, recorreremos a conceitos específicos das teorias de Freud e de Lacan, servindo-nos também de comentadores que auxiliem a compreender nosso problema do ponto de vista da psicanálise.

MALFORMAÇÃO CONGÊNITA E NARCISISMO MATERNO

A malformação congênita não é um acontecimento raro, estando entre os problemas médicos de prevenção e cura mais difíceis. Santos e Dias (2005) nos dizem que "qualquer alteração no decorrer do desenvolvimento embrionário pode resultar em anomalias congênitas que podem variar desde pequenas assimetrias até defeitos com maiores comprometimentos estéticos e funcionais" (p. 592-593). Malformações oriundas das mais diversas causas podem afetar o esqueleto, órgãos sensoriais, músculos, circulação, sistemas respiratório e nervoso, metabolismo ou qualquer parte do corpo do recém-nascido.

Na clínica com bebês acometidos por malformação congênita no Hospital Geral, os diagnósticos mais frequentes são as cardiopatias congênitas e as malformações craniofaciais, algumas associadas a síndromes genéticas. O tratamento cirúrgico, indicado na maioria dos casos, é um procedimento de alta complexidade, realizado em centro cirúrgico, com internações em centro de terapia intensiva, hospitalização e acompanhamento médico ao longo da vida. Limitações físicas, sequelas neuropsicomotoras graves, transplante cardíaco (ex.: cardiopatia congênita complexa), inúmeras intervenções cirúrgicas, sequelas cicatriciais, podem estar associadas à história de vida desses bebês, que, em determinado momento do tratamento, são crianças maiores ou adultos à espera de uma resolução definitiva da medicina para o tratamento da malformação congênita.

No contexto hospitalar, obviamente, a possibilidade de vínculo e relação mãe/bebê é atravessada pelo saber da ciência, já que o imperativo é o de que o bebê sobreviva por meio do tratamento clínico e/ou cirúrgico. Assim, o bebê é acolhido com a tecnologia médica necessária, aparelhado para a vida fisiológica, precisando, em sua urgência orgânica, das intervenções médicas, por vezes invasivas, para sobrevivência do corpo. Para Clavreul (1978), o desejo do médico é definido pelo objeto da medicina, e acrescenta:

> o corpo não é senão o lugar onde a doença se inscreve. O que chamamos um 'belo doente' nunca designou nada de considerações estéticas sobre seu corpo, morto ou vivo. É somente a doença ou as doenças que ele é portador que o designam para a admiração dos médicos (p. 115).

É sabido que os esforços médicos são voltados para viabilizar a sobrevivência do pequeno paciente, mas sabemos que o êxito dos avanços técnico-científicos inaugura outras condições de risco, como o risco do desamparo psíquico do bebê e da mãe. No que concerne à maternidade, consideramos o que Freud (1914/2010), no texto "Introdução ao Narcisismo", diz das atitudes de afetos que os pais direcionam aos filhos: são a "reprodução do seu próprio narcisismo há muito tempo abandonado" (p. 36). E continua:

> Os pais são levados a atribuir à criança todas as perfeições – que um observador neutro nelas não encontraria – e a ocultar e esquecer todos os defeitos, algo que se relaciona, aliás, com a negação da sexualidade infantil. Mas também se verifica a tendência a suspender, face à criança, todas as conquistas culturais que o seu próprio narcisismo foi obrigado a reconhecer, e a nela renovar as exigências de privilégios há muito renunciados. As coisas devem ser melhores para a criança do que foram para seus pais, ela não deve estar sujeita às necessidades que reconhecemos como dominantes na vida. Doença, morte, renúncia à fruição, restrição da própria vontade não devem vigorar para a criança, tanto as leis da natureza como as da sociedade serão revogadas para ela, que novamente será centro e âmago da Criação. *His Majesty the Baby*, como um dia pensamos de nós mesmos (p. 36-37).

Sua majestade o bebê apresenta-se ao mundo de forma particular, surpreende os espectadores, escancarando sua incapacidade e fragilidade, o que exige de imediato um cuidador que o ampare em seu desenvolvimento. A mãe, tomada pela própria experiência e narcisismo já constituído, transfere para o filho sua história. Afinal, é tudo que essa mulher dispõe de pessoal e subjetivo para oferecer como herança simbólica. O bebê, incapaz de decidir por si, precisa desse outro materno que constitua seu psiquismo. Sua vida, portanto, estará submetida e imersa a esse contexto da experiência materna.

TEMPO DE VER E DE CONCLUIR: É POSSÍVEL COMPREENDER A EXPERIÊNCIA DE SER MÃE?

É possível fazer uma analogia entre a experiência da maternidade e o que Lacan (1945/1998), em seu texto "O tempo lógico e a asserção de certeza antecipada", descreve sobre as instâncias do tempo: "o instante do olhar, o tempo para compreender e o momento de concluir" (p. 205). Assim, ele separa os momentos lógicos da evidência. No instante de olhar, o sujeito vê os outros, mas não consegue se ver. No tempo de compreender, acredita dizer quem é, mas não tem certeza. E, no momento de concluir, o sujeito tem a chance de notar sua incompletude. Lacan (1945/1998) acrescenta que "o pensamento moderno mostrou que todo juízo é essencialmente um ato e, aqui, as contingências dramáticas só fazem isolar esse ato no gesto da saída dos sujeitos" (p. 209). Isso mostra o que o psicanalista chama de "outros modos de expressão do ato de concluir" (p. 209). E continua:

> O que constitui a singularidade do ato de concluir, na asserção subjetiva demonstrada pelo sofisma, é que ele se antecipa às suas certezas, em razão da tensão temporal de que é subjetivamente carregado, e que, sob a condição dessa mesma antecipação, sua certeza se confirma numa precipitação lógica que determina a descarga dessa tensão, para que enfim a conclusão fundamente-se em não mais do que instâncias temporais totalmente objetivadas, e que a asserção se des-subjetive no mais baixo grau (Lacan, 1945/1998, p. 209-210).

Essa relação da certeza antecipada com a maternidade parece-nos oportuna em função do que Lacan (1945/1998) apontou sobre as *contingências dramáticas* que impõem aos sujeitos uma tentativa de saída, uma conclusão precipitada do seu ser e da sua condição no mundo. Na evidência da maternidade, gravidez confirmada, mulheres apresentam-se diante do resultado de uma escolha que consideram inicialmente assertiva ou da contingência da vida, que traz a possibilidade de que algo se realize: o nascimento de um bebê, sem que ao menos tivessem o tempo de compreender. No momento da gestação deparam-se com o diagnóstico da malformação do seu bebê: essa informação pode ser dada no pré-natal, no pós-natal imediato ou nos primeiros anos de vida do bebê, situações com repercussões diferentes, porém, nunca sem uma certa dose de angústia. No pré-natal o tempo de espera torna-se longo, meses de gestação parecem uma eternidade. Afinal, para os pais – mais especificamente a mãe – cabe pensar sobre o futuro do bebê: suas dores, necessidades cirúrgicas, limitações físicas e risco de morte; além do luto do bebê idealizado.

Cabe aqui, mesmo que brevemente, retomarmos um caso acompanhado na clínica de uma criança maior, que aguardava a programação da cirurgia cardíaca. Na assistência psicológica à criança, durante a avaliação pré-operatória, observa-se primeiramente o mal-estar psíquico expresso pela mãe, que chora e demonstra seu desespero claramente. Antes de nos centrarmos na criança, portanto, foi necessário acolher a mãe. O atendimento é realizado em sala reservada, o que possibilita à mãe falar sobre seu desalento e, assim, contar sua história. Verbaliza sobre a gestação do primeiro filho e a dificuldade para engravidar, o que a fez perder as esperanças de ter um bebê após o diagnóstico médico. Dispensando contraceptivos, já que não havia possibilidade de engravidar, nesse tempo, inicia um tratamento para outros problemas de saúde com uso de medicações controladas. Nesse período, descobre a gravidez e necessita permanecer em repouso por toda a gestação em função de sua doença. A gravidez desejada torna-se a sua maior preocupação, permanecendo ao longo de toda gestação com a ideia de perda, devido à sua condição de saúde e ao diagnóstico pré-natal de malformação cardíaca do feto, o que aumentou seus afetos de insegurança, choro e tristeza. Na internação do filho, após anos de acompanhamento médico, evidencia-se a necessidade do tratamento cirúrgico, dando corpo ao fantasma que a assolou durante a gestação e ao longo dos últimos anos. Assim, diz: "*Tenho o tempo todo medo de perder meu filho, ele é diferente, é especial, precisa de mim! Não faço nada além de trabalhar e cuidar dos meus filhos, dedico todo meu tempo quando não estou no trabalho para eles! Sou agarrada demais com meu filho! Tenho um medo absurdo de que algo aconteça, esse pensamento nunca saiu da minha cabeça! E agora volta mais forte, porque ele precisa fazer a cirurgia. Eu pensava que um dia um milagre pudesse acontecer, todos os pensamentos que tive na gestação voltaram muito forte agora*". A mãe chora muito. Em outro momento do acompanhamento, perde por um instante a sensibilidade das pernas – afirma não sentir suas pernas –, empalidece e sente-se fraca. Mesmo diante do resultado satisfatório da cirurgia do filho, mostra-se fragilizada e descrente das informações médicas.

No texto "Mecanismos psíquicos dos fenômenos histéricos", sobre a perda de afeto de uma lembrança, Freud (1893/2016) diz que:

> O empalidecimento ou perda de afeto de uma lembrança depende de vários fatores. O que importa, sobretudo, é se ocorreu ou não uma reação energética ao evento afetador. Entendemos aqui por reação toda a série de reflexos voluntários e involuntários em que, como se sabe pela experiência, os afetos se descarregam: do choro até o ato de vingança. Quando essa reação ocorre

> em grau suficiente, faz desaparecer uma grande parte do afeto; nossa linguagem dá testemunho desse fato, que é de observação cotidiana, em expressões como 'desafogar a raiva' [*sich austoben*], 'desafogar o choro' [*sich ausweinen*] etc. Se a reação é suprimida, o afeto permanece ligado à lembrança (p. 25-26).

Os afetos expressos como *desafogar o choro* mantêm um valor nessa clínica. Muitas vezes, o choro é a primeira expressão do desespero sentido por essas mulheres diante da realidade da malformação do filho. Após o choro, muito se diz no desenrolar de um atendimento oferecido pelo analista a essas mulheres.

Descreveremos, agora, outra situação, a do diagnóstico no pós-natal, quando o susto é o primeiro impacto. Ainda na maternidade ou em sua residência, com o filho nos braços, a mãe recebe a informação médica de que o bebê tem uma malformação congênita. Em ambas as situações, a mãe precisa de um tempo subjetivo para a compreensão dessa informação. Porém, esse tempo não existe de fato: a realidade da doença do filho explicita a urgência para o início do tratamento. Nos relatos dessas mulheres nos acompanhamentos, tanto ambulatorial quanto durante a internação hospitalar do bebê, é observado o caos subjetivo. O fragmento que mostraremos aponta para um esmorecimento do ser: "*tenho a sensação de que o chão se abriu diante de mim! Meus passos parecem flutuar, como se o chão estivesse mole*". A sensação de que o solo oscila é o reflexo da instabilidade que torna-se a vida a partir do diagnóstico. Seguir a vida mostra-se incerto, um caminho inseguro, a partir do impacto da experiência traumática.

A gravidez é um momento de incertezas por si só: não se sabe a olhos nu o que encontra-se efetivamente dentro do útero. As tecnologias avançadas mostram em até três dimensões a imagem intrauterina do bebê e, a partir das avaliações diagnósticas desses exames, o que se passa no organismo ainda em gestação. Todavia, mesmo aquelas mães que lançam mão da tecnologia existente não são efetivamente satisfeitas e apaziguadas pelas informações médicas. A sensação aflitiva durante a gestação mantém-se nas falas e comportamento sobre uma aparente ameaça constante de que algo poderá não acontecer como planejado. Além do desconforto no corpo, pelo mal-estar físico causado pela gravidez, muitas mulheres anseiam pelo desfecho do parto, que será o momento de comprovação de um possível bem-estar do seu bebê. Ver o bebê é o primeiro pedido das mulheres após o parto, como se pudessem verificar que colocaram no mundo uma criança saudável.

O nascimento do bebê e a visão de uma aparente saúde – nos casos das cardiopatias congênitas em que não há uma malformação aparente – alivia em certo grau essa tensão inicial. Porém, permanece o mal-estar ou conflito diante do filho idealizado, pois é o bebê tal como veio ao mundo que será de maneira particular subjetivado por cada mulher. Nos casos de malformações craniofaciais – síndromes genéticas em que o bebê apresenta alterações evidentes –, o impacto é instantâneo: o instante de ver permanece paralisado antes mesmo que se possa passar para o tempo de compreender.

Lacan (1956-57/1995), na lição "A estrutura dos mitos", do *Seminário, livro 4: a relação de objeto*, ressalta que "o falo, na medida em que é objeto imaginário do desejo materno, constituía um ponto realmente crucial da relação mãe-filho" (p. 275). Segue esclarecendo: "o drama imaginário tende para uma situação fundamental da qual não podemos desconhecer o caráter crucial, onde ele se insere e assume um sentido ainda mais elaborado – a situação de surpresa" (p. 277). Ao ser surpreendida pela vivência do filho como veio ao mundo, a mãe se depara com a hiância entre o desejo imaginário e a cena real. No instante de ver e ser visto, Lacan (1956-57/1995) aponta: "é assim que, num grau superior ao ver e ser visto, a dialética imaginária resulta num dar-a-ver e ser surpreendido pelo desenvolvimento. Essa dialética é a única que nos permite compreender o sentido fundamental do ato de ver" (p. 277).

Nas experiências da confirmação da malformação congênita, os afetos são expressos de forma particular. Contudo, podem explicitar para a mãe "a vergonha daquilo que lhe falta" (Lacan, 1956-57/1995, p. 227). Importante salientar a vergonha a partir do que Lacan (1964/1998) considerou como "o olhar se vê" (p. 84). No *Seminário, livro 11*, Lacan (1964/1998), considerando Sartre em *O Ser e o Nada,* refere-se:

> precisamente [a] esse olhar de que fala Sartre, esse olhar que me surpreende, e me reduz a alguma vergonha, pois que é este o sentimento que ele esboça como o mais acentuado. Esse olhar que encontro – isto pode ser destacado no texto mesmo de Sartre – de modo algum é um olhar visto, mas um olhar imaginado por mim no campo do Outro (p. 84).

Mais a frente do mesmo texto, Lacan (1964/1998) destaca: "um olhar o surpreende na função de voyeur, o desorienta, o desmonta, e o reduz ao sentimento de vergonha" (p. 84). Ver e ser vista como mãe, mas longe imaginariamente do ideal do filho "perfeito", e sim na presença do bebê como veio ao mundo, envergonha, angustia. A malformação torna-se tão marcante que ofusca qualquer possibilidade do filho idealizado brilhar. A experiência do olhar do Outro imaginado como reprovação é tão radical e intensificado pela contingência que defesas e afetos são automaticamente expressos de forma ambivalente. Sem retomarmos aqui o tema do narcisismo, vejamos o afeto que será mobilizado por essa situação.

ANGÚSTIA E MEDO

A angústia é um afeto que, de fato, se sobressai nas falas maternas. Freud (1926/2014), em *Inibição, sintoma e angústia,* nos mostra que existem diferenças entre a angústia realista e a angústia neurótica: "perigo real é um perigo que conhecemos, e angústia realista é a angústia ante tal perigo conhecido. A angústia neurótica é a angústia ante a um perigo que não conhecemos" (p. 114). Para o psicanalista, há um momento em que a angústia realista e a angústia neurótica surgem mescladas. É esse o ponto da teoria importante para contextualizarmos a questão da intensidade do afeto expresso nessa clínica. Freud (1926/2014) situa o *elemento neurótico* quando "o perigo é conhecido e real, mas a angústia diante dele é excessiva, maior do que poderia ser pelo nosso julgamento. O *elemento neurótico* se mostra neste excesso" (p. 115 – itálicos nossos). Nesse mesmo texto, acrescenta o que parece evidente em nossa clínica no Hospital Geral, o que ele chama "do desamparo material, no caso do perigo real; do desamparo psíquico, no caso do perigo pulsional" (p. 115).

Nos atendimentos às mães, o desencadeamento desse *elemento neurótico* ocorre sob a forma de defesas e sintomas, como resposta ao excesso de angústia diante do perigo real: ter um filho acometido por uma malformação congênita. O desamparo materno vem acompanhando de uma urgência que exige da mulher decisões rápidas. Entre o diagnóstico e o tratamento médico, a urgência é preservar a vida do bebê. Em alguns casos complexos e graves, salvar a vida desse pequeno bebê é prioridade, de modo que tratar e amenizar os efeitos da malformação congênita no desenvolvimento da criança segue concomitantemente ao diagnóstico.

O percurso entre o diagnóstico e o tratamento não é definido inicialmente, tudo dependerá da complexidade da doença e do efeito da intervenção médica. Nesse tempo de espera e incertezas, a subjetividade materna é expressa de forma particular: em cada caso acompanhado pelo analista, uma dose de angústia foi anunciada pela fala materna. Um caso emblemático foi o de uma mãe que apresentou reações de choro intenso, instabilidade emocional e expressão de horror diante do resultado pós-operatório da cirurgia realizada no filho para tratar uma displasia frontonasal (doença que acomete o esqueleto crânio facial, deflagrando significativamente uma deformidade facial). A mãe afirmava não suportar olhar para seu filho após a cirurgia, não o reconhecia. Perguntava-se pela imagem anterior do rosto do filho, constatava não se lembrar mais. Relatou que antes do tratamento médico não conseguia aceitar que seu filho era *diferente das outras crianças*, pois todos olhavam e se assustavam com o que viam, deixando-a sem reação, sempre sem respostas às perguntas e questionamentos. Essa mãe expressa nesse momento seu desejo de que o tratamento reparasse completamente a deformidade. Entretanto, diante do pós-operatório, a visão de um rosto edemaciado, com cicatrizes, em processo de recuperação cirúrgica, resulta no seguinte enunciado: *Ficou pior que antes*! A face que imaginava poder ser retocada como um milagre não foi.

Lacan (1964/1998), no *Seminário, livro 11: os quatro conceitos fundamentais da psicanálise,* além de Sartre, traz como referência a citação de Merleau-Ponty de *que somos seres olhados no espetáculo do mundo.* E pergunta: "não haverá satisfação em estar sob esse olhar de que eu falava ainda há pouco, seguindo Maurice Merleau-Ponty, esse olhar que nos discerne e que, de saída, faz de nós olhados, mas sem que isto se nos mostre?" (p. 76). Na sequência:

> O espetáculo do mundo, neste sentido, nos aparece como *onivoyeur*[1]. É mesmo essa a fantasia que encontramos, na perspectiva platônica, de um ser absoluto ao qual é transferida a qualidade

[1] Na nota de rodapé do *Seminário 11*, lemos: "traduzimos onivoyeur sem grifar o segundo componente da mesma palavra (voyeur) que, de sempre, não se traduz ao português, tendo-se tornado um termo corriqueiro e já dicionarizado como da língua (cf. Aurélio Buarque de Holanda)" (p. 269).

> de onividente. Ao nível mesmo da experiência fenomenal da contemplação, esse lado onivoyeur desponta na satisfação de uma mulher em se saber olhada, com a condição de que não se mostre isto a ela (p. 76).

Para a mulher, na satisfação de saber-se olhada, o filho apresenta-se como extensão dessa possibilidade: será ele também objeto de admiração ou não? No *espetáculo do mundo*, o momento da maternidade trará a possibilidade de olhares em sua direção, sendo vista percebendo esses olhares. Notoriamente no fragmento clínico descrito, há uma insatisfação evidente, os olhares, inclusive os da mãe, são de horror. No dia da cirurgia, no pós-operatório, primeiro expressa o horror diante da visão, depois, a insatisfação quanto ao resultado imaginado. Sua intenção de mostrar ao mundo o filho retocado, como imaginava, não se concretizou. Sem que ao menos o médico pudesse explicar o tempo de recuperação para diminuição dos edemas e cicatrização, o analista precisou acolher o que mostrou-se mais urgente: o afeto intenso expresso na cena. A partir desse acolhimento, foi possível resgatar sua história para localizar seus próprios fantasmas, recolher seu desespero e o lugar da sua angústia. A atenção sobre o afeto expresso na cena indicou um sofrimento, donde segredos foram revelados sobre a própria constituição psíquica da mãe – negligência e traumas da sua infância foram expressos. O analista não se curvou a investigar e apostar na subjetividade gritante daquele instante. Mesmo em um ambiente de tratamento médico intensivo, o analista pode estabelecer um espaço de escuta clínica e indicar a necessidade da continuidade da análise em um outro ambiente, como no consultório. Assim, a transferência se estabeleceu. Lacan (1960-61/1992) aponta que "o fenômeno de transferência é ele próprio colocado em posição de sustentáculo da ação da fala. Com efeito, ao mesmo tempo em que se descobre a transferência, descobre-se que se a fala se mantém, como se manteve até que percebessem isso, é porque existe a transferência" (p. 175).

Lacan (1962-63/2005), no *Seminário, livro 10: a angústia*, afirma que "o que é buscado é, no Outro, a resposta à queda essencial do sujeito em sua miséria suprema, e essa resposta é a angústia" (p. 182). Nesse encontro com a mãe e o bebê, muitas vezes, observamos a expressão de um certo pavor. Na lição "A angústia como sinal de real", Lacan (1962-63/2005) diferencia o pavor da angústia e argumenta: "a coisa de que se trata não é da ordem da angústia, mas do medo. O que ele teme não é coisa alguma que o ameace, mas algo que tem a característica de se referir ao desconhecido do que se manifesta" (p. 177). Mais adiante, acrescenta: "essa aparição, aparentemente arrancada de qualquer determinismo reconhecível, é de novo o que deixa momentaneamente na desordem de um verdadeiro pânico, que é, com certeza, da ordem do medo" (p. 177). Ressaltar o aspecto do medo[2] é importante nesse contexto clínico, afinal, diante do fato inesperado – um filho acometido por malformação congênita –, o sujeito é arremessado ao que Lacan (1962-63/2005) chama de "desarvoramento menos adaptado à resposta" (p. 177). Ele vai dizer que o que avisa o sujeito do próprio perigo é a angústia[3], uma defesa. Para ele, a própria palavra defesa determina que "a função em si do perigo está implicada, mas nem por isso é esclarecida" (p. 178). A pista da *angústia como sinal* é o caminho que percorremos na prática clínica.

SUBJETIVIDADE MATERNA E FEMINILIDADE

A maternidade pode anunciar a realização de um desejo expresso, como também denunciar o conflito desse enigmático lugar fundamental na constituição de um outro ser humano. É evidente que nessas circunstâncias de malformação do bebê, essa comoção apresenta-se abafada pelo desaparecimento do ideal do filho perfeito (com saúde) e inauguração de uma fase de angústia frequente diante do real da cena da patologia do filho. Para além do lugar da maternidade, o lugar de mulher. Zafiropoulos

[2] "'Medo' em português é bastante parecido ao termo alemão *Angst*. Tal como a *Angst*, o 'medo' abarca o sentido de 'temor' e 'receio' e os sentidos de 'pânico' e 'pavor'. Pode referir-se a um objeto específico ("tenho medo de") ou a um objeto inespecífico, designando um estado ("estou com medo", "sou medroso", "vivo com medo" etc.). No sentido do 'receio' e 'temor' o termo em português 'medo' também tende a significar 'preocupação' ou 'ansiedade' por algo que poderá acontecer. Em geral 'medo' se refere a uma reação a um perigo real ou imaginário mais imediato" (Hanns, 1996, p. 66-67).

[3] "Seja qual for o termo que se empregue na tradução, é importante que o leitor tenha em mente que em *Angst*, mesmo quando se trata de um medo vago e antecipatório, ocorre um estado de prontidão reativa, visceral, intensa, algo vinculado à sensação de perigo e muitas vezes próximo da fobia e do pavor. Isto vale tanto para a primeira como a segunda teoria freudiana de *Angst*" (Hanns, 1996, p. 79).

(2009), em seu texto sobre "A teoria freudiana da feminilidade: de Freud a Lacan", aponta de forma categórica:

> Não, decididamente não, a mãe não é o excelente do torna-se mulher. Seu futuro é o de relançar o desejo que, em si, como sabemos, é eminentemente subversivo das instituições sociais onde ele nem sempre está presente; instituições sociais dentre as quais a família vem em primeiro lugar (p. 23).

No final do texto, quando apresenta a reprodução das trocas sociais e formação da sociedade, ele conclui, declarando:

> Que me compreendam bem: não estou dizendo aqui que a mulher não quer ser mãe. Eu digo, com Lacan, que quando a mulher torna-se mãe, isto não resolve a questão de seu desejo de mulher enquanto mulher, mesmo se, como vimos, o bebê pode funcionar para ela como objeto de satisfação enquanto mãe (Zafiropoulos, 2009, p. 24).

Consideramos oportuno contextualizar esse dilema entre tornar-se mãe e o desejo da mulher, a partir da evidência do mal-estar psíquico existente na nossa clínica. Lugar onde mulheres/mães apresentam-se na presença do impacto do diagnóstico da malformação do bebê e, posteriormente, imersas no rumor dos afetos que expressam a sua própria impotência humana: ter um filho saudável. Afinal, a contingência da vida atravessou o caminho, aniquilando qualquer possibilidade inicial de manter viva a fantasia cultivada do bebê superestimado, exaltado ou até mesmo enigmático. O bebê como objeto de satisfação sofrerá outro rumo no discurso materno vigente, uma vez que esse embate da vida provoca o aparecimento do estado de frustração, bem como é gerador de angústia. Importante ressaltar que esse ponto da fantasia acerca do bebê talvez não ocorra tão somente pela via da idealização do filho, sempre forjada com base na superestimação, nos moldes das projeções de perfeição narcísica mencionadas por Freud (1914/2010). Certamente fantasias atormentadoras, de morte, imperfeição, mutilação também surgem.

No momento em que se tornam mães nessas circunstâncias, algumas conseguem expressar efetivamente sua experiência enquanto mulher. Porém, na maioria das vezes, diante da presença do analista, a fala é direcionada para o bebê em tratamento. Quando interrogadas sobre outros aspectos da vida para além do bebê, escuta-se: "*minha vida parou, agora só posso pensar na vida do meu filho*". "*Não tenho tempo para cuidar de mim*". "*Tenho medo de sair de perto e deixar meu bebê com outras pessoas e acontecer alguma coisa*". "*Sinto que meu bebê fica mais tranquilo na minha presença*". "*Não tenho mais vida conjugal com meu marido, você entende o que estou dizendo? Durmo todas as noites com meu filho*". "*Eu morri e agora comecei a viver outra vida*". "*Quando meu filho está longe de mim, parece que estão arrancando um pedaço da gente, não consigo viver sem ele*". Em acordo com Soler (2005), consideramos que:

> Esses caminhos só podem ser os do discurso. É como ser de fala que ela deixa sua marca no filho. Mas excetuando o fato de que a fala acerta na mosca quanto ao corpo, só exerce a totalidade de seus efeitos enquanto encarnada e, sendo assim, não há contradição em evocar, por outro lado, o peso do gozo materno (p. 91).

Na urgência da cena de cuidados à criança "doente", a fala materna é invadida pela realidade, não há como fugir do que sai do controle. Falar para essas mulheres talvez seja o caminho mais próximo para uma possível compreensão. Palavras e atos que transpõem a fantasia em jogo e o gozo materno são evidentes, clamam por interpretação, sabendo que, para a mulher, mesmo sem a condição de ter ou ser o falo, ela goza nessa posição fálica, sendo a maternidade uma dessas saídas possíveis.

Freud (1924/2011), em "A dissolução do complexo de Édipo", argumenta que a menina passa do pênis ao bebê, "a renúncia do pênis não é tolerada sem uma tentativa de compensação" (p. 212). Logo à frente, acrescenta: "os dois desejos, de ter um pênis e um filho, permanecem fortemente investidos no inconsciente, e ajudam a preparar o ser feminino para seu futuro papel sexual" (p. 213). O desejo de ter um filho e a realização desse desejo estabelecem para a mulher a possibilidade fantasmática de ser amada, a partir da sua condição fálica de gerar e ter um bebê. O que de fato exprime a sua relação afetiva é ter o filho do homem, seu companheiro, portador de um falo. O bebê sofrerá o sobrepeso da incompletude da mulher, mascarada na condição de toda pela saída da maternidade. Sabemos que essa é uma saída que conta com impasses, decepções e desencontros, pois a "fantasia envolvendo um desejo" (Freud, 1925/2011) faz parte da vida sexual infantil, reproduzindo consequências na vida adulta da mulher. Sobre a inveja do pênis (*Penisneid*), Freud (1925/2011) destaca que:

> As consequências psíquicas da inveja do pênis, na medida em que não é assimilada na formação reativa do complexo de masculinidade, são diversas e de largo alcance. Como o reconhecimento da ferida narcísica, produz-se na mulher – como uma cicatriz, por assim dizer – um sentimento de inferioridade. Depois de haver superado a primeira tentativa de explicar sua falta de pênis como castigo pessoal e haver apreendido a universalidade dessa característica sexual, ela começa a partilhar o menosprezo do homem por um sexo reduzido num ponto decisivo, e ao menos nesse juízo permanece equiparada ao homem (p. 292).

A questão da inveja do pênis na obra freudiana é discutida em outros momentos, como nas *Novas Conferências Introdutórias à Psicanálise*, no texto "A feminilidade". Neste, Freud (1933/2010) sugere que a observemos nas reações da mãe ao nascimento dos filhos:

> Apenas a relação com o filho produz satisfação ilimitada na mãe; é a mais perfeita, mais livre de ambivalência de todas as relações humanas. A mãe pode transferir para o filho a ambição que teve de suprimir em si, pode esperar dele a satisfação de tudo o que lhe ficou do seu complexo de masculinidade. Mesmo o casamento não está assegurado, até que a mulher tenha conseguido fazer de seu marido também um filho, agindo como mãe para ele (p. 292).

Ao transferir sua ambições, a mãe aguarda um retorno desse pequeno ser humano idealizado, o que, de fato, não acontece. O bebê quase nunca corresponde às exigências imaginárias da mãe e, por isso, contrariando Freud nesse trecho, sem dúvida essa relação mãe/bebê tende a não ser plena em muitos casos, como vemos, em especial, em nossa clínica com bebês acometidos por malformação congênita. A maioria das mulheres, durante a internação hospitalar do bebê para tratamento, permanece atenta e participativa, mesmo expressando exaustão física e emocional. A presença da posição de mulher para além da maternidade parece abatida, anulada, arrebatada talvez. Observa-se nas falas as preocupações com um lugar constituído na vida: companheiro, trabalho, outros filhos, amigos e história pessoal. Porém, mesmo sabendo que esse lugar existe ou demonstrando sua importância, a realidade do filho doente sobrecarrega a vida dessas mulheres de tal forma que o espaço para uma vida para além do filho aparece em segundo plano, ou desaparece por completo.

Retomando Mannoni (1964/1988) para refletirmos sobre a relação fantasmática do filho com a mãe, lemos que "a criança retardada e sua mãe formam, em certos momentos, um só corpo, o desejo de um confundindo-se tanto com o desejo do Outro, que os dois parecem viver uma única e mesma história" (p. 37). A autora refere-se à criança que sofre de retardamento mental, porém, na nossa experiência clínica, não é essa a particularidade inicial. De toda forma, podemos apropriar-nos dessa formulação, principalmente o que é descrito como um só corpo, pois este é um dos aspectos que apresenta-se nessa clínica. Em alguns casos, a "fusão de corpos" é uma saída possível diante dos anseios que a realidade impõe à saúde mental da mãe e do bebê. Em decorrência da malformação, a possibilidade dos desejos serem confundidos poderá ser uma consequência. Algumas mulheres mergulham na maternidade com uma dedicação "exemplar" aos olhos da cultura, outras não sabem o que fazer com aquele bebê que necessita do que elas sentem não ter pra dar e poucas conseguem encontrar a resiliência para dar continuidade à vida como mãe e mulher. Em todos os discursos expressos, a frustração parece ter seu lugar. O dano está estabelecido.

Lacan (1956-57/1995), no seu seminário sobre a relação de objeto, diz que:

> A noção que temos da frustração, referindo-nos simplesmente ao uso que é feito dela quando falamos, é a de um dano. É uma lesão, um prejuízo que, tal como temos o hábito de vê-lo se exercer, para seguir a maneira com que o fazemos entrar em jogo na nossa dialética, é sempre um dano imaginário. A frustração é, por essência, o domínio da reinvindicação. Ela diz respeito a algo que é desejado e não obtido, mas que é desejado sem nenhuma referência a qualquer possibilidade de satisfação nem de aquisição. A frustração é por si mesma o domínio das exigências desenfreadas e sem lei. O centro da noção de frustração, na medida em que esta é uma das categorias da falta, é um dano imaginário. É no plano imaginário que ela se situa (p. 36).

Ter um filho acometido por uma malformação congênita é da ordem de um dano provocado pela realidade. Isso que Lacan (1956-57/1995) chama de *prejuízo* e seu *dano imaginário* será expresso na fala materna através do sofrimento causado pela desordem que a maternidade lhe impõe. Quando o que é da ordem do imaginário oscila, quando a realidade não é apaziguada pela fantasia, o real da experiência ressoa sua força. Entre a mãe e a mulher, a presença do bebê desloca essas duas posições para lados opostos, que parecem incompatíveis. Na cena de cuidados do bebê acometido pela malformação, a maternidade assume o centro da atenção, qualquer outra posição subjetiva é ofuscada pela força da necessária e onipresente função materna.

Lacan (1956-57/1995) mostra como a reivindicação do sujeito frustrado se sobrepõe a elementos da realidade e revela uma carência fundada no inconsciente. O manejo da escuta da fala materna, no contexto de atendimento no hospital, não é, de fato, simples, mas é somente ao verbalizar sua condição que o sujeito se manifesta – esse é o objetivo de uma análise, como veremos a seguir. Laurent (2012), sobre a experiência de estar no mundo, diz que "é nessa dispersão que o sujeito perdido se manifesta em sua dimensão de existência, de deslocamento de si mesmo" (p. 253). O método psicanalítico no hospital geral permite *reconhecer* os fenômenos da resistência e da transferência, essenciais para que se estabeleça minimamente uma prática clínica de cunho não médico. Entretanto, como Freud (1920/2010) estabelece:

> ao combater as resistências, lidamos com a resistência do "inconsciente". O inconsciente, ou seja, o "reprimido", não promove qualquer resistência aos esforços da terapia, ele mesmo não procura senão, apesar da pressão que sobre ele pesa, abrir caminho rumo à consciência ou à descarga através da ação real (p. 178).

É a partir dos atos e palavras dessas mães e da presença do analista nesse momento de escuta que é possível que o sujeito revele sua aflição, seu desejo inconsciente. Destacamos outro fragmento de fala materna diante do bebê em tratamento na terapia intensiva, que de certo modo deflagrou esse ponto da nossa discussão sobre a frustração e o papel da psicanálise no hospital: *"Eu não sei lidar com essa situação. Minha vida é cheia de dúvidas! É difícil ver ele assim: triste, cortado, com dreno. Esse dreno me preocupa. Eu tenho medo de mexer nele assim"*. A mãe faz perguntas ao analista presente: *"Pelo que conhece de outros pacientes que fizeram essa cirurgia, a maioria fica bem depois? Parece que tudo pra mim é mais difícil. Meu único filho e ainda vem com problemas. Meu sonho é que ele pudesse estudar, fizesse faculdade. Um médico um dia me perguntou se eu estava procurando um milagre".* Declara essa última frase quando lembra sua trajetória por vários médicos, sendo que um último percebeu sua peregrinação e questionou seu comportamento, provocando o efeito de diminuir sua busca por médicos. Porém, em seu discurso explícito sua frustração mantinha sua constância.

Soler (2005), em seu livro *O que Lacan dizia das mulheres,* sobre a mulher não ser mãe, afirma:

> entre a mãe e a mulher existe um hiato, aliás muito sensível na experiência. Às vezes, o filho fálico é passível de tamponar, de silenciar a exigência feminina, como vemos nos casos em que essa maternidade modifica radicalmente a posição erótica da mãe... o dom do filho só raramente permite fechar a questão do desejo. O filho, como resto da relação sexual, realmente pode obturar em parte a falta fálica na mulher, mas não é causa do desejo feminino que está em jogo no corpo a corpo sexual (p. 35).

A esse respeito, encontramos no *Seminário 11* a seguinte passagem: "o objeto do desejo é a causa do desejo, e esse objeto causa do desejo é o objeto da pulsão – quer dizer, o objeto em torno do qual gira a pulsão" (Lacan, 1964/1998, p. 229). Qual será o desejo dessas mulheres diante do seu bebê como veio ao mundo?

Laplanche e Pontalis (2016), em referência a Lacan, descrevem que:

> o desejo nasce da defasagem entre a necessidade e a demanda; é irredutível à necessidade, porque não é no seu fundamento relação com o objeto real, independente do sujeito, mas com a fantasia; é irredutível à demanda na medida em que procura impor-se sem levar em conta a linguagem e o inconsciente do outro, e exige absolutamente ser reconhecido por ele (p. 114).

Se a relação do desejo é com a fantasia, e não com o objeto real, escutar o que essas mulheres têm a dizer sobre seus enigmas, caso-a-caso, é o caminho para não deixar anônimo tantos discursos e, de alguma forma, possibilitar o encontro com o desejo de mãe e mulher embaçados pela contingência da vida: ser mãe do bebê como veio ao mundo. Sem a pretensão de decifrar o enigma que compõe a feminilidade, o discurso da maternidade apresenta os traços de uma saída para o feminino, sendo essa uma forma de fazer existir a mulher, mesmo não toda. Freud (1933/2010), em seu texto "A feminilidade", diz que "imputamos à feminilidade um alto grau de narcisismo, que também afeta a escolha de objeto, de modo que ser amada constitui, para a mulher, uma necessidade mais forte do que amar" (p. 290).

A experiência vivida por mulheres nesse contexto clínico levantou muitas questões sobre a subjetividade presente em cada caso acolhido e tratado pelo analista. Destacamos esse mal-estar materno que um amor incondicional pode representar, seus conflitos e ambivalências, com a certeza de que novas questões surgirão para investigação sempre que sustentarmos o lugar da psicanálise.

REFERÊNCIAS

Clavreul, J. (1978). *A ordem médica: poder e impotência do discurso médico.* Rio de Janeiro: Brasiliense.

Freud, S. (2010). Introdução ao Narcisismo. In *Obras Completas* (P. César de Souza, trad., Vol. XII). São Paulo: Companhia das Letras. (Trabalho original publicado em 1914).

Freud, S. (2010). Além do princípio do prazer. In *Obras Completas* (P. César de Souza, trad., Vol. XIV). São Paulo: Companhia das Letras. (Trabalho original publicado em 1920).

Freud, S. (2010). A feminilidade. In *Obras Completas* (P. César de Souza, trad., Vol. XVIII). São Paulo: Companhia das Letras. (Trabalho original publicado em 1933).

Freud, S. (2011). Dissolução do complexo de Édipo. In *Obras Completas* (P. César de Souza, trad., Vol. XVI). São Paulo: Companhia das Letras. (Trabalho original publicado em 1924).

Freud, S. (2011). Algumas consequências psíquicas da diferença anatômica entre os sexos. In *Obras Completas* (P. César de Souza, trad., Vol. XVI). São Paulo: Companhia das Letras. (Trabalho original publicado em 1925).

Freud, S. (2014). Inibição, sintoma e angústia. In *Obras Completas* (P. César de Souza, trad., Vol. XVII). São Paulo: Companhia das Letras. (Trabalho original publicado em 1926).

Freud, S. (2016). Sobre o mecanismo psíquico dos fenômenos histéricos. In *Obras Completas* (P. César de Souza, trad., Vol. II). São Paulo: Companhia das Letras. (Trabalho original publicado em 1893).

Lacan, J. (1995). *O Seminário, livro 4: a relação de objeto (1956-57)*. Rio de Janeiro: Jorge Zahar.

Lacan, J. (1998). O tempo lógico e a asserção de certeza antecipada. *Escritos*. (V. Ribeiro, trad.). Rio de Janeiro: Jorge Zahar. (Trabalho publicado originalmente 1945).

Lacan, J. (1998). A significação do falo. *Escritos*. (V. Ribeiro, trad.). Rio de Janeiro: Jorge Zahar. (Trabalho publicado orginalmente 1958).

Lacan, J. (1998). *O Seminário, livro 11: os quatro conceitos fundamentais da psicanálise (1964)*. Rio de Janeiro: Jorge Zahar.

Lacan, J. (2005). *O Seminário, livro 10: a angústia (1962-63)*. Rio de Janeiro: Jorge Zahar.

Laplanche, J. & Pontalis, J.-B. (2016). *Vocabulário de psicanálise*. (P. Tamen, trad.). 4 ed. São Paulo: Martins fontes.

Laurent, E. (2012). *A psicanálise e a escolha das mulheres*. Belo Horizonte: Scriptum.

Mannoni, M. (1988). *A criança retardada e sua mãe*. 2ª ed. São Paulo: Martins Fontes. (Trabalho originalmente publicado em 1964).

Santos, R. da S. & Dias, I. M. V. (2005). Refletindo sobre a malformação congênita. *Revista Brasileira de Enfermagem*, 58(5), 592-596.

Soler, C. (2005). *O que Lacan dizia das mulheres*. (V. Ribeiro, trad.; M. A. Coutinho Jorge, cons.). Rio de Janeiro: Jorge Zahar.

Zafiropoulos, M. (2009). A teoria freudiana da feminilidade: de Freud a Lacan. *Reverso*, 58, 15-24. Belo Horizonte.

Capítulo 12

A INTERVENÇÃO DO PSICANALISTA NA CLÍNICA COM "BEBÊS CIRÚRGICOS"[1]

Alexandra de Oliveira Martins
Aline Júlia de Sousa Costa

No início da prática clínica do psicólogo no contexto de assistência em Hospital Geral, em particular no Centro de Terapia Intensiva Pediátrica (CETIPE), a primeira visão foi a de bebês em recuperação pós-operatória, paralisados e aparelhados pelos cuidados médicos. Como profissional parte da equipe multiprofissional, era preciso delimitar uma prática clínica que sustentasse a técnica médica, para além daquela imagem dos bebês cirúrgicos que, de imediato, impacta. Nessa situação, os bebês necessitam essencialmente dos cuidados médicos para sobreviverem. A prioridade é a intervenção da medicina para salvar o corpo orgânico, mas, como consequência inerente, observa-se o embotamento da subjetividade, mesmo que, de certo modo, em algum momento, ela se manifeste.

No lugar onde anunciava-se o intangível estava a pérola do nosso trabalho: resgatar a subjetividade, quando exposta e gritante no contexto da clínica com bebês, mostra-se como a nossa tarefa. Enquanto profissionais atentos ao psiquismo humano, em especial nessa cena da constituição psíquica em desenvolvimento, interrogamos o cenário hospitalar

[1] Trata-se de recém-nascidos ou bebês até os dois primeiros anos de idade, submetidos a procedimentos cirúrgicos de alta complexidade devido à malformação congênita para tratamento de cardiopatia congênita ou anomalias crânio faciais associadas, em alguns casos, a síndromes genéticas.

e apostamos para além da visão de um corpo cirúrgico. O nome "bebê cirúrgico", pensando nesse texto, não é um rótulo, mas aponta para o impacto da visão inicial, motivo para o investimento desse trabalho. Na posição de analista ou praticante sob o referencial teórico da psicanálise (no caso das acadêmicas de psicologia), a alternativa foi servir-se da teoria para o auxílio e continuidade de uma prática na clínica com bebês acometidos por malformação congênita. Lacan (1956-57/1995) aponta que "a teoria analítica e a prática, sempre se disse, não podem se dissociar uma da outra e, a partir do momento em que se concebe a experiência num certo sentido, é inevitável que se a conduza igualmente nesse sentido" (p. 12). E, no mesmo texto, acrescenta que "certamente, os resultados práticos só podem ser entrevistos" (p. 12).

Inúmeros estudos consideram a importância da humanização na assistência à saúde. Trabalhos apresentados em congressos médicos por equipes multiprofissionais comprovam a necessidade dessas discussões e mantém práticas muitas vezes consistentes, que auxiliam a melhora da qualidade de vida e da relação médico, equipe de saúde e paciente. Consideramos que há uma preocupação do discurso da saúde em humanizar, mas não é com isso que estamos preocupados enquanto psicanalistas, apesar de reconhecermos, como dito, sua importância. Nossa questão é com a subjetividade humana, que ultrapassa sobremaneira os rótulos e definições estabelecidos pela Organização Mundial de Saúde. É o caso a caso, a particularidade do psiquismo não redutível à consciência: o inconsciente freudiano.

Na clínica com bebês no Hospital Geral, além do impacto materno sofrido em função do diagnóstico e tratamento da malformação congênita – cirurgias com internações em centro de terapia intensiva e acompanhamento médico ao longo da vida –, observamos concomitantemente efeitos desorganizadores da constituição do psiquismo, limitações físicas e sequelas neuropsicomotoras e cicatriciais. As consequências imediatas parecem inerentes à relação mãe/bebê, atravessada pela contingência da doença e da interferência do saber da ciência médica sobre o cuidado à criança. Para a psicanálise, a constituição psíquica sofrerá suas marcas a partir da relação com o Outro primordial, processo necessário para a subjetivação. Nesse contexto hospitalar, a relação mãe/bebê é visível aos olhos dos espectadores clínicos, porém, ao psicanalista caberá a função de operar com um discurso que aponta para a particularidade do caso-a-caso. O risco da desolação de um e de outro (mãe e bebê) parece um ambiente favorável para a intervenção clínica da psicanálise.

SOBRE A NOSSA PRÁTICA

Na experiência clínica, no leito do hospital, observa-se os recém-nascidos ou bebês ainda muito pequenos sob os cuidados atentos dos profissionais da saúde. Além dos bebês, são acompanhados pela equipe durante a internação hospitalar os pais e familiares, em especial, a mãe, presente na maioria dos casos. Algumas famílias, particularmente os pais, são acolhidas pelo analista também durante o período de gestação, encaminhados pelo médico, após o diagnóstico fetal de malformação congênita. Da confirmação de uma gestação ao nascimento de um bebê alguns meses se passam. Instaura-se um tempo de espera. Planos e expectativas em torno da existência da criança e de como ela virá ao mundo também são observados. Com o avanço tecnológico na medicina, é possível ter acesso visualmente ao feto durante a gestação, através de imagens com ângulos e dimensões cada vez mais modernos, que possibilitam uma avaliação detalhada do processo gestacional.

Na situação da gestação com diagnóstico de malformação congênita, esse tempo é afetado por uma ruptura nos planos estabelecidos para um bebê saudável. Inicia-se claramente expressões e falas que configuram reações de medo, afeto de angústia, compreensível e esperado diante da contingência imposta pela realidade, pelo mundo exterior. Em "Inibição, sintoma e angústia", Freud (1926/2014) faz uma distinção entre angústia e medo, apontando que:

> a angústia tem uma inconfundível relação com a *expectativa*: é angústia diante de algo. Nela há uma característica de *indeterminado* e *ausência de objeto;* a linguagem correta cega a mudar-lhe o nome, quando ela encontra o objeto, e o substitui por *temor* [*Furcht*]. Além de estar relacionada ao perigo, a angústia tem também relação com a neurose, que há muito nos empenhamos em esclarecer (p. 114).

No diagnóstico fetal da malformação do filho, o medo estabelece sua força, como a *angústia diante de algo.* Na expectativa gerada pela espera durante a gestação, se o objeto é o filho, a angústia também aparece sem esse objeto declarado. Não é o filho que é temido, mas sua condição de saúde que não era esperada pela família. A angústia aparece, como aponta Freud, no discurso neurótico dos envolvidos nessa cena de cuidados médicos, isto é, os pais. Lacan (1961-62/2003), sobre a defesa contra a angústia, argumenta que "a angústia está nos princípios das defesas, mas ninguém se defende contra a angústia" (p. 249). A seguir, Lacan (1961-62/2003) retoma Freud, afirmando que se ele "nos disse que a angústia é um sinal que passa no nível do eu, é preciso sempre saber que é um sinal para quem? Não para o eu, já que é no nível do eu que ele se produz" (p. 249). Portanto, a angústia se estabeleceria como signo. E o medo? Em face a um perigo real, o medo é expresso como "medo de (diante de) algo" (Freud, 1926/2014, p. 114).

Os pais expressam, através das suas falas, na oposição entre a realidade e a imaginação, suas fantasias e seus medos em torno da vida do bebê, sempre com uma certa dose de angústia. Evidentemente, ao idealizar, elevando o objeto, o filho, a um valor superestimado, muitas vezes com qualidades próximas à perfeição, sofrem dramaticamente diante do diagnóstico de malformação do bebê. Ao elaborar a noção de narcisismo, Freud (1914/2010) aponta que muitos pais demonstram atitudes ternas com os filhos, reproduzindo o próprio narcisismo abandonado na primeira infância; e acrescenta: "a nítida marca da superestimação, que já na escolha de objeto apreciamos como estigma narcísico, domina essa relação afetiva" (p. 36). Ao idealizar o filho, como explica o psicanalista, é possível que os pais renovem "as exigências de privilégios há muito abandonadas" (p. 37). Portanto, "doença, morte, renúncia à fruição, restrição da própria vontade não devem vigorar para a criança, tanto as leis da natureza como as da sociedade serão revogadas para ela, que novamente será centro e âmago da criação" (p. 37). Nesse aspecto, a consagrada frase freudiana *His Majesty the baby* descreve como os pais, na relação afetiva, posicionam seu bebê.

No desenvolvimento do afeto de amor, há o investimento libidinal narcísico que se expande para a vida do pequeno bebê. Por isso a importância da intervenção do humano que está ao lado (*Nebenmensch*[2]) no trilhamento do aparelho psíquico, que sucumbe ao movimento de repetição

[2] Homem/humano ao lado, em tradução literal. *Seu semelhante* (Gabbi Jr., 2003, p. 207). Complexo do próximo (Freud, 1895/1988). Lacan (1959-60/1997), no *Seminário, livro 7: a ética da psicanálise,* indica que é por intermédio do Outro, "àquele que Freud designa com um belíssima expressão, o *Nebenmensch*, como sujeito falante, que tudo o que se refere aos processos de pensamento pode tomar forma da subjetividade do sujeito" (p. 53).

e mantém a regulação da excitação. Lacan (1938/1987) nos aponta para "a reação de interesse que a criança manifesta diante do rosto humano: ela é extremamente precoce, observando-se desde os primeiros dias... essas reações eletivas permitem conceber na criança um certo conhecimento muito precoce da presença que a função materna preenche" (p. 25).

Esse acontecimento entre o bebê que apresenta-se como desamparado e um próximo semelhante que faz a função de *Nebenmensch* é considerado por Freud (1895/1988) como o *processo primário* do desenvolvimento do psiquismo. Essa relação afetiva não é sem entraves. Ela demarca, com efeito, as expectativas com relação ao desenvolvimento saudável dos bebês, que integram e nutrem a intenção benevolente e as fantasias dos adultos a sua volta. A malformação congênita, que acarreta tratamentos médicos seguidos, gera uma ruptura – como qualquer outra contingência dramática – nessa trajetória natural da vida: nascer, crescer e morrer. Mazet & Stoleru (1990) consideram que:

> O nascimento de uma criança malformada é origem de reações psicológicas complexas. As crenças tradicionais mostram a ambivalência marcada destas reações, podendo ser a criança um objeto de terror, de admiração ou de ambos, simultaneamente... Os pais são confortados com o trabalho psíquico de aceitar que a criança fantasmática e imaginária foi substituída por esta criança real. A reação dos pais e sua maior ou menor dificuldade em se apegar à criança variam segundo a malformação e principalmente ao fato de que ela seja ou não visível, que ameace ou não a vida da criança, que outros membros da família sejam ou não afetados e que implique ou não em hospitalizações repetidas (p. 272).

O trabalho psíquico exigido aos genitores, em especial a mãe, de elaboração[3] do valor afetivo do acontecimento da malformação do filho em suas vidas, ultrapassa o processo de aceitação. A repercussão disso no narcisismo dos pais é motivo de investigação e tratamento clínico, por isso, a presença do analista nesse contexto.

Após o nascimento, com diagnóstico pré-natal ou não da malformação congênita, diante da gravidade do quadro clínico, alguns bebês são

[3] *Verarbeintung*: elaboração ou processo de elaboração. *Verarbeiten*: assimilar, digerir, absorver, transformar, processar (Hanns, 1996).

encaminhados para tratamento cirúrgico e acompanhados em Centros de Terapia Intensiva. Em vista do diagnóstico recente, o susto é maior, e os pais deparam-se com a urgência frente ao tratamento do seu bebê. Na iminência pela manutenção da vida, compreender e elaborar aquela cena de cuidados intensivos, antes desconhecida, consequentemente leva algum tempo, mas, por vezes, não há pausa. Planos e expectativas lançadas pelos pais para o bebê sofrem mudanças, podendo instaurar um momento de extremo sofrimento.

Do diagnóstico ao tratamento médico, consequentemente sem o tempo de compreender, deflagram-se nos relatos a repetição da vivência traumática, observam-se as tentativas de compreensão, como lemos nos fragmentos clínicos que se seguem: *"Eu sempre sonhei em ser mãe, eu queria um filho que pudesse estudar, fazer faculdade", "Eu tenho que pedir a Deus força, porque não sei se vou conseguir ficar sem a minha filha aqui comigo...", "Desde o diagnóstico da doença do meu filho nunca mais fui a mesma, minha alegria e meu sorriso mudaram".*

A hospitalização de bebês acometidos por malformação congênita para tratamento clínico e cirúrgico modifica de forma radical a rotina de vida da família. Os pais enfrentam um ambiente hospitalar, que precisam frequentar diariamente para acompanhamento do tratamento do filho. Um local em que prevalece o discurso da ciência, o saber médico, em prol da sobrevivência e qualidade de vida desses bebês, sendo salvar a vida o maior objetivo tanto para equipe, como para os pais. Diante disso, esse momento do tratamento, para os pais, pode significar a possibilidade de resoluções, mas, em algumas situações, a família depara-se com a gravidade da doença, os riscos de morte eminentes, a informação sobre o prognóstico ruim ou até mesmo a notícia de óbito – todas são realidades dessa clínica. Nesse contexto, os pais encontram-se diante de uma cena que provoca significativo sofrimento e, frente ao inesperado, instauram-se incertezas quanto ao futuro da criança. Os pais dirigem-se ao médico buscando uma referência lógica e demandam um saber: *"Como isso pode ter acontecido?", "Que doença é essa?", "Quais os riscos da cirurgia?", "Meu filho terá chances de viver?"* Destituídos do que supunham saber, buscam uma explicação que responda a essa contingência da vida.

Nestas circunstâncias, a impossibilidade concreta de manter o filho vivo facilmente faz proliferar a hipótese de uma impotência em sustentar a função de proteção e amparo ao bebê. A impossibilidade pode transformar-se em impotência paralisante, devido à identificação ao filho. Alguns trechos de fragmentos clínicos dos relatos maternos explicitam essa questão: *"É uma sensação horrível ver minha filha morrendo e não poder fazer nada, parece um pesadelo..."*, *"Foi difícil demais para mim ter que ir para casa sem meus filhos no braço..."*, *"O médico, antes de dar as notícias sobre a cirurgia do meu filho, ele primeiro disse todos os defeitos que ele têm, colocando ele como defeituoso..."*.

Diante deste inegável sofrimento, que comporta a reivindicação de uma satisfação não efetivada pela maternidade, o psicanalista presente, recolhendo o saldo dessas falas, através da escuta apurada pelo saber da psicanálise, encontra o aparecimento do estado de frustração. Estado este gerador de angústia e certamente de fantasias atormentadoras, de morte, imperfeição, mutilação. No momento em que tornam-se mães nessas circunstâncias, algumas conseguem expressar efetivamente sua experiência enquanto mulher. Porém, na maioria das vezes, diante da presença do analista, a fala é direcionada para o bebê em tratamento.

Nesse contexto clínico, não há como eleger a mãe ou o bebê, pois ambos estão entrelaçados pela contingência da doença, o que impede de forma radical a possibilidade dessa cisão, se consideramos minimamente o discurso e o comportamento materno. Ao acolher esse momento evidente no trabalho clínico, observamos um e outro, mãe e bebê, embaçados subjetivamente pela urgência de cuidados médicos. A intervenção do analista na clínica com bebês cirúrgicos possibilita a escuta da fala materna e o encontro desta com seu bebê enquanto ser separado dela, ao mesmo tempo em que interroga e sustenta os meios de investigação da própria mãe sobre como manter seu lugar, como não se deixar destituir de sua função, mesmo que, às vezes, precise postergar o exercício da maternidade.

RUMO À SUBJETIVIDADE

Evidentemente, além de propiciar o enfrentamento pelo agente materno da contingência que atravessa sua vida a partir da doença do filho, resta, ainda, a cada caso, interrogar a subjetividade ofuscada pelo atravessamento da realidade e de outros discursos. Lacan (1963/2005), em "O Simbólico, o imaginário e o real", contribui com essa discussão, dizendo:

> que toda relação a dois é sempre mais ou menos marcada pelo estilo imaginário. Para que uma relação assuma seu valor simbólico é preciso haver a mediação de um terceiro personagem que realize, em relação ao sujeito, o elemento transcendente graças ao qual sua relação com o objeto pode ser sustentada a certa distância (p. 33).

Seguindo o pensamento lacaniano, constata-se que entre a relação imaginária e a simbólica a culpa está lá, intermediando, como consequência, o surgimento da angústia. Assim, Lacan (1962-63/2005) ressalta que "a partir do momento em que se introduz o terceiro, que ele entra na relação narcísica, abre-se a possibilidade de uma mediação real por intermédio essencialmente do personagem que, em relação ao sujeito, representa um personagem transcendente" (p. 34). E, na relação mãe e bebê, nessa contingência que estamos descrevendo aqui, da malformação do bebê, esse terceiro que poderá fazer a mediação também sofre os efeitos do acometimento da doença no bebê. Esse terceiro, aquele que a mãe permite ser o mediador, talvez o pai, enfrenta entraves ao se autorizar a fazer esse papel, tendo em vista a delicadeza da situação em que terá que se impor, diante da fragilidade da vida humana em cena. As mães mantêm um discurso próprio que convence claramente o mediador, já que, como dito, a maior relevância é salvar a vida que pode estar por um fio. Literalmente, pois muitos bebês permanecem algum tempo, pelos cuidados médicos intensivos, conectados por tubos de ventilação mecânica, drenos, acessos venosos e outros condutores que auxiliam na recuperação hemodinâmica do corpo orgânico. A vida por um fio é, em muitos casos, a visão diária de pais e mães nessa clínica.

Nos limites entre a vida e a morte configura-se a vulnerabilidade da relação afetiva dos pais com seu bebê. Afinal, na expectativa e concentração em salvar a vida, toda naturalidade dos afetos possíveis mostra-se comprometida pelo impacto da doença na vida do bebê e, consequentemente, na de seus pais. O quadro clínico grave, o risco de morte, as incisões cirúrgicas, as sequelas e deficiências ocorrem concomitantemente ao diagnóstico e ao procedimento cirúrgico, podendo se desdobrar em uma incerteza insuportável aos coadjuvantes do bebê. "A vida e a Morte se encontram misturadas, sem que se possa distingui-las" (Ansermet, 2003, p. 49). Nas palavras dos pais: *"Será que ele vai ter uma vida normal? Será que ele vai ficar muito tempo ainda aqui no hospital? Minha vida é cheia de dúvidas..."*.

Valendo-se dos recursos da medicina como único meio para alcançar o objetivo de manter a vida do seu bebê, a mãe recorre "desesperadamente" ao saber médico. É notório que a medicina mantém em seu discurso, também a partir dos seus atos, um objetivo: encontrar meios, através da ciência e da técnica médica, para o tratamento mais eficaz dos pacientes. Para a medicina, é determinante que, através do tratamento médico clínico e cirúrgico, o bebê sobreviva. Portanto, o bebê, nessa clínica de alta complexidade, é recebido com todo aperfeiçoamento tecnológico da medicina e preparado para receber os cuidados necessários que sua vida fisiológica necessita. O bebê precisa, em sua urgência orgânica, da intervenção cirúrgica para sobreviver ao acometimento da malformação congênita próprio do seu organismo. O empenho do saber médico volta-se para viabilizar a sobrevivência do pequeno paciente, mas, como psicanalistas presentes nesse contexto clínico, observamos que o êxito dos avanços técnico-científicos também inaugura outras condições de risco à vida. O risco do desamparo, as consequências no desenvolvimento psíquico do pequeno bebê e o impacto do atravessamento da medicina na relação mãe e bebê deixam marcas na subjetividade em constituição e na relação afetiva em construção.

Em decorrência de identificar as etapas da constituição do psiquismo e o modo singular de subjetivação dos indivíduos, o analista interroga seus aspectos e nuances nesse contexto hospitalar, o que exige dele o desenvolvimento de estratégias clínicas específicas. Mannoni (1988), no seu livro *A criança retardada e sua mãe*, argumenta que "é preciso que o analista possa ir além da linguagem objetivante, anônima... o psicanalista acha-se então, a maior parte das vezes, diante de um enigma a ser decifrado" (p. 55). Na clínica com bebês, esse enigma mostra-se ainda mais evidente e deve ser considerado.

Assim, na clínica da urgência subjetiva, com bebês em situação de risco eminente de morte, onde impera o trabalho do médico e de outros profissionais da saúde no que se refere ao impacto psíquico do adoecimento orgânico, encontra-se o desafio do trabalho do psicanalista. Suas ações são focadas em sustentar uma prática a partir de um método a ser reinventado.

No campo da psicanálise com bebês, é necessária a discussão sobre uma prática, assim como descreve Vorcaro (2003): "essa situação clínica transborda completamente ao campo da clínica convencional, é alvo de problematização não apenas sobre o método clínico posto em jogo nessa circunstância, especialmente no que ele determina do estatuto dessa prática" (p. 70).

Na clínica com bebês de alto risco, observamos efeitos desorganizadores do recalque primário. Sabe-se da importância de haver um recalque primário para a entrada do sujeito na linguagem. Através do traço unário, o grito do bebê deixará de ser descarga biológica para ser um significante de apelo ao outro. A mãe no contexto hospitalar é deslocada, pela contingência, da sua posição de cuidar de seu bebê. O bebê não só corre risco de morte, mas também risco da ausência do Outro primordial. Sua mãe poderá sair de cena devido ao funcionamento do tratamento intensivo. Com isso, teremos a intrusão do saber médico no saber materno singular:

> A mãe ou aquela, ou aquele, que assume o seu lugar, não lança somente o objeto voz deste endereço Outro daquele em que eu me vejo, aquele no qual eu venho descobrir minha unidade, ele não lança somente este objeto com suas qualidades particulares; a mãe, a pessoa que mantém seu lugar, se lança ela mesma na frase que ela dirige a esta criança. Ela lança-se aí ao perigo, eu diria, da estrutura profunda desta frase. Esta frase na qual a mãe antecipa uma resposta na forma interrogativa que lhe dá. Está aí o essencial. A mãe não parte simplesmente para a aventura de sua frase: esta frase é de alguma maneira a demonstração da suposição que a criança tem alguma coisa para compreender desta frase, que há alguma coisa para ouvir, que tem alguma coisa para responder (Bergès, 2008, p. 309).

O psicanalista, a equipe e sua mãe são convocados a responder a demanda que advém desse pequeno ser. É importante que o bebê sofra os efeitos da cultura, por meio do saber materno, para ultrapassar sua condição natural, que é orgânica. A intervenção da cultura no organismo é traumática porque distorce a natureza. A mãe localizará o bebê em sua série psíquica através dos gestos e palavras que constituem o corpo do bebê. É o exercício da linguagem na constituição do sujeito. Assim sendo, como se organiza os primeiros momentos da constituição psíquica do sujeito, na clínica em questão, onde o corpo do bebê pertence à medicina e aos cuidados intensivos da UTI? Como nos diz Julieta Jerusalinsky (2002) sobre o tempo subjetivo:

> A intervenção aponta para o resgate dentro desse "tempo de internação", do "tempo subjetivo" de elaboração do pai e da mãe quanto à inscrição do recém-nascido no discurso paternal, que permanentemente cai e fica silenciada em função da eminência do risco de vida, dos diferentes procedimentos e comunicados médicos que se impõem no marco da internação em UTI (p. 36).

Pois bem, se desde os primórdios da psicanálise sabemos que a constituição psíquica é estabelecida no encontro da criança com aqueles que estão a sua volta, ou, mais precisamente, seus pais, podemos supor uma interseção da psicanálise com a ciência do desenvolvimento humano. Segundo Jerusalinsky (2008), a criança é um ser biológico que já nasce predisposto à linguagem. A inserção dessa linguagem será feita a partir de uma intervenção do outro. Portanto, é necessário que a criança seja origem de um desejo materno para, assim, tornar-se um ser de linguagem. Diante disso, o que estabelece a constituição psíquica de um sujeito, nesse caso, a criança, é o desejo do outro. A criança, então, será representada pelos significantes oferecidos pela mãe. Na clínica psicanalítica com bebês submetidos a intervenções cirúrgicas, entende-se que esse desejo do outro materno poderá sofrer modificações.

Marcado pela experiência dos discursos, pela linguagem, o bebê será constituído a partir desse lugar em que suas demandas são interpretadas pelo viés das suas limitações e necessidades orgânicas. É importante lembrar que existem muitos "outros simbólicos" que cuidam do bebê, tirando e colocando esse bebê em uma vivência de mal-estar. O tratamento também é o momento de trocas simbólicas. Porém, não há como dimensionar quais as consequências dos discursos dos sujeitos no psiquismo desses bebês; só sabemos que há sempre consequências. Freud (1923/2011), em seu texto "As relações de dependência do eu", afirma que, para o Eu, viver significa o mesmo que ser amado. E continua:

> A mesma conclusão deve tirar o Eu quando se acha ante a um imenso perigo real, que não acredita poder superar com suas próprias forças. Vê-se desamparado de todos os poderes protetores e deixa-se morrer. Esta é, aliás, a mesma situação que subjaz ao primeiro grande estado de angústia infantil da nostalgia, a da separação da mãe protetora (p. 73).

Dentre esses outros, a mãe é uma presença relevante: na alternância ausência-presença, seu olhar, sua voz, seu rosto humano, sua demanda, sua interpretação e a suposição de saber sobre o seu bebê são componentes necessários para a constituição psíquica. Fazer o encontro mãe/bebê acontecer é sempre uma aposta que o analista presente nesse campo clínico tenta favorecer. Da subjetividade materna, pode se abrir a brecha não apenas para a escuta de um terceiro, como para a emergência de um novo sujeito – um bebê que pode existir/viver separado dela, desde que amparado por palavras.

PARA CONCLUIR

A equipe multiprofissional (médicos, enfermeiros, fisioterapeutas, fonoaudiólogos, etc.) possui relativo conhecimento técnico sobre as práticas de humanização que preconizam a importância da presença materna no ambiente de cuidados médicos. Porém, o manejo geral desses encontros possui um aspecto padronizado, baseado em protocolos pré-estabelecidos. Na ausência do analista, o encontro mãe/bebê não deixa de acontecer e mesmo sua presença não é garantia dessa vivência. Mas o analista é o maior interessado na singularidade do caso-a-caso e nas condições de subjetivação possíveis nesses momentos. Ele interroga e considera de forma mais profunda a "investigação de processos psíquicos que de outro modo são dificilmente acessíveis" (Freud, 1923/2011, p. 274). Sobre a psicanálise, Freud (1923/2011) afirma que:

> Ela se atém aos fatos do seu âmbito de trabalho, busca solucionar os problemas imediatos trazidos pela observação, segue tateando com base na experiência, está sempre incompleta, sempre disposta a ajustar ou modificar suas teorias. Tal como a física e a química, ela tolera muito bem que seus principais conceitos sejam vagos e seus pressupostos sejam provisórios, e espera uma maior precisão deles como resultado do trabalho futuro (p. 301).

Supreendentemente, a observação desses bebês, por parte do psicanalista presente, destacou a questão da atenção à vida psíquica – com efeito, um campo de prática fértil. Na dependência absoluta da mãe e, no caso de internação hospitalar, também dos profissionais da saúde, o bebê, em seu desenvolvimento, manifesta seu desajuste corporal, que chama atenção para uma possível desordem psíquica. As noções do *corpo* biológico em sua relação com a emergência do *Eu* foram objeto de estudo de Freud, mas ainda precisamos muito avançar. Afinal, é a partir desse corpo recém-chegado ao mundo que estabelecemos a necessidade desse olhar subjetivante.

REFERÊNCIAS

Ansermet, F. (2003). *Clínica da Origem a criança entre a medicina e a psicanálise.* Rio de Janeiro: Contra Capa.

Bergès, J. (2008). *O corpo na neurologia e na psicanálise: lições clínicas de um psicanalista de crianças* (M. Folberg, trad). Porto Alegre: CMC.

Freud, S. (1988). Projeto para uma psicologia científica. In *Edição standard brasileira das obras psicológicas completas de Sigmund Freud* (J. Salomão, trad., Vol. I). Rio de Janeiro: Imago. (Trabalho publicado originalmente em 1895 [1950]).

Freud, S. (2010). Introdução ao Narcisismo. In *Obras Completas* (P. César de Souza, trad., Vol. XII). São Paulo: Companhia das Letras. (Trabalho original publicado em 1914).

Freud, S. (2011). As relações de dependência do eu. In *Obras Completas* (P. César de Souza, trad., Vol. XII). São Paulo: Companhia das Letras. (Trabalho original publicado em 1923).

Freud, S. (2011). Psicanálise e teoria da libido. In *Obras Completas* (P. César de Souza, trad., Vol. XV). São Paulo: Companhia das Letras. (Trabalho original publicado em 1923).

Freud, S. (2014). Inibição, sintoma e angústia. In *Obras Completas* (P. César de Souza, trad., Vol. XVII). São Paulo: Companhia das Letras. (Trabalho original publicado em 1926).

Gabbi Jr., O. F. (2003). *Notas a projeto de uma psicologia: as origens utilitaristas da psicanálise.* Rio de Janeiro: Imago.

Hanns, L. A. (1996). *Dicionário comentado do alemão.* Rio de Janeiro: Imago.

Jerusalinsky, J. (2002). *Enquanto o futuro não vem: a psicanálise na clínica interdisciplinar com bebês.* Salvador: Ágalma.

Lacan, J. (1987). *Os complexos familiares.* Rio de Janeiro: Jorge Zahar. (Trabalho publicado originalmente 1938).

Lacan, J. (1995). *O Seminário, livro 4: a relação de objeto*. Rio de Janeiro: Jorge Zahar. (Trabalho publicado originalmente 1956-57).

Lacan, J. (1997). *O Seminário, livro 7: a ética da psicanálise*. Rio de Janeiro: Jorge Zahar. (Trabalho publicado originalmente 1959-60).

Lacan, J. (2003). *A identificação: seminário 1961-1962*. (C. Ivan & B. Marcos, trad.) Recife: Centro de Estudos Freudianos do Recife. (Trabalho publicado originalmente 1961-62).

Lacan, J. (2005). *O Seminário, livro 10: a angústia*. Rio de Janeiro: Jorge Zahar. (Trabalho publicado originalmente 1962-63).

Lacan, J. (2005). *O simbólico, o imaginário e o real*. Rio de Janeiro: Jorge Zahar. (Trabalho publicado originalmente 1963).

Mannoni, M. (1988). *A criança retardada e sua mãe*. 2ª ed. São Paulo: Martins Fontes. (Trabalho originalmente publicado em 1964).

Mazet, P., & Stoleru, S. (1990). *Manual de psicopatologia do recém-nascido*. Porto Alegre: Artes Médicas.

Vorcaro, A. M. R. (2003). Método psicanalítico e a clínica do laço mãe-bebê. *Estilos da clínica*, 9(16), 70-79.

Capítulo 13

UM NOME PARA UM ANJO

Cristina Abranches Mota Batista

"É *um anjo que Deus colocou em nossa vida". "Ele é iluminado, tem algo de diferente nele". "Ela é apressada, quis vir antes da hora". "Ela é especial, tem uma capacidade de resistir a tudo". "Ele é um guerreiro", "ela é uma lutadora". "Foi desejo de Deus, agora tenho essa missão".*

Estas são frases escutadas com frequência em nossa clínica com bebês no CAIS (Centro de Atendimento e Inclusão Social[1]). A fala é preponderante e sabemos o quanto ela produz efeitos. As palavras (significantes) têm uma capacidade de marcar os sujeitos, dando-lhes sentidos, significados, narrando uma história subjetiva. Um bebê que chega mais cedo, com uma prematuridade significativa, inicia a vida com uma marca orgânica que será falada, significada pelos pais ou cuidadores. Os efeitos psíquicos da passagem pela experiência da prematuridade, principalmente quando envolve a hospitalização em uma UTI neonatal, são objetos desse estudo.

A questão da prematuridade atravessou a clínica do CAIS quando organizamos um programa de *follow-up* de bebês prematuros ou com alguma patologia, que passaram pela UTI neonatal da maternidade

[1] CAIS (Centro de Atendimento e Inclusão Social), em Contagem-MG, é uma instituição que atende a crianças e jovens com quadros de deficiência intelectual ou autismos. Desde 2010 realiza o *follow-up* de bebês prematuros encaminhados pela maternidade pública de Contagem.

pública de Contagem/MG. Logo de imediato, alguns aspectos desta clínica nos causaram surpresa, como a ampliação exponencial da incidência da prematuridade e os inúmeros estudos científicos que associam a prematuridade a quadros de deficiência intelectual, autismo, atraso no desenvolvimento, dificuldades de aprendizagem, dentre outros. Mas, o que mais nos impressionou, foi escutar os efeitos psíquicos desta experiência em nossa clínica. Esses fatos nos fizeram pensar em analisar a correlação entre a prematuridade e aspectos psíquicos da constituição subjetiva referentes às posições de debilidade e de autismo.

CADA VEZ MAIS CEDO!

O número expressivo de bebês prematuros é uma questão a ser levantada: por que tantos em nossa contemporaneidade? O estudo "Prematuridade e suas possíveis causas", do Fundo das Nações Unidas para a Infância (UNICEF, 2013), mostra que a prevalência de partos de crianças prematuras no Brasil chega a 11,8%. É um percentual alarmante que coloca o Brasil entre os países onde mais nascem bebês prematuros. Em 2006, o nascimento de prematuros correspondia a 6,7%, o que demonstra um crescimento exponencial nos últimos anos (SBP, 2011). Dentre as causas apontadas nesse documento da UNICEF, são destacadas: o excesso de partos programados (como as cesarianas) e o tabagismo. Outros estudos, como o de Mathelin (1999), na França, ressaltam a maternidade precoce em partos de adolescentes ou a ampliação da fertilização *in vitro*.

Somado a esse crescimento, os avanços médico e tecnológico das últimas décadas proporcionaram o nascimento e a sobrevivência de recém-nascidos com peso e idade gestacional cada vez mais baixos, o que aumentou a taxa de natalidade e o número de prematuros, mas não diminuiu a taxa de morbidade (Cf. Penalva, 2005). Há um debate de cunho ético que perpassa a clínica com estes bebês, como o questionamento sobre até que ponto manter um ser vivo sabendo das consequências deste ato, da luta pela sobrevivência com possíveis sequelas para o resto da vida da criança. A opção pela vida tem sido, em geral, a primeira escolha, mesmo porque as consequências da prematuridade são sempre imprevisíveis.

Vale lembrar que nem todo bebê prematuro terá sequelas em seu desenvolvimento orgânico ou psíquico, nem mesmo aqueles que passaram por uma experiência traumática em uma UTI neonatal. Mas os estudos (cf. SBP, 2012) têm demostrado que os jovens adultos que foram prematuros têm 1/3 de chance de adquirir algum problema crônico, enquanto os jovens adultos que nasceram a termo têm 1/5 dessa probabilidade. Para cada 100 prematuros com idade gestacional inferior ou igual a 26 semanas haverá três casos de paralisia cerebral, um caso de cegueira e de surdez e quatro casos de retardo mental. Para cada 100 bebês prematuros com peso menor ou igual a 800 gramas, constata-se dois casos de paralisia cerebral e de cegueira, um de surdez e cinco de retardo mental (SBP, 2012). Nestes casos em que as pesquisas mencionam a deficiência intelectual ou o retardo, introduzimos o conceito de debilidade e consideramos a posição que o sujeito assume diante de sua relação com o Outro na sua constituição psíquica. Destaca-se que não são apenas os psicanalistas que percebem a importância da relação parental nos primórdios da vida psíquica de um sujeito. Esse mesmo documento da SBP, de 2012, menciona que existe maior propensão destes sujeitos apresentarem algum tipo de psicopatia quando jovens, além de haver maior risco para as crianças desenvolverem um quadro de déficit de atenção, hiperatividade e autismo. Por este motivo, o documento aconselha a preservar a relação entre os pais e o filho prematuro para que se atenuem essas probabilidades (SBP, 2012).

Pesquisas como estas têm influenciado os cuidados nas internações de bebês e tem sido crescente o interesse em se manter práticas mais humanizadas nas relações e no trato com os bebês e mães nas UTIs. Principalmente nos últimos anos, tem-se considerado o avanço de pesquisas relacionadas à vida psíquica dos bebês e o progresso dos aparatos mecânicos e clínicos que salvam as vidas – ao mesmo tempo em que são extremamente invasivos e agressivos.

Não podemos deixar de analisar aspectos da contemporaneidade que afetam o funcionamento psíquico, pois o que se passa em âmbito social tem efeitos na economia psíquica. A ampliação da prematuridade pode ser pensada como um sintoma (Mathelin, 1999), um sintoma social de nossa contemporaneidade. Estamos em um momento em que todas as nossas referências estão em mutação, até mesmo a forma com que lidamos com o tempo e o espaço, ou seja, não deve ser por acaso que tantos bebês nascem mais cedo.

OS DESÍGNIOS DE DEUS!

A morte de Deus foi anunciada por Nietzsche (1882-87/2012) e comentada por outros filósofos há mais de um século – isto não é atual. Mas o fato de a civilização se ver diante desta ausência e ter de lidar com ela de forma generalizada é o que caracteriza nossa atualidade. O homem já não tem a mesma relação com a figura divina como em tempos anteriores. Trobas (2003) observa que o enfraquecimento da função paterna ocorre desde o final do século XIX e princípio do seguinte, mas a diferença é que, atualmente, faz parte do discurso comum. Para a psicanálise, a figura paterna, a relação com o grande Outro e as referências simbólicas têm perdido força na contemporaneidade. Lebrun (2008) adverte que a contemporaneidade é marcada por uma verdadeira crise da civilização, que afeta nossa economia psíquica.

A transformação radical do simbólico implica que tal dimensão não mais permita apreender o real, que demonstra toda sua irredutibilidade. Assim, o choque com o real torna-se inevitável e tem de ser de alguma forma reparável – o indivíduo apela, então, para o imaginário, sem enlaçamento ao simbólico. Dufour (2005) qualifica esse momento como se tivéssemos passado por uma espécie de dessimbolização. Neste enfraquecimento da função paterna, percebe-se que os pais sentem dificuldades em instituir a lei e a função do Terceiro fica comprometida: "*Tudo se passa como se os pais... não dispusessem mais da legitimidade que permitiria que ocupassem, durante o tempo necessário à subjetivação, o lugar de exceção*" (Lebrun, 2008, p. 181).

Presenciamos em nossa contemporaneidade maior vulnerabilidade dos pais para sustentar sua legitimidade e, quando isso se soma à prematuridade, à passagem pela UTI ou ao diagnóstico de alguma patologia no filho recém-nascido, tornam-se muito mais frágeis para desempenharem a importante função que têm para este sujeito em formação. Se é lugar comum haver dificuldade de se instalar o Terceiro no discurso familiar em nosso tempo, a prematuridade ou a possível fragilidade do filho pode contribuir para esse arranjo, dificultando ainda mais os enlaces e as operações de separação e alienação da constituição subjetiva. Na situação de ter um filho em uma UTI neonatal, as referências são todas suspensas e o real invade a vida dos pais de forma abrupta. A morte está sempre próxima, rondando como um fantasma à espreita. Comparecendo de forma implacável, o real mantém-se irredutível. Assim, a experiência escapa à compreensão simbólica e é indizível, se paralisando no tempo para os pais e familiares.

Quessada (2007) complementa estas reflexões sobre a contemporaneidade ao afirmar que uma nova configuração do ser está se formando devido ao fato de faltarem ferramentas conceituais para se pensar fora dos esquemas comportamentais simplificadores. Para o filósofo e psicanalista, nesse arranjo contemporâneo, lidamos de forma diferente com o espaço e o tempo, como se as relações estivessem mais horizontais e menos verticalizadas, o que diminui a legitimidade da figura paterna. Com relação ao tempo, ele afirma que tentamos controlá-lo de todas as formas, tornando tudo mais rápido. Não existe mais a possibilidade de se esperar para realizar nosso gozo: ele tem de ser satisfeito de imediato. Podemos fazer uma analogia com a dificuldade em se esperar pelo parto natural, tão comum no Brasil. Este pode ser um dos fatores para a grande incidência da prematuridade em nosso país: não poder esperar pelo nascimento natural implica que o nascimento do bebê seja controlado conforme a conveniência de todos: médicos e familiares.

Diante do enfraquecimento da figura do Outro para se constituir como sujeito autônomo, cria-se uma forma artificial desse Outro, com todo tipo de Outro artificial (Dufour 2005). Dufour (2005) cita algumas experiências da contemporaneidade que demonstram esta forma de Outro artificial, dentre elas o fundamentalismo e a formação de grupos como verdadeiros guetos. Quessada (2007, p. 145) acrescenta a essa construção teórica sobre o Outro artificial na atualidade a afirmação de que é como se esse Outro estivesse em um estado de coma profundo e menciona todos os métodos artificiais criados pela tecnologia para manter a sobrevivência de seres humanos. A artificialidade na manutenção da vida leva também à artificialidade para se manter um arremedo do Outro sem amarração pelo registro do simbólico. A situação da UTI é vivenciada para pais e crianças como uma forma artificial de vida e de construção de seus laços. Essas experiências traumáticas trazem também reflexos para as primeiras relações constitutivas do sujeito, fortalecendo esse tipo de Outro artificial.

A ciência e seu discurso são preponderantes para esses pais que veem a vida do filho e sua forma de estabelecer as primeiras relações intermediados por este discurso, destituindo todo seu saber "natural" sobre o filho. A respiração é sustentada por um respirador e existem relatos de bebês que, ao conquistarem a capacidade de respirar, se sentem dependentes do aparelho, precisando mantê-lo ligado, mesmo respirando com autonomia orgânica, como se fosse a máquina que o alimentasse libidinalmente, seu motor artificial de vida. Não é mais um corpo puro e simples que respira, é um corpo que criou seu laço com uma máquina e que depende do barulho da máquina, do som que lhe garante a respiração e a vida. O ritmo da máquina dá o ritmo de vida para a criança e invade seu funcionamento pulsional. Mathelin (1999), em sua clínica na UTI de um hospital francês, descreve a experiência de um bebê, Anna, com uma máquina desse tipo e como essa máquina ocupou o lugar da fala, da inscrição do sujeito no mundo dos significantes. O desfecho para Anna não foi muito promissor, pois não foi possível inverter o lugar ocupado por essa máquina e a morte foi inevitável. Mathelin (1999) compara esse caso com outro, no qual foi possível trazer a significação para o bebê, demonstrando que o desfecho, mesmo em um contexto hospitalar, pode ser diferente. A passagem de uma vida mecanizada, de um corpo sustentado por aparelhos, para uma vida pulsional e fortalecida pela linguagem é um passo crucial para a sobrevivência destes bebês, para se transformarem em humanos e para seus pais assumirem suas funções na construção da história de seus filhos.

As ações emergenciais e ao mesmo tempo extremamente delicadas precisam ser desenvolvidas a tempo. É preciso haver serviços que englobem o acompanhamento dos pais nas UTIS e mesmo depois da alta hospitalar. A alta hospitalar pode significar, para os pais, um momento de desamparo em que se sentem jogados em uma solidão com um filho que, muitas vezes, ainda não teve seu nascimento elaborado, devido inclusive a certa destituição de saber sobre essa criança. Com o intuito de lidar com essa problemática, foi criado o serviço de *follow-up* AB (Acompanhamento de Bebês) do CAIS, de forma a acolher os bebês e seus pais logo na saída da UTI, neste momento tão delicado e urgente.

Em nossa clínica, escutamos o relato dos pais acerca da dificuldade de fazer a passagem deste mundo mecanizado e suportado por aparelhos, como a retirada de uma sonda nasogástrica. Para algumas mães, esse aparelho que intermedia a comida, dificulta um investimento pulsional essencial para a relação mãe-filho. A sonda que leva o alimento direto ao estômago, sem a criança precisar engolir e sem a mãe precisar lutar para que a comida seja incorporada, pode interferir em um significante importante para a maternidade, que é amamentar o filho. Uma ação que é especialmente cara a todas as mães, alimentar seu bebê, que o leva a entrar no jogo da pulsão oral. A retirada da sonda pode representar um momento de muita angústia, pois revive a fantasia de morte ao mesmo tempo em que a mãe procura significar a comida para seu filho.

Testemunhamos um caso no qual essa retirada foi especialmente difícil. Quando S. chegou em 2010 para o acompanhamento, era um bebê muito frágil, pois foi uma prematura extrema de 28 semanas. Estava com gastrostomia, apresentava baixo peso e desnutrição. A mãe não conseguia alimentá-la, não sabia como lidar com aquele instrumento que intermediava a relação e, segundo ela, parecia desleixada no ato de alimentar sua filha. O atendimento de S. e sua mãe levou quase três anos para que S. conseguisse se alimentar e, *mais ainda*, para que sua mãe conseguisse alimentá-la. No início do tratamento, em 2011, houve episódios de quase morte por uma recusa do bebê de se alimentar sem a sonda. O desejo de morte estava presente: a mãe não seguia as recomendações com a sonda e S. não engolia. Era uma luta constante pela vida. O tratamento foi realizado com muitas intercorrências, hospitalizações e ausências no atendimento; nosso manejo era constante. O atendimento intercalado com fonoaudiologia e psicanálise permitiu que a mãe elaborasse sua dificuldade em amamentar e que S. revertesse sua recusa em se alimentar sem a sonda. Foi através do tratamento que a criança pode entrar no jogo pulsional com a mãe e, através da fala, começou a se manifestar. Ao entrar no mundo da linguagem, S. começou a pedir água e comida. O apelo surgiu da criança como um passo importante para encontrar eco no desejo da mãe, até que a sonda fosse retirada definitivamente. Em 2013, a sonda gástrica saiu espontaneamente, quando mãe e filha conseguiram estabelecer outra relação pulsional.

A SANTA!

Na condição da prematuridade e mesmo na alta hospitalar, os pais são tomados pelo discurso da ciência como saída, como uma tentativa de fazer amarração para aquilo que é incompreensível e imensurável. As relações são constituídas através de outros vínculos e outras verdades. Eles se perdem em suas referências e identificações, revivem seus fantasmas e maiores medos: são, de novo, crianças, filhos, dependentes de um outro com seu discurso médico, por vezes sem poder tocar seu bebê, sem poder elaborar e vivenciar sua experiência de ser pai e mãe. Entretanto, consideramos, em nossa clínica, que é preciso preservar e resgatar a verdade singular, o mito, a história, o saber que cada um traz sobre seu filho.

Diante desta situação imprevista da prematuridade, os pais desenvolvem vários arranjos. A mãe volta a ser filha, não exatamente mãe, e a avó, por sua vez, é a mãe do neto ao mesmo tempo em que cuida da filha fragilizada. Todas as referências são questionadas para as mães prematuras, como se não soubessem mais ser mães e, por isso, muitas vezes recorrem às próprias mães, a referência de Mãe da infância. E, se a mãe do prematuro é uma adolescente, esse arranjo ainda é mais forte, pois ela ainda está elaborando suas questões edípicas.

Encontramos mães que se veem perdidas diante das necessidades e expectativas criadas sobre elas, se sentem culpadas, deprimidas, se ausentam, se desesperam, se entristecem, se resignam. Para alguns pais é insuportável presenciar o sofrimento do filho, lidar com o filho real que veio no lugar do filho idealizado; sentem-se destituídos de saber ou sem legitimidade diante da situação traumática. Afastam-se, tornando-se ausentes ao perderem suas referências e lugar da paternidade. Ou, pelo contrário, escutamos pais que assumem a função materna e, nesta função, não conseguem recuperar a figura do terceiro.

Sentimentos de impotência, raiva e vitimização invadem o par parental e os familiares. Revivem suas próprias histórias e drama familiar. As perguntas que sempre rondam os pais durante a internação são semelhantes: ele vai sobreviver? A morte vai alcançá-lo? Questionamentos que os deixam em constante compasso de espera.

Mais do que a perda do filho idealizado, um luto para toda mãe que se vê às voltas com um novo investimento e identificação ao filho que chegou, a prematuridade e a experiência da UTI trazem uma dificuldade de investimento narcísico para os pais. A ambivalência na relação mãe e filho é comum e as primeiras horas são muito delicadas para toda mãe. "Pensar que existe um amor materno sem violência, sem ódio, sem ambivalência seria tão radical quanto negar a existência do inconsciente" (Mathelin, 1999, p. 14). Geralmente, o filho que chega de forma regular, permitindo o trabalho e o investimento narcísico, dá chance para a mãe lidar com essa ambivalência de forma mais branda e prazerosa. Ao contrário, o estado de prematuridade antecipa e exacerba essa ambivalência.

Os últimos meses de gestação têm um efeito primordial para toda mãe construir sua história com seu filho, significar a maternidade, arrumar o quarto, dar nome a esta criança. Esses meses têm também um efeito social, pois é quando a barriga está mais evidente e a mulher pode exibir e sustentar este estado de quase completude irradiado pela maternidade. No nascimento antes da hora, existe uma perda da gestação, um corte muito brusco do mito da maternidade. Tudo cai por terra e a mãe se vê inconsolável, com um sentimento de ambivalência entre tristeza, raiva, culpa e vitimização. A fobia também é comum e acompanha as mães destes bebês, fato que Mathelin (1999) observa em sua clínica e descreve como se a mãe ficasse "mergulhada no medo e na fascinação da relação com sua própria mãe. O filho torna-se perigoso para ela" (p. 123). À fobia da morte, de não sustentar a situação que demanda tanto dela, soma-se a fobia do filho real, estranho e diferente do filho idealizado. Nesses casos em que a fantasia não teve chance de ser construída, por ter sofrido uma ruptura abrupta, o bebê pode se tornar um objeto fóbico para a mãe. Este foi o caso de Lea, descrito por Sonia Motta (2011), "como se fosse aquele que saberia dela por dentro, de suas verdades" (p. 158). Acreditamos que a fobia pode também ser a razão de haver tantas opções pela cesárea sem indicação médica. É como se nesse parto tudo pudesse ser controlado, inclusive o imprevisível diante de um parto natural, no qual o bebê participa da cena. Quando a escolha pelo parto cesáreo tem este viés, é como se a mãe quisesse controlar o real e evitar a experiência traumática. Mas, mesmo com todo esse controle, o bebê pode necessitar da UTI, pois o imprevisível é inevitável.

Na experiência traumática da prematuridade, a mãe, que representava uma figura social de mulher poderosa e completa, passa para a figura de vítima que causa espanto e horror. Estas mães são colocadas no lugar da mulher "Santa", sem desejo, abnegada. Se aparece o desejo, diferente da maternidade completa exigida por um momento como esse, são execradas como se tivessem cometido uma falta grave. É preciso ser a mãe sem desejo, ser uma mãe que não é uma mulher. A mulher que fracassou ao parir um ser imperfeito, mas que é também heróica por suportar esta experiência e tamanha dor. No entanto, são apenas seres em sofrimento, como se elas também estivessem em um estado de coma, lidando com todos seus fantasmas, seus terrores, suas experiências traumáticas.

Como dar nome a um bebê que ainda não nasceu? Como sustentar o desejo intermediado por aparelhos, pessoas estranhas, horários definidos, práticas meticulosas? Como testemunhar o investimento narcísico em um ser tão frágil e ainda em formação? Nessas situações, o bebê é tomado como um desejo de Deus, um anjo que veio sem desejo, uma luz, que impõe imperativamente um lugar especial para a mãe, como uma Santa que deve suportar tudo.

A relação mãe-filho é atravessada por esses fantasmas, que se conjugam com uma série de técnicas e conselhos. Como exemplo, é sugerida a prática da "mãe canguru", o que, para muitas mães, pode significar uma importante forma de estabelecer laço com seu filho e finalizar um processo de gestação que foi interrompido precocemente. No entanto, para outras, pode, ao contrário, significar uma aproximação forçada que lhe causa estranheza e sentimento de culpa por não suportar a experiência. Da mesma forma, a necessidade da amamentação pode ser lugar de mal-estar, pois, em muitas mães, o leite não será produzido, enquanto, em outras, ele jorra com a lembrança do bebê. Entretanto, tudo é controlado e definido pela equipe, como as horas de estar na UTI, a intermediação do grupo de enfermagem e de todo o aparato tecnológico para manter seu bebê vivo e seu contato com ele. Diante de um bebê doente, a mãe em pane pode ter dificuldades de se reconhecer como mãe e de reconhecer o filho como sendo seu. Como nos alerta Mathelin (1999): "afastar-se do seu filho pode ser o único meio que lhe resta para demonstrar seu instinto materno" (p. 101). Sob o olhar de uma equipe atenta às questões psíquicas, a mãe pode ser escutada, amparada, e, assim, ter o tempo necessário para a elaboração de sua gestação interrompida, de seus desejos e piores temores.

A mãe de G. tinha dezenove anos quando chegou com a tia para o acompanhamento de seu filho, que estava com menos de um mês de idade corrigida, pois foi prematuro de 33 semanas. A mãe relata que tem uma história de "livros", uma vez que descobriu a gravidez ao procurar o médico devido às dores no estômago. Durante a consulta, já entrou em trabalho de parto, com cinco para seis meses de gravidez, e G. nasceu. *"Foi tudo muito rápido, muito difícil e com muita dor"*, relata a mãe, que revelou, ainda, que o pai não sabe; é casado, e, portanto, não registrou a criança. A mãe de G. diz ter recebido acompanhamento psicológico na maternidade para entender o que estava acontecendo, fato que lhe ajudou muito. Durante o *follow-up*, ela pode falar e elaborar sua história, desde a sua estadia hospitalar. Ainda está muito assustada com o que chama de uma maternidade "súbita". A tia assume o papel da figura que sustenta um saber sobre a criança e sobre a função materna. A mãe de G. se coloca como alguém que precisa ser atendida em sua história e construir uma para o bebê, que acaba de chegar. Nossa intervenção é muito próxima da mãe, que é uma mãe presente que, aos poucos, vai se estruturando e construindo um espaço para G. Em pouco tempo, G. recupera seu desenvolvimento compatível com a idade, iniciando suas trocas e descobrindo o mundo dos brinquedos e das brincadeiras. A construção da história de G. está se desenrolando, com seu lugar preservado apesar dos tropeços no seu início.

Outra mãe nova é Y., que se tornou mãe de D. aos quatorze anos. Ele nasceu com trinta semanas, APGAR 3 e chegou com um mês de idade corrigida para o acompanhamento de bebês. Y. vem acompanhada de sua mãe, que tem 32 anos e já é avó de D. Elas chegam dizendo que não achavam que ele sobreviveria. O pai não acompanhou a internação de D. e dizem ser muito ausente. Percebemos nessa fala uma ausência geral de investimento em D., como se houvesse um desejo de morte; a ambivalência é evidente. Na consulta seguinte, o pai comparece e a imaturidade dos pais é notada por toda a equipe, parecendo ser um empecilho para assumirem suas funções para D. É agendado um acompanhamento específico de fonoaudiologia, por D. apresentar episódio de engasgo na amamentação. A fonoaudióloga constata que a mãe se dirige a ele com *manhês*, uma voz melodiosa e cheia de afeto, mas, apesar disso, ao amamentar, se cansa de sustentar o bebê, que escorrega nos braços da mãe e fica em uma posição que propicia os engasgos. Y. nos revela que fazia atendimento (*psicológico,* sic) anterior à gestação por ter algo que não sabe explicar, talvez transtorno bipolar, já que *"ao mesmo tempo que está bem, não está"*. A terapeuta percebe que os engasgos de D. podem significar uma reação subjetiva diante da sua história: uma resistência de D. a este leite que vem com tanta dificuldade e ambivalência; uma dificuldade da mãe em sustentar a função materna. Conduzimos o tratamento conscientes de que existe algo para além da questão orgânica e do posicionamento da mãe no ato de amamentar. Os pais faltam muito às consultas e o manejo é constante para não perder D. e Y. A avó tem sido a responsável por manter o tratamento e também por garantir a pouca presença de mãe e filho às consultas. Percebemos o quanto está precária a construção da história de D. e orientamos todo nosso trabalho para não perdê-lo (nem à sua mãe), pois parece-nos que o desejo de morte na maternidade ainda está presente e ronda a história de D.

UM ANJO!

Os bebês sabem! A sabedoria dos bebês vem marcada no seu DNA, de modo que somos, desde o início, dotados de muita competência. Se, antes, acreditava-se que os bebês eram seres desprovidos de conhecimento, de visão, de audição, ou mesmo dos sentimentos de dor, hoje descobrimos o quanto sabem. Enxergam um objeto com proximidade de trinta centímetros de distância e, assim, desde cedo, conseguem ver e distinguir o rosto da mãe, quando no seu colo ou amamentando. Reconhecem a voz da mãe e os sons que estão a sua volta. A cada nova descoberta, nos espantamos com a capacidade dos bebês. Para além dos reflexos, descobrimos que são excelentes imitadores desde o nascimento, que reconhecem e distinguem a língua materna de outras línguas. Os bebês sentem quando o outro está triste, quando está alegre, quando estão diante de um rosto passivo, sem vida, e respondem a estas emoções.

Mas aquilo que verdadeiramente humaniza esses bebês é a relação com um outro humano, que chamamos de "Outro" com "o" maiúsculo para dizer deste outro que tem a importante função de trazer o bebê para o mundo da linguagem. Um bebê se torna humano quando percebe seu corpo em um circuito pulsional, um corpo que deixa de ser reflexivo, dotado apenas de simples reflexos instintivos, para ser receptivo ao outro que dá função simbólica ao reflexo e traz a linguagem para esse corpo. Mais que receptivo, ele se torna também provocador e, de forma ativa, busca o investimento pulsional de sua mãe ou de quem está fazendo esta função, entrando, assim, no jogo pulsional e da linguagem.

Todo ser humano é prematuro e dependente de um outro. Essa condição do ser humano, de nascer prematuro organicamente, foi levada em consideração por Lacan (1949/1998), ao desenvolver sua teoria sobre a constituição psíquica: uma "*prematuração específica do nascimento no homem*" (p. 100). Ou seja, nascemos dependentes de um outro e, ainda, sem uma maturação biológica que nos dê o mínimo de autonomia para lutar pela nossa sobrevivência. Na verdade, nossa dependência é tão forte que, mesmo sendo alimentados e tendo os cuidados básicos, morremos sem a interação com o outro. O isolamento do contato com este outro nos causa traumas que imprimem suas marcas no organismo e na constituição psíquica (Szejer, 2016).

Tão importante quanto suprir tais necessidades básicas, o outro tem a função de introduzir o sujeito na condição humana. Esse primeiro momento é essencial, pois devido ao estado de prematuridade, comum a todo ser humano, a criança vivencia seu corpo como algo despedaçado, e é através de um processo identificatório à imagem do outro que poderá perceber a unidade de seu corpo. O sujeito estará, em um primeiro tempo da sua constituição, alienado à imagem e dependente desse outro sujeito; momento marcado por uma relação dual e pelo duplo. Lacan (1949/1998) denomina de *estádio do espelho* essa construção da imagem corporal, que ele qualifica como um drama,

> cujo impulso interno precipita-se da insuficiência para a antecipação – e que fabrica para o sujeito, apanhado no engodo da identificação espacial, as fantasias que se sucedem desde uma imagem despedaçada do corpo até uma forma de sua totalidade que chamaremos ortopédica – e para a armadura enfim assumida de uma identidade alienante, que marcará com sua estrutura rígida todo o seu desenvolvimento mental (p. 100).

A criança, a partir dessa relação primária, constrói sua própria imagem [i(a)] e forma uma imagem virtual [i'(a)]. Essa imagem é constituída a partir do que ela percebe e vê, mesmo quando se vê em um outro de forma especular, considerado para ela como ideal. Forma-se, assim, uma relação dual e especular. Essa experiência especular se inscreve no inconsciente e "a posição de alienação da criança em relação à sua imagem dará lugar a imago do duplo como representação de um modelo ideal" (Kaufmann, 1996, p. 158). O estádio do espelho propicia uma primeira identificação qualificada como imaginária e formadora do *eu ideal*.

A dimensão simbólica é introduzida através da linguagem que um Outro transmite ao sujeito, desde seu nascimento, em uma história composta de passado e futuro. Este primeiro outro é denominado como

Outro primordial na teoria lacaniana, alguém que assume uma importância fundamental para o sujeito em sua constituição. Inicialmente, a mãe ou aquela pessoa que ocupará este lugar da função materna corresponderá a esse Outro primordial. Nesta experiência psíquica, um terceiro opera um corte na relação dual inicial e o par imaginário cede lugar a uma relação triangular: "O par imaginário do estádio do espelho, pelo que se manifesta de contra natureza... mostra-se apropriado para dar ao triângulo imaginário uma base que a relação simbólica possa de alguma forma abarcar" (Lacan, 1957-58/1998, p. 558). Esse corte, esse furo, possibilita estabelecer a identificação capaz de organizar o conjunto das relações do sujeito com outrem. Como se acontecesse, em um segundo tempo, um processo de separação, pois é preciso haver uma falta para se separar do primeiro Outro e se perceber como um sujeito autônomo, que é capaz de fazer uso da palavra e de se dirigir ao Outro.

O sujeito falante é constituído no campo do Outro, em uma dependência radical da cadeia significante, da linguagem. O sujeito recebe do Outro não apenas a imagem invertida, mas sua própria mensagem de forma invertida, sempre intermediada pelo outro, sem apropriação desta. A imagem i(a) construída na imagem especular é autenticada para o sujeito pelo grande Outro (A); para esse sujeito não acontece essa autenticação. Com a entrada do terceiro, o sujeito ingressa no registro simbólico e torna-se para sempre cindido, com a formação do *eu (moi)*, preso nas redes do imaginário, e do Eu (*je* – sujeito do inconsciente), como veículo de uma fala sempre em função do Outro. Se no registro do imaginário instituiu-se a relação entre i(a) – i'(a), no simbólico surge a relação do sujeito barrado com o A e com a falta neste outro e em si mesmo. Falta que marca um desejo, desejo de preencher o vazio. Desejo que é do sujeito, mas é do Outro de forma invertida.

A pulsão se organiza em torno de um objeto que é perdido para o sujeito. O objeto para sempre perdido se enreda no circuito da pulsão e do desejo. O circuito pulsional precisa de três tempos. No primeiro tempo, ele é ativo, o bebê busca pelo objeto externo (como o seio, a mamadeira). No segundo tempo, é mais reflexivo, o bebê toma como objeto uma própria parte do corpo, como chupar o dedo para satisfazer a pulsão. No terceiro tempo, o bebê faz de si um objeto do outro, ele se oferece como objeto de gozo da mãe, por exemplo, ao se fazer olhar. Laznik (2013) qualifica este terceiro tempo como uma ação ativa:

É ele que procura fazer-se olhar, fazer-se ouvir ou então, no nível oral, 'oferecer o pezinho para fazer-se comer'. Este aspecto do terceiro tempo do circuito pulsional, eminentemente ativo, já havia sido observado por Lacan, que o chamou de tempo de 'fazer-se' (p. 79).

Na prematuridade extrema esse processo se vê ameaçado, pois não se trata mais da prematuridade "natural", se podemos situar assim o bebê que nasce aos nove meses, depois das 37 semanas. Na prematuridade extrema, a mãe precisa elaborar o nascimento abrupto de seu filho e o fim da gestação, dar-se conta de que existe um bebê fora de seu ventre, que a sensação de completude da maternidade foi retirada e que é hora de investir neste pequeno que está ali em uma incubadora, em meio a fios e aparelhos.

Por outro lado, aquele do bebê, como o bebê pode construir sua imagem quando se vê em um corpo que se mostra tão desamparado e dependente de máquinas? E, muitas vezes, quando está diante de um Outro que está igualmente desamparado e que custa a lhe dirigir alguma palavra ou um sentimento de alegria? Como se unir a esse Outro tão fragilizado? A quem se apegar, com tantos que estão em uma UTI à sua volta, mas tão pouco disponíveis, a não ser uma máquina que está ao lado e impõe o ritmo à respiração? Como construir uma história e as primeiras identificações em meio a tamanha solidão?

É uma experiência que deixa marcas, que se inscrevem no corpo e no psiquismo: "Os exames modernos de imagens permitem observar os traços deixados pelo isolamento e pelos maus tratos, as crianças que viveram carências precoces apresentam imagens cerebrais patológicas" (Szejer, 2016, p. 60). Sem estímulos adequados, sem as trocas com o outro, o desenvolvimento do cérebro e o desenvolvimento neuromotor serão afetados. Existe uma desarmonia evolutiva, afirma Szejer (2016): "alguns setores do cérebro se desenvolvem, mas outros não, principalmente na zona inferior. Além dos distúrbios de pronúncia, persiste uma descoordenação motora, dificuldades de sustentar o olhar e atitudes surpreendentes" (p. 61). Essas constatações corroboram os achados estatísticos de que bebês prematuros têm maiores chances de desenvolver algumas patologias, inclusive o que a medicina qualifica como retardo mental.

Por ora, é preciso elaborar melhor o que pode acontecer psiquicamente na prematuridade para se ter maiores chances de se desenvolver a debilidade e/ou o autismo.

Para pensar na prematuridade e na debilidade é necessário, primeiro, entender o que acontece na debilidade com relação à constituição psíquica. A debilidade é uma condição, um tropeço na constituição do sujeito, que define toda forma de lidar com os três registros – Real, Simbólico e Imaginário – e de estabelecer relações com o saber e a construção de laços sociais (Batista, 2012). O sujeito débil, no esquema ótico, não interpõe o Outro (A) entre a i(a) e i'(a), de modo que a passagem se faz diretamente entre as duas imagens. É como se houvesse uma passagem direta sem a interposição do A, levando a construção de uma imagem sem a falta. O sujeito débil não considera a existência da falta no Outro, não se interrogando sobre o furo no Outro, o que não lhe permite se interrogar sobre a própria falta e sobre seu desejo. É como se houvesse um desejo obscuro, a mãe mantém seu filho como um objeto imaginário, o filho fica "*reduzido a ser apenas o suporte do seu desejo em um termo obscuro*" (Lacan, 1964/1985, p. 225).

Esse sujeito é capturado por uma imagem de uma mulher total, sem falta, "A Mulher", grafado com "A" maiúsculo, como salienta os Lefort (1991), sendo aquela que possui tudo e tem toda as respostas às demandas do filho. Nesta condição acontece uma supremacia do imaginário, do momento do estádio do espelho da formação da imagem especular e da primeira identificação. A instância imaginária não é colocada em suspensão: nem é submetida ao real, nem se permite a entrada no simbólico. Esse sujeito encarna o saber não se interrogando sobre nada. O sujeito na posição débil se mantém na consistência do imaginário, cheio de sentido e amparado na imagem. Desse modo, não suporta os equívocos do simbólico, não lê nas entrelinhas. Assim, sua relação com o seu corpo é de uma forma consistente, ele mantém a referência com o Um do corpo, representando um corpo sem falta, sem investi-lo pulsionalmente.

Para o sujeito na posição débil, a mãe se mantém no lugar do Outro sem falta, que lhe proporciona tudo, sua fala e seu desejo, ficando ele mesmo sem se haver com seu desejo e até mesmo suas necessidades. Como exemplo, ele pode chegar a não perceber a necessidade de se alimentar ou mesmo de se vestir, de se cuidar, pois não experimenta o vazio que impulsiona a pulsão. O corpo pode aparecer desinvestido libidinalmente a ponto de apresentar uma forte hipotonia, um corpo sem vida própria. É o Outro, representado pela mãe, que é o motor do débil, que se entrega docilmente sem resistência. O débil se entrega ao outro que lhe oferece os cuidados, uma entrega de seu corpo ao outro, fazendo Um só corpo, como se houvesse a fusão de um corpo (Laurent, 1989).

Na vivência e trauma de uma UTI neonatal percebe-se o risco de se desenvolver uma posição débil para o sujeito. O excesso de manejo e a necessidade de ser atendido de forma urgente podem levar a uma apatia dócil do bebê, com o perigo dele se fixar no duplo da identificação imaginária e não entrar no circuito da pulsão. O corpo excessivamente frágil traz uma experiência de desamparo tão imensa que impede a identificação imaginária a esse corpo. Por outro lado, a função materna pode ser desenvolvida ao extremo, a Mãe Toda pode estar muito presente, com uma superproteção que não permite ser faltosa para seu filho.

A Santa Mãe, sempre presente pagando com seu martírio e também encobrindo sua falta no filho, que é visto como um anjo que veio como um desígnio de Deus. A Santa, que não é uma mulher, é a Mulher; e o anjo não é criança: dois seres sem desejo presos em sua constituição. Sim, podemos apostar que exista uma possibilidade de arranjo psíquico que leva bebês prematuros a desenvolverem a debilidade devido à experiência vivenciada em seus primeiros meses de vida.

No caso do autismo, o sujeito se depara com um impedimento na entrada da constituição. Antes mesmo de operar uma alienação ao Outro, existe uma recusa em introduzir esta alienação no campo do Outro, fazendo-a de forma precária e parcialmente. O sujeito não consegue manter a presença deste Outro, como se este estivesse ausente, ou fosse um fantasma ameaçador (Maleval, 2009). Por conseguinte, vai utilizar todos os recursos para anulá-lo ou mantê-lo afastado. Não existe o primeiro tempo da identificação imaginária, a imagem corporal é afetada e seu corpo não é investido libidinalmente, funcionando como um corpo máquina. Laznik (2013) afirma que são crianças que não fazem o terceiro tempo da pulsão, não se colocam ativamente no jogo da pulsão. Nesses casos, o sujeito não toma a palavra como sua, mas repete o outro, com ecolalias e sonoridade características de uma fala nula, sem intenção discursiva, como uma forma de anular o discurso e o Outro. O sujeito tenta organizar o mundo de modo metódico e ritualizado, com o intuito de assegurar que ninguém entre e desorganize esta suposta garantia de um mundo sem outros. É como se organizando o mundo em sua volta regulasse e controlasse esse Outro.

A condição da prematuridade e o trauma causado pela passagem por uma UTI neonatal podem favorecer o desenrolar da constituição subjetiva com essa posição autística. Vimos que, muitas vezes, esses bebês se veem em uma solidão, de tal forma que apenas a máquina se torna sua possibilidade de enlace, ou são crianças que não foram faladas e não tiveram a oportunidade de entrada no mundo simbólico. Nesses casos em que familiares não conseguem falar para este bebê, envolvidos em sua dor e seus próprios fantasmas, ou mesmo quando os próprios bebês, diante da experiência traumática, recusam esta relação com esse Outro, o Outro artificial de Dufour (2005) é preponderante.

HUMANOS!

O tratamento para essas crianças e seus familiares deve ser considerado urgente e crucial para a vida destes sujeitos. É preciso introduzir a fala nessa clínica impregnada de técnicas e ações corporais. O bebê se salva pela fala, pela fala melodiosa da mãe, que ele reconhece de imediato, evocando a pulsão que vem desta voz que o humaniza e o impulsiona.

A primeira aposta de acolhimento desses bebês é introduzi-los no mundo da palavra, dando a chance de os pais se colocarem, de falarem sobre suas angústias e suas histórias. É preciso encher a vida do bebê de palavras e sentimentos.

O *follow-up* de bebês do CAIS (o AB) tem sua conduta baseada nestes princípios. O CAIS criou este espaço em uma instituição que não é hospitalar. Trata-se aí de uma clínica que realiza a passagem do hospital – que representa a proximidade da morte, o sofrimento e a experiência traumática para muitos – para um arranjo que permite a fala e a introdução da palavra. Um espaço para reconstruir histórias com novos nomes.

As crianças passam por uma série de consultas no mesmo dia. Este foi um formato criado para permitir o acompanhamento, o olhar e a escuta de vários profissionais (neurologista, psicólogo, fonoaudiólogo, terapeuta ocupacional, fisioterapeuta e assistente social), que financeiramente fosse viável para familiares. Um arranjo que possibilitou, no decorrer dos acompanhamentos, a circulação da palavra e a identificação dos pais com uma equipe.

Nem Deus! O tratamento baseado na palavra não pode assumir o lugar da onipotência, do saber absoluto, mas daquele que reconstrói o saber destas crianças e de seus pais. O foco é permitir que estes descubram como serem pais com seu conhecimento e sua história. Não assumimos o lugar divino, do Deus onipresente, mas de humanos que ofertam sua escuta.

Nem Santas! Um lugar para escuta e reelaboração das histórias familiares. Os pais reconstituem seus saberes e podem assumir suas funções. As mães deixam de ser Santas para serem mães e mulheres. Algumas vezes é preciso iniciar pelo nome, pela nomeação da criança que, assim, deixa de ser anjo e passa a ser criança esperta e provocativa.

Nem Anjos! Concluo com um caso que vou chamar de Anônimo: M. chega para o AB com seu bebê e seu marido para ser atendida pela primeira dupla de profissionais: neurologista e fisioterapeuta. O bebê estava com três meses de idade corrigida e logo na primeira pergunta, no preenchimento da ficha sobre o nome do bebê, já se desenrolou toda a direção do atendimento que pode ter franqueado a constituição dessa criança. Ele chega sem nome, tinha nascido muito cedo e veio para a consulta logo depois da alta hospitalar. *"Não deu tempo"*, alegam os pais. *"Tudo foi muito rápido"*. Tinham que fazer de tudo para salvar a vida do bebê. Estavam pai e mãe mergulhados em um real que não cabia nomear. Este foi o primeiro tratamento: permitir e encorajar a voltar a sonhar, a nomear seu filho; o resto poderia esperar. Os nomes das crianças fazem delas aparições. Fazer surgir um bebê, um ser humano, naquele que estava ainda preso às marcas da luta pela vida. M. e seu marido podem, então, nomear, olhar e conversar com seu filho. Para iniciar um diálogo, é preciso saber um nome. M. ainda precisava vivenciar o luto da maternidade perdida e reinvestir sua história com o bebê que estava agora em seu colo, e não mais na incubadora. Um primeiro passo para a constituição desta criança consistiu no fato de os pais, que chegaram assustados, terem podido contar suas histórias para aquele médico pronto a escutá-los, e não realizar apenas o exame neurológico tradicional que estavam já acostumados.

Uma forma de associar o ato à palavra. O tratamento no CAIS tem uma função simbolizante, às vezes, transformando os significantes iniciais, construindo novas saídas, novas identificações, renomeando os sujeitos, com um potencial forte para influenciar o destino dos sujeitos envolvidos. Esse bebê deixou de ser anônimo e, com um nome próprio, ele pode, enfim, nascer e experimentar o sentimento de ex-sistir, ponto de partida para que sua constituição psíquica e seu neurodesenvolvimento pudessem ser retomados.

REFERÊNCIAS

Batista, C. A. M. (2012). *Inclusão escolar: equívocos e insistência. Uma história de reis príncipes, monstros, castelos, cachorros, leões, meninos e meninas.* Tese de doutorado. Programa de pós-graduação de Ciências Sociais. Pontifica Universidade Católica de São Paulo. São Paulo. 282p

Dufour, D. (2005). *A Arte de Reduzir as Cabeças: sobre a nova servidão na sociedade ultraliberal.* Rio de Janeiro: Companhia de Freud.

Kaufmann, P. (1996). *Dicionário enciclopédico de psicanálise: o legado de Freud e Lacan.* Rio de Janeiro: Jorge Zahar.

Lacan, J. (1985). *O Seminário, livro 11: os quatros conceitos fundamentais da psicanálise (1964).* Rio de Janeiro: Jorge Zahar. (Trabalho original de 1964).

Lacan, J. (1998). O estádio do espelho como formador da função do eu. In *Escritos.* Rio de Janeiro: Jorge Zahar. (Trabalho original de 1949).

Lacan, J. (1998). De uma questão preliminar a todo tratamento possível da psicose. In *Escritos.* Rio de Janeiro: Jorge Zahar. (Trabalho original de 1957-58).

Laurent, E. (1989). El Goce del debil. In *Ninõs em psicoanalisis.* Buenos Aires: Manantial.

Laznik, M.-C. (2013). *A voz da sereia: o autismo e os impasses na constituição do sujeito.* Salvador: Agalma.

Lebrun, J. P. (2008). *A perversão comum: viver juntos sem outro.* Rio de Janeiro: Campo Matêmico.

Lefort, R. & Lefort, R. (1991). La Realité de la débilité mentale par Rosine et Robert Lefort. *Revue de L'Ecole de la Cause Freudienne.* Actes n° 19, 47-50. Paris: ECF.

Maleval, J. (2009). Qual o tratamento para o sujeito autista? *Revista da Faculdade de Educação da UFG, 34*(2).

Mathelin, C. (1999). *O Sorriso da Gioconda: clinica psicanalítica com os bebês prematuros.* Rio de Janeiro: Companhia de Freud.

Motta, S. (2011). Quando a morte é, de fato, prematura – prevenções e intervenções precoces. In M.-C. Laznik & D. Cohen (Orgs). *O bebê e seus intérpretes: clínica e pesquisa.* São Paulo: Instituto Langage.

Nietzsche, F. (1982-87/2012). *A Gaia Ciência.* (P. C. Souza, trad.). São Paulo: Companhia das Letras.

Penalva, O. (2005). Organização de um Programa de *Follow-up.* In *Sociedade Brasileira de Pediatria.* Disponível em http://www.sbp.com.br. Acesso em 25 de outubro de 2011.

Quessada, D. (2007). *Court, traité d'altéricide.* Precede de à tombeau ouvert dialogue avec Peter Sloterdijk. Paris: Éditions Gallimard, Verticales/phase deux.

Sociedade Brasileira de Pediatria. (2012). *Manual seguimento ambulatorial do prematuro de risco* / Rita de Cássia Silveira. – 1. ed. – Porto Alegre: Sociedade Brasileira de Pediatria. Departamento Científico de Neonatologia.

Szejer, M. (2016). *Se os bebês falassem.* São Paulo: Instituto Langage.

Trobas, G. (2003). Três respuestas del sujeto ante la angustia: inhibición, pasaje al acto y acting out. In *Logos 1.* NEL (Nueva Escuela Lacanniana, Sede Miami). Buenos Aires: Série Tri, Gama Ediciones.

UNICEF Brasil. (2013) *Prematuridade e suas possíveis causas.* Disponível em: https://www.unicef.org/brazil/pt/br_prematuridade_possiveis_causas.pdf

Capítulo 14

OS BEBÊS E AS CRIANÇAS PEQUENAS NA EDUCAÇÃO INFANTIL: DO COLETIVO AO SINGULAR NA PRÁTICA EDUCACIONAL

Viviane Marques Alvim Campi Barbosa

Os bebês e as crianças ganham visibilidade e a infância passa de um tempo de preparação, do devir, para ser tratada como um tempo em si, na qual cada fase da idade, com suas finalidades próprias, tem que ser vivida na totalidade dela mesma. As crianças consideradas sujeitos, atores sociais e produtores de cultura, com características e especificidades próprias, competentes e capazes, passam a demandar instituições encarregadas pela sua educação, orientadas a partir de outro paradigma: como investir planejadamente nos bebês e nas crianças de forma a fazê-los desenvolverem seu máximo potencial? Esta parece ser a vertente da pedagogia contemporânea que alimenta as práticas educacionais governadas pelas ciências da educação.

Os bebês e as crianças pequenas passam, então, a ser também um destes objetos da atualidade, a quem se pede que se adapte, tanto nos termos de parâmetros para a educação[1], quanto nos termos de manuais de psicopatologia, que classificam os transtornos infantis ainda

[1] Na atualidade, a educação infantil encontra-se pautada por diversos parâmetros e diretrizes legais que regulam a prática docente. Se por um lado, isso pode significar um avanço na educação oferecida para as crianças nas instituições de educação infantil, pois retira os cuidados apenas do campo da garantia da sobrevivência biológica, por outro lado, pode produzir a retirada da prática docente do campo dialético, trazendo um engessamento da educação oferecida à pequena criança.

na primeira infância, a partir das manifestações e características que as crianças apresentam. Sobre eles recai esse Outro onipotente[2], aparelhado e preparado pelas técnicas e manuais oferecidos pelo discurso científico do nosso tempo.

No campo da educação escolar, a forte penetração do discurso da ciência encontra-se respaldada pela lógica capitalista contemporânea, que possui como objetivo principal o consumo, isto é, a busca incessante de novos objetos. Assim, o imperativo do consumo não é sem consequências para a educação, que se guia pela lógica de educar para o mercado e para o sucesso, empreitada que atualiza a forma de mal-estar na educação, com crianças sem desejo de aprender, impulsivas, agitadas, anoréxicas, inibidas, entre outros sintomas. De modo circunscrito, a prática do professor de bebês e crianças pequenas nas instituições de educação encontra-se afetada pelo discurso pedagógico sustentado a partir das legislações e dos referenciais curriculares que apontam parâmetros a serem seguidos pelos profissionais, com o objetivo de garantir a qualidade da educação oferecida às crianças e, consequentemente, o seu pleno desenvolvimento em relação aos aspectos biológicos, psicológicos, sociais e culturais.

Posto isto, podemos pensar que o discurso pedagógico em vigor na atualidade sobre a escolarização de pequenas crianças segue em direção à promoção de um ideal no que diz respeito ao exercício da função dos professores de crianças de zero meses aos três anos de idade, dando consistência à noção de competência e oferecendo a certeza no lugar da incerteza, através de métodos e técnicas que possibilitam a ilusão de que há um saber científico universal que regula cada uma das crianças que frequenta a educação infantil.

Entretanto, o que observamos é que no cotidiano das instituições de educação infantil essa alusão ao ideal de uma educação para as crianças pequenas torna-se insuficiente para orientar as práticas escolares junto à pequena criança, o que exige dos professores e dos demais profissionais

[2] No Seminário *A relação de objeto*, Lacan (1956-57/1995) trata a questão da dependência da criança em relação aos adultos e coloca a onipotência do lado do agente de cuidados, frente a quem a criança vê-se em relação de total dependência. É ao agente de cuidados enquanto suporte do Outro que pertence tal poder. Assim, a partir do Outro onipotente, encarnado na figura do agente de cuidados, Lacan apresenta a relação do sujeito com a demanda do Outro. A imposição da demanda à mãe encarnada é o primeiro momento de divisão subjetiva na construção subjetiva do sujeito.

da educação infantil a disposição para investigar um pouco além dos parâmetros curriculares e de qualidade e encontrar em sua atuação algo de próprio e imprevisível.

Cabe também salientar que o exercício de uma prática cunhada em um ideal pedagógico, sob a lógica racional ao qual o sujeito possa se enquadrar (Calligaris, 1994), retira a educação do campo de práticas onde a subjetividade seja também um ponto a ser tocado. Nesse sentido, vale questionar os efeitos que este discurso pode provocar no fazer dos professores e na subjetividade da pequena criança.

Essas reflexões nos levam a situar, a partir das teorizações psicanalíticas, o lugar que a criança ocupa na atualidade.

A abordagem freudiana (Freud, 1914/1996b) situa a criança como um Ideal do Eu do casal parental e Lacan (1969/2003) a localiza como o objeto *a* na fantasia materna. Se em Freud (1914/1996b), a expressão "sua majestade o bebê" constitui uma fórmula para situar a criança, localizando o seu lugar e o seu valor na estrutura familiar, em Lacan (1969/2003), sua *Nota sobre a criança* refere-se ao sintoma da criança como o que pode responder ao par familiar ou ao objeto do fantasma materno, apontando que a criança tanto pode ser posta no lugar de substituto fálico para os pais quanto pode ser colocada no lugar de objeto.

Laurent (2007), ao discutir a questão do lugar da criança na sociedade atual, a situa como objeto *a* tomada pelo gozo de seus pais, familiares e professores. Assim, diz:

> A criança é o objeto *a*, vem no lugar de um objeto, e é a partir disso que a família se estrutura. Ela não se assenta na metáfora paterna, que era a face clássica do complexo de Édipo, e sim na maneira como a criança é o objeto de gozo da mãe, da família, e, para além dela, da civilização. A criança é o "objeto *a* liberado" (p. 44-45).

Desta maneira, o autor retoma a expressão de Lacan (1968-69/2008, p. 293) que aponta a criança como "o objeto *a* liberado" para colocar a criança não só como objeto *a* da fantasia materna, mas também como objeto de gozo da família, da civilização, o que não é sem consequências para a subjetividade da criança. Laurent (2007) salienta ainda que a criança como objeto *a* liberado é o que cria a família na atualidade. Se antes era preciso uma família para a criança existir, hoje é o surgimento da criança que a constrói.

Destacada as diferenças que marcam a posição da criança na teoria psicanalítica – da posição de ideal apresentada por Freud no século passado à posição objetal da criança frente às figuras parentais na atualidade –, pensamos que a criança na sociedade atual é reduzida a objeto do gozo de seus pais, professores e de quem mais se ocupe dela. Muitas vezes, a criança, esvaziada de subjetividade, é condenada a sucumbir como objeto da miséria da sociedade capitalista.

Do lado das pequenas crianças, as contingências impostas pela contemporaneidade permitem que elas cheguem cada vez mais cedo às instituições de educação, passando do cuidado individualizado de suas residências a um cuidado coletivizado e amparado pelo ideal pedagógico de nossos tempos. Em um momento em que o que está em jogo é a constituição do sujeito, o ambiente familiar deixa de ser prevalente e a família passa a dividir com as instituições as várias representações do Outro[3] na vida dos bebês e crianças pequenas (Bernardino, 2009). O sujeito se vê, então, impulsionado a deixar o individual em prol do coletivo.

SOBRE AS MARCAS DO OUTRO NO PROCESSO DE CONSTITUIÇÃO SUBJETIVA: O QUE A EDUCAÇÃO INFANTIL TEM A VER COM ISSO?

Uma compreensão mais ampla sobre os processos educacionais que ocorrem na educação infantil indica que o encaminhamento das situações cotidianas depende do professor, sendo preciso o reconhecimento do valor das ações docentes no processo de construção da subjetividade da criança. Um dos desafios que se apresenta nesse percurso da prática do professor de crianças pequenas é o de possibilitar-lhe a autoria do seu fazer docente. Ou seja, a construção de uma docência autêntica, animada muito mais por sua sensibilidade e por um fazer artesanal do que pelas certezas pedagógicas já consolidadas e postas sobre ele (Barbosa, 2015). Para tanto, é preciso considerar que o atendimento aos bebês e pequenas crianças nas instituições educacionais exige que se reconsidere a lógica

[3] O Outro, em uma das definições dadas por Lacan (1964/2008) no *Seminário 11*, "é o lugar em que se situa a cadeia do significante que comanda tudo que vai poder presentificar-se do sujeito, é o campo desse vivo onde o sujeito tem que aparecer" (p. 200).

pedagogizante, centrada nas competências e capacidades já estabelecidas, e que se atente para esse momento da vida das crianças em que o que está em pauta é o processo de constituição psíquica. É preciso também sair de lógicas reducionistas que buscam um fazer pedagógico único, para que possamos adentrar na lógica da complexidade implicada na primeira infância, não só como um momento de desenvolvimento, crescimento, maturação, mas também de constituição psíquica – aspectos esses que incidem uns nos outros sem, no entanto, se anularem. Sobre isso, Jerusalinsky (2014) afirma:

> as aquisições que fazem parte das pautas do desenvolvimento de uma criança nos aspectos da linguagem, aprendizagem e psicomotricidade não são um mero efeito do crescimento e da maturação. Elas também estão atreladas à constituição psíquica da criança e, portanto, ao circuito de desejo e demanda da relação da criança com o Outro primordial – instância que sendo anterior e exterior ao sujeito, é fundamental para a sua constituição (p. 106).

Para a psicanálise, a criança se constitui psiquicamente a partir do laço com o Outro. É o agente materno que, ao tomar o bebê em uma posição desejante e ao cuidar dele, faz de si mesmo o instrumento da vivência de satisfação do bebê. Ao transformar o grito de necessidade em apelo, ele nomeia a demanda de um sujeito. A esta demanda suposta a um sujeito, o agente responde trazendo o apaziguamento, e é por meio desta operação, na qual se supõe um sujeito pelo grito, que se instaura o simbólico. O estado de necessidade, tomado e transformado pelos significantes que vêm do Outro, permitirá à criança entrar na linguagem, antes mesmo de falar. Vorcaro (2004) nos explica que:

> O agente, que faz mediação significante ao suportar a linguagem, é Outro simbólico, pelo qual o grito do *infans* torna-se apelo (do que é suposto sujeito, que se pode grafar com S), articulando, no acolhimento interpretado da necessidade, o endereçamento de um apelo que lhe concerne (S -->A) (p. 76).

Nesse sentido, a questão da transmissão simbólica diz respeito à própria condição de emergência do sujeito, ou seja, ele não se constitui senão atravessado pelo Outro, pela educação, pela cultura. O bebê, ao nascer, depara-se com uma estrutura simbólica que o antecede e com um lugar a ele previamente determinado nessa estrutura. A cultura, os laços parentais e os significantes que o nomeiam, entre tantas outras determinações simbólicas, têm efeitos sobre os sujeitos. O encontro com o agente de cuidados se dará, para cada sujeito, pelos caminhos daquilo que constitui o regime simbólico da estrutura, através do discurso do Outro, e pelas contingências históricas, sociais e culturais – fundamentalmente simbólicas – na qual cada sujeito se inscreve. Isso torna o estabelecimento do laço com o Outro fundamental na estruturação psíquica de um sujeito.

Na atualidade, cada vez mais, as instituições de educação infantil são incumbidas de dividir com as famílias as funções da educação da pequena criança, incluso nisto a função da educação em sentido mais amplo, de inscrição do sujeito no campo simbólico (Kupfer, 2008). Entretanto, é importante ressaltar que esse laço com o Outro envolve um interesse particularizado pelo bebê, tal como nos fala Lacan (1969/2003). O autor, em *Nota Sobre a Criança*, nos alerta que a função da família tem o valor irredutível de uma *transmissão*, de uma ordem diferente da satisfação das necessidades, que é a de uma constituição subjetiva, sendo necessário que, para isto, haja a relação com um desejo que não seja anônimo. E acrescenta:

> É a partir de uma tal necessidade que se julgam as funções da mãe e do pai. Da mãe na medida em que seus cuidados portem a marca de um interesse particularizado feito pela via de suas próprias faltas. Do pai na medida em que seu nome é o vetor da uma encarnação da Lei, no desejo (Lacan, 1969/2003, p. 369).

Logo, o exercício da "função materna" não depende apenas de cuidados puerperais, mas, dentre outras coisas, da capacidade do Outro materno de tomar o bebê a partir de um desejo não anônimo, sustentando no cuidado as operações para a constituição do sujeito. Estas cortam e costuram o corpo do bebê na relação com seus semelhantes. O Outro materno opera ordenando a vida simbólica, transformando-a em desejo. Sendo assim, o suprimento das necessidades vitais do bebê implica a estrutura desejante do sujeito que aí se apresenta, fazendo a função de agente que suporta a linguagem e sustenta, no cuidado com o bebê, certas operações constitutivas do sujeito, tais como, a alienação e a separação. Isto implica reconhecer que é nos primeiros anos de vida que se estabelecem as matrizes organizadoras dos modos de relação do sujeito com o mundo circundante.

Freud (1905/1996), em seu texto *Três ensaios sobre a teoria da sexualidade,* ao tecer os caminhos da geografia de prazer e desprazer no corpo, afirma a importância dos tempos precoces na vida dos sujeitos e diz que "temos razões para crer que em nenhuma outra época da vida a capacidade de recepção e reprodução é maior do que justamente nos anos da infância" (p. 164). Já em seu texto *Uma criança é espancada* (1919/1996), ele nos alerta que as marcas das primeiras experiências da infância constituem-se quando os fatores libidinais são despertados entre os dois e os quatro anos e meio de idade, ou possivelmente "tenham um histórico anterior, que atravessem um processo de desenvolvimento, que representam um resíduo e não uma manifestação inicial" (p. 199). Ou seja, é nos primeiros tempos da infância que surgem as marcas que os bebês e as crianças pequenas recebem no laço com o Outro, sendo preciso que elas sejam reinscritas e reinvestidas pelo próprio sujeito no laço com o Outro, pois existem aí modos de vivenciar o prazer e o desprazer ainda abertos para reinscrições e reinvestimentos. Ao mesmo tempo, as vicissitudes pulsionais podem vir a assumir diferentes percursos em função das reinscrições que venham a se produzir.

Uma vez que as instituições de educação infantil participam dos tempos precoces da vida de uma criança, é preciso reconhecer que elas passam a operar no processo constituinte do sujeito. Trata-se, então, de localizar, no âmbito da educação infantil, como cada pequena criança se relaciona com o Outro, fazendo valer sua maneira de funcionamento singular, ou seja: como cada pequena criança se inventa e se reinventa no espaço escolar. É a partir desse entendimento que a psicanálise aqui nos assiste, pois permite que cada sujeito seja tomado no espaço escolar a partir das suas demandas particulares, diferenciando-se dos modelos ideais de criança para a educação infantil.

Nesse sentido, as ponderações até aqui empreendidas sobre o Outro no processo de subjetivação da pequena criança nos permite apontar para alguns aspectos essenciais da constituição:

1) O bebê, desde o início, seria um objeto para o gozo, para o desejo e para o fantasma do Outro. Ou seja, ele apenas se constituirá como sujeito ao passar pelos significantes que procedem desse Outro sedutor e gozador e, ao mesmo tempo, interditor do gozo.

2) O sujeito não estaria constituído desde o seu nascimento e apenas se originaria através das operações de alienação e separação, verificadas na cadeia significante.
3) A construção da fantasia em um sujeito só pode se dar em sua relação com o desejo do Outro, ou seja, enquanto estrutura lógica que subjaz aos ditos do sujeito e aponta para a sua posição diante do desejo. A fantasia surge a partir das marcas que os bebês e as crianças pequenas recebem no laço com o Outro, sendo preciso que elas sejam reinscritas e reinvestidas pelo próprio sujeito no laço com o Outro.

Como vimos, se na atualidade, as instituições educacionais participam dos tempos precoces da vida da criança, não sendo mais um privilégio da família os cuidados e a educação oferecidos às crianças pequenas, a família, então, passa a dividir com os profissionais e instituições destinadas à primeira infância as várias representações do Outro na vida atual dos bebês e das crianças pequenas (Bernardino, 2009).

Para Freud (1914/1996a), as atitudes emocionais dos indivíduos para com as outras pessoas são de extrema importância no seu comportamento futuro, uma vez que são estabelecidas numa idade surpreendentemente precoce. A natureza e a qualidade das relações da criança com as pessoas de seu próprio sexo e do sexo oposto são estabelecidas nos primeiros anos de vida e as pessoas a quem a criança se acha ligada são os pais e os irmãos. Todos que ela vem a conhecer mais tarde tornam-se "figuras substitutas" destes primeiros protótipos. Essas figuras substitutas dispõem-se segundo as "imagos" do pai, da mãe e dos irmãos (Freud, 1914/1996a, p. 248). Podemos compreender, com Freud (1914/1996a), que não é apenas no campo pedagógico que devemos buscar a compreensão do laço a ser construído entre o professor e o aluno, mas também nos primeiros objetos de nossas relações afetivas.

Entretanto, parece-nos interessante destacar o fato de que existe uma diferença fundamental entre o cuidado dispensado à pequena criança pelo Outro parental e pelo Outro da instituição de educação infantil. Entendemos que o Outro parental é o agente de cuidados que introduz o sujeito na linguagem e desperta nele o gozo através das marcas que inscreve no corpo da criança nos primórdios da sua vida, inaugurando, assim, seu percurso pela via do desejo. Já o Outro da instituição de educação infantil é o que inscreve a criança no laço social e na cultura, fazendo a transição entre o mundo particular e o mundo público, possibilitando que as primeiras marcas inscritas no corpo da criança pelo agente de cuidados sejam reinscritas pelos Outros da instituição de educação infantil. Ou seja, é um Outro que está atravessado pela função paterna encarnada nas instituições de educação infantil, no cuidado e na educação dispensados à criança, a partir dos parâmetros e diretrizes que regulam a docência do professor.

Nesta direção podemos concluir que o trabalho do professor e dos profissionais da educação infantil com crianças pequenas não equivale ao exercício da "função materna", tomada como aquela que envolve o desejo da mãe pelo filho. Ao pensarmos a função do professor e dos profissionais da educação infantil para as crianças pequenas, a partir da leitura dos textos de Freud e Lacan, consideramos que eles podem ser tomados como um Outro dentre os vários Outros que se pluralizam nessa transmissão simbólica dirigida à criança. É preciso, contudo, que algo já tenha sido transmitido à pequena criança em um momento anterior à sua entrada na escola. Assim, a atuação desses profissionais ocorrerá apoiando e reforçando esse trabalho subjetivo já iniciado pela família.

Bernadino e Mariotto (2010) definem a instituição de educação infantil como "um lugar de inscrições e inserção da criança no espaço público, ultrapassando as funções assistencial e pedagógica que lhe são concernentes, pois ela dá continuidade ao trabalho de subjetivação que já se supõe ter sido iniciado na intimidade da família de origem" (p. 131). Em concordância com as autoras, consideramos que os profissionais da educação infantil atuam no tempo precoce das primeiras inscrições no psiquismo da criança, fornecendo um apoio a esse trabalho de subjetivação, mesmo que a prática educativa só revele os seus resultados *a posteriori*, ou seja, só se terá acesso ao resultado dessa intervenção do Outro através dos seus efeitos, no caso a caso.

A nossa hipótese é a de que o trabalho desenvolvido pelos profissionais da educação infantil não se confunde com o lugar do pai ou da mãe na constituição subjetiva; ele entra como mais um elemento nesse trabalho de transmissão da linguagem, do desejo e da particularidade do gozo. Mas, para que ele possa sustentar essa transmissão, é preciso que os educadores operem de posse de um desejo particularizado e não anônimo pela criança, reconhecendo-a em sua singularidade.

Reconhecer o profissional da educação infantil como um ser de linguagem e, portanto, um agente que sustenta a transmissão de marcas simbólicas, amplia o entendimento das funções da instituição de educação infantil, como nos aponta Mariotto (2009). As instituições de educação infantil devem ser tomadas não apenas como um espaço promotor de cuidados básicos, desenvolvimento cognitivo, psicomotor e de trocas afetivas, mas também como um espaço onde ocorre um trabalho de subjetivação. Consideramos, ainda, que os profissionais das instituições de educação infantil, ao encarnarem o lugar do Outro na instituição, transmitem, com sua presença, a particularidade do seu desejo, a castração e o seu modo de gozo.

Para Kupfer (2007), "é pela educação que um adulto marca o seu filho com marcas de desejo; assim, o ato educativo pode ser ampliado a todo ato de um adulto dirigido a uma criança" (p. 35). Não se trata, pois, de tomar o bebê como consequência das marcas de seus educadores, mas de pensar a inclusão da escuta singularizada para o sujeito nas instituições de educação infantil coletivas.

Sendo assim, o trabalho com crianças pequenas nas instituições educacionais deve partir do "singular", *criando condições para que este possa advir*, mesmo no espaço coletivo. Ao pensarmos na pequena criança, podemos afirmar que a transmissão de um desejo é feita pela via do Outro, seja este a família, a escola ou o professor, cada um ocupando um lugar específico para a criança. Às instituições de educação infantil caberia a função de um auxiliar da animação estrutural suscitada no sujeito a partir das primeiras marcas impressas pelo Outro parental, permitindo ao sujeito interrogar, *a posteriori*, sobre o real em jogo no seu nascimento.

Disso tudo, uma questão se impõe: quais as condições oferecidas pelas instituições para um sujeito que está no tempo presente de sua constituição subjetiva?

CUIDAR EDUCANDO E EDUCAR CUIDANDO, MAS TAMBÉM BRINCANDO

No Brasil, na segunda metade do século XIX, o aumento da participação da mulher no campo de trabalho impulsiona as primeiras tentativas de construção de espaços sociais de acolhimento da pequena criança, tal como as creches. Estas instituições tinham como objetivo fazer pela mãe – ainda que não assumissem o seu lugar, no período de horário de trabalho – as tarefas caracteristicamente maternas junto à criança, oferecendo-lhe assistência integral e zelando pela sua integridade física e emocional, o que incluía cuidados relativos à segurança, alimentação e higiene (Rizzo, 1991). Destacamos que, até aqui, os cuidados dispensados às crianças eram voltados predominantemente aos cuidados físicos, de alimentação e bem- estar, com pouca ou nenhuma atenção dirigida aos objetivos educacionais.

As instituições para a pequena criança surgem no Brasil com um caráter assistencialista, de amparo, proteção e guarda, sendo este último termo utilizado até por volta de 1980 e, aos poucos, sendo substituído pelo termo cuidado (Montenegro, 2001).

Apenas a partir da Constituição Federal de 1988, onde fica estabelecido que é dever do Estado a garantia ao atendimento da criança de zero aos seis anos de idade em creches e pré-escolas, e da Lei de Diretrizes e Bases da Educação Nacional[4] de 1996, que ainda estabelece como dever do Estado o atendimento gratuito em creches e pré-escolas, que algumas modificações começam a ser delineadas e a criança passa a ser tomada como um sujeito de direitos, ficando sua educação assegurada desde o nascimento.

Nos termos da LDBEN de 1996, a creche deve responder pela seguinte frente de ação: desenvolvimento integral da criança em seus aspectos físico, psicológico, intelectual e social, complementando a ação da família e da comunidade.

O Estatuto da Criança e do Adolescente de 1990 – Lei número 8069 – também destaca a condição de cidadania da criança, definindo que ela deve ser respeitada como um ser em desenvolvimento com características e necessidades específicas, além de detentora de direitos, tais como: afeto, brincar, querer, conhecer e, principalmente, o direito a ser criança. Dessa maneira, os cuidados dispensados à pequena criança saem

[4] Pela Lei de Diretrizes e Bases da Educação Nacional é que a educação infantil passa a ser incorporada aos sistemas de ensino e reconhecida como primeira etapa da educação básica, o que trouxe avanços para este nível educacional. Inicia-se um debate em defesa da educação infantil como um direito da criança e uma prática fundamentada na educação e no cuidado da criança.

do espaço privado da família, sem que a mesma perca sua importância, e passam a fazer parte dos espaços públicos.

As instituições de educação infantil ganham novas representações. Enquanto instituição educativa, e não mais assistencialista como era considerada, elas hoje reservam um lugar específico aos bebês e às crianças pequenas. Nestas instituições, a proposta pedagógica está centrada nas relações existentes entre o cuidar, o educar e na oferta de condições para o estabelecimento *da identidade e da autonomia da pequena criança.* É possível percebermos o lugar que uma instituição confere aos bebês ao observarmos a organização da sua rotina, a proporção existente entre o número de bebês e de educadores, o processo de adaptação dos bebês e de suas famílias e a formação dos educadores (Mariotto, 2009).

Se por um lado é possível observar um avanço nas atribuições da creche – que ultrapassam o caráter assistencialista –, por outro lado ainda parece obscuro o lugar dado à subjetividade da criança ou de quem dela se ocupa.

O Referencial Curricular Nacional para a Educação Infantil, criado em 1998 pelo Ministério da Educação com o objetivo de construir um projeto educacional para as crianças de zero aos seis anos de idade, propõe a prática na educação infantil a partir da indissociabilidade das ações de cuidar e educar em tais faixas etárias. Nos termos do referencial, educar significa:

> propiciar situações de cuidados, brincadeiras e aprendizagens orientadas de forma integrada e que possam contribuir para o desenvolvimento das capacidades infantis de relação interpessoal, de ser e estar com os outros em uma atitude básica de aceitação, respeito e confiança, e o acesso, pelas crianças, aos conhecimentos mais amplos da realidade social e cultural (Referencial Curricular Nacional para a Educação Infantil, 1998, p. 23).

Educar significa, portanto, propiciar situações de cuidados, brincadeiras e aprendizagens orientadas de forma integrada e que possam contribuir para o desenvolvimento das capacidades infantis de relação interpessoal, de ser e estar com os outros em uma atitude básica de aceitação, respeito e confiança, e o acesso, pelas crianças, aos conhecimentos mais amplos da realidade social e cultural.

Já o cuidar é definido como:

> parte integrante da educação, embora exija conhecimentos, habilidades e instrumentos que extrapolam a dimensão pedagógica, ou

seja, cuidar de uma criança em um contexto educativo demanda integração de vários campos de conhecimentos e a cooperação de profissionais de diferentes áreas (Referencial Curricular Nacional para a Educação Infantil, 1998, p. 24).

Para Cerisara (1999), o educar está ligado às funções pedagógicas, valorizando as atividades ligadas ao ensino escolar, à transmissão de conhecimentos voltados para a educação infantil. Ele ocorre em diferentes contextos educativos, envolvendo todos os processos de desenvolvimento da criança em suas dimensões intelectuais, sociais, emocionais, expressivas, culturais e interacionais, buscando delinear suas especificidades e considerando que o trabalho a ser realizado com as crianças deve assumir um caráter de intencionalidade e sistematização. Já o cuidar refere-se às atividades relativas ao próprio corpo, tais como: higiene, alimentação, sono e vigília, que ainda assim assumem um caráter educativo pedagógico.

No campo da psicanálise, Mariotto (2009) define o cuidar e o educar na prática da educação infantil como "faces moebianas que permitem o sujeito ser suportado por essa banda, oferecendo condições para que a subjetividade da pequena criança se faça presente" (p. 98).

Podemos afirmar, então, que com bebês e crianças pequenas nas instituições educacionais, as práticas de cuidado e educação não são disjuntas, pois caminham em uma mesma direção e em um mesmo sentido, onde o cuidar e o educar podem ser pensados em uma relação de continuidade, tal como se apresenta na figura topológica da banda de Moebius.

A fita de Moebius possui uma estrutura particular que subverte o espaço comum das representações, já que as noções de direito e avesso são contínuas uma a outra. Ao seguirmos infinitamente ao longo do seu movimento de torção, temos uma estrutura que possibilita situar de um lado o cuidar e do outro o educar, em um liame de continuidade; essa superfície tem a característica de ter apenas um único lado: o lado direito, cuidar, se prende ao lado avesso, educar.

Entendemos, pois, que o cuidar e o educar são funções que não podem ser exercidas de forma separada na prática de trabalho da educação infantil, pois educar e cuidar se misturam. Sendo assim, são faces moebianas do ofício da educação infantil, que permitem ao sujeito ser suportado por essa banda. Esse modelo contempla a subjetividade da criança e de quem dela se ocupa, possibilitando condições para uma prática em direção ao singular de cada sujeito e *criando condições para que a pequena criança possa advir*, mesmo no espaço coletivo.

Se no campo da pedagogia o cuidar e o educar são compreendidos como parâmetros para a prática na educação infantil, nota-se também a existência de um outro discurso quase inquestionável sobre a importância do brincar nas instituições educacionais, enquanto maneira de as crianças pequenas alcançarem o desenvolvimento esperado. Desse modo, o brincar instala-se como uma ação própria da criança e como uma marca particular desse momento da vida, sendo o cuidar e o educar empreendidos, muitas vezes, através do brincar.

No campo da psicanálise, Freud (1920/1996), em seu texto *Além do princípio do prazer,* ao observar seu neto de um ano e meio de idade brincar com um carretel – fazendo com que ele desaparecesse e aparecesse –, lê a produção da criança como um jogo inscrito numa série presença-ausência. Ou seja, ele analisa este jogo como uma simbolização da falta materna, em que a criança encenava a presença e a ausência da mãe. Quando a mãe se ausentava, a pequena criança se colocava a brincar com o carretel, produzindo uma descontinuidade do seu olhar sobre o objeto. Também se exercitava na produção fonética compreendida por Freud (1920/1996) como: *Fort* (ir embora), quando o objeto desaparecia, e *Da* (ali), quando o mesmo aparecia. Assim, no jogo do *Fort-Da*, o brincar da pequena criança revela que a possibilidade de emergência do sujeito não se dá pela continuidade, mas pela possibilidade de experimentar no laço com o Outro a descontinuidade presença-ausência.

Ao falarmos do brincar, usualmente o localizamos no tempo do *faz de conta*, em que a criança "goza dos deslocamentos a que o significante dá lugar, das metáforas que ele possibilita e por meio das quais uma coisa pode ser tomada por outra" (Jerusanlinsky, 2014, p. 233). Porém, o brincar *de faz de conta* é um tempo do brincar do *vir a ser.* Já o que encontramos no jogo do *Fort-Da* remonta às origens dos componentes do brincar simbólico, que marca a mudança de posição da criança perante o Outro. O *Fort-Da* não apresenta toda a extensão simbólica do *faz de conta*; para que a criança desfrute deste jogo simbólico será necessário que, em um tempo anterior, haja um Outro que sustente essa série para ela. Dessa maneira, os *jogos constituintes do sujeito* são, em tempos lógicos da constituição psíquica, seus precursores e "já se produzem como primeiras circunscrições de um litoral entre gozo e saber" (Jerusalinsky, 2014, p. 231). Esses jogos, diferentemente do *Fort-Da*, se produzem no laço com o Outro e na presença do Outro, isto é, possuem a peculiaridade de não serem apenas do bebê ou apenas da mãe.

O agente de cuidados, ao tomar o bebê de maneira desejante, é apoio e causa de tais produções, e, quando o bebê se engaja nestes jogos, o agente de cuidados passa a atribuir a ele a autoria. O bebê é convocado a partir das experiências que contornam as bordas de seu corpo, como também do corpo materno, e passa a buscar o olhar, a voz e a endereçar-se ao Outro. Temos aí um momento primordial do erotismo "de um jogo de invasões, expulsões e transbordamentos que tem um lugar entre o bebê e a mãe, inscrevendo as bordas primordiais do gozo do corpo, decidindo as vicissitudes da parcialidade pulsional" (Jerusalinsky, 2014, p. 246). Em um primeiro tempo, temos um brincar que é suposto no bebê por parte da mãe e, em um segundo tempo, um brincar que se reedita, além das fronteiras do corpo materno, experimentando deslocamentos com o espaço.

Se já sabemos que, para a constituição do sujeito, é necessária a inserção da criança pequena na cultura e na linguagem, posição sustentada pelo enlace com o Outro, o brincar será uma expressão das significações, uma via de elaborações construídas pelas crianças, a partir das marcas do encontro com o Outro. Uma vez que estas instituições participam dos tempos precoces da vida de uma criança, é preciso reconhecer que elas passam a operar no processo constituinte do sujeito. Permitir que a pequena criança tenha acesso ao exercício simbólico lúdico, em que seu corpo e outros objetos possam ser inseridos num universo de infinitas significações, é um processo necessário, sem o qual o bebê ficaria impedido de desfrutar de um "motor" fundamental para a sua estruturação, pois o brincar é uma experiência que possibilita à pequena criança apropriar-se de sua inscrição no universo simbólico.

Daí a necessidade de que haja a abertura para o brincar e, consequentemente, para as criações que ele possibilita, como uma ferramenta fundamental na prática da educação infantil com bebês. Oferecer um lugar para o brincar na educação infantil implica a possibilidade de assegurar para a pequena criança a condição para que ela possa vir a ser autora de suas obras lúdicas, sustentando seu lugar de sujeito ali onde a fala, muitas vezes, ainda se revela insuficiente, mas que pode ser exercida no universo protegido do brincar.

Nesse viés, Mariotto (2009) observa que a presença e o lugar do professor nas brincadeiras constituintes dos bebês é fundamental, uma vez que permitem à pequena criança, aos poucos, se voltar para os objetos do mundo externo, iniciando e complexificando seus modos de exploração do mundo através do brincar. A participação dos professores nos momentos lúdicos não se resume a observar a atividade dos bebês em torno dos brinquedos disponíveis, mas a de ocupar o lugar de um mediador entre o corpo da pequena criança e os seus atos, significando corpo e ato e sustentando um sujeito que está por vir.

CONSIDERAÇÕES FINAIS

Pensar a educação infantil atravessada pela psicanálise é voltar-se para a prática do professor e também configurar a instituição de educação infantil como um facilitador da constituição subjetiva das crianças. Nessa pesrpectiva, novas possibilidades se abrem e as instituições educativas passam a entrar na vida das crianças como mais um elemento simbólico de apoio para a sua constituição.

Já que na atualidade os cuidados dispensados à pequena criança podem incluir uma pluralidade de adultos, como, por exemplo, os profissionais da educação infantil, as instituições de educação infantil passam a não ser somente um lugar de cuidados instrumentais, mas um dispositivo de transmissão de saberes. Tal tarefa irá exigir das instituições de educação infantil não apenas um olhar diferenciado sobre a pequena criança, mas também uma abertura para fazer de sua prática uma interrogação permanente, capaz de provocar uma mudança de posição junto à criança que é cuidada e educada.

A nossa aposta é de que essa condição só pode ser alcançada a partir de um trabalho orientado em direção ao singular. Ou seja, a partir de uma posição desejante daquele que conduz o trabalho educativo e que, assumindo a responsabilidade pelo mundo, parte de um não saber sobre a criança em direção ao singular, auxiliando e sustentando a transmissão de marcas simbólicas já iniciadas pela família e contribuindo para inserir a pequena criança numa ordem simbólica na qual ele mesmo está submetido.

Pensamos, pois, que é necessário que os profissionais da educação infantil, a partir de sua posição subjetiva, tomem cada criança em sua particularidade, reconhecendo-a e nomeando-a de maneira própria, dando lugar às singularidades nesse espaço coletivo, para, assim, dar apoio a esse trabalho de subjetivação iniciado pela família, ainda que o desejo implicado nesse trabalho seja diferente daquele dos pais.

REFERÊNCIAS

Barbosa, V. M. A. (2015). *Artesãos do desejo: a prática educativa na primeira infância*. Dissertação de Mestrado. Faculdade de Filosofia e Ciências Humanas da Universidade Federal de Minas Gerais. Belo Horizonte, MG.

Bernardino, L. M. F. (2009). *Da representação plural do Outro na primeira infância e suas consequências*. LEPSI IP/FE-USP. Recuperado em dezembro de 2015, de: http://www.proceedings.scielo.br/scielo.php?pid=MSC0000000032008000100003&script=sci_arttext.

Bernardino, L. M. F. & Mariotto, R. M. M. (2010). A psicanálise e a educação infantil: diálogos a partir de uma pesquisa. *Revista da Associação Psicanalítica de Curitiba, 20*, 131-145. Editora Juruá.

Calligaris, C. (Org.). (1994). *Educa-se uma criança*? Porto Alegre: Artes e Ofícios.

Cerisara, A. B. (1999). Educar e cuidar: por onde anda a educação infantil? *Perspectiva, 17*(n. especial). Florianópolis.

Constituição (1988). *Constituição da República Federativa do Brasil*: promulgada em 5 de outubro de 1988: atualizada até a Emenda Constitucional n. 20, de 15-12-1998. 21 ed. São Paulo: Saraiva, 1999.

Diretrizes curriculares nacionais para a educação infantil. (2010). Secretaria de Educação Básica. Brasília: MEC, SEB.

Estatuto da criança e do adolescente. (2002). Lei federal n. 8069, de 13 de julho de 1990. Rio de Janeiro. Imprensa Oficial.

Freud, S. (1996). Três ensaios sobre a teoria da sexualidade. In *Edição Standard brasileira das obras psicológicas completas de Sigmund Freud*. (J. Salomão, trad., vol. 8). Rio de Janeiro: Imago. (Trabalho publicado originalmente em 1905).

Freud, S. (1996a). Algumas reflexões sobre a psicologia do escolar. In *Edição Standard brasileira das obras psicológicas completas de Sigmund Freud*. (J. Salomão, trad., vol. 13). Rio de Janeiro: Imago. (Trabalho publicado originalmente em 1914).

Freud, S. (1996b). Sobre o narcisismo: uma introdução. In *Edição Standard brasileira das obras psicológicas completas de Sigmund Freud*. (J. Salomão, trad., vol. 14). Rio de Janeiro: Imago. (Trabalho publicado originalmente em 1914).

Freud, S. (1996). Uma criança é espancada: uma contribuição ao estudo da origem das perversões sexuais. In *Edição Standard brasileira das obras psicológicas completas de Sigmund Freud.* (J. Salomão, trad., vol. 17). Rio de Janeiro: Imago. (Trabalho publicado originalmente em 1919).

Freud, S. (1996). Além do princípio do prazer. In *Edição Standard brasileira das obras psicológicas completas de Sigmund Freud.* (J. Salomão, trad., vol. 18). Rio de Janeiro: Imago. (Trabalho publicado originalmente em 1920).

Jerusalinsky, J. (2014). *A criação da criança: brincar, gozo e fala entre a mãe e o bebê.* Salvador: Álgama.

Kupfer, M. C. M. (2007). *Educação para o futuro: psicanálise e educação.* São Paulo: Escuta.

Kupfer, M. C. M. et al. (2008). A pesquisa IRDI: resultados finais. In R. Lerner & M. C. M. Kupfer (Orgs). *Psicanálise com Crianças: clínica e pesquisa* (pp. 221-230). São Paulo: Escuta.

Lacan, J. (1995). *O Seminário, livro 4: a relação de objeto (1956-57).* Rio de Janeiro: Jorge Zahar Editor.

Lacan, J. (2003). Nota sobre a criança. In *Outros Escritos.* Rio de Janeiro: Jorge Zahar Editor. (Trabalho publicado originalmente em 1969).

Lacan, J. (2008). *O Seminário, livro 16: de um Outro ao outro (1968-69).* Rio de Janeiro: Jorge Zahar Editor.

Laurent, E. (2007). *A sociedade do sintoma: a psicanálise, hoje.* Rio de Janeiro: Contra Capa.

Lei de Diretrizes e Bases da Educação Nacional. Lei n. 9.394 de 20 de dezembro de 1996. 2.ed. Brasília: Câmara dos Deputados, 2001.

Mariotto, R. M. M. (2009). *Cuidar, Educar e Prevenir: as funções da creche na subjetivação de bebês.* São Paulo: Escuta.

Montenegro, T. (2001). *O cuidado e a formação moral na educação infantil.* São Paulo: Educ.

Referencial Curricular Nacional para a Educação Infantil: introdução. (1998). Brasília: MEC/SEF. Recuperado em 10 de janeiro de 2014, de: http://portal.mec.gov.br/seb/arquivos/pdf/rcnei_vol2.pdf

Rizzo, G. (1991). *Creche, organização, montagem e funcionamento.* Rio de Janeiro: Francisco Alves.

Vorcaro, A. (2004). *A criança na clínica psicanalítica.* Rio de Janeiro: Companhia de Freud.

AS AUTORAS

ORGANIZADORAS

Ângela Maria Resende Vorcaro

Psicóloga. Professora adjunta do Departamento de Psicologia da Universidade Federal de Minas Gerais (UFMG). Doutora em Psicologia Clínica (Pontifícia Universidade Católica de São Paulo - PUCSP) e Mestre em Psicologia Clínica (PUCSP). angelavorcaro@uol.com.br

Liliane Cristina Santos

Psicóloga hospitalar e preceptora da Residência Multiprofissional na área da Saúde do Hospital Municipal Odilon Behrens. Professora da Faculdade de Nova Serrana. Mestre em Psicologia pela UFMG, especialista em Clínica Psicanalítica nas Instituições de Saúde (PUC-Minas), especialista em Psicologia Clínica e em Psicologia Hospitalar pelo Conselho Federal de Psicologia. lilianecsantos@hotmail.com

Alexandra de Oliveira Martins

Psicóloga e Coordenadora do Serviço de Psicologia do Biocor Instituto. Doutoranda em Psicologia pela PUC-Minas. Mestre em Estudos Psicanalíticos pela UFMG. Especialista em Psicologia da Saúde pela PUC-Minas. Especialista em Psicologia Hospitalar e em Psicologia Clínica pelo Conselho Federal de Psicologia. Formação em Psicanálise pelo Instituto de Psicanálise e Saúde Mental de Minas Gerais (IPSM-MG). Membro da equipe Multidisciplinar do Núcleo de Assistência Integral a Cardiopatia Congênita e Estrutural (NAICCE). aleclara@ig.com.br

AUTORAS

Alice Oliveira Rezende

Psicóloga. Mestre em Psicologia pela Universidade Federal de Minas Gerais. Atua como pesquisadora, psicóloga e psicanalista no Centro de Atendimento e Inclusão Social (CAIS) em Contagem (MG), no Espaço de Atenção Psicossocial Freud Cidadão (Belo Horizonte -MG), em consultório particular e como acompanhante terapêutica. aliceorezende@gmail.com

Aline Júlia de Sousa Costa

Psicóloga pelo Centro Universitário Una. Acadêmica de Psicologia no Hospital Biocor por um ano e sete meses. alinejuliasousac@hotmail.com

Ana Carolina Diniz Guerra

Psicóloga, Psicanalista. Doutoranda em Psicologia (USAL – AR), pesquisadora das intervenções psicanalíticas na clínica com bebês (USAL – AR / UFMG – Hospital das Clínicas). Mestre em Psicologia Clínica e Cultura (UnB – DF). Especialista em Psicologia Clínica (PUC-Minas). Formação psicanalítica em Observação de Bebês (ABEBÊ). Coordenadora Clínica do Núcleo de Atenção Psicossocial à Infância (NAPSI), Sarzedo, MG. anacadiniz@gmail.com

Anna Costa Pinto Ribeiro

Psicóloga, Psicanalista. Doutoranda em Psicologia pela Universidade Federal de Juiz de Fora (Bolsa FAPEMIG). Mestre em Psicologia pela UFJF (Bolsa CAPES). Pós-graduação *lato senso* em Psicanálise: Subjetividade e Cultura pela UFJF. Professora do Curso de Psicologia do CES/JF, do curso de Formação em Psicanálise da Sociedade de Estudos Psicanalíticos (SEP/JF), do Curso de Psicanálise da SOBRAP/JF, do Curso de Gestante da Unimed e do Hospital Albert Sabin de Juiz de Fora. Coordenadora do Grupo de Estudos em Psicanálise com bebês e do Grupo de Estudo em Margaret Mahler (SOBRAP/JF). Membro da ABEBÊ (Associação Brasileira de Estudos sobre o Bebê). Membro da SEP/JF. Membro da EBEP/RJ. Membro da Collége d'Espace Analytique/FR (Association de Formation Psychanalytique et de Recherches Freudiennes - Espace Analytique). Integrante do

NUHFIP (Núcleo de Pesquisa em História e Filosofia da Psicologia) da UFJF. annaribeiro@cesjf.br

Ariana Lucero

Psicóloga. Psicanalista. Professora colaboradora do Programa de Pós-Graduação em Psicologia Institucional da Universidade Federal do Espírito Santo. Pós-doutoranda do PPG-Psicologia Institucional da UFES, com bolsa da CAPES e apoio da FAPES; co-tutela com a Université de Nice (França). Estágio pós-doutoral no *Centre Médico Psychologique* de la Tour d'Auvergne/Paris-FR. Doutora em Psicologia pela UFMG; com período sanduíche na Université de Nice (França). luceroariana@yahoo.com.br

Brenda Neves

Psicóloga. Psicanalista. Mestre e Doutoranda em Estudos Psicanalíticos pelo Programa de Pós-graduação em Psicologia da UFMG. brend1nha@yahoo.com.br

Bruna Figueiredo Manzo

Enfermeira. Professora Doutora Adjunta do Departamento de Enfermagem Materno Infantil e Saúde Pública da Escola de Enfermagem da Universidade Federal de Minas Gerais e do Programa de Pós-Graduação em Enfermagem da UFMG. brunaamancio@yahoo.com.br

Cláudia Mascarenhas Fernandes

Psicóloga. Psicanalista. Doutora em Psicologia Clínica pela USP. Mestre em Filosofia da Ciência pela UNICAMP. Especialização em Psicopatologia do Bebê pela Université de Paris Nord e em Epistemologia da Psicanálise pela UNICAMP. Fundou o Instituto Viva Infância (OSCIP) e foi presidente até maio de 2013, onde é diretora clínica. Vice-presidente da CIPPA (Coordination Internacionale de Psychotherapeutes et Psychanalystes qui travaillent avec l'Autisme). Membro do Espaço Moebius, Instituição de Psicanálise. Membro da WAIHM (World Association of Infant Health and Mental). Representa o Instituto Viva Infância na Rede Nacional Primeira Infância (RNPI), participou da construção do Marco Legal Primeira Infância, PLC 14/2015. Foi Co-Coordenadora Nacional da Pesquisa PREAUT, capacitação e detecção precoce de risco de perturbação da interação e comunicação, de 2006 à 2014. Durante o ano de 2012, foi consultora do Ministério da Saúde para elaboração do documento "Linhas de Cuidados para Atenção à Pessoa com Espectro do Autismo e sua família na rede RAPS", assim como técnica revisora do mesmo documento para a implantação de uma política pública para o autismo no Brasil. Membro Consultora do Comitê de assessoramento e implantação das políticas públicas para o Autismo pelo Ministério da Saúde. Foi Supervisora de CAPSi pelo Ministério da Saúde, consultora em políticas de prevenção precoce da Prefeitura de Campina Grande. Membro do Movimento Psicanálise Autismo e Saúde Pública (MPASP), onde participa do GAP (Grupo de Ações Políticas). Fundadora e idealizadora do INFANS, unidade de atendimento ao bebê, núcleos São Paulo e Salvador. claudia.mascarenhas@me.com

Cristina Abranches Mota Batista

Psicanalista. Doutora em Ciências Sociais pela PUC-SP. Superintendente do CAIS/ Contagem-MG. Coordenadora da pesquisa: Riscos psíquicos para a Deficiência Intelectual e no Transtorno do Espectro do Autismo e a intervenção a tempo para bebês prematuros, com apoio do MS/DAPES. cristinacais3@gmail.com

Juliana de Oliveira Marcatto

Enfermeira. Professora adjunta do Departamento de Enfermagem Materno Infantil e Saúde Pública da Escola de Enfermagem da UFMG. Doutora em Patologia pela Faculdade de Medicina da UFMG. Especialista em neonatologia. julianaoliveiramarcatto@gmail.com

Julieta Jerusalinsky

Psicóloga. Psicanalista membro da APPOA (Associação Psicanalítica de Porto Alegre). Doutora e Mestre em psicologia clínica pela PUC-SP. Especialista em Estimulação Precoce pela F.E.P.I (Fundación para el Estudio de los Problemas de la Infancia - Argentina). Membro docente da Clínica Interdisciplinar Centro Lydia Coriat de Porto Alegre/RS e membro clínico da Clínica Prof. Dr. Mauro Spinelli/ SP. Supervisora clínica e institucional na área técnica de "detecção, intervenção e estimulação precoce" do Espaço Escuta (Londrina-PR) e do CISMEPAR (Consórcio Intermunicipal de Saúde do Médio Paranapanema – Centro Mãe Paranaense, Londrina-PR). Participou da Pesquisa IRDI (Indicadores de Risco para o Desenvolvimento Infantil de 2000 a 2006). Professora do Cogeae/PUC-SP e do Centro Lydia Coriat nos cursos de especialização em: "Teoria Psicanalítica"; "Estimulação Precoce: clínica interdisciplinar com bebês"; "Psicomotricidade" e "Clínica interdisciplinar dos problemas do desenvolvimento infantil". Autora dos livros *Enquanto o futuro não vem – a psicanálise na clínica interdisciplinar com bebês* (Ágalma, 2002); *A criação da criança: brincar, gozo e fala entre a mãe e o bebê* (Ágalma, 2011); organizadora de *Travessias e travessuras no acompanhamento terapêutico* (Ágalma, 2017) e organizadora conjunta com A. Baptista de *Intoxicações eletrônicas – o sujeito na era nas relações virtuais* (Ágalma, 2017). julietajerusalinsky@gmail.com

Viviane Marques Alvim Campi Barbosa

Psicanalista. Mestre em Psicologia pela UFMG. Professora universitária de cursos de graduação e pós-graduação na área da educação e da psicanálise com bebês e crianças. Pesquisadora da Universidade Estadual de Minas Gerais (UEMG). Assessora técnica de instituições de educação infantil do Município de Belo Horizonte. vialvim@hotmail.com

Este livro foi composto com tipografia Bembo
e impresso em papel Offset 75g. na Gráfica Del Rey.